21世纪应用型本科会计学系列精品教材

Corporate Strategy and Risk Management

企业战略与风险管理

吕洪雁　杨金凤◎主　编
谷增军　孙维章◎副主编

清华大学出版社
北　京

内 容 简 介

本教材在阐述企业战略与风险管理基础理论的同时,充分结合企业实际,针对当前市场经济中企业的战略和风险的选择与应对等问题,比较全面地阐述关于战略和风险的基本概念、基本原理和基本内容等。主要包括企业战略和风险管理两大模块。战略管理包括企业战略的基础、战略管理的整体流程、财务战略三大部分;风险管理包括企业风险管理的基本原理、企业风险管理体系、企业风险管理实务、基于战略的风险管理整合框架四部分。

本教材可以作为高等院校经济与管理类专业(包括 MBA、MPAcc 等专业硕士学位)和高职院校相关专业的教学用书,也可作为参加全国注册会计师考试的辅助教材,同时还适合公司董事、监事、高级管理人员、企业财务部门、审计部门及职能部门的相关人士阅读。

图书在版编目(CIP)数据

企业战略与风险管理/吕洪雁,杨金凤主编. --北京:清华大学出版社,2016(2024.2重印)
(21 世纪应用型本科会计学系列精品教材)
ISBN 978-7-302-43138-1

Ⅰ. ①企… Ⅱ. ①吕… ②杨… Ⅲ. ①企业战略-战略管理-高等学校-教材 ②企业管理-风险管理-高等学校-教材 Ⅳ. ①F272

中国版本图书馆 CIP 数据核字(2016)第 035093 号

责任编辑:杜　星
封面设计:汉风唐韵
责任校对:宋玉莲
责任印制:曹婉颖

出版发行:清华大学出版社
　　　网　　　址:https://www.tup.com.cn,https://www.wqxuetang.com
　　　地　　　址:北京清华大学学研大厦 A 座　　　　　邮　　编:100084
　　　社 总 机:010-83470000　　　　　　　　　　　　邮　　购:010-62786544
　　　投稿与读者服务:010-62776969,c-service@tup.tsinghua.edu.cn
　　　质量反馈:010-62772015,zhiliang@tup.tsinghua.edu.cn
　　　课件下载:https://www.tup.com.cn,010-62770175 转 4506
印 装 者:三河市天利华印刷装订有限公司
经　　销:全国新华书店
开　　本:185mm×260mm　　　印　张:18.5　　　字　　数:423 千字
版　　次:2016 年 2 月第 1 版　　　　　　　　　印　　次:2024 年 2 月第 17 次印刷
定　　价:49.00元

产品编号:059904-03

前言

在当前复杂多变和激烈竞争的市场环境下,为求得长期生存和发展,如何在充分分析企业外部环境和内部条件的基础上,对未来经营发展战略做出全局性、长期性、根本性的谋划,并将发展战略成功地付诸实施是企业管理层面临的主要问题。同时,管理层还要从完善企业内部控制角度入手,通过对企业面临的整体风险的分析,建立企业全面风险管理的控制体系,尤其要在企业整体风险管理的基础上关注企业战略风险管理。因此,企业战略管理和风险管理日益显示出它的重要性。

基于此背景,2009 年全国注册会计师考试将《企业战略与风险管理》作为一门新增的考试课程,从而更加凸显了该课程的重要性。目前,大部分高校的管理类专业都开设了本课程。但就教材的选用情况来看,目前普遍使用的是中国注册会计师协会主编的考试辅导教材。而考试辅导教材在课程内容、教学重点、行文习惯、体例编排等各方面都不适于专业课课程的教学。因此,我们结合经济管理类专业人才培养目标对该课程设置的要求,组织相关人员编写了本教材。

本教材在课程设置、人才培养中的目标与定位十分明确:一可作为会计、财务管理、审计等专业《企业战略与风险管理》主干课程教材;二可作为管理学、金融学、经济学等相关专业全面学习企业战略及风险管理基本知识、技能的通用教材。本教材在体系与内容构建上突出了以下特色。

(1)在体系安排上注重学科知识的逻辑性。基于对企业战略及风险管理框架的理解,本教材在介绍企业战略管理、风险管理基本理论、方法和应用的基础上,更关注二者之间的整合,将企业战略管理与风险管理知识进行了有机融合。

(2)在内容编排上注重相关知识的应用性、演练性。本教材力求突破教材的传统模式与写作方法,引入大量实际案例将各章概念联系起来,尽量为读者提供一种战略及风险管理的思路和导向,帮助读者理解教材内容。

(3)在体例设计上突出新颖性、实用性。教材根据每章内容灵活设置"学习目标""引导案例""资料链接""案例资料"等栏目。同时每章结尾为读者提供"思考题",为学习者设计较为科学的知识体系。

　　本教材由吕洪雁教授、杨金凤博士任主编，谷增军博士、孙维章博士任副主编。第一、二、三、四、六、七章由吕洪雁教授编写；第五章由谷增军博士编写；第八、十章由孙维章博士编写；第九、十一章由杨金凤博士编写。

　　限于编写者的学识水平，书中错漏在所难免，恳请各位同仁及读者批评指正，使之日臻完善。

编　者

2016 年 1 月

目 录

第一章

战略与风险管理导论

 学习目标

1. 掌握战略及战略管理的内涵。
2. 了解战略管理的层次及过程。
3. 了解战略体系的构成。
4. 掌握风险及风险管理的内涵。

 引导案例

联想的战略发展之路

联想控股股份有限公司(以下简称"联想控股")于 1984 年由中国科学院计算技术研究所投资 20 万元人民币,由柳传志等 11 名科研人员创办。经过 30 余年的发展,联想控股从单一 IT 领域,到多元化,到大型综合企业,历经三个跨越式成长阶段。2013 年,联想控股综合营业额 2 440 亿元,总资产 2 070 亿元。截至 2014 年 9 月 30 日,联想控股总人数为 65 385 人。

联想控股先后打造出联想集团(Lenovo)(HK0992)、神州数码(HK0861)、君联资本(原联想投资)、弘毅投资和融科智地等在多个行业内领先的企业,并培养出多位领军人物和大批优秀人才。目前联想控股采用母子公司的组织结构,业务布局包括核心资产运营、资产管理、"联想之星"孵化器投资三大板块。其中,核心资产运营是联想控股的支柱业务,包括 IT、房地产、消费与现代服务、化工新材料、现代农业五大行业,它与资产管理板块(含君联资本、弘毅投资)、"联想之星"孵化器投资板块形成良好的互动。资产管理板块将持续创造现金流,为核心资产的运营和孵化器的投资提供资金保障;与此同时,资产管理还扮演了核心资产项目储备库的重要角色。

纵观联想控股的发展,其实就是一个在动态竞争环境下保持和不断创造新的竞争优势的历程。联想控股董事长柳传志曾经有过如此精彩表述:在外部经济形势不好的时候,应对的第一步是"先把碗里的饭吃到嘴里",将当前做的业务研究透,一定要站稳;第二步是为未来做好准备,提前部署"锅里的饭"。正是在动态竞争理论的指导下,联想控股 30 余年跨越式发展,历经两次战略转型,逐步形成了今天联想控股核心资产运营、资产管理、联想之星孵化器投资三大板块联动的战略布局。其战略发展历程如下。

1. 战略布局初级阶段:专注 IT 领域,保持竞争优势

从 1984 年联想创立始到 2000 年,是联想发展的初级阶段,其间,联想专注于 IT 领域的发展,通过探索和实践,走出了一条具有联想特色的"贸—工—技"高科技产业化道路,为联想后来的发展奠定了坚实的基础。尤其值得一提的是，20世纪90年代，由于国家取消了进口批文并大幅下调关税，大批国际知名电脑品牌涌入中国，国内PC市场格局发生巨变，竞争异常激烈。当时关于"联想还能撑多久"的报道不时见诸报端。面对激烈的市场竞争环境，联想没有退缩，决心坚持发展自主品牌电脑。公司在1994年主动调整组织结构，任命时年29岁的杨元庆为微机事业部总经理，实行代理制，与国际PC巨头展开直面竞争。经过几年的苦战和在竞争中的不断学习，联想对行业规律和企业发展的基本规律进行了深入探索与总结。1997年，联想PC在中国市场的占有率首次位列榜首，并保持至今；2000年，联想电脑获亚太地区（不含日本）市场份额首位，并保持至今。

2. 战略布局发展阶段：实施多元化，形成新的竞争优势

经过2001年到2009年近10年的发展，联想首先成功实施了自有品牌和代理分销业务的分拆，将IT业务分为专注于PC制造的联想集团和IT分销领域的神州数码，同时在两大业务集团之上成立了联想控股，形成了联想控股投资控股型集团的构架。联想控股确立了新的发展愿景，致力于成为一家在多个行业内拥有领先企业的控股公司。10年来，联想控股采用母子公司结构，综合自身在品牌、资金、人才和企业管理与文化等方面的积淀，先后进入风险投资（VC）、房地产和私募股权投资（PE）等领域，相继成立了联想投资（后更名为君联资本）、融科智地、弘毅投资，初步形成了多元化发展的战略格局。得益于2002年十六大以来国家在房地产、风险投资等领域的政策优势，联想控股旗下的融科置地、弘毅投资等子公司均取得了不错的经营业绩，成为了行业的领先者。

3. 战略布局未来阶段：三大板块联动，持续创造竞争优势

2009年联想控股成功引入新股东中国泛海，进一步完善了公司治理结构，为企业注入了更为强劲的发展活力。时年联想控股根据公司愿景，拟定中期发展战略，形成核心资产运营、资产管理、"联想之星"孵化器投资三大板块的战略布局。联想集团、融科置地、消费与现代服务、化工新材料、现代农业划归核心资产；核心资产投资与资产管理、联想之星孵化器投资三者形成良好的互动，也就是联想控股布局的"三军联动"。资产管理部以财务投资为主，采用私募资金的运作方式，为联想控股提供资金回报。核心资产作为不断发展的行业持续进行投入，最终成为行业内领军企业，并为联想控股带来投资回报。孵化器投资的目标是发现和培养科技创业领军人才，孵化科技创业企业。三大板块的耦合关系：资产管理板块持续创造现金流，支撑核心资产的投资运营，而核心资产创造出的业绩再支撑联想控股整体战略实施。

资料来源：根据联想控股官方网站相关资料整理。

联想控股的跨越式发展说明了持续成长的企业需要一个符合时代潮流的具有前瞻性的发展战略和目标。如今，企业之间的竞争，实际上是经营谋略的竞争和经营智慧的较量。企业要在变幻莫测的市场上占有一席之地，在日趋激烈的市场竞争中抓住机遇，掌握主动权，获取和保持持续的竞争优势，就必须从全局与长远的角度加以思考，运筹帷幄，确立正确的发展战略。

第一节　战略及战略管理的内涵

一、战略的内涵

（一）战略的定义

"战略"一词原为军事用语，意为作战的谋略。《辞海》中的定义："军事名词。对战争全局的筹划和指挥。它依据敌对双方的军事、政治、经济、地理等因素，照顾战争全局的各方面，规定军事力量的准备和运用。"

英文"战略"一词为"strategy"，源于希腊语"stratagia"，也是与军事有关。《简明不列颠百科全书》称战略是"在战争中利用军事手段达到战争目的的科学与艺术"。

随着人类社会实践的发展，"战略"一词被人们广泛地应用于军事之外的领域。特别是进入 20 世纪中期以后，在企业管理领域，甚至在城市管理和国家管理领域，对"战略"一词的使用开始盛行起来。因此，将战略思想运用于企业（公司）的经营管理之中，就产生了企业（公司）战略这一概念。

对于什么是"企业战略"，在战略管理文献中并没有一个统一的定义，不同学者和管理人员对战略赋予了不同的含义。

钱德勒（A. D. Chandler）在深入研究美国四家主要公司的战略思想和结构变化的历史后，在《战略与结构：工业企业史的考证》一书中指出：战略是决定企业的基本长期目标，以及为实现这些目标采取的行动和分配资源。这被认为是最早用于经营领域的战略定义。

美国哈佛大学商学院教授安德鲁斯（K. R. Andrews）认为："战略是目标、意图或目的，以及为达到这些目的而制订的主要方针和计划的一种模式。这种模式界定着企业正在从事的或者应该从事的经营业务，以及界定着企业所属的或应该所属的经济类型。"

美国著名管理学家伊戈尔·安索夫（Higor An-soff）认为，企业战略是贯穿于企业经营与产品和市场的一条"共同经营的主线"。这条主线决定着企业目前要从事的或计划要从事的经营业务的基本性质。

美国哈佛大学教授迈克尔·波特（M. E. Porter）认为："……战略是公司为之奋斗的一些终点与公司为达到它们而寻求的途径的结合物。"波特的定义概括了 20 世纪 60 年代和 70 年代对公司战略的普遍认识。

加拿大麦吉尔大学管理学院教授亨利·明茨伯格（H. Mintzberg）将企业战略的内容定义为"5P"模型，即计划（plan）、策略（ploy）、模式（pattern）、定位（position）、观念（perspective）。他认为：企业战略是一种事先的计划，是对未来行动方案的说明和要求；企业战略是一种策略，其目的是用智慧战略战胜竞争对手；企业战略是一种连续一致的决策模式，这些模式是在一系列有意识和无意识的行为中表现出来的；企业战略是一种定位，是在组织与环境的匹配中找到最能充分利用组织有限资源并使其持续创造利润的方法；企业战略是一种观念或视野，反映的是组织成员共享的思维方式。

从这些代表性的定义中可以看出，虽然不同的学者对企业战略有不同的认识，但是其本质是一致的,即企业战略是企业根据市场状况,结合自身资源,通过分析、判断、预测,设立愿景目标,对实现目标的发展轨迹进行的总体性、指导性谋划。

因此,本教材认为,企业战略是企业为了适应未来环境的变化,寻求长期生存和稳定发展而制定的总体性和长远性的谋划与方略。它是在对未来外部环境的变化趋势和企业自身实力充分分析的基础上,通过一系列科学决策的程序绘制出来的企业行动方案,是企业经营思想的集中体现,其实质是实现外部环境、企业实力和战略目标三者之间的动态平衡。

(二) 战略的特征

尽管学者们对企业战略的内涵各有不同的认识,但对于企业战略特征的基本理解却比较相似。概括起来,企业战略的特征有如下几方面。

(1) 指导性。企业战略界定了企业的经营方向、远景目标,明确了企业的经营方针和行动指南,并筹划了实现目标的发展轨迹及指导性的措施、对策,在企业经营管理活动中起着导向的作用。

(2) 全局性。这是企业战略最根本的特征。企业战略以企业的全局为研究对象来确定企业的总目标,规定企业的总体行动,追求企业的总效益。也就是说,企业战略的重点不是研究企业的某些局部性质的问题,而是研究企业的整体发展。这就提醒企业在整体经营管理中要以企业战略为目标,关注全局、关注整体。

(3) 长远性。这是指企业战略的着眼点是企业的未来,是为了谋求企业的长远利益,而不是为了求得眼前的利益。有效的企业战略可以避免企业经营管理的"短视症"。

(4) 纲领性。这是指企业战略为企业确定了发展方向和战略目标,同时以原则性和概括性的规定,对企业全体人员起到强有力的号召和引导作用。

(5) 竞争性。竞争是市场经济不可回避的现实,也正是因为有了竞争才确立了"战略"在经营管理中的主导地位。面对竞争,企业战略需要进行内外环境分析,明确自身的资源优势,通过设计适宜的经营模式,形成特色经营,增强企业的对抗性和战斗力,推动企业长远、健康的发展。

(6) 系统性。立足长远发展,企业战略确立了远景目标,并须围绕远景目标设立阶段目标及各阶段目标实现的经营策略,以构成一个环环相扣的战略目标体系。同时,根据组织关系,企业战略须由决策层战略、事业单位战略、职能部门战略三个层级构成一体。

(7) 风险性。企业做出任何一项决策都存在风险,战略决策也不例外。市场研究深入,行业发展趋势预测准确,设立的远景目标客观,各战略阶段人、财、物等资源调配得当,战略形态选择科学,制定的战略就能引导企业健康、快速地发展。反之,仅凭个人主观判断市场,设立目标过于理想或对行业的发展趋势预测偏差,制定的战略就会产生管理误导,甚至给企业带来破产的风险。

二、战略管理的内涵

(一) 战略管理的含义

学术界关于企业战略管理的含义存在两种不同的理解:一种称为狭义的战略管理;

一种称为广义的战略管理。

狭义的战略管理认为,企业战略管理是对企业战略制定、实施、控制和修正所进行的管理,其主要代表人物是美国学者斯坦纳(Steiner)。斯坦纳在其1982年出版的《管理政策与战略》一书中指出,企业战略管理是确立企业使命,根据企业外部环境和内部经营要素设定企业组织目标,保证目标的正确落实并使企业使命最终得以实现的一个动态过程。

广义的战略管理则认为,企业战略管理是运用战略对整个企业进行管理,其主要代表人物是美国企业家兼学者安索夫。安索夫在其1976年出版的《从战略计划走向战略管理》一书中最先提出了战略管理一词,1979年又专门写了《战略管理理论》一书。安索夫认为,企业战略管理是将企业日常业务决策同长期计划决策相结合而形成的一系列经营管理业务。

概括起来讲,狭义的战略管理概念是指企业战略的管理,而广义的战略管理概念是指企业的战略管理。初看起来,这两种表述只是限定语的不同,而本质上它们的含义是不同的。狭义概念下的企业战略管理对象是"企业战略",是围绕企业战略而展开的一系列管理过程;而广义概念下的企业战略管理对象则是"企业",是针对整个企业所进行的战略性管理。

目前,主张狭义战略管理概念的学者占主流。按照狭义的理解,企业战略管理似乎是一种管理方法。企业运用这种方法进行管理,必须首先制订一个战略规划,然后按照规划进行实施,这就叫战略管理。也就是说,企业不做战略规划,就谈不上战略管理。然而事实上,很多企业并没有刻意地去制订这样的一个战略规划,但这并不意味着在这样的企业里就不存在战略管理。本书主张按照广义的概念来理解企业战略管理,而不应把战略管理仅仅看成是一种管理方法。

企业战略管理本质上应视为一种管理思想:从战略意义上去管理企业。这一理解并不排斥战略规划,但更强调的是一种战略意识,或者说战略性思维的运用。其实,战略管理并不是一个什么神秘的概念,它就是一种思路,一种分析问题和解决问题的思路。从这一意义上讲,它与我们平常认识问题也要有思路没有什么不同。所不同的是,战略管理的思路是一种系统思路,强调应站在长远和全局的角度去认识企业管理问题,而不是习惯上的"头痛医头、脚痛医脚"的"就事论事"式的短暂与片段的思维。

(二)战略管理的层次

基于企业管理的层级原理,企业战略管理也是分层次的。对一个多元化经营的大型企业而言,与其公司层、业务层与职能层相对应,企业战略管理分为三个层次:公司层战略、业务层战略和职能层战略。图1-1列示了战略管理层次及内容。

1. 公司层战略

公司层战略又称总体战略或公司战略,是企业最高层次的战略,是企业整体的战略总纲。在存在多个经营单位或多种经营业务的情况下,企业总体战略主要是指集团母公司或者公司总部的战略。公司层战略的目标是确定企业未来一段时间的总体发展方向,协调企业下属的各个业务单位和职能部门之间的关系,合理配置企业资源,培育企业核心能力,实现企业总体目标。它主要强调两个方面的问题:一是"应该做什么业务",即从公司全局出发,根据外部环境的变化及企业的内部条件,确定企业的使命与任务、产品与市场

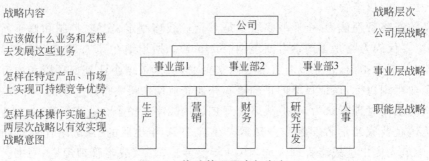

图 1-1　战略管理层次与内容

领域;二是"怎样管理这些业务",即在企业不同的战略事业单位之间如何分配资源以及采取何种成长方向等,以实现公司整体的战略意图。

2. 业务层战略

业务层战略又称经营单位战略或竞争战略。现代大型企业一般都同时从事多种经营业务,或者生产多种不同的产品,有若干个相对独立的产品或市场部门,这些部门有时称为事业部或战略经营单位。由于各个业务部门的产品或服务不同,所面对的外部环境,特别是市场环境也不相同,企业能够对各项业务提供的资源支持也不同。因此,各部门在参与经营过程中所采取的战略也不尽相同,各经营单位有必要制定指导本部门产品或服务经营活动的战略,即业务层战略。业务层战略着眼于企业中某一具体业务单元的市场和竞争状况,相对于总体战略有一定的独立性,同时又是企业战略体系的组成部分。业务层战略主要回答在确定的经营业务领域内,企业如何展开经营活动;在一个具体的、可识别的市场上,企业如何构建持续竞争优势等问题。对于只经营一种业务的小企业,或者不从事多元化经营的大型组织,业务层战略与公司层战略是一回事。

3. 职能层战略

职能层战略是为贯彻、实施和支持公司层战略与业务层战略而在企业特定的职能管理领域制定的战略。职能层战略主要回答某职能的相关部门如何卓有成效地开展工作的问题,目的是提高企业资源的利用效率,使企业资源的利用效率最大化。其内容比业务层战略更为详细、具体,其作用是使公司层战略与业务层战略的内容得到具体落实,并使各项职能之间协调一致,通常包括营销战略、人力资源战略、财务战略、生产战略、研发战略等方面。

公司层战略倾向于总体价值取向,以抽象概念为基础,主要由企业高层管理者制定;业务层战略主要就本业务部门的某一具体业务进行战略规划,主要由业务部门领导负责;职能层战略主要涉及具体执行和操作问题,主要由各职能部门经理负责。

公司层战略、业务层战略与职能层战略一起构成了企业战略体系。在企业内部,企业战略管理各个层次之间相互联系、相互配合。企业每一层次的战略都为下一层次战略提供方向,并构成下一层次的战略环境;每层战略又为上一级战略目标的实现提供保障和支持。所以,企业要实现其总体战略目标,必须将三个层次的战略有效地结合起来。

(三) 战略管理的过程

战略管理是管理企业或组织整个战略的形成及执行的过程。战略管理过程由战略分析、战略选择与战略实施三部分构成。战略管理过程模型如图 1-2 所示。

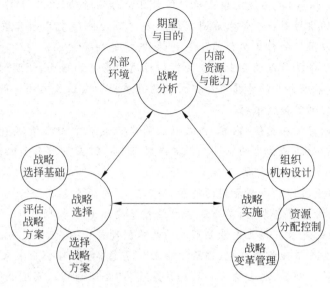

图 1-2 战略管理过程

1. 战略分析

战略分析包括企业确立愿景或使命与目标、分析外部环境及评估内部资源与能力的过程。

（1）确立愿景或使命与目标。使命或愿景的确立是战略管理过程的起点。企业制定战略的第一步就是确定企业使命和愿景。一方面，企业使命和愿景的定位是在对企业内外部环境分析的基础上完成的；另一方面，企业使命和愿景的定位也为企业内外部环境分析界定了范围。

资料链接

企业使命与愿景

1. 企业使命（mission）的内涵

使命的确定是战略管理的起点。企业使命是企业区别于其他类型组织而存在的原因或目的。即企业应满足何种需要，应从事何种业务。

企业使命的含义体现在以下三个方面。

（1）企业形成和存在的根本目的。

（2）企业生存和发展的基本任务。

（3）企业达成目的、完成任务的基本行为规范和原则。

使命陈述是对企业"存在理由"的说明，它回答了"我们的业务是什么？"这一关键问题。具体而言企业使命包含企业的哲学与宗旨。

企业哲学（philosophy）是指一个企业为其经营活动方式所确定的价值观、信念和行为准则。如麦当劳用来界定公司的哲学是：一张有限的菜谱，质量一致的美味快餐食品，

快速到位的服务,超值定价,卓越的顾客关怀,便利的定位和选址,全球的市场覆盖等。

企业宗旨(purpose)是指规定企业执行或打算执行的活动,以及现在的或期望的组织类型。如麦当劳的宗旨是:在全球范围内向一个广泛的快餐食品顾客群,在气氛友好卫生清洁的饭店里以很好的价值提供有限系列的、美味的快餐食品。

定义企业的使命就是阐明企业组织的根本性质与存在的理由,说明组织业务的哲学、宗旨、信念、原则,根据企业的意愿及服务对象的性质揭示企业长远的发展前景,为企业目标的确立与战略的制定提供依据。

尽管企业使命定义在长短、内容、格式以及简略程度等方面有所不同,但一个完整的使命陈述应阐明企业的经营目的、用户、产品或服务、市场、宗旨及采用的基本技术。

2. 企业愿景(vision)的内涵

愿景,指所希望、向往、愿意看到的前景,与"愿望"是近义词。企业愿景(或称企业远景)是对未来的一种憧憬和期望,是企业努力经营想要达到的长期目标;是企业发展的蓝图,体现企业永恒的追求。企业愿景要解决的基本问题是:"我们要成为什么?"企业愿景反映了管理者对企业与业务的期望,描绘了企业的前景,旨在为企业未来定位,它是引导企业前进的"灯塔"。例如,迪士尼公司的愿景是成为"全球的超级娱乐公司";索尼公司的愿景是"成为最知名的企业,改变日本产品在世界上的劣质形象";联想公司的愿景是"未来的联想应该是高科技的联想、服务的联想、国际化的联想"。

3. 企业使命与愿景的区别

企业愿景与企业使命宣言相比,前者更倾向于以企业的未来为导向。大多数企业其年度报告中的业务目标或使命宣言更多地涉及企业的现状,而不是公司的抱负志向和发展方向。

具体而言,二者不同之处在于以下两点。

(1) 使命表示的是"我们的业务是什么",它与现时的状况和行为相联系。

(2) 愿景是公司未来的一幅前进蓝图,即公司前进的方向,公司意欲占领的业务位置,公司计划发展的能力。即:我们想要进入的业务;我们的前进方向;我们想要创造的组织类型。因而"愿景"表示的是"我们想成为什么",企业未来可能的和人们所期望的、所渴望的状态。

此外,企业的使命或愿景都应该具有高度的个体性,应该是该企业所独有的。提出和制定企业的使命或愿景背后所隐藏的全部意义在于:将自己与同行业中的其他企业区别开来,使自己有一个独特的形象,有一个独特的业务着重点,有一个独特的发展战略。

资料来源:作者根据网络资料整理。

(2) 分析外部环境。包括宏观环境分析、产业与竞争环境分析等内容。外部环境分析主要了解企业所处的环境正在发生哪些变化,这些变化给企业带来的是更多的机会还是更多的威胁。

(3) 评估内部资源与能力。包括评价企业资源和能力的数量与质量,以帮助企业明确自身在产业中的地位,了解自身的优、劣势,以便在制定战略时扬长避短。

2. 战略选择

战略分析阶段明确了"企业目前处于什么位置",战略选择阶段所要回答的问题是"企业向何处发展"。战略选择包括提出战略方案、评估战略方案与选择战略方案三方面。

（1）提出战略方案。在战略分析的基础上，企业要拟订达成战略目标的多种备选方案，供评估选择。

（2）评估战略方案。企业拥有的资源是有限的，在可供选择的战略方案中，企业战略制定者应了解每一种战略方案的长处和局限性，然后根据参与制定者的综合判断来对这些战略方案进行排序，以便选出更适合的方案。

（3）选择战略方案。在对战略方案客观而充分评估的基础上，根据所要达成的战略目标进行优选决策，最终选取一个最适合的战略方案。

3. 战略实施

战略实施是指将战略转化为行动并取得成果的过程。为确保战略的成功实施，企业必须着手解决以下关键问题。

（1）完善公司治理与调整组织结构。公司治理结构主要是解决所有权和经营权分离条件下的代理问题。建立有效的公司治理结构，可以降低代理成本，保障所有者权益。建立与战略相适应的高效管理体制及组织结构，有助于战略的实施与战略目标的实现。

（2）规划与配置资源。企业的资源是有限的，如何在不同层次和部门间分配资源是战略实施的一个关键问题。这部分内容包括职能战略的制定、资源的配置与整合及战略领导。

（3）变革与管理战略。企业内外部环境要素的动态性与不确定性，决定了战略实施的过程是一个学习与动态调整、试错与修订的过程。

战略管理是一个循环过程，而不是一次性工作。要不断监控和评价战略的实施过程，修正原来的分析、选择与实施工作，这好似一个循环往复的过程，如图 1-3 所示。

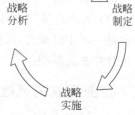

图 1-3　战略管理循环

第二节　风险及风险管理的内涵

一、风险的内涵

"风险"自古有之，它随人类的发展而发展，随科学技术的进步而变化，特别是进入现代社会以后，国际、国内的大量事件使人们认识到"风险"是关系到国家、企业、家庭直至个人的生存发展及前途命运的大问题，管理风险、应对风险，已成为组织管理、业务工作及个人生活中一项极其重要的内容。

目前，学术界对风险的内涵并没有统一的认识。由于对风险的理解和认识程度不同，或对风险研究的角度不同，因而，不同学者对风险概念有不同角度的理解。总体来讲，可归纳为以下三种观点。

第一，风险客观说。该观点认为风险是客观存在的损失的不确定性，是可以预测的。在对风险事故进行足够观察的基础上，可以用客观概率对这种不确定性进行较为科学的描述和定义，并且可以量化各种结果。

第二,风险主观说。持该观点的学者,虽然承认风险的不确定性,但认为风险主要来自主观。个体对未来不确定性的认识与估计,因个人的知识、经验、精神和心理状态等主观因素的不同而有所差异,不同的人对同样的事物(风险)会做出不同的判断。因此,风险的不确定性来自主观。

第三,风险因素结合说。该部分学者着眼于风险产生的原因与结果,认为人类的行为是风险事件发生的重要原因之一,风险是个人和风险因素的结合体,风险事件的发生及其后果与人为因素有着极为复杂的互动关系。风险是客观存在的,只有在时机、条件成熟时才会发生"风险事件",从而对目标带来影响,且这种影响程度也具有不确定性。

本教材主要研究企业风险及风险管理。在现代市场经济中,随着全球贸易以及电子信息技术的发展,企业面临风险的机会大大增多,人们对风险的认识也已经提升到企业发展战略层面。因此,本教材对企业风险的界定是:那些影响企业实现其战略目标的不确定性。理解该定义需要把握以下几点。

(1) 企业风险与企业战略相关。由于企业风险是阻碍企业实现战略目标的各种因素和事项,因此,公司经营中战略目标不同,企业面临的风险也就不同。

(2) 风险是一系列可能发生的结果,不能理解为最有可能的结果。

(3) 风险既具有客观性,又具有主观性。风险是事件本身的不确定性,却是在具体情况下的不确定性。可以由人的主观判断来决定选择不同的风险。

(4) 风险总是与机遇并存。人们大多只关注风险的不利方面,因而惧怕风险。其实,风险是一个中性概念,风险本身并不是坏事。对于企业发展而言,有风险才有机会,风险是机会存在的基础。

二、企业面临的风险种类

企业可能面临的风险有三大类:宏观风险、行业风险和经营风险。

(一) 宏观风险

宏观风险主要指由于宏观环境因素的波动而给企业带来的不确定性,包括政治、法律、市场及环境等风险。

1. 政治风险

政治风险在很大程度上取决于企业运营地所在国家的政治稳定性,以及当地的政治制度。政府的更迭,有时会导致企业业务出现重大变化。即便是在政治制度稳定的国家,政治改革的影响也可能是重大的。

2. 法律风险

法律风险是指不符合法律或法规要求的风险。所有的企业都受相关法律、法规的监管。大多数企业受国家级、省级和地区级行政机关的监管,也可能受职业团体的监管。企业所面临的监管无处不在,比如,从监管职业安全健康的法规到有关如何恰当储存危险物质的规定,再到报告有关经营活动的详情以满足税收目的的要求等。与法规有关的主要风险并不是指法规存在的事实。越来越多的企业认识到,法规的实施是必要的,因为它能为企业提供一个顺利执行商业交易的环境。实际上,与法规有关的主要风险是指法规突然发生了变化。由于法规的强制性,很多企业意识到最重要的是要及时应对这些法规变化所带来的风险。

3. 市场风险

市场风险,有时也称为市场价格风险,是指由于市价的变化而导致亏损的风险。企业需要管理的市场风险主要包括利率风险、汇率风险、商品价格风险和股票价格风险。

(1)利率风险。利率风险是指因利率提高或降低而产生预期之外损失的风险。

(2)汇率风险。汇率风险或货币风险是由汇率变动的可能性,以及一种货币对另一种货币的价值发生变动的可能性导致的。

(3)商品价格风险。主要商品的价格出人意料地上涨或下跌,可能使业务面临风险。

(4)股票价格风险。股票价格风险影响企业股票或其他资产的投资者,其表现是与股票价格相联系的。

4. 环境风险

近几年,环境风险逐渐获得了企业的广泛关注,这主要源于全球性的环保主义思潮提高了公众的环保意识,并使其更加关心人类行为有意或无意造成的环境破坏。环境风险是指企业由于其自身或影响其业务的其他方造成的环境破坏而承担损失的风险。

环境风险不仅包括企业对环境造成的直接影响,还应包括企业与客户和供应商之间的联系而对环境造成的间接影响。项目过程可能并不会导致环境破坏,但产品本身却可能造成环境破坏。直接的环境影响通常比较明显,例如,石油泄漏或排放到河流造成的污染、废气排放产生的空气污染、垃圾处理场的废物倾倒等产生的环境破坏;而间接的环境影响就不太明显,例如,若公司的产品达到了其使用寿命,则产品的处理就会产生环境问题,比如核废弃物。

(二)行业风险

行业风险是指在特定行业中与经营相关的风险。企业选择在哪个行业中经营是非常关键的。行业风险主要体现在生命周期阶段、波动性和垄断程度等方面。

(1)生命周期阶段。企业生命周期包括起步期、成长期、成熟期及衰退期。生命周期不同,企业面临的市场机会不同,竞争激烈程度也不同,比如处于成长期的行业相比处于成熟期或衰退期的行业生存压力要小。

(2)波动性。波动性是与变化相关的一个指标。波动性行业是指成长性迅速变化,充满上下起伏的行业。波动性行业会涉及较大的不确定性,使计划和决策变得更为艰难。波动性行业包括电子业、软件业、房地产业和建筑业等行业。

(3)垄断程度。对企业来说,比较好的情况是在一个受保护的行业中处于垄断地位,就像某些国家公用事业公司或国家政府所管理的公司一样。但是,随着大多数国家经济的发展,国家企业私有化,关税壁垒降低,以及新兴行业与成熟公司的相互竞争,这些因素使得垄断地位已经被推翻,而且各行业变得更具竞争性。

(三)经营风险

1. 项目风险

在企业中,有很多的项目需要进行日常管理,例如,建立新的业务线、开发新市场。项目管理的责任是以一定的预算,根据规格及时完成任务,从而使客户满意。项目风险管理会应对项目可能无法执行、项目进度可能发生变化、项目成本可能超支、项目不能达到预定规格，或者项目成果可能会遭到顾客拒绝等风险。越来越多的经营活动是以项目为基础的，所以企业是否能对项目风险进行管理也变得越来越重要。否则，企业会发现它所启动的项目很少能达成目标。

2. 操作风险

操作风险是指由于员工、操作过程、基础设施或技术及对运作有影响的类似因素（包括欺诈活动）的失误而导致亏损的风险。

从本质上来说，许多已经识别出的风险是操作方面的。操作风险可组合成以下几种风险。

（1）员工。员工风险包括员工的雇用、培训和解雇所涉及的风险。主要的问题是要确保有足够的员工，他们有恰当的能力并且愿意执行企业所要求的任务。员工包括确定公司战略方向、控制资源分配的高级管理层和其他各运营部门的中低层员工。

（2）技术。比如，企业是否存在和实施支持经营活动所必需的系统？是否定期为系统进行检查和评估？是否找出系统运行不佳的情况？系统不佳是否导致企业发生亏损？企业是如何确保系统是最新且能够应对经营风险的？

（3）舞弊。企业是否拥有保护自身不受舞弊影响的方法。

（4）外部依赖。企业越来越依赖基础设施、电话、交通系统和能源供应商。如果这些供应商出现问题，企业如何保护各部门运作不会受影响。

（5）过程/程序。企业未能制定程序操作要求，可能会导致员工在运营操作时采取不正确的行动。

（6）外包。外包通常被看作是减少成本和将企业资源集中在"核心业务"的方法。但是，很多企业越来越担心将公司的关键业务过程外包可能会导致失控。

3. 信用风险

多数企业生产产品或提供劳务，并将其提供给买家，同时企业会允许买家在一定时间内付款。这一过程被称为赊欠。赊欠会产生不予支付的风险。因而，信用风险是指交易对方在账款到期时不予支付的风险。

确定允许赊欠的对象以及允许赊欠的金额是公司经理应当考虑的最为重要的决策之一，且这一决策通常决定着企业的存亡。这一决策之所以重要，是因为多数企业在每一项达成的交易中或产品销售中只能取得适度毛利。即使最终应收账款会被支付，但延迟支付期间所产生的额外成本或收回应收账款所需的成本会极大地降低交易的利润，对小规模企业而言尤其如此，因为小规模企业经常面临延期支付，而且其几乎无法补偿这些额外费用。

4. 产品风险

所有销售产品、提供劳务的企业都会涉及产品风险。比如当公司将一项产品投放市场时，该产品是否有销路？显然，这一问题是引入新产品的公司最为关心的问题。新产品所面临的问题就是这些产品没有经验可循。管理层不知道新产品对客户是否具有吸引力。新产品越具有创新性，引入该产品所面临的风险就越大。在新产品开发过程中，无法排除现在取胜的产品在上市后失败的可能性，但是新产品一旦取得成功就能赚取大额利润。

除了新产品外，成熟的产品也会面临产品风险。例如，一旦产品变得商业化，若企业的产品无法与竞争者的产品区别开来，其能否在市场上取得成功在很大程度上取决于产品价格。以计算机为例,计算机价格越低其销量就越大。产品价格能否降低取决于运营部门而非营销部门。

5.流动性风险

流动性风险是指由于缺乏可用资金而产生的到期无法支付应付款项的风险。值得注意的是,即使企业报告了令人满意的利润,但一旦发生流动性危机,企业利润也会很快走向下滑。在金融领域更为如此,尤其是当银行和金融机构过多地依赖于银行间融资时。

到期时及时偿还债务对于维持信誉度以及消费者信心都是非常重要的,因为这能够确保企业的商业信用不受影响。无法按时偿还债务很可能意味着信用的丧失。不仅受直接影响的各方会对企业的信用丧失信心,许多潜在的客户也会丧失信心,因为在这种情况下坏消息传播得很快。

6.声誉风险

声誉风险是指企业声誉会受到负面影响的风险。声誉风险产生的负面影响有时非常重大。其能导致企业的经营陷入严重衰退,极端情况下还可能导致企业被接管或倒闭。在某些情况下,这种影响会比较缓慢,而在其他情况下影响也可能非常迅速。

负面传闻或公共信息通常会导致声誉缓慢下滑,声誉缓慢下滑会对企业产生长远的影响。例如,对一家制造型企业而言,由于其客户担心公司按期交货的能力,公司的订单数量会出现下降。随着销售量的下降,盈利能力以及现金流量都会受影响,而这又会带来更多的负面传闻,从而引发订单量和利润的螺旋式下滑。除此之外,贸易以及品牌信用供应商会变得焦虑,并制定更为严格的条款或取消原有的支持,从而导致可能的流动性问题。螺旋式下滑会不断持续,直到管理层采取一致行动扭转这一趋势。

三、风险的构成要素

风险的构成要素包括风险因素、风险事故和损失三个方面。

(一)风险因素

风险因素是指引起或增加风险发生的机会或扩大损失程度的原因和条件,它是导致风险发生的潜在原因。

风险因素可分为物质风险因素、道德风险因素和心理风险因素。

(1)物质风险因素。这是指有形的,并能直接影响事物物理功能的因素,即某一标的本身所具有的足以引起或增加风险发生的机会和损失幅度的客观原因。如地壳的异常变化、恶劣的气候、疾病传染等。物质因素不为人力所控制,是人力无法左右的因素。

(2)道德风险因素。这是指与人的品德修养有关的无形的因素,即指由于个人不诚实,不正直或不轨企图,促使风险事故发生,以致引起社会财富损毁和人身伤亡的原因或条件。如纵火、欺诈、放毒等。这些不道德的行为必然促使风险发生的频率增加和损失幅度的扩大。

(3)心理风险因素。这是指与人的心理状态有关的无形的因素,即指由于人的不注意、不关心、侥幸或存在依赖保险心理,以致增加风险事故发生的概率和损失幅度的因素。例如:企业或个人由于投保财产保险,就放松了对财物的保护;投保了人身保险,就忽视自身的身体健康等。

在上述风险因素中,道德风险因素和心理风险因素都是无形的,都与个人自身行为方式相联系,在实践中又难以区分界定,所以通常将两者统称为人为因素。

（二）风险事故

风险事故是指造成生命财产损失的偶发事件。它是造成损失的直接原因,只要风险事故发生,就会导致损失。

风险事故意味着风险的可能性转化为现实性,即风险的发生。

（三）损失

就广义的损失而言,它是指某种事件的发生,给人们造成物质财富的减少和精神上的痛苦;从保险角度来看,损失是指非故意的、非预期的和非计划的经济价值的减少（狭义损失的定义）。

保险所指损失必须满足两个要素:一是非故意的、非计划的、非预期;二是经济价值或经济收入的减少。两者缺一不可。

四、风险的特征

风险具有客观性、普遍性、损失性和可变性四种特性。

（一）客观性

风险是一种客观存在,不以人的意志为转移。企业的风险管理只能降低风险发生的频率或者损失幅度,不能彻底消除风险。以地震等自然灾害风险为例,企业只能通过购买保险、提前预防等方式减少损失,而不能避免地震活动的发生。

（二）普遍性

在现代社会,个体或企业面临的风险形式复杂多样,不确定性普遍存在。从宏观角度来看,企业经营所在地的国家可能会出现政治体制变化、经济波动等情况,这些不确定性因素都增加了企业的经营风险。从微观的角度看,消费者的需求、劳动力市场上的供给等情况也增加了企业经营的不确定性,带来了风险。

随着科学技术的发展和生产力水平的提高,新的风险还会不断产生,且风险事故造成的损失也越来越大。例如:核能技术的运用产生了核子辐射、核子污染的风险;航空技术的运用产生了意外发生时的巨大损失的风险。

（三）不确定性

风险的不确定性是指在一定条件下风险具有可转化的特性。世界上任何事物都是互相联系、互相依存、互相制约的。任何事物都处于变动与变化之中,这些变化必然会引起风险的变化。特别是科学发展带来了大量新的发明创造,新产品的出现使原本看似没有风险的企业突然面临巨大的风险,数码相机、智能手机等都是典型的例子。

（四）损失性

只要风险存在,就一定有发生损失的可能。如果风险发生之后不会有损失,那么就没必要研究风险了。风险的存在,不仅会造成人员伤亡,而且会造成生产力的破坏、社会财富的损失和经济价值的减少,因此才使得个体或企业寻求应对风险的方法。

五、风险管理的内涵

（一）风险管理的概念

风险管理是指经济单位对组织运营中面临的可能危害组织利益的不确定性,采用科学的方法识别、衡量、评估,对风险实施有效控制和妥善处理损失的过程。风险管理是研究风险发生规律和风险控制技术的一门新兴管理学科。一般来讲,风险管理的主体为经济单位或组织,包括个人、家庭和企业,也可以是政府、事业单位和社会团体。本教材主要研究以企业作为风险管理主体,因此风险管理一般是指企业风险管理。

（二）风险管理的意义

风险管理将会提高企业发现机会的能力和将风险变为机遇的能力,使企业的资源分配更为合理化,提升企业内部控制水平,增强企业的应变能力、风险反应能力,提升企业对威胁和对机遇的识别能力,提升企业利益相关者的信任和信心,提升企业操作的效率、有效性以及提升操作中的质量、安全和健康管理水准。加强风险管理,可以增进企业遵规守法的责任和行为,增进财务报表的可靠度和风险报告水平,提高公司治理水平,增进学习能力和提升组织风险责任文化以及增进对风险事件的管理与预防。

风险管理理论以及具体方法将在后续章节详细介绍。

思 考 题

1. 理解战略及战略管理的内涵。
2. 描述战略的基本特征。
3. 战略管理的层次如何划分?
4. 阐述战略管理的过程。
5. 理解风险及风险管理的内涵。
6. 风险的种类如何划分?

第二章

战略分析——外部环境

 学习目标

1. 了解外部环境因素的构成。
2. 了解一般外部环境分析的主要内容。
3. 掌握市场与行业环境分析的基本内容。
4. 重点掌握五力模型及具体应用。
5. 了解竞争环境分析的主要内容。
6. 掌握行业关键成功因素。

 导入案例

实体经济死于金融海啸——中国最大玩具工厂倒闭

2008年10月15日,全球最大玩具代工厂商之一——香港合俊控股集团(以下简称合俊集团)旗下两工厂倒闭,约6 500名员工失业。

合俊集团成立于1996年,是玩具业一家知名港资企业。合俊集团在鼎盛时期,在东莞市和清远市共设有4间生产工厂,厂房生产面积达10万平方米,集团雇员1万人左右。合俊集团是香港联交所上市企业,其主力生产基地是设在樟木头镇的2家工厂,产品70%以上销往美国。据称,合俊集团年销售额超过7亿港元。

作为全球最大玩具代工厂的代表,合俊集团旗下两大型工厂的倒闭影响巨大。2007年9月,在玩具行业出现信誉危机、大批玩具召回时,合俊集团曾邀请粤港两地媒体参观了其在樟木头的两家工厂,向记者开放整个生产流程,期望借此恢复消费者的信心。"我们希望借此让海外进口商和消费者真正认识中国厂商,使他们知悉我们如何认真处理与重视供应链的品质控制和风险管理,期望能够逐渐恢复消费者的信心。"合俊集团相关负责人当时公开表示。然而仅仅过去一年,挽回的信誉就像是一个泡影,阻挡不了美国金融风暴和次贷冲击。在玩具行业,合俊集团可谓大名鼎鼎,其主要按OEM(贴牌加工)基准从事制造及销售玩具,在世界五大玩具品牌中,合俊集团已是其中三个品牌的制造商,包括为全球最大的玩具商——美泰公司提供OEM业务,知名代工产品包括美泰、孩之宝等。有专家分析指出,"合俊集团东莞樟木头工厂的产品主要销往美国,其倒闭显然是受金融风暴和次贷冲击,从影响和知名度来看,这可以说是美国金融危机波及中国实体经济企业关闭的第一案"。

专家表示,代工企业受金融危机影响最大。数据显示,2008年中国玩具出口额前8个月虽然有51亿美元,却只比上年同期增长了1个百分点,大幅回落了近22%。东莞的情况则更糟糕,2008年上半年,东莞玩具出口5.5亿美元,比去年同期下降1.5‰,成为近年来的首度下降。公开资料显示,玩具业已经形成世界玩具生产中国占七成、中国玩具生产广东占七成、广东玩具生产东莞占近六成的格局。

一份被公开的中国海关报告指出,玩具属传统劳动密集型产品,近几年来,国内原材料和人力成本上涨、人民币加速升值、融资困难、出口退税率下调,以及国外检测费用增加,都是导致中国玩具企业大规模倒闭的原因。更有熟悉内情的学者称,合俊集团"撑到现在已经很不容易了",受人民币持续升值、原材料与人工成本继续飞速攀升以及政府削减出口增值税退款等众多因素影响,未来的经营环境将继续恶劣。

资料来源:南都周刊,2008年10月21日。

以上案例表明,企业的生存与发展必然要受其所处外部环境的影响与制约。全球金融危机的蔓延固然是造成合俊集团旗下玩具工厂倒闭的直接诱因,但其背后的一个重要原因还要归结于合俊集团玩具工厂的经营模式,即其主要按OEM(贴牌加工)基准从事玩具制造及销售,而且产品大部分销往美国,因此受美国金融危机影响最大。事实上,影响企业生存与发展的因素很多,既有来自企业内部的资源和能力方面的因素,又有来自企业外部宏观环境和产业环境等方面的因素,为了保证企业的长远发展,企业需要一方面通过内部环境分析认清自身的优势与劣势,另一方面还要通过外部环境分析感知可能的机会与威胁。

第一节 外部环境概述

一、外部环境因素构成

任何一个企业都不是孤立存在的,总是要与周围环境发生物质的、能量的和信息的交流与交换。离开了与外部环境的交流与转换,企业将无法生存与发展。这些影响企业成败、又非企业所能全部控制的外部因素就形成了企业的外部环境。换言之,企业外部环境是指在特定时期中所有处于企业之外而又将对企业的存在和发展产生影响的各种因素的总和。

企业外部环境中的各种因素之间存在复杂的相互关系,并且形成了层次化的结构特点。一般认为,企业外部环境可以划分为三个层次,如图2-1所示。

第一层次是企业的一般外部环境,有时又称为宏观环境,主要包括政治和法律环境、经济环境、社会和文化环境、人口环境以及技术环境等方面。

第二个层次是指市场与行业环境,主要包括市场相关因素和行业相关因素,诸如顾客诉求、目标市场以及行业内的竞争等因素。

第三个层次是指竞争环境,主要包括企业战略群组、竞争对手分析等方面。

二、外部环境各因素之间的相互关系

企业外部三种不同层次的环境因素都会对企业战略行为产生影响,但是这三种层次的环境因素之间存在明确的递进关系。外部环境通过两种方式影响企业战略行为:一是

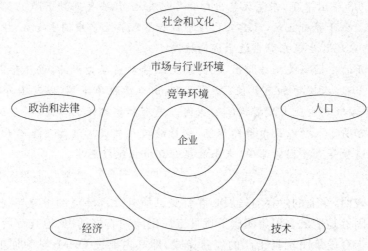

图 2-1　企业外部环境的三个层次

直接方式,即一般环境、市场和行业环境、竞争环境分别直接影响企业的战略行为;二是间接方式,即一般环境的变化首先会导致、决定市场和行业环境的变化,从而引起竞争环境的变化,最后影响企业的战略行为。

　　企业外部环境因素的变化还存在共同演进关系,即在特定区域和时期里受一种或者几种主要因素变化的推动,企业外部环境中各种因素的变化会呈现出相同的趋势和特点。例如,经济全球化趋势就在过去几十年时间里影响全球绝大多数企业外部环境的变化趋势,其中当然包括中国企业。

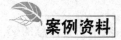　案例资料

西班牙太阳能光伏产业的兴衰

　　西班牙拥有大量空闲土地,同时光照充足。政府曾经对太阳能产业实行高额补贴,使得该产业风生水起,大量的太阳能电厂在短时间内迅速涌现。西班牙一度成为世界最大的太阳能光伏市场。然而,由于政策失当,西班牙的太阳能产业遭遇了意想不到的挫折。这次失败的教训不但使得西班牙太阳能产业受到了重创,而且也遏制了全球太阳能发电行业发展的势头。那么我们能从西班牙太阳能发电市场的大起大落中得到什么启示呢?

　　2006 年西班牙的太阳能装机容量仅为 88 兆瓦,当 2007 年夏季用于鼓励欧洲发展太阳能可再生能源通过回购电价的形式获得补贴(feed-in tariff)公布后,西班牙政府提供的补贴最为优厚,高达每度电 58 美分,而且几乎没有什么附加条件。由于政策的激励,2008年装机总量飙升到 2 300 兆瓦,西班牙的太阳能装机容量占据全球半壁江山,一度超越德国成为世界第一。尽管西班牙曾计划到 2012 年实现太阳能发电达 400 兆瓦,但事实上,到 2007 年,这一目标就已经提前实现了。2008 年,西班牙 2 500 兆瓦太阳能电力实现并网。但同时也给电力公司带来数十亿欧元的债务。然而,由于设计不良或者所在地光照不足等,许多仓促建立的太阳能电站根本无法与传统电厂进行竞争。西班牙政府开始意识到他们势必被迫无限期地补贴其中许多电厂,而他们渴望有效生产绿色能源的美梦可

能无法真正实现。

为了缓解政府的经济压力,2009年9月,西班牙政府突然改变政策,减少补贴,同时限建太阳能电站。一时间,西班牙人的太阳能泡沫碎了。工厂倒闭,商店关门,成千上万的工人失业,国外企业和银行纷纷取消了原本达成的协议。加之严重的经济危机的到来,使得西班牙的光伏市场陷入了停止状态。2009年安装量下降了95%,仅为150兆瓦。在这之后,西班牙产业、观光、交易部宣布,计划将落地式太阳能电池厂的补贴额调降45%,大型屋顶太阳能系统厂的补贴额调降25%,而小型屋顶太阳能系统厂的补贴额则将调降5%。西班牙光伏产业联合会表示,"2009年,西班牙光伏产业有将近3万人失业,2010年的情况将会更糟,只有在海外有业务发展的企业能够生存下来"。

2010年12月,西班牙政府在圣诞节向该国太阳能行业投资者赠送了不受欢迎的礼物,因为西班牙政府计划将太阳能光伏发电补贴从2009年的27.5亿欧元(折合36.4亿美元)下调30%。对那些基于政府承诺补贴而已投资数以十亿的企业,这无疑是一个严峻的打击。面对160亿欧元巨额赤字,政府认为降低补贴合理,尤其是光伏电池成本下降。作为降低发电成本目标的法律的一部分,西班牙政府计划在未来三年节约46亿欧元。除了光伏发电,西班牙政府也计划临时性的降低风能发电补贴。

2011年,第一季度获得批准的项目总计116兆瓦,这些项目的补贴标准与前几季招标时的标准一致。同时,政府在去年决定的补贴下调政策将在2011年第二季度生效。因此,小型屋顶项目的补贴为28.88欧分,下降了8%,大型屋顶项目为20.37欧分,下降了27%,地面安装系统为13.46欧分,下降了46.5%。

2011年7月初,西班牙监管机构宣布,将终止对360个太阳能发电项目的补贴。西班牙政府规定只有那些能够证明太阳能发电项目所产电力高于市场价的运营商才能从政府那里获得补贴。至此为止,因不满足这一规定而被惩罚的屋顶和空地发电项目数量达到1 919个。西班牙国家能源委员会(National Energy Commission)发起对8 185个太阳能发电项目的检查行动,怀疑其中有些项目非法获取政府的补贴。这些项目拥有者没能在2008年9月30日之前实现太阳能项目和屋顶发电系统的发电,无法获得每千瓦时0.477欧元的最高补贴,这是政府补贴给火力发电厂运营商数额的9倍。西班牙政府正在试图削减可再生能源发电项目补贴,以进一步降低电价。西班牙正处于60年来最严重的经济衰退,政府希望借此摆脱困境。

通过对西班牙太阳能行业近几年发展历程的梳理,不难看出,西班牙政府过度慷慨的太阳能补贴政策是导致西班牙太阳能发电市场从蓬勃发展到几近崩溃的最主要原因。优厚的补贴政策使得大量的投资商涌入西班牙太阳能发电市场,于是,即便最没有效率、设计粗糙的电站也能获得利润,投机行为便充斥其间,从而引发了疯狂装机的混乱状况。这时政府采取了补贴削减计划试图遏制爆发式的增长,而紧缩的补贴政策又将无序的市场陷入了停滞状态,一系列错误的举措使得西班牙太阳能发电市场几近崩溃。

西班牙太阳能发电行业的深刻教训给世界绿色能源发展敲响了警钟。全球太阳能发电行业都从西班牙政府的教训中获益良多。由于需要购买大量新设备,开发新技术,太阳能发电成本高昂,因此需要政府补贴。不过随着成本逐渐走低,政府需要随时调整补贴措施,从而更好地推动这一绿色产业的平稳健康发展。西班牙的教训不能再被重复。为市场设限将为行业带来不稳定因素,但更糟糕的是在市场失控后再出台追溯措施,这将不可避免地导致国家的信任危机。

因此,要想规避风险、减少危机,就需要更多的远见和对成本和效益进行更准确、到位的评估。尽管到目前为止,西班牙太阳能行业还没有从逆境中彻底走出来,太阳能光伏发电行业还存在这样或那样的缺陷和问题,但各国专家依然看好这一产业的发展。太阳能光伏发电行业的前景依然乐观!

资料来源:作者根据网络资料整理。

第二节　一般外部环境

一般外部环境的关键要素包括以下四种。

(1) 政治和法律因素(political factors)。

(2) 经济因素(economical factors)。

(3) 社会和文化因素(social factors)。

(4) 技术因素(technological factors)。

这四个因素的英文第一个字母组合起来是 PEST,所以一般外部环境分析也称为 PEST 分析。运用 PEST 分析法可以客观地分析企业所处的外部环境,了解对企业组织产生影响的关键因素,并识别企业组织所面临的机会及威胁。一般外部环境因素分析的内容如图 2-2 所示。

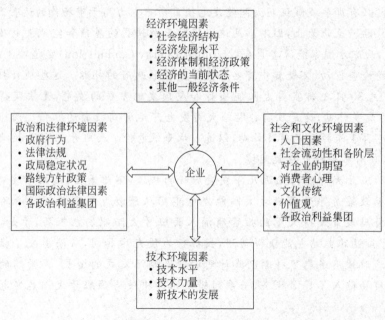

图 2-2　一般外部环境因素

一、政治和法律因素

政治和法律因素是企业管理者制定战略时应考虑的主要因素。政治和法律因素是指对企业经营活动具有现存的和潜在的作用与影响的政治力量，以及对企业经营活动加以限制和要求的法律和法规等。具体来说，政治因素分析包括国家和企业所在地区的政局稳定状况；执政党所要推行的基本政策以及这些政策的连续性和稳定性。这些基本政策包括产业政策、税收政策、政府订货及补贴政策等。

一般来说，政府主要是通过制定一些法律和法规来间接地影响企业的活动。比如在我国，为了促进和指导企业的发展，国家颁布了《中华人民共和国经济合同法》《中华人民共和国企业破产法》《中华人民共和国商标法》《中华人民共和国质量法》《中华人民共和国专利法》《中华人民共和国中外合资企业法》《中华人民共和国劳动法》等法律。此外，国家还对工业污染程度、卫生要求、产品安全要求以及对某些产品定价做出详细的规定，这类法律和法规对企业的活动必然有限制性的影响。

二、经济因素

经济因素是指企业在战略制定的过程中，必须考虑的各种国内外经济条件、经济特征、经济联系等多种因素。主要是指：①基本经济结构和特点，包括经济体制、经济结构、产业结构、生产力布局和对外开放的程度等；②国民经济发展状况，包括国民经济增长、国际贸易增长、居民收入增长、资本市场和通过膨胀状况等；③政府的经济政策，包括财政政策、金融和货币政策、贸易政策、政府预算等；④国际经济形势、经济及发展趋势以及企业面临的经济国际化、市场全球化等状况。这些宏观经济环境因素的变化将在各个方面影响企业的市场、行业和竞争环境，影响企业的战略行为。

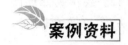 **案例资料**

福特"T型车"需求的变化

1930年代，当福特(Ford)汽车公司的"T形车"风靡整个美国市场时，对于美国汽车行业中的各大公司来说，战略环境却在悄悄变化。福特公司当时所奉行的是成本领先战略，它通过大规模的生产组织，标准化的产品生产，较低的研究开发(R&D)投入及广告促销费用的支出使生产成本大大降低，并获得极大的成功。而实施这种战略的基础是广大消费者的收入不高，福特公司通过降低成本使广大普通消费者也能购买汽车，使汽车走入普通家庭，从而拓展了市场。但是，随着人们生活水平的提高，实行成本领先的战略基础被动摇了。人们越来越不满足于购买与使用浅表一律的"T形车"，而愿意为产品的差异付出一定的额外费用。汽车市场上这种需求的变化给通用汽车公司(GM)带来了机会，通用公司果断采取产品差异性战略，以不同的产品品种满足市场上的需求，从而一跃成为世界最大的汽车公司。由这个例子可以看出，当消费者收入发生变化时，汽车市场上的需求也就随之变化，从而对汽车公司产生了全局性的重大影响，这一环境要素就属于战略环境的构成要素。

资料来源：作者根据网络资料整理。

三、社会和文化因素

社会和文化因素主要是指一个国家或地区的社会组织、社会结构、社会风俗习惯、历史传统、生活方式、教育水平、宗教信仰等因素。它是影响企业战略诸因素中最复杂、最深刻、最重要的变量。

社会和文化环境因素的范围很广,主要包括人口因素、社会流动性、消费心理、生活方式变化、文化传统和价值观等。人口因素包括企业所在地居民的地理分布及密度、年龄、教育水平、国籍等。社会流动性主要涉及社会的分层情况、各阶层之间的差异以及人们是否可在各阶层之间转换、人口内部各群体的规模、财富及其构成的变化以及不同区域(城市、郊区及农村地区)的人口分布等。消费心理是指消费者进行消费活动时所表现出的心理特征与心理活动的过程。大致有四种消费心理,分别是:从众,求异,攀比,求实。生活方式变化主要包括当前及新兴的生活方式与时尚。文化传统是一个国家或地区在较长历史时期内形成的一种社会习惯,它是影响经济活动的一个重要因素。价值观,是指社会公众评价各种行为的观念标准。

四、技术因素

技术因素主要涉及企业所在国家和地区的技术水平、技术政策、新产品开发能力以及技术发展的动态等方面。技术因素主要从两方面影响企业的战略选择。一方面,技术创新为企业发展创造了机遇,如技术进步使得企业可以利用新的生产工艺或生产过程或新的材料,生产出质量更高、性能更好的产品,同时还有助于产品成本降低;另一方面,新技术的出现也使企业面临挑战,技术进步会使社会对相关产品和服务的需求状况发生重大变化。因此技术进步是一把"双刃剑",在给某一产业带来机遇的同时,会给另一个产业形成致命威胁。最典型的例子即是数码科技对传统胶片产业的冲击。因此,要认真分析技术变革给企业带来的影响,认清本企业和竞争对手在技术上的优势和劣势,这样才能扬长避短,提高自己的竞争地位。

在对某一个企业进行具体的一般环境分析时,可根据自身特点和经营需要重点关注对本企业有重大影响的变量,但一般都围绕着政治法律、经济、社会文化及技术四种因素展开。

典型的 PEST 分析内容如表 2-1 所示。

表 2-1　典型的 PEST 分析

政治(包括法律) political	经　济 economic	社会文化 social&cultural	技　术 technological
环保制度	经济增长	收入分布,购买力强弱	政府研究开支
税收政策	利率与货币政策	人口增长率与年龄分布	产业技术关注
国际贸易章程,限制			
合同执行法规	失业政策	生活方式变革	技术转让率

政治(包括法律) political	经　济 economic	社会文化 social & cultural	技　术 technological
雇用法律	征税	职业与休闲态度,企业家精神	技术更新速度与生命周期
政府外资态度	汇率	教育水平	能源利用与成本
竞争规则	通货膨胀率	潮流与风尚	信息技术变革
政治稳定性	商业周期所处阶段	健康意识、社会福利及安全感	互联网的变革
安全规定	消费者信心	生活条件	移动技术变革

第三节　市场与行业环境

在分析行业环境之前,一般要对市场环境有所了解,因为:第一,一般环境的变化首先会导致顾客需求、顾客消费方式的变化,因此,企业必须确认目标市场、市场定位和经营方式是否发生了变化,这样才有利于企业战略管理者确立以市场为导向来制定企业战略。第二,行业指的是提供相互间密切替代的产品或服务的一组公司,也就是说,这些产品和服务满足相同的基本的顾客需求。例如,家用电器行业、计算机行业、饮料行业等。但现在行业边界越来越模糊,如信息技术的发展打破了有形产品和无形产品之间的边界。比如,微软不仅仅是出售操作系统的公司,中国移动也不仅仅是负责电话业务的运营商。因此,在企业战略管理者进行行业环境分析之前,有必要先从市场分析入手,在考虑顾客需求和消费方式变化的基础上更准确地定义行业的边界,甚至重新定义自己所处的行业。

 **案例资料**

可口可乐的行业边界

可口可乐公司一直认为自己是处于碳酸饮料行业,并认定自己的领导地位。20世纪90年代以后,顾客对瓶装水和果汁饮料的需求急剧上升,但由于可口可乐将自己的行业边界界定得过于狭窄,使得它几乎错失了软饮料市场上非碳酸饮料的细分市场。2007年5月份,美国可口可乐公司宣布以41亿美元的价格,收购美国著名的维生素水制造商Glaceau,希望以此增加其在非碳酸饮料市场的份额。业内人士称,近年来北美消费者的偏好开始由碳酸饮料转向瓶装水、茶和功能型饮料,这给可口可乐公司带来极大的挑战。可口可乐公司这次大手笔的收购,目的在于改变其在非碳酸饮料市场上的落后地位。

资料来源:作者根据网络资料整理。

一、市场环境分析

市场环境分析可从市场需求的决定因素以及消费者两个角度进行。

（一）市场需求的决定因素

经济学理论认为,决定单个消费者对某一种产品的需求数量的主要因素有该产品的价格、消费者的收入水平、相关产品的价格、消费者的偏好、消费者对产品的价格预期等。一个市场上所有消费者对该种产品的总需求量还取决于这个市场上消费者的数量。经典的市场营销学表示市场需求的公式:市场需求＝人口×购买力×购买欲望。人口对应一个市场上消费者的数量,购买力对应消费者的收入水平,购买欲望对应产品价格、消费者偏好、相关产品的价格和消费者对产品的价格预期等。

（二）消费者分析

消费者分析主要是对消费者的特征及消费者如何做出购买决定进行分析。一般从三个方面展开:消费细分、消费动机及消费者未满足的需求。

1. 消费细分

消费细分,即消费者市场细分。一般组成细分的变量包括用途、地点、价格敏感度、福利要求、企业类型、客户的观念和态度等。

2. 消费动机

在确定了消费细分之后,下一步就需要知道消费者的消费动机。对消费动机的了解也是企业的一种资产和技能,是帮助企业赢得持续竞争优势的基础,对制定新的战略以及开发新的分销渠道都具有推动作用。

3. 消费者未满足的需求

从战略上来讲,了解消费者的未满足需求是非常重要的,因为未满足的需求表明企业拥有进入市场或增加市场份额的机会,同时也表明企业正面临威胁,因为竞争对手同样拥有抢占市场份额的机会。

二、行业环境分析

（一）行业的定义

行业一般是指按企业生产的产品(服务)的性质、特点以及它们在国民经济中的不同作用而形成的部门类别。任何一个行业,首先是许多同类企业的总和,它们为了争取相同的顾客群体会展开激烈的竞争。这里所说的同类企业,通常以下列一个或几个标志为依据。

(1) 产品的主要经济用途相同。

(2) 使用的重要原材料相同。

(3) 工艺过程相同。

（二）行业的经济特性

不同的行业在利润率、产业结构、顾客群体等方面都存在很大的差异,在进行行业环境分析时,应该先从整体上把握行业的主要经济特性。一般来说,概括某一行业的经济特性应重点考虑以下方面。

(1) 市场规模。

(2) 市场竞争的范围。确定该行业的市场是区域性的、全国性的还是全球性的。

（3）市场结构。包括完全竞争市场、垄断竞争市场、寡头垄断市场和完全垄断市场。

（4）行业在寿命周期中所处的阶段。分析该行业目前处于投入期、成长期、成熟期还是衰退期。

（5）行业前向整合及后向整合的普遍程度。

（6）行业的竞争态势。行业中主要竞争对手的状态、行业的进入壁垒和退出障碍、潜在竞争者的情况等。

（7）行业中产品的工艺、质量、成本控制以及技术的革新速度、分销渠道的种类、广告与营销效应。

（8）行业中的企业在生产、采购、销售等方面能否实现规模经济，以及是否具有学习经验效应的优势。

（9）行业的资金需求状况、边际利润率和设备利用率的高低。

（10）行业的整体盈利水平。

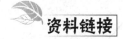
资料链接

行业与产业的区别

所谓行业，是反映以生产要素组合为特征的各类经济活动。由该定义可以看出，行业是根据人类经济活动的技术特点来划分的，即按反映生产力三要素（劳动者、劳动对象、劳动资料）不同排列组合的各类经济活动的特点划分。例如，铁匠与木工、律师与医生。我们从它们各自的劳动对象、劳动资料很容易地就能看出他们各自的技术特征，从而区分四种行业。

所谓产业，是指对各类行业在社会生产力布局中发挥不同作用的称谓。行业划分的着眼点是生产力的技术特点这一微观领域，产业划分的着眼点是生产力布局的宏观领域。如上述铁匠、木工、律师、医生四个行业按它们在生产力发展总链条中所发挥的不同作用归类，就会发现：铁匠与木工同属于加工制造业，律师与医生都属于服务业。加工制造业与服务业又分别称为第二产业和第三产业。

在概括人类生产行为发展演变的理论研究中存在多种研究思路。目前在国际普遍流行的是三次产业划分思路，即按照人类生产发展的历史顺序：第一农业、第二加工制造业、第三服务业来划分，并用来反映国民经济中各类活动的不同的特征。

1985年，我国国家统计局明确地把我国产业划分为三大产业（2002年重新修订，此划分同时废止）。把农业（包括林业、牧业、渔业等）定为第一产业，把工业（包括采掘业、制造业、自来水、电力、蒸汽、煤气）和建筑业定为第二产业。把第一、二产业以外的各行业定为第三产业，包括交通运输、仓储和邮政业，信息传输、计算机服务和软件业，批发和零售业，住宿和餐饮业，金融业，房地产业，租赁和商务服务业，科学研究、技术服务和地质勘查业，水利、环境和公共设施管理业，居民服务和其他服务业，教育，卫生、社会保障和社会福利业，文化、体育和娱乐业，公共管理和社会组织，国际组织等。

因此，按照国内一般的理解，产业的外延要大于行业，产业包含行业，而英文行业、工业及产业的单词都是"industry"没有区别。波特的"五力竞争模型"从内涵上应该更接近我们理解的"行业"竞争结构,所以本教材遵从国内习惯,使用"行业"概念。

资料来源:作者根据网络资料整理。

（三）行业生命周期

大多数行业都会经历一个与产品生命周期相似的周期,即起步期、成长期、成熟期和衰退期(见图2-3)。判断行业所处生命周期阶段的主要指标有市场份额、需求增长率、产品品种、竞争者数量等。

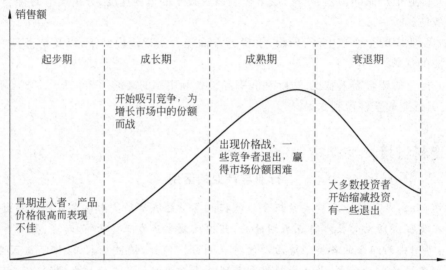

图 2-3　行业生命周期

1. 起步期

在起步期,产品刚刚投入市场,顾客对产品还不了解,只有少数追求新奇的顾客可能购买,销售量很低。为了扩展销路,需要大量的促销费用,对产品进行宣传。在这一阶段,由于技术方面的原因,产品不能大批量生产,因而成本高,销售额增长缓慢,企业不但得不到利润,反而可能亏损。产品也有待进一步完善。管理层需要采取战略来支持产品上市,并定期审核投资项目和监控竞争对手技术和产品的发展情况。这个时期的产品设计尚未成熟,行业产品的开发相对较缓慢,利润率较低,但市场增长率较高。

2. 成长期

一旦一个行业已经形成并快速地发展,便进入了成长期。大多数企业因为拥有高增长率而在行业中继续存在。在该阶段,管理层必须确保充分扩大产量以达到公司所设定的目标市场份额。不过,在大多数情况下,因为需要大量资金来实现高增长率和扩产计划,现金会比较短缺。通过专利权或其他扩产和降低成本的方式来设置阻止竞争者进入行业的"进入壁垒"就显得非常重要。

3. 成熟期

当增长率降到较正常的水平时,行业即进入了成熟期。这是一个相对稳定的阶段,各年销售额之间的变动较小,利润增长幅度也较小,但是市场内的竞争变得更加激烈了。消费者的见识更广,要求也更加严格,并非所有原先存在的产品、企业或战略都继续适用于该阶段。企业应重点关注效率、成本控制和市场细分。

在成熟期的后期,该行业会进入动荡阶段。由于投资回报率不能令人满意,一些企业会从市场中退出。小部分企业有可能通过收购或依靠其自有产品的优势开始主导该行业。在该阶段,要监控行业是否存在潜在的兼并机会,通过探索新市场或研发新技术来继续扩张发展,或开发出具有不同特色或功能的新产品,该阶段进行战略管理至关重要。

4. 衰退期

行业的生命周期与产品的生命周期有所不同,因为行业的存在期比任何单一产品都要长。行业进入衰退期之后,会出现行业生产能力过剩,技术被模仿后出现的替代产品充斥市场,市场增长率严重下降,产品品种减少,行业的活动水平随着各公司从该行业中退出而下降等情况。最终,某一行业可能不复存在或被并入另一行业。因此,要确定如何在这样一个非赢即输的环境中保持独特优势,充分运用战略管理显得尤为重要。

（四）行业竞争结构

在一般环境变化的影响下,企业战略管理者不仅需要关心市场,特别是顾客的需求,而且需要关注行业以及与行业有关的其他因素对企业盈利和战略选择的影响。通过对美国若干行业平均收益率的长期跟踪研究,迈克尔·波特发现:企业盈利水平的高低在很大程度上取决于行业平均收益率的高低;行业平均收益率的高低取决于行业竞争强度的高低;行业竞争强度的高低取决于行业竞争结构;行业竞争结构取决于五种力量及其相互作用。这五种力量分别是:①行业新进入者的威胁;②供应商的讨价还价(议价)能力;③购买商的议价能力;④替代产品的威胁;⑤现有企业之间的竞争。以上五种力量共同决定着行业竞争的强度以及行业平均利润率的大小,最强的一种或几种力量占据着统治地位并且从战略形成角度来看起着关键性的作用。迈克尔·波特提出的分析行业竞争结构的这五种力量被称为"五力模型",这一模型得到了学界的普遍认可,为人们广泛关注和引用。经典的"五力模型"如图 2-4 所示。

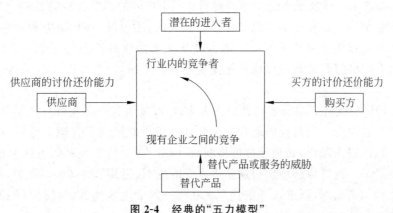

图 2-4　经典的"五力模型"

波特的"五力模型"从以下几个方面帮助管理者提高战略决策水平:①预测现有行业盈利的潜力,决定继续从事还是退出这个行业;②分析一个新的行业,并且决定如何进入这一行业;③分析本行业的竞争特点,制定相应的竞争战略,目的是通过调整资源配置或者改变竞争结构提高企业的盈利水平。

1. 行业新进入者的威胁

行业新进入者是指行业外那些很有可能进入本行业成为行业内企业竞争对手的企业。行业新进入者带来的后果包括：一是增加新的生产能力和物质资源；二是要求取得一定的市场份额分享垄断利润。因此对本行业的现有企业构成了威胁。这种威胁通常称为进入威胁。进入威胁的大小取决于进入壁垒的大小以及现有企业的反应程度。进入壁垒有时又称进入障碍，是指要进入一个行业或目标市场所需克服的障碍和需付出的代价，主要由那些允许现有企业赚取正的经济利润，但使行业的新进入者无利可图的因素构成，包括规模经济、产品差异、资金需求、转换成本、分销渠道、固有成本优势等因素。

（1）规模经济。规模经济表现为，在一定时间内产品的单位成本随总产量的增加而降低的效应。规模经济的作用迫使行业新进入者以较大生产规模进入行业，并冒着被现有企业强烈反击的风险；行业新进入者也可以较小的生产规模进入，但要长期忍受产品成本高的劣势。这两者都不是行业新进入者所期望的。在一些资本密集的传统制造业（如汽车、钢铁、船舶制造、有色金属冶炼、化纤等）中，规模经济是其难以逾越的进入壁垒。

（2）产品差异。产品差异是由于客户对企业产品的质量或品牌信誉的忠诚程度不同而形成的产品之间的差别。对于产品差异形成的进入壁垒，行业新进入者需要花费较长的时间克服这一障碍，并且会以一定时期的亏损作为代价，因为行业进入者必须在产品开发、广告和用户服务等方面进行大量的投资。最典型的当属保健品和化妆品行业，因产品品牌优势造成的进入障碍尤其明显。

（3）资金需求。对某些资金密集型行业来讲，进入一个行业并在这个行业站住脚所需要的资金数量相当大，因而资金需求就形成了行业新进入者的进入壁垒。如汽车、石油化工业、钢铁业、航空业、远洋运输业、电力工业等行业对资金需求都非常大，因而进入壁垒就比较高，所以这种资金密集型行业的企业数量较少。

（4）转换成本。转换成本是指当消费者从一个产品的提供者转向另一个提供者时所产生的一次性成本。这种成本不仅仅包括经济上的，还包括时间、精力和情感上的，它是构成企业竞争壁垒的重要因素。如果消费者从一个供应商转向另一个供应商的成本较高，那么无论是从时间、金钱方面还是从便利性方面考量，消费者改变购买意向的可能性都较低。

（5）分销渠道优势。对行业的新进入者来说，必须为其产品获得分销渠道，产品才有可能到达消费者手中。当行业内现有的企业合乎逻辑地控制了分销渠道时，行业新进入者必须承受高的进入障碍，必须通过价格削减、商业广告、给予补贴等方法来说服那些分销商接受其产品。这样势必增加行业新进入者的成本，使其望而却步。例如，超市会优先将货架提供给知名品牌，新进入者在货架上获得一席之地来摆放产品进行促销的机会就会大大减少。

（6）固有成本优势。行业内原有企业常常在其他方面还具有与规模经济无关的固有成本优势，行业新进入者无论达到什么样的规模经济状态都不能与之相比。比如，产品技术专利、资源的独占权、占据市场的有利地位、独有的技术诀窍、具有经验效益以及政府的某些准入限制政策（如在烟草、金融、电信、某些战略资源等行业方面，国家规定了严格的准入制度)等。

行业新进入者的威胁除了取决于进入壁垒的大小以外,还取决于现有企业的反应程度。如果现有企业对行业新进入者采取比较宽容的态度,行业新进入者进入一个新行业会比较容易;反之,如果现有企业非常在意,就会对行业新进入者采取强烈的反击和报复措施,如在规模、价格、广告等方面加大进入壁垒的强度以遏制行业新进入者。在下列几种情况下,现有企业反应会比较强烈:具有激烈竞争的历史渊源;具有相当充足的资源条件,有能力把"报复"进行到底;现有企业所处的行业退出壁垒较高,该企业资产专用程度较高;行业增长速度缓慢,吸收新进入者的能力有限。

2. 替代品的威胁

替代品,是指其他企业生产的与本企业产品功能相似且同样可以满足消费者需求的产品或服务。当本行业的产品存在替代品时,生产替代品的企业就会给本企业带来竞争压力,从而造成一定的威胁,这种威胁的大小取决于以下几方面。

(1)替代品相对于本行业产品,是否具有更高的性价比。替代品的相对价值越高,本行业本产品潜在利润率所受的影响越大。

(2)替代品生产企业的经营策略。如果生产替代品的企业采取的是积极的市场扩张策略,对本企业的竞争压力就会更大。

(3)购买者的转换成本大小。购买者改用替代品的转换成本越低,对现有企业的威胁越大。

对于其他行业可能出现的替代品,战略管理者应该密切关注。比如,塑料材质性能的改进使其在许多汽车零部件上取代了钢铁,这就对钢铁产品带来了威胁。尤其是在一些看似无关的领域内发生的技术变化或者竞争的非连续性都会对行业盈利水平产生极大的影响。

3. 供应商的议价能力

供应商是指企业从事生产经营活动所需的各种资源、配件等的提供方。一个行业平均盈利水平的高低与该行业上游供应商的议价能力密切相关。如果供应商议价能力强,它们会向下游企业提高供货价格或者有意降低产品质量或服务质量,从而降低本企业成本,压低整个下游行业的利润率。一般来讲,在下列几种情况下,供应商的议价水平较高。

(1)供应商所处行业的集中度高。供应商行业由几家公司控制,其集中化程度高于购买商行业的集中度,这样,供应商就能在价格、质量等条件上对购买商施加压力。微软在操作系统上近乎垄断的地位和相对分散的个人电脑市场便是一个典型的例子。

(2)供应商提供的产品或服务几乎没有替代品。如果购买方的需要只能由一种产品或者一个行业的供应商满足,那么该供应商的议价能力便会很强。

(3)购买方对供应商来说并不重要。如果一个企业所采购的数量只是一个供应商产量的极少部分,比如只有 $2\%\sim5\%$,那么这个企业就很难具有与供应商讨价还价的条件。

(4)供应商提供的产品与众不同。如相对于普通的制药公司,能够提供疗效显著的专利药品的制药公司将对医院、保健品公司及其他药品购买者产生更大的吸引力。

(5)供应商群体有能力吞并下游行业。如果供应商能够比较容易地通过前向整合进入购买方所处的行业,那么供应商讨价还价的能力自然增大。例如矿石公司想要自己用铁矿石炼铁,则对炼铁公司来说构成很大威胁。

4. 购买方的议价能力

购买方指的是企业产品或服务的购买者和消费者,包括中间商(分销商)、企业用户和消费者。购买商一般会要求降低产品价格,提高产品质量和获得优质服务,其结果是使行业竞争更加激烈,行业利润率下降。购买方议价水平的大小,受以下几种因素影响。

(1)购买方的集中度。如果购买方集中于少数几个企业,同时单一购买方的购买量占单家供应商的供货量相当比例时,购买方的议价能力会较高。在固定成本较高的行业(如通信设备、近海钻井或大型化工)中,大宗购买方通常具有很大的影响力。

(2)购买方购买的产品占其成本结构或者采购预算较大比重时,购买方讨价还价的需求会更强烈,并且会想方设法增强其议价能力。

(3)购买方所需产品的标准化程度较高或者是无差别化的,此时买方选择的余地较大,自然增强其议价能力。

(4)购买方的盈利水平和现金流状况。利润较高、现金周转良好的购买方一般情况下对供应商的价格不是很敏感(当然是在购买的产品占其成本比例不是很高的前提下)的话,则讨价还价的欲望不是那么强烈。

(5)购买方选择后向一体化的可能性。买方如果选择后向一体化的经营方式,则他们可以在向外购买与自行生产两种方式之间进行选择,这就自然增强了购买方的议价能力。

购买方的大部分议价能力分析既适用于消费者,也同时适用于商家对商家(B2B)客户。像行业客户一样,如果消费者购买的是无差别化产品,或者相对其收入价格太高,那么他们便更倾向于讨价还价。消费者与客户的主要区别在于,消费者的需求更难分析和量化。

对于中间商的议价能力分析,有一点不同。如果中间商能够影响下游客户的决定,那么中间商的议价能力就会提高。电器零售商、珠宝零售商和农业设备经销商便是经销领域很好的例子,他们能够对最终消费者产生强大的影响。

5. 现有企业之间的竞争

行业内现有企业之间的竞争是指行业内各企业之间的竞争关系和竞争强度。不同的行业其竞争的激烈程度是不同的。如果一个行业内主要竞争对手基本上势均力敌,行业内部的竞争必然激烈。在这种情况下,某个企业要想成为行业的领先企业或保持较高的收益水平,就要付出很大的代价。行业内现有企业的竞争有许多常见的方式,包括降价、新产品推介、广告和改进售后服务等。这些竞争手段无疑会降低行业的平均利润率。因此,现有企业之间的竞争对行业整体盈利水平的影响取决于两方面:一是竞争的激烈程度;二是竞争的基础。当出现下列情况时,现有企业之间竞争比较激烈。

(1)同业竞争者数量较多,且实力相当。

(2)行业增长速度趋缓。现有企业为了寻求出路,势必集中力量来争夺现有市场份额,使得竞争更加激烈。

(3)行业的退出门槛较高。退出门槛是指企业在退出某个行业时需要克服的障碍和付出的代价,诸如高度专门化的资产或管理能力,企业清算必须支付的合同违约费、员工安置费等,政策的限制及企业固有的情感障碍等。这些因素都会给企业退出造成障碍,即使经营不善的企业也要继续维持下去,从而加剧了现有企业之间的竞争。

(4)竞争者经营目的的多元化。由于竞争者经营目的的不同导致行业内部竞争激烈的现象也比较常见。尤其在某竞争者高度专注于某行业,并渴望成为行业领袖时。出现这一情况有很多原因。比如:国有企业竞争者的目标可能是招贤纳士或提高自己的声誉;大企业联盟可能出于维护形象或者为了使自己的产品更加全面而进军某一行业;企业的自私自利和定位之间的冲突有时会加剧行业的竞争强度。

企业之间的对抗力度不仅仅反映了竞争强度的高低,还反映了竞争的基础。竞争的因素以及竞争对手之间是否聚焦同样的竞争因素,对行业的盈利水平会产生重要影响。一般来讲,降价是同业竞争者最容易想到和实现的方式,当出现下列情况时,极有可能引发价格大战。

(1)产品或服务的差异化较小。对购买方来讲,转换成本极低,竞争者不得以采用降价的方式吸引新的消费者或客户。国内近几年家电行业的价格大战便是典型例子。

(2)行业固定成本高,边际成本低。这会对竞争者造成极大的降价压力,有时会将价格降至平均成本以下,甚至接近边际成本,从而赢得更多客户或消费者。许多基础原料行业(如造纸业和制铝业等)都存在这种情况。

(3)产能跨越式增长。大多数行业的生产能力是渐进式增加的,因此其中一些企业扩大产量并不会导致整个行业陷入价格战。但是,也有少数行业的生产能力是阶梯式或者跳跃式增长的。例如,石化或钢铁行业,这些行业中有一个企业增加新的装置,可能导致整个行业出现长期和严重供过于求,引发行业内的价格战。

"五力模型"深入透彻地阐述了某一特定行业内的竞争结构和竞争程度。五种竞争力量所体现出来的行业结构决定着行业的长期平均利润,是因为它能够决定行业所创造的利润如何分配,即行业内的公司留取的利润、客户和供应商分享的利润、替代品截取的利润和潜在新进入者掠夺的利润各有多少。通过综合考虑五种竞争力量,战略制定者便会对综合结构全面了解,而不会将注意力只放在单一因素方面。

同时,战略决策者必须了解,行业竞争结构不是一成不变的。一般环境的变化会带来行业竞争结构的改变。尤其在中国,随着经济转型的逐步深入,行业竞争结构的优化已经不再由政府主导或实施,而是靠市场机制来筛选。企业管理者必须更关注如何通过主动的战略性行为去提高行业进入门槛,提高对供应商和客户的议价能力,抑制替代品产品竞争力的提升和避免本行业经常性地陷入价格战。如果一个企业能够在优化行业竞争结构中采取主动的战略行动,就有可能确立自己在行业中的领先地位。

 **案例资料**

我国乳制品行业的"五力模型"分析

目前我国乳制品行业的整体形势是奶制品消费水平很低,全国人均不足20公斤,与世界人均消费水平100公斤和发达国家200公斤的人均消费水平之间的差距很大。我国乳制品行业还有极大的发展空间,所以乳制品行业的困难只是暂时的,如何分析当前的竞争局势并实现行业发展是目前乳制品行业急需解决的问题。从五力模型的五个方面分析我国乳制品行业的结构特点,进行行业战略决策,是我国乳制品行业走出困境,实现行业稳定快速发展的重要途径。

1. 业内现有企业的竞争强度

近年来,受行业需求减缓影响,乳制品工业规模扩张速度趋缓。2012年,行业规模以上企业649家,数量呈缩减趋势;资产总计1 744.14亿元,增速为12.64%,较2011年明显下滑。2012年全国乳制品产量达到2 545.19万吨,同比增长8.07%。由于乳制品安全事件频发以及国家食品安全政策的出台,乳品产量上升减缓。

同时,由于食品安全问题的出现,乳制品行业发生了一系列洗牌,大型企业此消彼长。乳制品行业的兼并重组愈演愈烈,"三元收购三鹿""中粮重组蒙牛""雀巢并购惠氏"等兼并事件不断出现。乳制品企业在国内纷繁复杂的发展环境下,竞争愈加激烈。从企业规模和企业性质结构来看,乳制品行业呈现以下特点:乳制品行业集中度进一步提升,大型企业盈利较强。2012年,大型企业占规模以上企业数量的5.70%,大型企业资产总计占比43.84%;同时大型企业的销售收入和利润占比最高;大型企业销售毛利率最高,小型企业较低,但中型企业销售利润率最低。私营企业数量最高,外资企业盈利较强。在2012年乳制品行业中,私营企业数量最为庞大,为245家,占全行业企业数量的37.75%,股份合作企业和集体企业数量比较少。在资产方面,私营企业总资产占比仅为14.86%,平均资产规模偏小;外商和港澳台投资企业销售收入、利润最高,销售毛利率表现最为突出;而国有企业的盈利能力最低。外资企业技术水平较高,产品质量控制严格,产品价格定位相对较高,销量和盈利均表现较好。

由于国内乳制品企业信誉危机的持续影响,近年来进口产品的发展不断加快。2012年中国进口全脂和脱脂奶粉数量分别为36.5万吨和19.5万吨,合计56万吨;进口液态奶7.8万吨。以奶粉折合原奶的比例(1:8)进行还原,则我国2012年进口原奶量超过450万吨,占全国奶制品产品及消费量的10%以上。这充分说明,国内需求仍需部分进口来满足。此外,进口全脂奶粉的挤压影响逐渐显现。2012年,乳业生产的基础原料——全脂粉的国际价格持续走低,全年进口全脂奶粉到岸均价仅为23 000元/吨,而国内乳企就地收取奶农牛奶加工成全脂奶粉的成本高达34 000元/吨。巨大的差价使得乳品企业大规模缩减国内奶源采购规模,转向使用进口全脂粉。由于乳企减少收奶量,散养农户退出情况严重。

消费者对市场上各种奶制品有一定的消费比例。其中,经常饮用袋装液态奶的人群占比为66.1%,为最高;而经常购买酸奶、散装奶和奶粉的人口比例较低,均为10%左右。这表明,消费者的口味、喜好、品牌和收入水平有着较大差别。因此,乳品企业对产品品种的多样性和创新性高度重视。伊利、三元、蒙牛、光明等大型企业先后开发了不同品种和规格的产品,以满足不同消费者的喜好。产品的差异化能够使企业获得更高的利润。

2. 供应商的议价能力

对于乳制品行业的上游,直接的供应方主要是奶源基地。生产奶源的形式很多,主要包括奶站、规模场、养殖小区、散养户等形式。据国家奶牛产业技术体系在全国14个省(市、区)监测的300多个规模化奶牛场的数据显示,2012年年底,我国规模化牛场奶牛存栏量为 27.49 万头,同比增加 8.14%;全年生鲜乳累计产量达 79.65 万吨,同比增长 12.68%。我国奶牛生鲜乳产量呈现增加趋势,同时散养户的比例持续下降,奶牛规模化养殖的程度继续升高,说明我国奶牛养殖的综合水平在不断提高。

但我国当前散养户的组织程度不高,养殖户与企业之间的连接机制存在很多缺陷,同时在产品的质量上生鲜乳提供者面临乳品企业愈加严格的检测标准,上游供应商在讨价还价方面还处于劣势地位,特别是在农户和企业的实力差距较大时,如大型乳制品企业和个体养殖户之间的奶源收购谈判。

为了保证奶源,现代的大型乳制品企业开始建立奶牛基地,从而达到规模经济效应,奶源的问题正在逐步得到解决。像伊利集团,在充分研究市场发展趋势后,将早期的"公司—农户"形式转变到"现代化奶站—个体牧场—养殖小区—牧场园区"这种多形式的生产模式,这样通过"契约"将公司的经营延伸到原奶的生产环节,以保障生产规模扩大所需的充足原料。而这种经营模式又规避了企业直接进入奶牛养殖领域的资本风险。然而,奶牛养殖的上游饲料行业的压力却在不断加大。无论是规模养殖还是农户散养,物质及服务费用占比都在 75% 以上,估计饲料成本占原奶生产总成本的 70% 以上,人工成本占比约为 10%。因此,饲料价格波动将在很大程度上影响奶牛养殖成本及原奶价格。近年来,饲料行业处于整合阶段,国内市场的饲料市场呈现上涨行情。由于上游农产品和饲料价格的长期趋势是随通货膨胀逐年上涨,因此原奶价格将始终存在较强的提升压力。

3. 购买方的议价能力

乳制品的最终购买者是大众消费者。近年来,我国宏观经济稳定提升,居民收入和社会消费支出也不断上升,但消费增速有所减缓。2012 年全国城镇居民人均总收入达到 26 959 元。其中,全国城镇居民人均可支配收入已达到 24 565 元,同比提高 12.6%;农村居民人均纯收入达到 7 917 元,同比提高 13.5%;全年社会消费品的零售总额为 207 167 亿元,同比增长 14.3%,增速回落了 2.8 个百分点。由于近年来食品安全问题受到社会的广泛关注,产品安全和营养成分逐步成为乳制品消费的主导因素,其次才是产品的价格。在各城市的超市里,各种品牌的乳制品不胜枚举,包括国产名牌产品、地方产品、外资进口产品等,这在一定程度上为消费者提供了大量的信息,同时也使他们的买方转换成本随之下降。因此,我国乳制品市场的消费者拥有很强的潜在购买消费能力,并且消费者在购买乳制品时更为理性,这说明我国乳制品行业的下游购买者具有较强的讨价还价能力。

4. 行业新进入者的威胁

近年来,国家对于乳制品行业连续出台多项审查和改革措施,达不到一定产量的乳制品企业将被强制退出该行业,这使得该行业的规模经济壁垒大幅提高。新的《企业生产乳制品许可条件审查细则》(2010 年)比之前版本更加严格,在加入了很多常规审查项目的同时,还要求婴幼儿配方奶粉的生产企业配备相应的检测检验设备,对三聚氰胺等物质的 64 项指标进行企业自检,而且不能委托其他企业检测。检测设备的价格大多达上百万元甚至千万元,这对于中小型企业来说将是一个很大的负担。

同时,随着我国食品安全事件的曝光、营养知识和法律法规的宣传,消费者的食品安全意识正在不断加强,消费者对产品质量、安全状况、包装外形的要求不断提升。行业新进入者必须具备良好的品控能力,从原料选择、乳的分离、杀菌、冷处理、均质、浓缩、喷雾、发酵、包装、设备清洗、消毒等一系列环节都需要专用设备,并且需要高规格的实验室和技术人员对出厂产品的质量进行严格控制。

对于乳制品行业,原料奶价格对乳品企业的生产成本具有较大的影响。原料奶基地的牛奶具有数量优势,价格大幅低于非奶源基地。近年来,蒙牛、伊利、光明等国内企业在奶源基地建设上都投入了大量的资金。然而,对于行业新进入者,则需要建立自己的奶源基地,或是寻找新的奶源进行合作,这将面临巨大的资本投入。成本障碍造成乳制品企业较高的进入壁垒。

作为消费品生产企业,乳业巨头都在建立并不断完善产品的分销系统。目前的乳制品分销方式主要有批发、零售和直销,其中直销方式越来越受到乳品企业的欢迎。特别是地方品牌,由于地域占据优势,拥有十分稳固的分销渠道。然而,乳品企业建立完善的分销渠道不仅需要在人、财、物方面加大投入,还需要积累丰富的经验和大量的信息。因此,乳品行业的销售壁垒是构成其高进入门槛的重要因素。

5. 替代品的威胁

对于我国品牌乳品企业,其产品的内在品质并不存在质的差距,消费者对于不同品牌乳制品的消费偏好,主要受乳品口味、品牌、规格和广告等因素的影响。由于乳制品消费的特点,其购买频率较高,不同企业的产品替代性很强。虽然牛乳具有丰富的营养价值、保健等功能,但是由于其成本较高,加之部分人群对乳糖不耐受,因而使得豆制品拥有较为广阔的前景。与乳制品相比,豆制品具有原料充足、价格低廉、不含胆固醇、富含不饱和脂肪酸、无乳糖等优势,非常适合中国消费人群。

基于行业竞争分析,目前我国乳制品行业的企业生产技术水平、产品质量还有待提高,下游需求和产品差异化尚须进一步开发,同时外资企业、进口产品对其冲击严重,企业成本不断上涨。

资料来源:郑川. 中国乳制品行业竞争格局分析——基于波特五力分析模型的研究[J]. 中国西部,2014(30).

第四节　竞　争　环　境

竞争环境分析是指对企业所在行业整体竞争态势的分析,可将它看作是行业环境分析的一个补充。竞争环境分析的重点集中在与企业直接竞争的每一个企业。竞争环境分析一般包括两个方面:一是从行业竞争结构视角观察分析企业所面对的竞争格局,即确定行业内主要竞争对手的战略诸方面的基本特征,一般称之为战略群组分析;二是从个别企业视角观察分析竞争对手的实力,即竞争对手分析。在对竞争环境进行分析的前提下,企业可以进一步评价和明确自身和竞争对手的优势、劣势,确定行业关键成功因素。

一、战略群组

对行业内部竞争结构分析的目的是明确行业内的企业在经营上的差异以及这些差异与它们目前战略地位的关系。因此,需要按行业内各企业战略地位的差别,将企业划分为不同的战略集团,进而分析行业内各个战略集团的相互关系,并进一步认清行业及其竞争状况,为企业战略选择提供依据。

(一)战略群组的含义

战略群组是指由在同一行业中采用相似战略、具有相似竞争特征的公司组成的集团。或者说,一个战略群组是由一个行业内目标市场和市场定位相似的竞争者所组成的群体。同一个战略群组的企业在很多方面彼此相同,如价位、档次、分销渠道、目标消费群体等。显然,处于同一战略群组的企业是竞争最激烈的对手。

(二)战略群组的特征

识别战略群组的特征即是确定划分战略群组的依据。一般来说,区别战略群组之间的差异可以考虑以下变量。

(1)产品(服务)差异化(多样化)程度。

(2)细分市场的数量。

(3)分销渠道的不同。

(4)营销的力度(如广告覆盖面、销售人员的数量等)。

(5)纵向一体化程度。

(6)技术领先程度(是技术领先者还是技术跟随者)。

(7)研发能力(生产过程或产品的革新程度)。

(8)成本定位(如为降低成本而做的投资大小)。

(9)价格水平。

(10)组织的规模。

利用这些变量识别战略群组,一般选择其中的 2～3 项变量,然后将该行业中的每个企业在"战略群组分析图"上标示出来。"战略群组分析图"是迈克尔·波特提出的一种竞争分析工具,其作用在于明确企业在群组内外的市场地位,认清各群组所建立的移动壁垒。具体操作是:选取两个或两个以上的关键战略变量,通过数据统计分析,将实施相似战略的公司聚类到同一个群组内,并表现于二维坐标平面上。选择不同的战略变量,将产生不同的战略群组的划分,决策者应依据行业的特点及研究目的来选择。图 2-5 是一个典型的战略群组分析,图中,横轴代表纵向一体化程度,纵轴代表专业化程度,因为对任何一个战略群组来说,这都是两个重要的战略约束因素。在对所有企业进行战略群组划分的时候,以哪些特征作为划分依据是十分关键的。企业战略管理层最好选择符合产业本身的特征,以及行业在竞争上所采取的较独特且具有决定性的成功关键因素作为划分战略群组的依据。比如:在白酒行业,主要应考虑其酿造工艺水平、企业促销能力、分销渠道;而在计算机行业,更多的要考虑的是产品的研发能力、技术领先程度、产品的品牌价值及价格定位等。

(三)战略群组分析的意义

作为刻画行业内部结构与竞争格局的一种客观的、综合性的分析思路与工具,战略群组对企业内外部情况的理解、战略目标的选择、战略焦点的识别都有重要的启示意义。在现今复杂动态的激烈竞争中,把握住行业的战略群组结构应当成为企业进行行业分析、制定业务战略的一个基本要求,而进入行业内最优秀的战略群组,应该是企业追求的终极

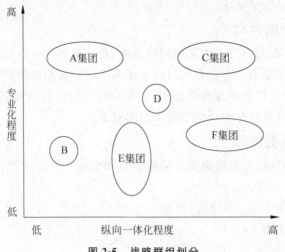

图 2-5　战略群组划分

目标。

（1）战略群组是行业与个别企业之间的一个连接点。行业是由一群生产类似产品的企业所组成，但是从市场细分的角度考虑，每个企业还是有自己的目标市场，并非每种产品都有替代性。如果只是把一个行业作为整体来研究，便会忽略各个企业自身的风格特色；而如果把每一个企业都作为离散的点来研究，又会使战略制定者很难准确把握企业的定位。战略群组的观念正是用来弥补行业整体面与企业个体面分析的不足，在行业与企业之间架起一座桥梁。

（2）通过战略群组的分析，可以确定行业内所有战略群组诸方面的特征，揭示行业中各竞争者所占据的竞争位置，并且便于发现公司的直接竞争者，加深企业战略管理层对整个行业总体状况的了解和把握。

（3）通过战略群组这个基本框架，企业可以很好地分析并判断竞争对手的状况、定位及行业内企业的盈利状况，从而更好地把握整个行业的竞争结构。

（4）通过战略群组分析，可以帮助企业了解所在战略群组内各个竞争对手的优势、劣势和战略方向。由于同一战略群组内的企业向相似的顾客群提供相似的产品，它们之间的竞争会十分激烈，所以各个企业受到的威胁很大，正所谓"知己知彼，百战不殆"，充分地认识竞争对手，也就是充分地认识自己。

（5）利用战略群组图有助于决策者了解各战略群组之间的"移动障碍"。移动障碍即一个群组转向另一个群组的障碍。移动障碍与我们熟知的行业"进入障碍"较为相似，两者的表现形式可能一致，如资金来源、业务规模、技术研发、渠道控制、母公司的支持、法律法规与政策等。主要区别在于，行业的进入障碍是把潜在进入者阻挡在行业外，行业内的移动壁垒是阻碍已经在行业中的企业进入更好的战略群组。

（6）利用战略群组图还可以预测市场变化或发现战略机会。战略群组图示中的空白区可能为新战略或新的战略群体提供机会。2005 年欧洲工商管理学院 W. 钱·金（W. Chankin）和勒妮·莫博捏（Renee. Mauborgne）两位教授撰写的《蓝海战略》一书，进一步延伸了这一思路。他们认为过去的战略思维立足于当前已存在的行业和市场，采取常规的竞争方式与同行业中的企业展开针锋相对的竞争,那是一种"红海战略",而"蓝海战略"是指不局限于现有产业边界而是极力打破这样的边界条件,通过提供创新产品和服务,开辟并占领新的市场空间的战略。

在"红海"中,产业边界是明晰和确定的,竞争规则是已知的。身处"红海"的企业试图表现得超过竞争对手,以攫取已知需求下的更大市场份额。因此,竞争是"红海战略"永恒的主题。公司提升市场份额的典型方式,就是努力维持和扩大现有客户群。而这通常引发对客户偏好的进一步细分,以便提供量身定做的产品。通过对客户需求变化的追踪来提升自己的应变能力,这可以称为"随需应变"。

"蓝海"意味着未开垦的市场空间、需求的创造以及利润高速增长的机会。在"蓝海"中,竞争并不存在,因为游戏规则还没有建立。价值创新是"蓝海战略"的基础,价值创新力图使客户和企业的价值都出现飞跃,由此开辟一个全新的、非竞争性的市场空间。"蓝海战略"者认为市场的边界并不存在,所以思维方式不会受到既存市场结构的限制。他们认为市场中一定会有尚未开发的需求,问题是如何发现这些需求。因此,着眼点就应该从供给转向需求,从竞争转向发现新需求的价值创造。

 资料链接

识别战略群组

战略群组描述的是一个综合的、整体的战略组合,涉及多个战略维度,不仅仅是产品与市场的选择问题。而且相比对外部市场的选择问题,战略群组概念更多关注的是企业自身的情况,包括企业掌握哪些有形与无形资源,以及如何配置和运用这些资源。

战略群组之间的战略差异是在多个维度上同时存在的。例如,在制药行业中,新和成公司主要集中于化学药品,研发投入强度高,具有很高的产品出口比例,有很大比例的产品是销售给少数几家客户;而同属该行业的太龙药业公司则除了化学药品外还具有多种中药产品,主要关注国内市场,客户相对分散。两者在一系列战略维度上有明显的差异。

战略群组与"子行业"或"子市场"不是一个概念。后两者主要是产品与市场方面的概念,一般有较为明确的分类标准或约定俗成的标准。当然,战略群组与子行业或子市场之间也有联系。细分市场的选择以及产品线的宽度往往是不同战略群组的一个显著差异之处。在进入哪些、进入几个细分市场的问题上,同一战略群组的企业想法比较一致。例如,对于家用小汽车市场,高端车与入门车通常没有多少需求替代性,应视为互不重合的两个子市场。但企业可以根据自身意愿选择在不同的子市场均推出产品,不会被限制在单一的子市场中。

借助聚类分析、因子分析等多种数学方法,只要能获得足够的数据信息,分析人员可以在任意时期内了解几乎任何一个行业中的战略群组。习惯的做法是以一年为时间单位进行划分。战略群组并不是一种概念分类游戏,分析之前一般不知道各维度的战略有多少种可行的组合。例如,美国制药行业在几十年间始终存在 4～5 个个性鲜明的战略群组,其成员可分别简称为规模较大的以化学药物为主的公司、尽量少做研发的以通用药为主要产品的公司等。美国的保险行业中也有 3 个在规模、产品线宽度、分销渠道等多个方

面存在显著差异的战略群组。

资料来源：金占明，段霄.跻身"龙头"之路——战略群组的识别与选择[J].北大商业评论，2014(2).

二、竞争对手

战略群组是指一个行业中沿着相同的战略方向，采用相同或相似的战略的企业群。显然，处于同一战略群组的企业才是真正的竞争对手。因为他们通常采用相同或相似的技术、生产相同或相似的产品或服务，采用相互竞争性的定价方法，因而他们之间的竞争要比与战略群组外的企业的竞争更直接，更激烈。分析直接竞争对手是企业外部环境分析的重要方面，因为竞争对手是企业经营行为最直接的影响者和被影响者。

在确立了重要的竞争对手以后，就需要对每一个竞争对手做出尽可能深入、详细的分析，揭示出每个竞争对手的长远目标、基本假设、现行战略和实力，并判断其行动的基本轮廓，特别是竞争对手对行业变化，以及当受到竞争对手威胁时可能做出的反应。

（一）竞争对手的长远目标

对竞争对手长远目标的分析可以预测竞争对手对目前的位置是否满意，由此判断竞争对手会如何改变战略，以及它对外部事件会采取什么样的反应。分析竞争对手的长远目标，可以考虑以下问题。

（1）竞争对手已公开和未公开的财务目标是什么？其对各种目标（如获利能力、市场占有率、风险水平等）之间的矛盾如何权衡协调？

（2）竞争对手希望达到什么样的市场地位？是否想成为市场领先者？

（3）竞争对手内部各管理部门对未来目标是否取得一致性意见？如果存在明显的分歧甚至对立，是否可能导致战略上的突变？

（4）竞争对手的核心领导者的个人背景以及工作经验如何？其个人行为对整个企业未来目标的影响力如何？

（5）竞争对手的组织结构状况如何？在资源分配、价格制定和产品创新等关键方面的决策如何做出？激励机制如何？财务制度和惯例如何？

（二）竞争对手假设

竞争对手假设包括竞争对手对自身企业的评价和对所处行业以及其他企业的评价。竞争对手的假设往往是竞争对手各种行为取向的根本动因。

（1）竞争对手对自己企业的假设。有些企业认为自己在功能和质量上高人一筹，有些企业则认为自己在成本和价格上具有优势。名牌产品企业对低档产品的渗透可能不屑一顾，而以价格取胜的企业对其他企业的削价则会迎头痛击。

（2）竞争对手对行业及行业内其他企业的假设。竞争对手对行业及行业内其他企业的假设也有可能存在盲点，找出这些盲点可以帮助企业采取不大可能遭到反击的行动。如哈雷公司在20世纪60年代不仅对摩托车行业充满信心，而且对日本企业过于掉以轻心，认为他们不过是在起步学习阶段，对自己构不成威胁。然而，日本人一边低头哈腰地表示"我们是小学生"，一边却对美国人小觑自己刻骨铭心——看谁笑到最后。经过20年的修炼，日本摩托车终于在美国修成正果。

实际上,对战略假设,无论是对竞争对手,还是对自己,都要仔细检验,这可以帮助管理者识别对所处环境的偏见和盲点。可怕的是,许多假设是尚未清楚意识到或根本没有意识到的,甚至是错误的;也有的假设过去正确,但由于经营环境的变化而变得不那么正确了,但企业仍在遵循着过去的假设。

(三)竞争对手的现行战略

对竞争对手现行战略的分析,目的在于揭示竞争对手正在做什么,能够做什么。在对竞争对手目标与假设分析的基础上,判断竞争对手的现行战略就变得相对容易了。常用的方法是,把竞争对手的战略看成业务中各职能领域的关键性经营方针以及了解它如何寻求各项职能的相互联系。

(四)竞争对手的实力

分析竞争对手的实力可从两个方面展开:竞争对手的资源状况与竞争对手的能力。

(1)竞争对手的资源状况。企业资源是战略制定与实施的基础。通过对竞争对手有形、无形资源的分析,可以预测其可能采取的战略行为,同时也可以通过比较自身与竞争对手之间资源状况的差异,为本企业制定正确的战略提供依据。

(2)竞争对手的能力。分析竞争对手的能力,首先要明确其在关键业务领域的优势和劣势,包括在产品、分销渠道、运作、研究与开发、总成本、财务实力、组织及综合管理等方面。根据其在关键业务领域的优劣势,应具体分析竞争对手以下几方面能力。

(1)核心能力。核心能力可以表现在竞争者在某项职能活动方面独特的长处,如技术开发能力、研究与创新能力、品牌优势等。

(2)成长能力。表现为企业发展壮大的潜力。

(3)适应变化的能力。

(4)持久力。表现在企业面临恶劣环境时能坚持时间的长短。主要由企业的现有资源,如现金储备、管理人员的协调统一程度等因素决定。

资料链接

如何收集竞争对手数据?

首先我们必须知道收集什么样的竞争对手数据,简单来说本公司有什么数据就需要收集对手相对应的数据。不过需要收集的数据实在太多,并且每个部门关注点也不一样:财务部门关注利润,生产部门关注资源,销售部门关注市场,所以整合非常关键。企业内部最好是建立一个竞争对手数据库,由专门的数据团队维护,由各职能部门和专业的调查公司提供数据,并将每个情报设定保密级别,便于不同的职位查看。

如图2-6所示,将需要收集竞争对手的数据进行分类,本分类侧重于营运。这些数据回答了四部分内容:竞争对手在做什么,他们做得怎么样,他们还准备做什么,第三方怎么看他们做的事情。这张思维导图还可以继续细分,实际分析中建议可以先利用部门会议拉清单,然后利用思维导图归类的方法。

接下来是如何收集竞争对手的数据?

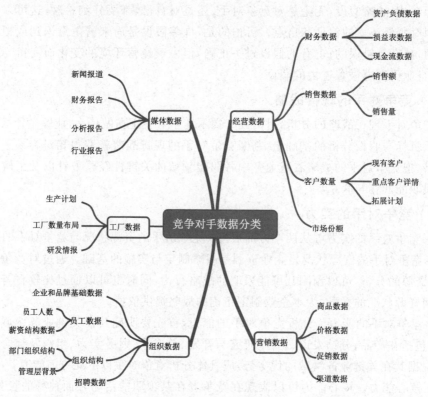

图 2-6　竞争对手数据分类

　　竞争对手的情报收集其实就在现实生活中的每一个角落,有的公司员工利用微博来汇报每日销售数据,有的员工把自己公司的数据有意或无意间上传到百度文库。泄露公司情报的行为无处不在,所以收集竞争对手数据也不是那么高不可攀的。美国海军高级情报分析中有句经典的话:情报的95%来自公开资料,4%来自半公开资料,仅1%或更少来自机密资料。

　　常规的竞争对手情报收集有线上和线下两种途径,如图2-7所示。线下收集时间成本较大,线上收集比较方便,这种方式也越来越受到企业的青睐。目前一些专业网站也开发了一些工具帮助信息收集者分析竞争对手的情况及发展趋势,并且都有现成的分析模型。以下是比较常用的六款免费工具。

1. 百度文库(http://wenku.baidu.com/)

　　百度文库是一个供网友在线分享文档的平台。百度文库的文档由网民上传,经百度审核后发布。文库内容包罗万象,专注于教育、PPT、专业文献、应用文书四大领域,截至2013年10月,文库文档数量已有8 000多万。文档的上传者包括普通网民、合作伙伴、公司员工、公司前员工……只要变换不同的关键词进行搜索,就能找到很多有价值的资料。

2. 百度指数(http://index.baidu.com/)

　　百度指数是用来反映关键词在过去一段时间内网络曝光率和用户关注度的指标。它能形象地反映该关键词每天的变化趋势,它是以百度网页搜索和百度新闻搜索为基础的

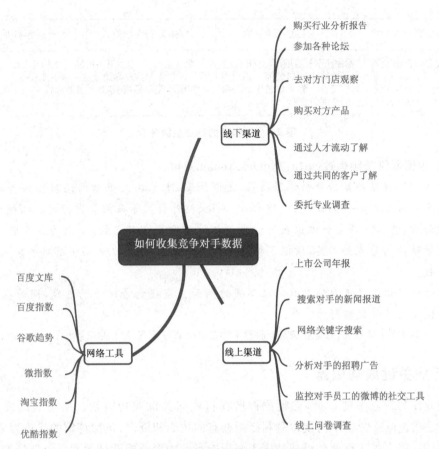

购买行业分析报告

参加各种论坛

去对方门店观察

购买对方产品

通过人才流动了解

通过共同的客户了解

委托专业调查

线下渠道

如何收集竞争对手数据

百度文库

百度指数

谷歌趋势

微指数

淘宝指数

优酷指数

网络工具

上市公司年报

搜索对手的新闻报道

网络关键字搜索

分析对手的招聘广告

监控对手员工的微博的社交工具

线上问卷调查

线上渠道

图 2-7 竞争对手数据来源途径

免费海量数据分析服务,用以反映不同关键词在过去一段时间里的"用户关注度"和"媒体关注度"。竞争对手的公司名称、品牌名称、产品名称、产品品类、关键人物、关键事件等都是情报收集的关键词。由于百度指数来源于用户主动搜索,所以具有很高的参考价值。

3. 谷歌趋势(http://www.google.com.hk/trends/)

谷歌趋势类似于百度指数,内容都差不多,数据展示方式略有不同,可以看到关键字在全球的搜索分布。它有两个功能:一是查看关键词在谷歌的搜索次数及变化趋势;二是查看网站流量。

4. 微指数(http://data.weibo.com/index/)

微指数是通过对新浪微博中关键词的热议情况,以及行业/类别的平均影响力,来反映微博舆情或账号的发展走势。我们可以通过搜索品牌名、企业名称、商品类别等关键词来分析自己及竞争对手在微博的热议度、热议走势、用户属性、地区分布等。同时微指数还提供企业类的行业指数分析甚至是现成的分析报告。图 2-8 为微指数的行业指数分类。

5. 淘宝指数(http://shu.taobao.com/)

淘宝指数是淘宝官方免费的数据分享平台,通过淘宝指数,用户可以根据关键词窥探淘宝购物数据,了解淘宝购物趋势。只要注册大家都可以使用,不仅仅限于买家和卖家。

政务类-行业指数	企业类-行业指数	媒体类-行业指数	网站类-行业指数
企业大类：企业/交通｜金融服务｜房地产｜通信及服务｜服装服饰｜卫妆/卫浴用品｜机构及其他｜工农贸易｜食品饮料｜家居装饰｜消费类电子｜IT企业｜医疗健康企业｜便民服务｜美容保健｜餐饮美食｜教育出国｜商务服务｜文化体育｜商场/购物｜旅游酒店｜娱乐及休闲｜电子商务企业			

图 2-8　微指数的行业指数分类

6. 中国网络视频指数（http://index.youku.com/）

中国网络视频指数前身叫优酷指数，是以优酷、土豆两大视频网站数据为基础，基于视频技术手段获取的视频播放数、搜索量、评论、站外引用等多维度进行的数据统计，它锁定用户的看、搜、传、评等全方位应用行为。之所以推荐这个指数，是因为在互联网时代，视频是营销传播的重要工具，所以了解竞争对手的信息，我们也必须了解对手营销视频的数据报告。

这六大应用工具可以帮助我们从不同的侧面去窥视竞争对手的表现，同时也可以帮助企业优化自己的战略行为。

资料来源：黄成明. 数据化管理：洞悉零售及电子商务运营[M]. 北京：电子工业出版社，2014.

三、行业关键成功因素

企业作为行业中的一员，必须把握所在行业的关键成功因素。所谓关键成功因素（KSF）是指企业在特定市场获得盈利必须拥有的技能和资产，包括特定的战略因素、产品属性、资源、能力等。行业关键成功因素是影响行业内企业经营绩效和竞争地位的关键因素，企业只有在 KSF 上首先超越其他竞争对手，才能相对保持其竞争地位。

（一）如何识别关键成功因素

关键成功因素解释了企业资源与竞争优势的关系，不同的行业、企业发展的不同阶段，其具体表现是不同的，但对所有行业来说，KSF 都是企业获取竞争优势的必要因素，也是驱动行业发展的重要力量。一般来讲，作为行业关键成功因素，必须满足以下两个条件。

（1）满足顾客需求。顾客是一个行业合理存在的基础，也是企业生存的利润源泉，因而企业必须确认顾客以及他们的需求，才能有效地选择一个为顾客提供产品的价值链环节。

（2）保持企业的持续竞争优势。KSF 是在特定行业中能为企业带来竞争优势的资源。企业要获得经营成功，不仅依赖于选择一个有吸引力的行业，还在于企业的资源和独特技能与 KSF 相匹配，企业获取持久的竞争优势就必须在 KSF 采取有效措施。

下面三个问题是确认行业关键成功因素必须考虑的。

（1）顾客在各个竞争性品牌之间进行挑选的条件是什么？

（2）行业中企业获取持久竞争优势的方法和措施是什么？

（3）行业中的企业拥有怎样的资源和竞争能力才能保证竞争的成功性？

关键成功因素因行业的不同而不同,甚至在同行业中,也随着行业驱动因素和竞争环境的变化而发生改变。如制造业、服务业、贸易业和高科技行业的关键成功因素是不一样的。

(二)常见的几种关键成功因素

(1)技术。与技术相关的关键成功因素有科学研究技能、工艺改进能力、产品革新能力、既定技术上的专有技能、信息化能力等。

(2)制造。与制造相关的关键成功因素有低成本生产效率、固定资产很高的利用率、低成本的生产工厂定位、能够获取足够的娴熟劳动力、劳动生产率很高、低成本的产品设计和产品工程、柔性生产能力等。

(3)营销。与市场营销相关的关键成功因素有快速准确的技术支持,礼貌、周到的客户服务,顾客订单的准确满足,商品推销技巧,有吸引力的款式和包装,顾客保修和保险,精明的广告等。

(4)技能。与技能相关的关键成功因素有劳动力拥有卓越的才能、质量控制诀窍、设计方面的专有技能、设计向产品转化能力、卓越的信息管理系统、快速的市场响应能力等。

(5)分销。与分销相关的关键成功因素有强大的批发分销商、特定的经销商网络、充足的零售展示空间、拥有自己的分销渠道和网点、分销成本低、物流速度快等。

(6)其他。其他类型的关键成功因素有有利的公司形象和声誉、总成本很低、便利的设施选址、公司的交互亲和力、获得财务资本能力、专利保护等。

(三)不同行业关键成功因素举例

表 2-2 列出了不同行业的关键成功因素。

表 2-2　不同行业的关键成功因素

工业部门类别	成功关键因素	工业部门类别	成功关键因素
铀、石油	原料资源	百货商场、零部件	产品范围、花色品种
船舶制造、炼钢	生产设施	大规模集成电路、微机	工程设计和技术能力
航空	设计能力	电梯、汽车	销售能力、售后服务
纯碱、半导体	生产技术	啤酒、家电	销售网络

思 考 题

1. 一般环境分析包含哪些因素?

2. 行业环境分析的内容有哪些?

3. 行业的五种竞争力量是怎样对企业施加影响的?

4. 如何分析竞争对手?

5. 如何识别行业关键成功因素?

6. E 公司是一家中小企业,成立的时间不长。在成立初期,为了在市场上取得较好的成绩,主要投资人以一个较高的起点设立了这家企业,花巨资购买了世界最先进的一条生产线,并通过给予优厚的待遇招聘到了一些资深的研发人员,为他们配备了很好的设备和环境,期望能够在最短的时间内研发出新产品。E 公司的产品质量在市场上处于中上游水平,仅位于一家主要竞争对手之后。产品一经推出即得到市场的认同,销售增长速度很快。针对该种产品客户对售后服务的要求,E 公司主动与客户建立起了结构性关系,使客户对企业的服务形成无法通过其他途径弥补的依赖。通过这种做法,该企业以优质的客户服务,获得了客户的认同,也维持了现有的市场。为了制定自身的发展战略,采用五力模型对行业的竞争结构进行了分析。部分因素分析如下。

(1) 本行业的潜在进入者来自国内、国外两个方面。本行业是资本和技术密集型的产业;对国外进入者,国家有一定限制以对本行业进行必要的保护。

(2) 本公司产品的主要原材料供应者十分集中,采购量在各供应者之间分布较均匀,主要原材料暂无替代品。

(3) 由于本行业中各企业提供的产品差异性越来越小,因此顾客选择机会较多。

(4) 由于科技进步加快,市场上已开始出现性能更高的同类产品,只是目前的价格还略高于传统产品。

要求:

(1) 上述四方面因素分别属于五力模型中的哪个方面?

(2) 说明每个因素对该行业竞争强度的影响。

第三章

战略分析——内部环境

学习目标

1. 了解内部环境分析的意义、内容及过程。
2. 掌握有形资源与无形资源的内涵。
3. 掌握企业核心竞争力的内涵与标准。
4. 掌握价值链分析的基本原理及具体应用。
5. 掌握波士顿矩阵的分析方法。
6. 掌握SWOT分析方法。

引导案例

苹果公司的核心竞争力

苹果公司,原称苹果电脑公司,由史蒂夫·沃兹涅克、史蒂夫·乔布斯和罗恩·韦恩于1976年4月1日创立。公司原来是唯一既做硬件又做软件,生产全套产品的个人电脑公司,是个人电脑最早的倡导者和著名的生产商。公司发展一波三折,经历辉煌之后走向低谷,然后在生死存亡之际又起死回生,走向了一个新的高点。即便是在2009年金融风暴导致业界一片惨淡的背景下,苹果公司仍能稳居福布斯全球高绩效公司榜单。2014年,苹果公司在世界500强排行榜中排名第15名,连续第二年超越谷歌,成为世界最具价值品牌。苹果公司会有如此极佳的业绩表现,它的核心竞争力又在何处呢? 下面主要从苹果公司内部价值创造网络角度进行分析。

随着世界上越来越多大公司走向业务外包之路,苹果公司也不例外。目前,苹果公司主要进行产品设计研发、品牌营造及部分销售服务的活动,其产品生产环节基本上外包给代工企业进行,而产品销售,苹果公司则通过专卖店、授权经销商、代理商及官方网站直销方式进行。

在产品设计研发方面。苹果公司非常重视先进技术的研发工作,并且将消费者纳入设计研发体系中,公司设计团队与工程师、市场营销人员甚至远在国外的外围制造商保持密切接触,使他们更加了解消费者的需求。此外,苹果公司一直拥有自行研发的操作系统,并尽可能在产品中使用,这使得苹果公司的产品在性能和显示方面有其他公司无法超越的竞争力。苹果公司还非常注重产品的工业设计,在工艺上做到尽善尽美,公司擅长从美学角度设计最好的产品,使产品先进、时尚、独一无二,总能给人视觉方面带来巨大冲击,给人一种震撼的美感;同时,产品功能设计也尽可能简单,让使用者更方便、更快捷地使用产品。

在产品服务和营销方面。苹果公司一直强调"用户体验",不断创新商业模式来迎合消费者需求。苹果零售店开创了体验式销售的先河,通过注重细节的商店设计和"方案解决区域"的展示,给顾客带来了感受苹果数字生活的方式,使他们在离开的时候都有想带走一台机器的冲动。iPod+iTunes 网上音乐商店实现了在线音乐产业上下游的完美合作,实现了 PC、消费电子和音乐等三者的集成,将 iPod 播放器、iTunes 音乐下载、Macintosh 视频播放软件有机结合起来,为客户打造了播放、下载和视频等客户价值链系统,这种有机结合的系统正是数字内容销售生态链的最流行趋势。而 iPhone+App Store几乎是 iPod+iTunes 的应用延伸,App Store 是个完全开放的 iPhone 应用程序库,苹果公司以外的应用程序人员也可以为 App Store 开发基于 iPhone 的新应用程序,并从中获得收益,这种互动的方式,增加了 App Store 的下载量,也吸引了广告商,构成了多方共赢的良好局面。正是这种不断推崇"用户参与体验"的方式,使得苹果公司的产品能够备受推崇。

价值网络反映了苹果公司主要有研发设计和营销服务两个方面的基础活动,在此之上需要有公司文化、品牌影响力、核心的人才团队及用户参与体验的支撑,确保基础活动较为顺利进行。在价值网中,苹果公司的核心竞争力主要体现在以下三个方面。

1. 公司品牌

根据最近美国《福布斯》公布的全球最具价值品牌排行榜中,苹果以 574 亿美元的品牌价值排在榜首。苹果品牌是苹果公司在不断创造神话的发展历程中,逐渐在消费者心目中培植起来的。它使得公司的产品能够稳居高价地位,并拥有了一大群忠实的消费者,对它推崇至极。

2. 独具魅力的产品

苹果公司的取胜在于其独具魅力的产品,独特在于其超越了一般产品的工艺设计,达到了一般产品所无法达到的美学境界。能够达到堪称完美的产品,跟公司文化不无关系,这当然要归功于其创始人乔布斯,乔布斯是个绝对的完美主义,他强调做到尽善尽美。公司也致力于不断创新,特别是近年来以客户需求为导向的创新,切实从用户的角度开发新产品,将美学理念通过工业设计发挥地淋漓尽致。

3. 基于用户体验的商业模式

增加用户体验的商业模式,使消费者成为公司价值链中创造价值的重要一环。而能构建这样的商业模式,与公司拥有自有的系统软件和硬件不无关系,公司可以搭建基于自有技术的软硬件开发平台,而不会受制于其他公司的技术,苹果公司创新商业模式也相对更加便捷和灵活。

资料来源:根据网络资料整理。

第一节　内部环境分析

一、内部环境分析的意义

内部环境是企业内部与战略有重要关联的因素,是企业经营的基础,是制定战略的出发点、依据和条件，是竞争取胜的根本。在《孙子兵法·谋攻篇》中，孙子曰："故曰：知己知彼，百战不殆；不知彼而知己，一胜一负；不知彼不知己，每战必殆。"因此，企业战略目标的制订及战略选择既要知彼又要知己，其中"知己"便是要分析企业的内部环境或条件，认清企业内部的优势和劣势。外部环境分析主要回答"企业可以做些什么"，而内部环境分析则主要回答"企业能够做些什么"。

企业内部环境或条件分析目的在于掌握企业历史和目前的状况，明确企业所具有的优势和劣势。它有助于企业制定有针对性的战略，有效地利用自身资源，发挥企业的优势，同时避免企业的劣势，或采取积极的态度改进企业劣势，扬长避短。

在现实的企业竞争中没有"最佳"的战略选择，只有"合理"的战略选择，因为所有的战略决策都是在时间和信息有限的条件下做出的。"合理"的战略选择可以理解为：能够在关键领域建立和保持竞争优势；能够持续发挥自身优势，避免劣势，把握关键机遇。因此，最合适的战略就是能够最大限度地利用自身资源、能力去建立和发挥核心专长的战略。企业内部环境分析的关键任务就是清醒认识自身资源、能力，并围绕企业自身资源、能力优势或者核心专长，制订利用机会、避免威胁，发挥优势与核心专长的战略方案。

二、内部环境分析的内容

企业内部环境分析的内容包括很多方面，如组织结构、企业文化、资源条件、价值链、核心能力分析、SWOT 分析等。本章重点介绍企业资源与能力分析、价值链及核心竞争力分析，然后重点介绍两种内部环境分析的重要工具：波士顿矩阵和 SWOT 分析法。

三、内部环境分析的过程

按照以市场为基础的战略思维模式，企业内部环境分析的基本过程是在假定企业已经确认需要把握的主要机会，同时也确认了需要避免的主要威胁的前提下，判断企业是否具有把握这些机会的资源、能力和核心专长。但是，按照资源基础的战略思维模式，企业内部环境分析是先判断企业具有什么样的资源、能力和核心专长，然后才确定企业能够把握什么样的机会以及避免何种威胁。整合上述两种思维模式的关键在于动态地整合内部和外部环境分析，因此，内部环境分析的基本步骤包括如下几方面。

（1）分析企业的发展历史、现行战略与面临的挑战。企业战略管理者应该认真地分析企业发展的历史，了解企业优势和劣势的来源，了解企业的管理传统、行为模式和价值观；应该判断企业现行的战略是什么，是否有效，是否与企业的行为模式和价值取向相匹配；企业目前发展面临的挑战是什么，是否需要改变等。

（2）分析企业内部的资源条件。企业战略管理者需要了解企业实现其战略意图、宗旨和目标需要具备的资源条件，以及企业目前所具备的资源条件。

（3）分析企业内部的能力水平。企业战略管理者需要了解企业实现其战略意图、宗旨和目标需要具备的能力，以及企业目前具备什么样的能力，包括经营能力、管理能力、内外部整合能力、组织学习能力等。

（4）分析企业的竞争优势。基于外部环境分析对竞争对手的认识，企业战略管理者需要判断同行业竞争对手在资源和能力上具有什么竞争优势，有多大的竞争优势，是否具有独特性并且能持久保持。

（5）分析企业的核心专长。企业管理者需要进一步深入分析竞争优势背后的来源，需要根据核心专长的判断标准分析企业的竞争优势是否能够形成企业的核心专长。

第二节　企业资源与能力

企业以资源为基础生产产品或提供服务，为顾客创造价值。该价值是以顾客愿意购买的产品功能特征和属性来衡量的。企业通常以创新性地组合和利用资源形成能力和核心竞争力来创造价值。具有竞争优势的企业必然是能比竞争对手为顾客带来更多价值的企业。如沃尔玛可以利用"天天低价"的方法为那些想要以更低的价格购买商品的顾客创造价值，而"天天低价"源于沃尔玛以信息技术和分销渠道为基础的核心竞争力。因此，资源、能力、核心竞争力是企业形成竞争优势的基础。资源整合在一起可以创造组织能力，能力是企业核心竞争力的源泉，而核心竞争力是企业建立竞争优势的基础。

一、企业资源

企业资源，是指企业所拥有或控制的有效因素的总和，包括资产、生产或其他作业程序、技能和知识等。按照竞争优势的资源基础理论，企业的持续竞争优势主要是由资源禀赋决定的。

（一）企业资源的类型

企业的资源主要分为三种：有形资源、无形资源和人力资源。

1. 有形资源

有形资源，是指可见的、能用货币直接计量的资源，主要包括物质资源和财务资源。物质资源包括企业的土地、厂房、生产设备、原材料等，是企业的实物资源。财务资源是企业可以用来投资或生产的资金，包括应收账款、有价证券等。同时，财务资源还包括企业的借款能力以及通过内部融通产生资金的能力。有形资源一般都反映在企业的资产当中，但是，由于会计核算的要求，资产负债表所记录的账面价值并不能完全代表有形资源的战略价值。

2. 无形资源

无形资源，是指企业长期积累的、没有实物形态的，甚至无法用货币精确度量的资源。通常包括品牌、商誉、技术、专利、商标、企业文化及组织经验等。尽管无形资源难以精确度量，但由于无形资源一般都难以被竞争对手了解、购买、模仿或替代，因此，无形资源是一种十分重要的企业核心竞争力的来源。

例如，技术资源就是一种重要的无形资源，它主要是指专利、版权和商业秘密等。技术资源具有先进性、独创性和独占性等特点，使得企业可以据此建立自己的竞争优势。

商誉也是一种关键的无形资源。商誉，是指企业由于管理卓越、顾客信任或其他特殊优势而具有的企业形象，它能给企业带来超额利润。对于产品质量差异较小的行业，例如软饮料行业，商誉可以说是最重要的企业资源。

这里需要注意的是，由于会计核算的原因，资产负债表中的无形资产并不能代表企业的全部无形资源,甚至可以说,有相当一部分无形资源是游离在企业资产负债表之外的。

3．人力资源

企业人力资源也可以看作是企业特定的有形资源,它反映了企业的知识结构、技能和决策能力。识别和评估一个企业的人力资源是一件非常困难和复杂的工作。企业的人力资源可以从四个方面评价描述:知识、信任、管理能力、组织惯例。事实证明,那些能够有效开发和利用其人力资源的企业比那些忽视人力资源的企业发展得更好,更快。

(二)能够给企业带来竞争优势的资源

在分析一个企业拥有的资源时,必须知道哪些资源是有价值的,可以使企业获得竞争优势。一般说来,能帮助企业利用外部环境中的机会,降低潜在威胁并建立竞争优势的资源包括以下几种。

1．稀缺资源

企业占有的资源越稀缺,越能满足顾客的独特需求,从而越有可能变成企业的核心竞争力。

2．不可被模仿的资源

如果企业的某种资源能够很容易地被竞争对手所模仿,那么这种资源所能创造的价值就将是有限的,企业难以据此获得持久的竞争优势。不可被模仿的资源主要包括独特的实物资源(例如,旅游景点、矿山等)、企业文化、商标、专利、公众的品牌忠诚度等。

3．不可替代的资源

波特的"五力模型"指出了替代产品的威胁力量,同样,企业的资源如果能够很容易地被替代,那么即使竞争者不能拥有或模仿企业的资源,它们也仍然可以通过获取替代资源而改变企业的竞争地位。

4．持久的资源

资源的贬值速度越慢,就越有利于形成竞争优势。一般来说,有形资源往往都有自己的损耗周期,而无形资源和人力资源则很难确定其贬值速度。一些品牌资源实际上在不断地升值,而通信技术和计算机技术迅速的更新换代却对建立在这些技术之上的竞争优势构成了严峻挑战。

总体来讲,企业只有运用那些能够建立竞争优势的、稀缺的、不可被模仿的、不可替代的和持久的资源,才能形成自己的核心竞争力,从而持久地获取有利的竞争地位。企业战略分析应当排除那些缺乏独特机制、并非稀有、能够被模仿、存在替代品和贬值较快的资源,而将注意力集中在那些能够建立企业核心竞争力的资源之上。

二、企业能力

企业能力,是指企业配置资源,发挥其生产和竞争作用的能力。企业能力来源于企业有形资源、无形资源和人力资源的整合,是企业各种资源有机组合的结果。企业能力主要由研发能力、生产管理能力、营销能力、财务能力和组织管理能力等组成。

（一）研发能力

随着市场需求的不断变化和科学技术的持续进步,研发能力已成为保持企业竞争活力的关键因素。企业的研发活动能够加快产品的更新换代,不断提高产品质量,降低产品成本,更好地满足消费者的需求。企业的研发能力主要从研发计划、研发组织、研发过程和研发效果几个方面进行衡量。

（二）生产管理能力

生产,是指将投入(原材料、资本、劳动等)转化为产品或服务并为消费者创造效用的活动。生产活动是企业最基本的活动。生产管理能力主要涉及五个方面,即生产过程、生产能力、库存管理、人力管理和质量管理。

（三）营销能力

企业的营销能力,是指企业引导消费,以获取产品竞争能力、销售活动能力和市场决策能力。企业的营销能力可分为以下三种能力:产品竞争能力、销售活动能力和市场决策能力。

1. 产品竞争能力

产品竞争能力主要可以从产品的市场地位、收益性、成长性等方面来分析。产品的市场地位可以通过市场占有率、市场覆盖率等指标来衡量。产品的收益性可以通过利润空间和量本利进行分析。产品的成长性可以通过销售增长率、市场份额扩大率等指标进行比较分析。

2. 销售活动能力

销售活动能力是指对企业销售组织、销售绩效、销售渠道、销售计划等方面的综合考察。销售组织分析主要包括对销售机构、销售人员和销售管理等基础数据的评估。销售绩效分析是以销售计划完成率和销售活动效率为主要内容。销售渠道分析则主要分析销售渠道结构(例如,直接销售和间接销售的比例)、中间商评价和销售渠道管理。

3. 市场决策能力

市场决策能力是以产品竞争能力、销售活动能力的分析结果为依据的,是领导者对企业市场进行决策的能力。

（四）财务能力

企业的财务能力主要涉及两个方面:一是筹集资金的能力;二是使用和管理所筹集资金的能力。筹集资金的能力可以用资产负债率、流动比率和已获利息倍数等指标来衡量;使用和管理所筹集资金的能力可以用投资报酬率、销售利润率和资产周转率等指标来衡量。

（五）组织管理能力

组织管理能力主要从以下几方面进行衡量。
(1)职能管理体系的任务分工。
(2)岗位责任。
(3)集权和分权的情况。

（4）组织结构（直线职能、事业部等）。

（5）管理层次和管理范围的匹配。

三、核心竞争力

（一）核心竞争力的内涵

普拉哈拉德（K. Prahald C）和哈默尔（Hamel G）两位学者经过多年潜心研究，于1990 年在《哈佛商业评论》上撰文提出的"核心竞争力"概念，成为当下理论界、实务界提及与引用最多的战略管理概念之一。他们认为，核心竞争力是组织中的积累性学识，特别是关于如何协调不同的生产技能和有机整合多种技术流的学识。从概念的理解来看，显然这个定义不是很严密，难道核心竞争力仅仅是一种学识？

正是因为原始定义的不严密，此后关于企业核心竞争力的定义才五花八门。不少观点认为核心竞争力等同于市场竞争优势，当然这样定义核心竞争力显得有点笼统。

管理学者嘉维丹（M. Javidan，1998）将核心竞争力的概念进行了分解，进一步明晰了这一概念的内涵。他认为核心竞争力的概念可以按照对公司价值的高低以及运作的困难程度等层次再加以细分，分成资源、能力、竞争、核心竞争力。同时还提出核心竞争力的层次与企业战略阶层的概念，使核心竞争力与企业战略架构之间的相对应关系能清楚显现。因此，资源是企业能力的源泉，能力是企业核心竞争力的源泉，核心竞争力是开发企业持续竞争优势的基础。由第一个层次的资源到第四个层次的核心竞争力呈现出价值上升的趋势，同时也伴随着实施难度的增加。

（二）核心竞争力的评价标准

核心竞争力有四个标准，它们也称作核心竞争力的四种战略力量，即有价值的能力、稀有的能力、难以模仿的能力和不可替代的能力。因此，核心竞争力都是企业具有的能力，但不是每一种能力都能成为核心竞争力，核心竞争力必须满足两方面条件：从顾客的角度出发，是有价值并不可替代的；从竞争者的角度来看，是独特并不可模仿的。

竞争优势可能来源于有价值和稀有的资源，但是如果要获得持久的竞争优势，就一定需要具备无法被竞争对手模仿和抄袭的资源和能力，也就是一定要把四个标准结合起来才能获得持久的竞争优势。

1. 有价值的能力

有价值的能力是指能让公司抓住外部环境中的机遇、消除环境中的威胁，并能够有效利用自身优势为顾客创造价值的能力。

2. 稀缺的能力

稀缺的能力是指只有极少数竞争对手具用的能力。如海尔高质量的售后服务体系便可以称为海尔的一项稀有的能力，其他竞争者很难具备。

3. 难以模仿的能力

难以模仿的能力是指其他竞争者不能轻易建立的能力。企业之所以能够创造出难以模仿的能力，可能基于以下一种或三种原因的综合。

（1）企业可能是基于特定的历史条件发展起来的能力，如在企业发展的早期阶段形成的独特的、有价值的组织文化,会让企业具有那些在其他历史时期成立的企业所不能完全模仿的优势。

(2)企业的核心竞争力和竞争优势之间的界限有时比较模糊。在这种情况下,竞争对手很难清楚地了解企业是如何利用成为核心竞争力的能力来获取竞争优势的。这样一来,也很难确定到底要发展何种能力才能复制企业的价值创造战略来获得收益。比如,很多航空公司都设法复制美国西南航空公司的低成本战略,但成功者很少,原因在于它们无法完全复制西南航空的独特文化。

(3)社会关系的复杂性是能力难以被模仿的第三个原因。社会复杂性意味着,至少有一些或者经常有很多企业的能力是错综复杂的社会现象的产物。管理者之间及与员工之间的人际关系、信任、友谊,以及企业在供应商和顾客中的声誉,都是社会复杂性的例子。比如,美国西南航空公司招聘时非常看重对公司文化认可的员工,注重公司文化与人力资本之间的关系。在一些细节上,比如飞机乘务员之间相互的玩笑、机场员工与飞行员之间的合作等都为公司增添了其他公司无法模仿的价值。

4. 不可替代的能力

不可替代的能力是指那些不具有战略对等性的能力。也就是,具有战略对等性的有价值的资源,既不可能是稀缺的,也不是不可模仿的。如果两种有价值的公司资源分别能够用来执行相同的战略,那么这两种资源就是战略对等的。总体来说,一种能力越难以替代,就越具有战略价值;一种能力越是无形的、不可见的,其他企业就越难找到它的替代能力,在模仿价值创造战略时就会面临更大的挑战。就像西南航空公司的员工关系一样,这种基于公司特有的知识以及管理者与非管理者之间建立的相互信任的工作关系,就是一些很难被识别和替代的能力。

因此,只有利用有价值的、稀缺的、难以模仿的和不可替代的能力,企业才有可能获得可持续竞争优势。表3-1列出了这四种标准相结合的分析框架,企业战略管理者可以根据四种判断标准分析本企业具有的能力的关联性,然后分析其对竞争结果及企业业绩的影响,从而判断企业各种能力的战略价值。

表 3-1   满足核心竞争力的四种标准的结合分析

有价值吗?	稀缺吗?	难以模仿吗?	不可替代吗?	竞争结果	业绩影响
否	否	否	否	竞争劣势	低于平均利润
是	否	否	是/否	竞争对等	平均利润
是	是	否	是/否	暂时的竞争优势	平均利润至超额利润
是	是	是	是/否	可持续的竞争优势	超额利润

根据上述标准的结合,显然,符合列表第二行标准的能力是企业应该摒弃的,这种能力对企业已经没有什么战略意义。而从第三行开始的产生竞争对等性的能力,对企业来说,还是具有一定战略价值,如可口可乐和百事可乐、波音和空中客车等竞争对手之间的能力就是典型的竞争对等性。在这种情况下,企业应该继续培育这些能力。当然,更重要的是设法开发能产生暂时的或可持续的竞争优势的能力。

案例资料

美国西南航空公司——无形资源形成强大的竞争力

美国西南航空（Southwest Airlines，NYSE：LUV），是一家总部设在美国得州达拉斯的航空公司。1971 年 6 月 18 日，由罗林·金与赫伯·凯莱赫创建。首航从达拉斯到休斯敦和圣安东尼奥，是一个简单配餐而且没有额外服务的短程航线。美国西南航空是以"廉价航空公司"而闻名，是民航业"廉价航空公司"经营模式的鼻祖。

2012 年美国西南航空公司很自豪地在年报中宣称：连续 40 年获得盈利，盈利金额达到 4.21 亿美元，同比增长了 137%。2012 年年底，美国西南航空公司在册机队数量达到了 694 架，年度旅客运输量达到 1.34 亿人次。以承运旅客量计，美国西南航空公司已经是美国最大的承运人。美国西南航空公司 43 年的发展历史，已经是一个商业传奇。

西南航空取得了骄人的成绩，拥有卓越的绩效，很多业内专家都将其归功于西南航空采用了中短程航线、低票价、高密度班次、点对点的运作方式，但美国传统航空公司的"西南模式"实验的惨痛教训却说明这一论断并不完全正确。那么，西南航空公司究竟是如何成功的？"西南模式"的精髓究竟在哪儿？唯一的答案是西南航空具有高效的组织能力，提高了构建独特关系的能力，即构建和维护了以"目标一致、知识共享、互相尊重"为特殊关系的协同体系。下面从领导力、文化、战略、统筹协调这四个管理学维度来解密西南航空的成功因素，然后解析其特有的"关系模式"给航空公司的启示。

1. 西南航空的成功因素

（1）西南航空的领导力。作为西南航空创始人之一的赫伯·凯莱赫，其非凡独特的领导力成就了西南航空的神话。赫伯领导力的表现是通过为西南航空这一家航空公司塑造了一种有别于美国其他大型航空公司的独特文化，尤其是他将工作重心放在了"关系"（以目标一致、知识共享、互相尊重的特色关系）的构建上。更重要的是，他创新了这种"关系"并发展形成和强化这些关系的组织实践，同时以身作则，向关系的最终缔造者、参与者、影响者——公司员工们示范了这些关系的重要意义。现代组织需要的不仅是高管的领导能力，更需要用领导力去激发和支持员工的创造性，使他们在工作中团结起来实现共同的目标。例如，西南航空公司一位飞行员曾说，他今天可以给赫伯打电话，但这个电话不仅仅是报告出现的问题。赫伯会说："思考一下，告诉我你认为能奏效的解决问题的办法。"赫伯奉行开放的原则，一天 24 小时中飞行员等员工都可以给他打电话，如果情况紧急，他还会在 15 分钟内回电。赫伯是激励公司进取的源泉之一，他会倾听每个人的想法，有着不可思议的个性。

（2）西南航空的企业文化。伟大的企业能够创建成功的文化，成功的文化助力企业更加伟大，西南航空的文化建设过程就遵循了这一逻辑。西南航空成立之初，其文化颇有些"古怪"。例如，该公司乘务员穿着性感的超短热裤，员工信奉"友爱"文化，经常组织召开"走近耶稣"交心会。如今的西南航空文化已经进化为高度兼容、百花齐放的独特文化，无论形势如何改变，对"关系"的永恒关注始终不变。

（3）西南航空的战略。西南航空实施"快速过站"和"点对点"的航线网络战略，并通过高客座率、高飞机日利用率、低销售费用、单一机型、单级舱位等具体办法配合战略达成。"快速过站"的战略需要以最简化的方式设计产品和配置资源（飞机、航线、维修能力），"点对点"是实现快速过站的航线网络特征的基本要素，当然也因此放弃了中枢辐射系统的协同优势及由此产生的定价权。因此，只有当"快速过站"的优势大于"点对点"的劣势时，西南航空的战略选择才是有意义的。由于航空运输流程的复杂性，决定了快速过站战略须具备精简、速度、可靠性的特征，这需要所有参与流程的工作人员务必结成高效的工作关系。

（4）西南航空的统筹协调。统筹协调在航空业中发挥着关键性的作用，民航运输服务的核心流程之一"航班起飞流程"需要在紧张的时间限制下进行高水平的统筹协调才能完成。传统航空基于加强流程系统管控的理念，通过岗位职责将参与起飞流程的各员工团队之间建立起森严的职能界限，员工地位和职能的悬殊及差异，使得统筹协调目标很难实现。西南航空通过独特"关系"的构建实现了一线员工团队之间的统筹协调，公司有能力实现以更快的周期循环为消费者提供接合有序的服务，从而靠更低的成本实现更高水平的质量目标。这些极具竞争力的组织能彻底打破效率和质量间的平衡，由此改变了现有的效率和质量间的局限性。

2. 关系模式给航空公司管理的启示

西南航空的关系模式给航空公司管理的改进带来了诸多有益启示，尽管各种"关系"更像是公司的"软件"，经常被管理者忽视，但是组织内部的"目标一致、知识共享、相互尊重"的"关系"会促进在组织运作过程中的统筹协调，为提高"质量"和"效率"这两方面的绩效做出贡献。

因为西南航空建立了强大的"关系"机制，其员工才会加强而不是排斥彼此间的联系，从而使他们能更有效地与他人相协调，目标一致并能够扩大员工超越各自的职责范围，从仅仅将本职工作做到最好升级为与整体工作流程相协调的全局性协同，当员工通过知识共享了解了自己的工作如何与其他任务发生关联时，就可以在工作中与整体流程保持协调一致。尊重其他同事，可以促使员工重视他人的价值，审视自己的行为给他人造成的影响，进而增强个体与整体工作流程相协调的意识。"关系模式"不仅仅用于鼓舞员工士气的微观行为，它更是西南航空与其他航空公司营运绩效存在显著差异的主要根源，其具有显著地提高质量和效率的积极效应。

为什么"关系模式"会在航空公司管理方面发挥显性作用？原因有以下三点。

（1）"关系模式"会在工作任务相互依赖的环境中促进业绩提升。简而言之，一个参与者的行动会对更多的参与者具有潜在的影响作用。例如，在航班过站流程中，在飞机准备起飞时若出现新情况，任务间相互的依赖关系会令参与航班起飞工作的12种职能人员在各项任务之间进行信息反馈、相互沟通，并做出决定。

（2）在具有高度不确定性，需要不断更新信息，随时调整计划的环境中，"关系模式"可以提升绩效。例如，不确定性普遍存在于航班过站流程中，造成航班起飞不确定性的因素很多，例如进港航班的抵达时间、机械可能出现故障、航班将遭遇的天气情况、航班上旅客和行李的抵达时间和数量、为起飞航班装载货物的时间把握和数量等情况。针对来源各异的不确定性因素，流程参与者必须及时更新信息，调整计划。

（3）在对时间有严格限制的环境中，关系模式可以提升绩效。通常组织可以采取缓冲措施来降低工作间的相互依赖性和各种不确定性因素带来的影响，但在时间受到严格限制的情况下，若要使工作流程更加有序、顺畅，仅仅通过单纯地给任务之间延长时间来降低任务间的相互依赖性是行不通的。这也是目前我国大部分航空公司飞机过站时间普遍较长的根本原因。所有的乘客、行李、货物、燃料、餐食以及有关上述各项的正确信息都必须在飞机起飞时全部就位。日趋激烈的票价竞争要求飞机快速过站，从而使造价不菲的飞机的使用效率最大化，这反过来又进一步加剧了航空业的时间限制紧张程度。

资料来源：民航资源网。

第三节　企业价值链分析

一、价值链的概念

迈克尔·波特在其《竞争优势》一书中提出了"价值链"的概念并对其进行了深入的研究。波特认为，企业的每项生产经营活动都是其创造价值的活动，这样，企业所有不同且相互关联的生产经营活动便构成了创造价值的动态过程，即价值链。价值链的基本构成如图 3-1 所示。

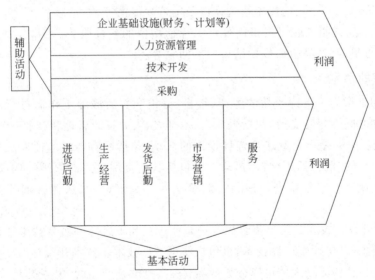

图 3-1　价值链的基本构成

价值链分析可以让企业了解在运营过程中，哪些环节可以创造价值，哪些环节不能创造价值，因为只有企业创造的价值大于价值创造过程中消耗的成本，企业才能获得超额利润。企业的价值链决定了企业的成本结构，也包含了企业的利润空间。价值链是一个模板，企业可以用它来分析成本定位，并且识别能促进战略实施的各种方式。

价值链最初是为了在企业复杂的制造程序中分清各步骤的"利润率"而采用的一种会计分析方法，其目的在于确定在哪一步可以削减成本或提高产品的功能特性。波特认为，应将在会计分析中确定每一步骤新增价值的活动与对组织竞争优势的分析结合起来，了解企业资源使用与控制状况必须从发现这些独立的价值活动开始。

二、价值链的活动

如图 3-1 所示，价值链将企业的生产经营活动分为基本活动和辅助活动两大类。

（一）基本活动

基本活动是指在产品的生产、销售、分销和售后服务过程中能为顾客创造价值的一系列活动和任务。一般分为进货后勤、生产经营、发货后勤、市场营销和服务五种活动。这些活动与商品实体的加工流转直接有关，是企业的基本增值活动。每一种活动又可以根据具体的行业和企业的战略再进一步细分成若干项活动。

（1）进货后勤。这是指与提供产品或服务的接收、储存和分配相关联的各种活动。例如，原材料的装卸、入库、仓储及存货控制等。

（2）生产经营。这是指将各种投入品转化为最终产品或服务的各种活动。例如，机械加工、组装及测试包装等。

（3）发货后勤。这是指产品集中、储存及配送最终产品的活动。例如，产品库存、搬运、送货等。如果企业提供的是服务，那么发货后勤则更多地涉及引导顾客消费。

（4）市场营销。这是指提供买方购买产品的方式、引导买方进行购买的各种活动。例如，营销管理、广告宣传、销售渠道选择以及定价和促销等。

（5）服务。这是指向顾客提供能使产品保值增值的各种服务。例如，安装、维修、使用培训、零部件供应、产品生命周期结束后的回收等。

（二）辅助活动

辅助活动是指为了支持产品的生产、销售、分销和售后服务工作而进行的活动或任务。这些活动之间又相互支持，包括采购、技术开发、人力资源管理和企业基础设施。

（1）采购。采购是指企业购买各种投入的活动，包括所有与供应商有关的活动。这里的采购是广义的，既包括原材料的采购，也包括其他资源投入的管理。例如，企业聘请咨询公司为企业进行广告策划、市场预测、管理信息系统设计、法律咨询等都属于采购管理。

（2）技术开发。技术开发是指可以改进企业产品和工序的一系列技术活动。这也是一个广义的概念，既包括生产性技术，也包括非生产性技术。技术开发是由一定范围的各种活动组成的。这些活动大体可以分为两类：一类是改善产品的；另一类是改善流程的。技术开发对任何行业的竞争优势都很重要。比如，在银行业务中，技术开发能在很多领域提高银行效率并为客户创造价值。以最简单的叫号系统为例，这种系统能使客户知道自己的等待时间并提示他们要办理业务的银行柜台号。自动柜员机、电话银行及网上银行的使用都能减少银行柜台的业务量，此外还能够减少所需的柜台工作人员。

（3）人力资源管理。这是指企业对员工的管理，它关注的是人员的招聘、培训、开发和员工评价以及制定工资、福利政策等各种活动。招聘和留住优秀人才已经成为企业的一个重大战略问题。

（4）企业的基础设施建设。企业的基础设施主要是指常规管理系统和管理活动。例如,计划、财务、会计、组织机构、法律服务、信息管理系统、办公自动化等管理行为支持着整个价值活动。从职能上看,它们相互独立,各自发挥特有的功能;从功能和效率上看,它们之间相互作用。如果没有整体的协调、配合、互动,就很难充分发挥各自特有的功能和效率。管理活动作为一个系统,绝非孤立的行为,如果只强调某种管理活动的质量或功能,企业的整体效益就无从产生,也根本无法形成整体的竞争优势。

需要注意的是,价值链不是以上活动的简单集合,而是由这些相互依存的活动构成的一个系统。在这个系统中,各项活动之间存在一定的联系,这些联系体现在某一价值活动进行的方式与成本之间的关系或者与另一活动之间的关系。企业的竞争优势既可以来自单独活动本身,也可以来自各活动之间的联系。最常见的是价值链中基本活动和辅助活动之间的联系,例如,产品的设计会影响其生产成本。

三、资源使用的价值链分析

任何一个企业或事业组织,都有属于自己的内外部活动价值链。每一类产品,也都有自己的价值链。分析每一条价值链,有利于更好地识别企业的优势和劣势。企业价值链分析的一般步骤如下。

(1) 研究生产产品或服务的所有活动,辨别每种产品的价值链,确定优势和劣势活动,尤其是那些支持企业竞争优势的关键性活动。例如:北京燕京啤酒成功的关键在于其市场销售的优势;青岛海尔公司的售后服务被认为是其开拓国内外市场的关键。

(2) 分析各产品价值链的内在联系,即一项价值活动(比如采购)的执行方式与另一项价值活动(比如生产作业)成本之间的关系。价值链中基本活动之间、基本活动与辅助活动之间以及辅助活动之间都存在各种联系,选择或构筑最佳的联系方式对于提高价值创造和战略能力非常重要。例如,人力资源开发与新技术的协调程度是成功实现产品创新与技术创新的关键要素。

(3) 明确价值系统内各项价值活动之间的联系。价值活动的联系不仅存在于企业价值链内部,而且存在于企业与企业的价值链之间。其中,最典型的是纵向联系,即企业价值链与供应商和销售渠道价值链之间的联系。例如,企业的采购和原料供应活动如果与供应商的订单处理系统相互作用,同时供应商的应用工程技术人员与企业的技术开发和生产人员也协同工作的话,供应商的产品特点以及其他方面就会明显影响企业的成本和差别化。

企业在运用价值链分析方法寻找企业竞争优势时,除了以上定性的分析方法,还可以结合以下方法步骤进行适当的定量分析。

(1) 确定各种价值活动的分摊成本。首先,确认和计算各作业中资源的耗费,统计出各项作业的成本。其次,按照作业动因将各作业成本价值分配计入最终产品和服务。最后,按照价值链将作业成本价值计入价值链各环节。通过成本分摊,可以了解各价值活动贡献大小和耗用成本大小,然后与竞争对手的价值和成本进行比较,找出差异。

(2) 分析影响各价值活动的成本动因。成本动因与耗费资源相关。在分配作业成本、计算产品成本时要充分考虑影响各价值活动的成本动因。

(3) 结合目标成本,确定竞争优势和劣势。确定各活动的目标成本,也就是实现其功能的最低成本。企业内部价值链各目标成本不易获得,但是把市场相近产品最低成本按一定标准分配到本企业目标活动所属部门,再分配到目标活动,便可得到该活动的目标成本。确定目标成本后,结合各活动成本动因进行价值分析,再结合企业外部价值链即企业价值链的前向和后向价值链的最低成本分别是竞争对手最低的原材料价格和产品销售成本,最终确定企业价值链的优势和劣势活动。

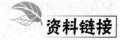 **资料链接**

价值链、供应链、产业链概念辨析

1. 定义

所谓价值链(value chain),是指企业在一个特定产业内的各种活动的组合,它反映企业所从事的各个活动的方式、经营战略、推行战略的途径以及企业各项活动本身的根本经济效益。

所谓供应链(supply chain),是指在生产和流通过程中,涉及将产品或服务提供给最终用户活动的上游与下游企业所形成的网络结构。

所谓产业链(industry chain),是指在经济布局和组织中,不同地区、不同产业之间或相关联行业之间构成的具有链条绞合能力的经济组织关系。

2. 区别

由定义可见,价值链主要是相对于一个企业而言的,是针对企业经营状况开展的价值分析,其目的是弄清楚企业的价值生成机制,剖析企业的价值链条的构成并尽可能加以优化,从而促进企业竞争优势的形成。企业不同,其价值生成机制也不同,在这些企业的价值链条构成中各有其价值生成的重要节点,有的在生产,有的在研发,有的则在营销或管理上。如果企业某一节点上的价值创造能力在同行中遥遥领先,我们就可以说这个企业在这方面具有了核心竞争能力。

供应链往往是相对多个企业而言的,除非是大型的企业集团,否则很难构建其自身的供应链,即便如此,有时也难免向集团外部延伸。因此,供应链可以说是企业之间的链条连接。供应链来自于物流范畴,供应链管理一般来讲指的是跨企业的物流管理。但是,随着现代电子商务的发展,许多企业在完成其自身流程的变革后实现同其他企业的连接已不仅仅局限在物流管理层面上,这使得供应链管理的内涵增加了商流的内容。供应链管理的发展是由计算机网络技术发展推动的,同时也是企业实施战略联盟和虚拟经营的结果。企业实施供应链管理目的,一方面是降低成本,另一方面是提高反应速度,其本质目的是构筑企业的核心能力。

产业链是相对于不同企业的概念,甚至是相对于不同地区和国家的概念。从某种程度上说,产业链是企业社会分工的有序绞合。因此,产业链的含义范围大于供应链。产业链理论在宏观经济管理和区域经济发展中发挥着重要的作用,其对于经济板块联系的加强以及产业复合体的形成有着重要的推进作用。也就是说,产业链条的构筑已经成为地方乃至国家在经济发展规划中的重要议题。

3. 联系

价值链理论的应用有助于人们了解企业的价值生成机制,其既是一个分析竞争优势的工具,同时也是建立和增强竞争优势的系统方法。但是,价值链并不是孤立地存在于一个企业内部,而是可以进行外向延伸或连接。如果几个企业之间形成了供应链连接并实现了同步流程管理,那么我们可以认为,这些企业的价值链已经实现了一体化连接,只不过这时价值链已经不再是价值链条,而是变成了价值星座。因此可以说,企业辨清自身的价值链是实施供应链管理的前提。

产业链虽然是宏观经济管理的理论,但在运作上企业却是其构筑的载体,也就是说,产业链条的构筑依赖于企业之间在经营上的有序连接,所不同的是,供应链连接可能是多向的,也可能发生在有限的产业范围内,而产业链条往往则是垂直的和广范围的或者说是多环节的。同样可以认为,供应链的连接往往是产业链生成的基础,而产业链条正是多重供应链条的复合体。

总之,价值链、供应链和产业链之间存在紧密的联系。认清三者的区别和联系具有重要的指导意义。

资料来源:作者根据网络资料整理。

 案例资料

价值链管理在耐克公司中的应用

1. 案例背景

耐克公司是于 1964 年由美国俄勒冈大学长跑运动员费尔·奈特和其教练比尔·波曼合伙组建的。20 世纪 70 年代初,耐克公司开始设计鞋子,并以古希腊的胜利女神"Nike"命名。但公司并没有建立自己的生产基地,而是外包给世界各地的生产厂家,耐克公司只集中人力、物力、财力开展产品设计,市场营销和品牌维护。1972 年,耐克公司委托日本企业正式生产 Nike 运动鞋,为降低生产成本,1975 年将日本生产线转移到人力成本相对较低的韩国与中国台湾,1980 年进入中国广东的东莞和江苏等地区。随着慢跑热的逐渐兴起,耐克公司抓住发展机会,开发出一种脲烷橡胶制成的弹性更强的新型鞋底。独特的设计理念使得耐克公司的产品销路迅速打开,1976 年的销售额从前一年的 830 万美元猛增到 1 400 万美元。此后,公司投入巨资开发新式跑鞋。1979 年,公司市场占有率达到33%,1981 年甚至达到 50%,遥遥领先于其他运动品牌。进入 20 世纪 90 年代后,公司遇到了自创立以来的第一次重大危机,市场占有率大幅下降。1995 年,新任总裁克拉克采取一系列改革措施,将体育、表演和公司的品牌形象结合起来,聘请著名体育明星作为形象代言人等,逐步把耐克公司带出了低谷。2003 年 7 月 9 日,耐克公司收购了另一家著名的运动鞋制造商——匡威公司,填补了其在中档运动鞋和休闲鞋市场的空白,并进一步完善了产品线。2013 年 10 月,Nike 公司规划出未来的发展走向,发展关键领域为中国市场、女装运动系列和电子店铺这三个方面,制订出 2017 年实现 360 亿美元年收益额的目标。

经过 50 多年的发展,耐克公司已从一个无名小卒一跃成为运动产品市场的领跑者。

2. 耐克公司的价值链管理

(1) 探寻企业发展的战略环节,建立竞争优势。波特将企业中真正创造价值的活动

称为"战略环节"。企业选择一个或几个最有价值的环节作为经营重点,不仅符合社会与行业分工的趋势,而且能聚焦企业有限的财力和精力。耐克公司的经营特点是"重研发、重销售、轻生产"。设计和营销是其价值生成的关键阶段,对产品总价值的贡献最大。而在生产方面,由于美国人力成本相对于其他国家没有优势,对产品总价值的贡献不大,故耐克公司选择了生产外包。因此耐克公司的战略环节就是产品的设计和广告营销,它们为公司的价值链增值,是公司赖以发展壮大的核心竞争力。图3-2的"微笑曲线"可以说明耐克公司价值链各环节资源的耗费与创造价值之间的关系。

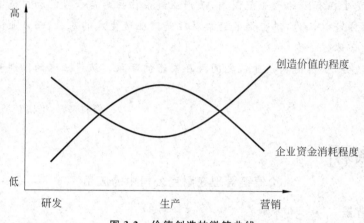

图 3-2   价值创造的微笑曲线

（2）控制企业发展的战略环节,创造企业价值。耐克公司在明确战略环节的基础上,开始集中企业资源培育具有发展潜力的核心业务和具有竞争优势的战略环节。首先,雇用将近 100 名研究人员专门从事研发工作,其中涵盖了生物学、力学、实验生理学、工业设计学等多个相关领域。公司还聘请了研究委员会和顾问委员会,其中有教练员、运动员、设备经营人员、足病医生和整形大夫等,他们定期审核公司的各种设计方案、材料和改进运动鞋的设想,这使得耐克公司的产品始终走在世界前列,从而稳固和发展了顾客群,源源不断地为公司创造价值。其次,在营销策略上,耐克公司将明星与产品结合起来,既可以为品牌价值增值(耐克公司的品牌价值达 81.7 亿美元),又可以吸引消费者,为企业带来直接经济利益。鞋类市场分析家普遍认为,乔丹对消费者的吸引力为耐克公司带来的巨大商业利益为其直接销售额的两倍。

（3）将非战略环节的"短板"进行生产外包。生产外包就是"贴牌"生产,可以避免设备等固定资产的大额投资,从而将节约的资金投资于战略环节,创造企业价值。由于体育用品制造业是一个劳动密集型和低附加值产业,因此,耐克公司从 20 世纪 70 年代以后,便把制造环节外包给很多亚洲国家的企业。以中国为例,耐克公司目前在中国有 17 个签约运动鞋厂,130 个签约运动服及配件厂。生产外包不仅使耐克公司获得了廉价劳动力,并从供应商那里得到大量折扣,而且还使顾客更快地从市场获得新产品,减少了中间环节的投入。

（4）财务为公司战略运行提供支持。耐克公司对研发的投入很高,1980 年用于产品研究、开发和实验方面的费用约为 250 万美元,1981 年将近 400 万美元。同时耐克公司也将大量资金投放于营销环节,如与体育明星合作,以大量吸引人的广告使公司品牌家喻户晓,并由此不断获得顾客群。此外,财务数据也为公司的战略决策提供了依据。如通过美国劳动生产率与中国劳动生产率的比较,发现美国公司劳动生产率是中国的几十倍,同时通过财务数据测算出公司生产所耗费资源与其创造的价值成反向关系,所以耐克公司决定生产外包。

3. 对我国企业的启示

(1) 剥离非核心业务,发展核心能力,建立竞争优势。贪大求全、填补空缺是我国企业特别是国有企业存在的普遍现象。由此带来的结果是资源分散使用,既没有将有限的人力、物力、财力配置于核心能力上,又没有将企业外部的人力、物力、财力配置于自己的非核心竞争力上,企业容易陷入"规模陷阱",无法真正做大做强。同时,国外企业关注核心业务的价值链管理理念颠覆了"木桶理论"。它强调拆除企业竞争中的"短板",加长原有的"长板",使之成为竞争的利器,而不是重点去"补短"。这种价值链管理方式值得我国企业学习。

(2) 以顾客价值为中心,由传统的"纵向一体化"管理模式向"横向一体化"管理模式转变。过去,企业为追求规模效益曾一度崇尚"纵向一体化"管理模式,但"纵向一体化"管理模式需要巨额的资金投入,往往不利于企业的资金周转,同时在资源有限(筹资困难)的企业很难把这些资源分配到如此多的部门,不利于各部门充分发挥自己的潜能。在这种情况下,"横向一体化"管理模式开始受到企业的青睐。企业开始加强与其他公司的合作,达到资金、技术、市场等方面的优势互补,最大程度地优化企业资源配置,从而提升企业核心竞争力。国内很多企业总是把其他企业当成竞争对手,没有从长远的角度考虑彼此的关系。还有很多企业没有迎合消费者的需求,造成产品大量滞销,加大了库存成本。所以企业应在市场调研方面多下功夫,投入更多资金,从消费者的角度设计产品,最大限度地满足其需求。

(3) 创企业品牌,提升企业品牌价值。企业品牌使得价值链呈几何级数增长,价值链的膨胀增值又促使企业品牌力量不断扩大,这是个互动、双向的过程。青岛双星鞋和耐克鞋的制造成本只差3~5美分,然而两者的市场价格却相差整整5倍。耐克公司的产品之所以能卖出高价就是因为其高档品牌定位。而国内许多企业缺的就是自有品牌,往往只是做一些"贴牌"生产,以廉价的劳动力成本获得收益,而没有任何核心技术。因此,国内企业应跳出"低附加值"的路子,走"高附加值、创新、品牌"之路,集中精力创企业品牌,提高顾客对品牌的忠诚度和信任度,通过品牌价值提升产品的售价,从而在众多同类产品中脱颖而出,保持企业的长久发展。

(4) 重视财务对企业战略的作用。对于企业而言,无论是产品开发战略、市场开发战略还是多元化战略,都要经过科学论证。而科学论证必须以财务数据为基础,如吸引力论证以利润额或利润率为标准、协同效应论证以降低成本和资源整合为考察点等。在这些论证完成后,决策者参考以财务数据为主的论证结果,选择出最优方案并予以实施。因此,以财务数据为基础的论证是战略方案形成过程中的重要环节,它支持着企业战略的选择。但我国很多企业却低估了财务的作用,认为财务只是记账、算账和报账,各部门将信息单向传递给财务部门,而财务部门并没有将分析结果加以反馈,造成很多资金运用不符合战略管理的要求,降低了企业的整体价值。所以,国内企业应将财务作为决策的基础,将资金投资于企业的战略环节,以提高资金的利用率。

资料来源:胡元木,张磊.价值链管理在耐克公司的应用[J].财务与会计(理财版),2009(6).

第四节　业务组合分析

价值链分析有助于对企业的能力进行考察,这种能力来源于独立的产品、服务或业务单位。但是,对于多元化经营的企业而言,还需要将企业的资源与能力作为一个整体来考虑。因此,企业战略能力分析的另一个重要部分就是对企业业务组合进行分析,评估构成企业业务组合的互补程度。波士顿矩阵与通用矩阵就是企业业务组合分析的主要方法。

一、波士顿矩阵

(一)波士顿矩阵的基本概念

波士顿矩阵(BCG Matrix),又称市场增长率—相对市场份额矩阵、波士顿咨询集团法、四象限分析法、产品系列结构管理法,是由美国著名的管理学家、波士顿咨询公司创始人布鲁斯·亨德森(Bruce Henderson)于1970年首创的一种用来分析和规划企业产品组合的方法。

这种方法的核心在于以下两点。

(1)如何使企业的产品品种及其结构适合市场需要的变化,从而使企业的生产有意义。

(2)如何将企业有限的资源有效地分配到合理的产品结构中去,以保证企业收益,这是企业在激烈竞争中能否取胜的关键。

波士顿矩阵认为决定产品结构的基本因素有两个,即市场引力与企业实力。反映市场引力的综合指标是市场增长率,这是决定企业产品结构是否合理的外在因素。市场占有率是决定企业产品结构的内在要素,直接显示出企业竞争实力。市场增长率与市场占有率既相互影响,又互为条件。

(1)市场引力大,市场占有率高可以显示产品发展的良好前景,企业具备相应的适应能力,实力较强。

(2)如果仅有市场引力大,而没有相应的高市场占有率,则说明企业尚无足够实力,则该种产品也无法顺利发展。

(3)企业实力强而市场引力小的产品也预示着该产品的市场前景不佳。

(二)波士顿矩阵的基本原理

波士顿矩阵分析法将企业所有产品根据产品市场增长率和企业市场占有率的不同进行组合分类。用坐标图表示出来,如图3-3所示。

图中纵轴表示市场增长率,是指企业所在产业某项业务前后两年市场销售额增长的百分比。这一增长率表示每项经营业务所在市场的相对吸引力。通常以10%平均增长率作为增长高、低的界限。横轴表示企业在产业中的相对市场占有率,是指企业某项业务的市场份额与这个市场上最大的竞争对手的市场份额之比。这一市场占有率反映企业在

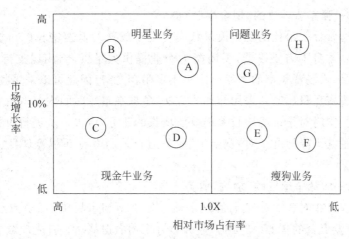

图3-3 波士顿矩阵分析法

市场上的竞争地位。相对市场占有率的分界线为1.0~1.5,划分为高、低两个区域。

横轴之所以为相对市场占有率,是因为考虑到企业不同产品所在行业的集中度差异,绝对市场占有率不能够准确反映企业在该产业中实际的竞争地位。计算公式为:

本企业某种产品绝对市场占有率=该产品本企业销售量/该产品市场销售总量

本企业某种产品相对市场占有率=该产品本企业绝对市场占有率/该产品市场占有份额最大者(或特定的竞争对手)的市场占有率。

根据有关业务或产品的市场增长率和企业相对市场占有率标准,波士顿矩阵可以把企业全部的经营业务定位在四个区域中。

1. 高增长—低竞争地位的"问题"业务

这类业务通常处于最差的现金流量状态。一方面因市场增长率高需要投资支持,而企业较低的市场占有率使得经营产生的现金流较少。例如在产品生命周期中的引入期,因种种原因未能开拓市场局面的新产品是典型的"问题"类产品。对"问题"类产品是否值得继续投资需进行客观分析。一般应采取选择性投资战略。

(1)对那些经过改进可能成为"明星"业务的产品进行重点投资,提高市场占有率,使之演变成为"明星"业务。

(2)对其他将来有希望成为"明星"的业务在一段时期内采取扶持的对策。

因此,对"问题"业务的改进与扶持方案一般均列入企业长期计划中。对问题产品的组织管理,最好采取智囊团或项目组织等形式,选拔有规划能力、敢于冒风险、有才干的人负责。

2. 高增长—强竞争地位的"明星"业务

这类业务处于迅速增长的市场,具有很大的市场份额。在企业全部业务中,"明星"业务的增长和获利有着极好的长期机会,是企业资源的主要消费者,需要大量投资。为了保护和扩展"明星"业务在增长的市场上占主导地位,企业应在短期内优先供给它们所需资源,支持它们继续发展。"明星"业务适用的发展战略:积极扩大经济规模和市场机会,以长远利益为目标,提高市场占有率,加强竞争地位。明星业务的管理与组织最好采用事业部形式,由对生产技术和销售两方面都很内行的经营者负责。

3. 低增长—强竞争地位的"现金牛"业务

这类业务通常处于最佳的现金流量状态。处于成熟的低速增长的市场中,市场地位有利,盈利率高,本身不需要投资,反而能为企业提供大量资金,用以支持其他业务的发展。对该类产品,市场增长率的下跌已成为不可阻挡之势,因此可以采用收获战略。把设备投资和其他投资尽量压缩。采用榨油式方法,争取在最短时间内获取更多利润,为其他产品提供资金。同时对于市场增长率仍有所增长的业务,应进一步进行市场细分,维持市场增长率或延缓其下降速度。对"现金牛"业务适合采用事业部制管理,经营者最好是市场营销型人物。

4. 低增长—弱竞争地位的"瘦狗"业务

这类业务仅有相对较少或微弱的现金流。处于饱和市场中,竞争激烈,可获利润很低,不能成为企业资金的来源。"瘦狗"业务适宜采用撤退战略。首先应减少批量,逐渐撤退,对尚能自我维持的业务,应缩小经营范围,加强内部管理;对市场增长率和企业市场占有率均极低的业务则应立即淘汰,将剩余资源向其他产品转移;最后是整顿产品系列,最好将"瘦狗"产品与其他事业部合并,统一管理。

（三）波士顿矩阵的局限性

企业把波士顿矩阵作为分析工具时,应该注意到它的局限性。

（1）在实践中,企业要确定各业务的市场增长率和相对市场占有率是比较困难的。

（2）波士顿矩阵过于简单。首先,它用市场增长率和企业相对市场占有率两个单一指标分别代表产业的吸引力和企业的竞争地位,不能全面反映这两方面的状况;其次,两个坐标各自的划分都只有两个,划分过粗。

（3）波士顿矩阵事实上暗含了一个假设:企业的市场份额与投资回报是呈正比的。但在有些情况下这种假设可能不成立或不全面。一些市场占有率小的企业如果实施创新、差异化和市场细分等战略,仍能获得很高的利润。

（4）波士顿矩阵的另一个条件是,资金是企业的主要资源。但在许多企业内,要进行规划和均衡的重要资源不仅是现金,还有技术、时间和人员的创造力。

（5）波士顿矩阵在具体运用中有很多困难。例如,正确的应用组合计划会对企业的不同分部产生不同的目标和要求,这对许多管理人员来说是一个重要的文化变革,而这一文化变革往往是非常艰巨的过程。比如,按波士顿矩阵的安排,"现金牛"业务要为"问题"业务和"明星"业务的发展筹资,但如何保证企业内部的经营机制能够与之配合?谁愿意将自己费力获得的盈余投资到其他业务中去?因此,有些学者提出,与其如此,自由竞争市场可能会更有效地配置资源。

二、通用矩阵

（一）通用矩阵的基本原理

通用矩阵,又称行业吸引力矩阵,是美国通用电气公司设计的一种投资组合分析方法。

可以说,通用矩阵是对波士顿矩阵的改进,在评价指标上增加了许多中间等级,战略的变量增多了。通用矩阵分析法不仅适用于波士顿矩阵所能使用的范围,而且适用于对需求、技术寿命周期曲线的各个阶段以及不同的竞争环境。通用矩阵开发了九个象限，更好地说明了企业中处于不同地位经营业务的状态，使得企业更为有效地分配有限的资源。图 3-4 为通用矩阵的基本示例。

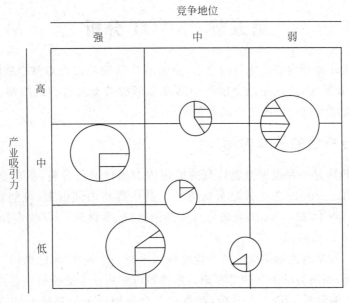

图 3-4　通用矩阵

图中横轴用多个指标反映企业竞争地位。纵轴用多个指标反映产业吸引力。两个坐标轴上都增加了中间等级。产业吸引力和竞争地位的值决定着企业某项业务在矩阵上的位置。

影响产业吸引力的因素包括市场增长率、市场价格、市场规模、获利能力、市场结构、竞争结构、技术及社会政治因素等。影响经营业务竞争地位的因素有相对市场占有率、市场增长率、买方增长率、产品差别化、生产技术、生产能力、管理水平等。根据每个因素重要性不同，给予不同的权重数，再分别乘以对应的各自计量数值（如产业吸引力因素级数），最后得到加权值。

在图 3-4 中，产业吸引力和竞争地位的值决定着企业某项业务在矩阵上的位置。矩阵中圆圈面积的大小与产业规模成正比，圈中扇形部分（画线部分）表示某项业务的市场占有率。

（二）通用矩阵的应用

从通用矩阵九个象限来看，左上方三个格：最适于采取增长与发展战略，企业应优先分配资源。对角线三个格：应采取维持或有选择地发展战略，保护原有的发展规模，同时调整其发展方向。右下方三个格：一般采取停止、转移、撤退战略。通用矩阵更加细致的标准划分使得决策者能更加仔细、全面地考虑行业的各个指标，充分参考外部信息和企业内部资源，从而做出恰当的判断并制定业务战略。

（三）通用矩阵的局限性

（1）用综合指标来测算产业吸引力和企业的竞争地位，这些指标在一个产业或一个企业的表现可能会产生不一致,评价结果也会由于指标权数分配的不准确而带来偏差。

(2)划分较细,对于多元化业务类型较多的大公司必要性不大,且需要更多的数据,方法比较繁杂。

第五节　SWOT 分析

在完成企业外部和内部环境分析之后,企业战略管理者需要对整个战略态势的分析进行总结、比较和匹配,并且在这个过程中激发和形成若干可选择的战略。SWOT 模型就是企业战略管理者进行这项工作的有效工具之一。

一、SWOT 分析法的基本内涵

SWOT 分析法是一种根据企业自身的既定内在条件进行分析,找出企业的优势、劣势及核心竞争力之所在的企业战略分析方法。其中战略内部因素(可能做的):S 代表 strength(优势),W 代表 weakness(弱势);外部因素(能够做的):O 代表 opportunity(机会),T 代表 threat(威胁)。

迈克尔·波特提出的竞争理论从产业结构入手对一个企业"可能做的"方面进行了透彻的分析和说明,而能力学派管理学家则运用价值链解析企业的价值创造过程,注重对公司的资源和能力的分析。SWOT 分析,就是在综合前面两者的基础上,以资源学派学者为代表,将公司的内部分析(即 20 世纪 80 年代中期管理学界权威们所关注的研究取向,以能力学派为代表)与产业竞争环境的外部分析(即更早期战略研究所关注的中心主题,以安德鲁斯与迈克尔·波特为代表)结合起来,形成了自己结构化的平衡系统分析体系。图 3-5 列示了 SWOT 分析的典型格式。

优势	劣势
•企业专家所拥有的专业市场知识 •对自然资源的独有进入性 •专利权 •新颖的、创新的产品或服务 •企业地理位置优越 •由于自主知识产权所获得的成本优势 •质量流程与控制优势 •品牌和声誉优势	•缺乏市场知识与经验 •无差别的产品和服务(与竞争对手相比较) •企业地理位置较差 •竞争对手进入分销渠道的优先地位 •产品或服务质量低下 •声誉败坏
机会	威胁
•发展中的新兴市场(例如中国互联网) •并购、合资或战略联盟 •进入具有吸引力的新的细分市场 •新的国际市场 •政府规则放宽 •国际贸易壁垒消除 •某一市场的领导者力量薄弱	•企业所处的市场中出现新的竞争对手 •价格战 •竞争对手发明新颖的、创新性的替代产品或服务 •政府颁布新的规则 •出现新的贸易壁垒 •针对企业产品或服务的潜在税务负担

图 3-5　典型的 SWOT 分析格式

SWOT 分析具有显著的结构化和系统性的特征。就结构化而言,首先在形式上,SWOT 分析法表现为构造 SWOT 结构矩阵,并对矩阵的不同区域赋予了不同分析意义;

其次在内容上,SWOT 分析法的主要理论基础也强调从结构分析入手对企业的外部环境和内部资源进行分析。另外,早在 SWOT 诞生之前的 20 世纪 60 年代,就已经有人提出过 SWOT 分析中涉及的内部优势、弱点,外部机会、威胁这些变化因素,但只是孤立地对它们加以分析。SWOT 方法的重要贡献就在于用系统的思想将这些似乎独立的因素相互匹配起来进行综合分析,使得企业战略计划的制订更加科学全面。

SWOT 方法自形成以来,广泛应用于企业战略研究与竞争分析,成为战略管理和竞争情报的重要分析工具。分析直观、使用简单是它的重要优点,即使没有精确的数据支持和更专业化的分析工具,也可以得出有说服力的结论。

二、SWOT 分析方法的具体应用

SWOT 分析法的核心思想是通过对企业外部环境与内部条件的分析,明确企业可利用的机会和可能面临的风险,并将这些机会和风险与企业的优势和劣势结合起来,形成企业的不同战略措施。SWOT 分析的基本步骤如下。

(1)分析企业内部的优势和劣势,并把具体的判断放在矩阵对应的方格内(见图 3-6)。这些优势和劣势既可以是相对企业目标而言的,也可以是相对竞争对手而言的。

(2)分析企业面临的外部机会与威胁,可能来自与竞争无关的外部环境因素的变化,也可能来自竞争对手力量与因素变化,或二者兼有,但关键性的外部机会与威胁应予以确认,并把具体内容列入图 3-6 中。

(3)将图 3-6 中的各种具体的陈述进行比较和结合,由此产生四种可能的应对策略,分别是 SO 策略、ST 策略、WO 策略和 WT 策略。这里须注意的是,我们将 SWOT 的组合称为策略,而不是战略。原因在于战略所关心的问题是企业发展的核心问题,而不是应对已知环境变化的具体策略。基于 SWOT 分析所获得的结果,并不能直接构成企业战略,而只能是应对环境变化的策略,需要结合企业意图、宗旨和战略目标来综合分析,才能构成企业战略。

SO 策略是指利用优势抓住机会的应对策略。例如,良好的产品市场前景、供应商规模扩大和竞争对手陷入财务危机等外部条件,配以企业市场份额正在明显提高等内在优势,这些都是企业收购竞争对手、扩大规模的有利条件。

ST 策略是指发挥优势减少威胁的应对策略。如面对竞争对手利用新技术大幅度降低成本给企业造成的外部压力,本企业可以利用自己较强的产品开发能力,通过开发新产品回避外部威胁。

OW 策略是指利用机会克服劣势的策略,如对于原材料供应不足的企业,在产品市场前景看好的前提下,可利用供应商扩大规模、新技术设备降价、竞争对手财务危机等机会,实现纵向整合战略,重构企业价值链,以保证原材料供应。

WT 战略就是避免劣势受到威胁打击的应对策略,可以称为防御策略,如当企业成本状况恶化,原材料供应不足,生产能力不够,无法实现规模效益,且设备老化,这时企业最好考虑兼并、紧缩、破产或清算。

图 3-6 为 SWOT 的矩阵展开分析模型。

内部环境 外部环境	优势(Strengths) 1 2 3 …	劣势(Weaknesses) 1 2 3 …
机会(Opportunities) 1 2 3 …	SO战略	WO战略
威胁(Threats) 1 2 3 …	ST战略	WT战略

图 3-6　SWOT 矩阵展开分析模型

 **案例资料**

联想集团 SWOT 分析

联想集团成立于 1984 年,由中科院计算所投资 20 万元人民币、11 名科技人员创办。联想主要从事开发、制造并销售技术产品及优质服务,生产台式电脑、服务器、笔记本电脑、打印机、掌上电脑、主板、手机、一体机电脑等商品。从 1996 年开始,联想电脑销量一直位居中国国内市场首位。2004 年,联想集团收购 IBM PC(personal computer,个人电脑)事业部。2013 年,联想电脑销售量升居世界第一,成为全球最大的 PC 生产厂商。2014 年 4 月 1 日起,联想集团成立四个新的、相对独立的业务集团,分别是 PC 业务集团、移动业务集团、企业级业务集团、云服务业务集团。2014 年 10 月底公布,联想正式完成从谷歌收购摩托罗拉移动,收购总额约为 29.1 亿美元。以下为联想集团目前发展的 SWOT 分析。

优势

(1) 联想集团纵向一体化的战略已初见成效,有助于企业降低成本,跟上节奏,控制库存和较少依赖原始设备制造商(OEM)。

(2) 了解中国的市场。联想已经成为中国本土最大的市场成员之一。对中国市场充分有力的了解,以及适应中国人消费习惯的能力,使产品得到了广泛的认可和支持。

(3) 低成本生产。为了获取更高的利润,联想在低成本的地区,如中国、巴西和阿根廷,建立了自己的生产工厂,生产了自己需要的近一半的硬件。因此,它能够生产成本低、有价格竞争优势的产品。

(4) 兼并和收购能力。为了给企业引入新的专利、能力、资产和技术,联想一直致力于兼并和收购。最重要的是,通过成功收购和组建合资企业,联想进入了新的市场,建立了新的分销网络。

(5) 强大的专利组合。通过收购企业,以及企业的 R&D 的帮助,联想已经为自己的PC 和软件企业聚集了重要的专利组合。

（6）全面的知识和多样化的劳动力。有别于传统的总部模式，联想掌握着世界三个卓越的技术中心（美国、中国和新加坡），结合不同的技能和资源，生产出高品质的产品。

劣势

（1）发达经济体背景下较低的品牌知名度。联想的主要市场，是它出售产品最多的亚洲地区。而联想很难进入美国和欧洲市场，因为在这些地区，其品牌知名度比较低。

（2）差异性不强。除了低廉的价格，联想的产品和其他竞争对手区别不大，一旦其竞争对手提供更低的价格，它就会处于劣势地位。

（3）商品生产。对于成品来说，联想的营业收入主要来自计算机，特别是笔记本电脑，以及打折销售。而对于计算机硬件（商品）的产品，则以非常低的利润出售。

机会

印度不断增长的智能手机市场需求。印度是亚太地区智能手机渗透最少的地区之一，以其已经很成功的廉价乐Phone，联想可以很容易地渗透到印度市场。

威胁

（1）目前IT领域硬件产品的边际利润比较低。

（2）笔记本电脑市场增长乏力。

（3）发达国家手机市场已接近饱和。

（4）科技创新的速度非常之快。

（5）市场竞争日趋激烈。

资料来源：作者根据网络资料整理。

思 考 题

1. 对一个企业来说，为什么研究和了解其内部环境非常重要？

2. 有形资源与无形资源之间的区别是什么？对于创造能力来说，哪种资源更重要，为什么？

3. 能力必须具备哪四个标准才能成为核心竞争力？

4. 什么是价值链分析？成功的价值链分析能让企业获得哪些好处？

5. 波士顿矩阵分析的基本原理是什么？

6. 理解SWOT分析的基本内涵。

7. 甲公司有三个事业部，分别从事A，B，C三类家电产品的生产和销售。这些产品的有关市场数据如表3-2所示。在A，B，C三类产品市场上，甲公司的最大竞争对手是乙公司。

表3-2 2013年市场销售额

产品	A	B	C
甲公司销售额/万元	2 600	8 800	14 500
最大竞争对手销售额/万元	4 200	22 000	11 000
全国市场销售总额/万元	32 000	84 000	64 000
近年全国市场增长率/%	13	6	1

假设市场增长率和相对市场占有率分别以 10% 和 1 作为高低的界限标准。

要求：

（1）根据资料分析 A，B，C 三类产品目前分别处在产品生命周期的哪个阶段？处于成长期和成熟期的产品在市场容量、生产规模和消费者认知方面具有什么特点？

（2）用波士顿矩阵分析甲公司的 A，B，C 三类产品分别属于何种产品？并在矩阵图中标出所在位置。

（3）甲公司对 A，C 两类产品应分别采取什么策略？并说明理由。

第四章

战 略 选 择

 学习目标

1. 了解总体战略的基本类型。
2. 掌握发展型战略的主要类型。
3. 掌握发展型战略实施的主要途径。
4. 了解战略联盟的主要形式。
5. 掌握成本领先战略的基本内涵。
6. 掌握产品差异化战略的内涵。
7. 了解市场营销战略的基本内容。
8. 掌握国际化战略的内涵及基本类型。

 引导案例

基于外部环境的海尔战略选择

随着新经济时代的到来,经济发展的全球化、数字化、网络化、无形化正在给社会带来前所未有的影响,它在极大改善人们生活方式的同时,也深刻影响了企业所处的外部环境,不断变化的外部环境在给企业带来诸多机遇的同时,也带来了巨大的威胁。面对竞争日益激烈的全球市场,海尔却成功地成为了经受住这一时代考验的少数企业之一。

2011 年 12 月 15 日,世界权威调研机构欧睿国际公布全球家电市场 2011 年最新调查数据,海尔在大型家电市场的品牌占有率提升为 7.8%,第三次蝉联全球第一,同时获得全球大型家电第一品牌,全球冰箱、酒柜、冷柜第一品牌,全球洗衣机第一品牌等多项殊荣。

从 1984 年初创业时的亏损到现在所拥有的辉煌成就,海尔走过了一条艰辛而硕果累累的路,而它成功的关键就在于它能不断结合外部环境变化及时调整自身发展战略。在海尔人眼里“没有思路就没有出路”,在海尔人管理理念里“永远战战兢兢,永远如履薄冰”,从名牌战略到多元化战略,从国际化战略到全球化品牌战略,海尔创造出了一系列最有利、最富有远见的发展策略。而海尔调整战略的原因主要基于两方面:一是企业外部环境的变化;二是企业内部状况的变化。本文将从外部环境角度出发对海尔战略调整进行剖析,为谋求进一步发展的其他中国企业提供一个有益的战略选择视角。

海尔自成立之初到 2011 年年底成为荣获多项殊荣的中国白色家电霸主,主要经历了四个战略发展阶段,而这些战略的成功主要得益于海尔对内外部环境清楚的认识和精准的分析。

1. 针对卖方市场供小于求的名牌战略

1984 年到 1991 年当时的中国家电市场还处于卖方市场阶段,面对需求大于供给的市场状况,很多厂商片面追求大批量生产,忽视了产品质量的提高。而面对这样的市场环境,张瑞敏却认为这是海尔应该苦练"内功"的时候,抓住这个时代机遇用质量俘获市场消费者的青睐,从这个目标出发,张瑞敏带领海尔实行了"要么不干,要干就争第一"的名牌战略。

"名牌战略"的核心是产品高质量,其优点是经营目标集中,企业高度专业化,具有规模经济效益。在这个对家电产品需求处于快速增长时期的市场下,海尔以生产高质量产品的"名牌战略"成功俘获了消费者的心,确立了中国家电第一品牌的地位,使"海尔中国造"享誉全球。

2. 针对买方市场个性化需求的多元化战略

而自 1992 年之后,中国的家电市场开始迈入买方市场阶段,消费者的需求不再只是简单地定位在"可以购买到"的层次上,而是对产品的性能和质量方面都提出了更高的要求,个性化的意识普遍觉醒。此时的市场,单一的产品或产品系列,已不能再吸引住消费者的眼球,这时候"多元化战略"成为包括海尔在内众多家电企业的选择。

所谓多元化战略,就是企业通过不同产品不断进行扩张,它能够充分运用企业拥有的技术优势,实现资源通用的范围经济和资源互补。在捕捉到市场多元化需求这一新特征之后,海尔开始实施多元化战略,扩大白色家电生产规模,将海尔产品由冰箱扩展到冰柜、洗衣机、空调器等白色家电领域,并开始进军以电视为代表的黑色家电和以电脑为主的米色家电领域。也就在这个时期,张瑞敏提出了吃"休克鱼"的战略思想,使得张瑞敏成为第一位登上哈佛讲坛的中国企业家。

从 1995 年兼并青岛红星电器厂开始,短短几年内海尔在全国共兼并了 15 家企业,全部并购过程的成本核算相当于只花了 7 000 多万元,但却盘活了 15 亿元的资产,使海尔得到了快速的成长和发展,在中国企业界独树一帜。

3. 为谋求更大市场、更高知名度的国际化战略

海尔从 1998 年开始启动国际化战略,主要目标是将产品批量销往全球主要经济区和城市,并建立自己的海外经销网络与售后服务网络,提高海尔在国际上的知名度和信誉度。

国际化战略最大的优势就在于企业可以为自己的产品和服务在全球范围内找到新的市场,并在无形资源方面为企业带来增值,比如市场声誉的提高、品牌知名度的增加等。海尔的国际化战略具有明显的品牌战略意图,用海尔自己的话说,它的国际化战略是为了"创牌"而非"创汇",其国际化发展模式是"三位一体本土化",即设计、制造、营销都要在当地进行,通过在当地融资、融智、融文化,利用全球市场资源来实现创造本土化名牌的目标,实现"海尔国际化到国际化海尔"的跨越。

随着海尔国际化战略的不断推行,海尔在境外收入不断上升,在当时世界最具影响力的 100 个品牌中,海尔成为唯一入选的中国品牌,位列第 95 名。

4. 针对经济全球化的全球化品牌战略

2006 年 10 月 27 日,海尔集团宣布与日本三洋电机在日本成立由海尔控股的合资公

司,三洋在冰箱行业全球领先的技术使得海尔的国际化进程如虎添翼。

为了适应全球经济一体化的形式,海尔把"全球化品牌战略"作为自己新的战略发展方向,在完成"走出去"战略之后,积极实施"走进去"和"走上去"策略。主要目标是要通过提升产品竞争力和企业运营竞争力,实现与供方、客户、用户三方的双赢,并实现从单一文化转变到多元文化,以全球化视野实施国际化扩张,完成从全球最大向全球最强的转型,成为引领全球白色家电产业的风向标。

从海尔战略调整的路线,我们可以看出其战略选择的成功主要是基于以下两点。

首先是战略选择与自身内外部环境良好的匹配度。战略与内外部环境的匹配度是指企业内部是否有资源和能力满足由外部环境变化所引起的变革需求,战略变革所带来的变化能否与企业的运营状况相适应,并加强企业的竞争地位。这一点海尔做得非常成功,在准确捕获外部市场信息之后,在衡量自身内部实力的基础上,海尔进行了第一次的战略调整——名牌战略,实现了由只注重量的生产到注重质的生产的飞跃。

其次是战略具有良好的前瞻性。战略具有前瞻性即战略方案的实施要具有可拓展性,现行战略方案在内涵上具有延伸性。能够与未来环境的发展趋势相适应、适应企业发展而发展的战略,是使企业获得长期竞争优势的重要来源之一。从海尔的战略发展来看,海尔走的是一条由国内走向国外走向全球的发展路线,每一个新的战略选择都是在前一个战略基础上的内涵和外延的延伸,每一个新的战略选择都是对前一个战略优点基础上的继承与发展。

资料来源:张玉双.基于外部环境的海尔战略选择[J].经济师,2012(5).

海尔成功的战略选择是企业不断发展、壮大的前提和基础。实践证明,战略对企业的成功越来越重要。当然,外部环境中的机会和威胁,以及内部环境中资源、能力和核心竞争力的本质和质量,都会影响企业的战略选择。本章内容即是在企业战略分析的基础上,阐述战略管理者如何有效地统筹,整合,分配企业的资源、能力和竞争力,制定出适合企业长远发展的战略。

正如第一章内容所述,一个多元化经营的企业,其战略是分层次的,包括公司层次、业务层次与职能层次的战略,即总体战略(公司战略)、业务单位战略(竞争战略)与职能战略。公司层次的战略即总体战略关注的是:如何通过配置、构造和协调企业在多个市场上的活动来创造价值。业务层次的战略即竞争战略所要解决的是:如何在一个具体的、可以识别的市场上取得竞争优势。职能层次战略所要落实的是:如何在各自的职能领域采取有效的行动以实现总体战略与竞争战略的战略部署。因此,公司层次与业务层次的战略是真正意义上的战略层面,而职能层次的战略属于战术层面,或者可以说,公司层、业务层是战略目的,而职能层是战略手段。

第一节 总体战略

企业总体战略是指为实现企业总体目标,对企业未来发展方向所做出的长期性、总体性的谋划。总体战略决定企业各战略业务单位在战略规划期限内的资源分配、业务拓展方向,是指导企业在今后若干年总体发展、统率全局的战略,是制定企业各业务单位战略

(竞争战略)和各职能战略的依据。企业总体战略包括发展型战略、稳定型战略、紧缩型战略三种类型。

一、发展型战略

发展型战略又称成长型战略或扩张型战略,是以发展壮大企业为基本导向,致力于使企业在产销规模、资产、利润或新产品开发等某一方面或某几方面获得增长的战略。发展型战略是最为普遍采用的企业战略。

(一)发展型战略的主要类型

发展型战略主要包括三种基本类型:密集型战略、一体化战略和多元化战略。

1. 密集型战略

密集型成长战略,也称为加强型成长战略,是指企业充分利用现有产品或服务的潜力,强化现有产品或服务竞争地位的战略,有时又称为"产品—市场"战略。研究企业产品、市场扩张方向的经典模型是战略管理研究的先驱者安索夫(H. I. Ansoff)提出的产品—市场战略组合矩阵。安索夫认为企业经营战略的四项要素(现有产品、新产品、现有市场、新市场)有四种组合,形成四种类型的企业战略。如表 4-1 所示。

表 4-1 安索夫矩阵

	现有产品	新产品
现有市场	市场渗透战略	产品开发战略
新市场	市场开发战略	多角化经营战略

(1)市场渗透。市场渗透是指以现有产品在现有市场范围内通过更大力度的营销,努力提高现有产品或服务的市场份额的战略。

一般地,进行市场渗透主要有以下三种可选方式。

① 吸引现有产品的潜在顾客,以增加产品使用人的数量。措施包括努力发掘潜在顾客,或者在地域上进行扩展,把产品介绍、推销给从未使用过企业产品的用户。比如本来为妇女生产的洗发剂,现在又成功地推销给男士及儿童使用。

② 刺激现有顾客的潜在需求,以增加产品使用人的平均使用量。

③ 按照顾客的需求改进产品特性,不但可刺激现有顾客增加产品使用量,而且有助于吸引潜在顾客。措施包括:提高产品质量,如增强产品的功能特性;在尺寸、重量、材料、添加物、附件等方面增强产品特点,提高其使用的安全性、便利性。

(2)市场开发。市场开发是指将现有产品或服务打入新市场的战略。如果市场上企业现有的产品已经没有进一步渗透的余地时,就必须设法开辟新的市场,比如将产品由城市推向农村,由本地区推向外地区等。市场开发的途径一般有以下几种。

① 在当地发掘潜在顾客,进入新的细分市场。

② 在当地开辟新的营销渠道,包括雇用新类型的中间商和增加传统类型中间商的数目。

③ 开拓区域外部或国外市场。

（3）产品开发。产品开发是指企业在现有市场上通过改造现有产品或服务，或开发新产品或服务而增加销售量的战略。拥有特定细分市场、综合性不强的产品或服务范围窄小的企业可能会采用这一战略。实施产品开发的一般途径如下。

① 产品革新。在现有市场上通过对新技术的应用，推出新的产品。

② 产品发明。指在现有市场上开发新的产品。

（4）多角化经营战略。这是新产品与新市场结合的结果。又可分为相关多角化和不相关多角化两种。这种发展类型其实就是多元化发展类型，我们将在多元化发展战略类型中详细讲解。

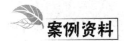 **案例资料**

相宜本草：深度渗透低线市场

如何在企业总数超过5000家、中小型企业占比逾90％且国际品牌甚为强势的中国化妆品市场站稳脚跟？

本土日化品牌相宜本草在这个复杂的市场中算是一匹黑马，在它的官方网站上，给产品分类的标准非常简单，一是渠道；二是功效。相宜本草成立于2000年，它没有机会搭乘20世纪90年代国内美妆品牌野蛮生长的高速列车。能够成为占据一席之地的后来者，相宜本草就是靠这两点，渠道上实施KA（key account，大型商超）渠道战略，功效上定位"中药本草"填补当时的市场空白。

不同于许多本土化妆品品牌一开始从专营店入手，强势崛起后再自下而上"跨界"进入商超等渠道的发展路径，相宜本草从创立之初便瞄准了更为高端的KA渠道。

在这一渠道体系中，丁家宜、东洋之花、佳雪等品牌都曾作为本土化妆品企业的代表与外资品牌分庭抗礼。如今，上述品牌或被国际大牌收购，或日益淡出人们视野，而起步缓慢、2004年销售额尚未突破2000万元的相宜本草却坚持了下来，在积累大量商超资源和品牌影响力的同时终于在2007年获得了今日资本的投资。现在，相宜本草的渠道，不仅包括其赖以崛起的大型商超，还有线上销售和专营店等其他渠道，其中线上销售2011年已近2亿元，占总营收的15％。

在经销商网络体系管理方面，相宜本草按地区进行渠道分线，每个省在三大渠道都分设代理商。在此基础上，进一步严格规定每个经销商只能选择一个单一渠道，其他渠道不得涉足。为了进行相应的监督，相宜本草还在产品上配备了明码暗码系统。

在《商业评论》2013年第七届管理行动奖评选中，相宜本草获得了"电子商务领域金奖"。相宜本草近年来的渠道策略称为"E时代的全渠道营销"。其基本策定位于深度渗透低线市场。向二、三线城市甚至周边县城、乡镇下沉是近年来美妆品牌的大势所趋，对于优势一向在于一线城市大型卖场的相宜本草来说也不例外。相宜本草的应对方式是"深度渗透"。在低线市场，没有"大牌"压力的相宜本草可以自如地将终端渠道开进社区店、小型日化店和偏远的便利店，相宜本草目前有近1万家销售终端，可挖掘的空间还非常大。

资料来源：根据良策电商工作室（www.lceccn.com）相关网络资料整理，2014年1月11日。

2. 一体化战略

一体化战略,有时也称垂直整合,是指企业对具有优势和增长潜力的产品或业务,沿其经营链条的纵向或横向扩大业务的深度和广度,扩大经营规模,实现企业成长。也可以说,是企业基于产业链,将原来可独立进行的、相互连续或相似的经济活动组合起来。相互连续的活动组合,称为纵向一体化;相似的活动组合,称为横向一体化。由此,一体化战略按照业务拓展的方向可以分为纵向一体化和横向一体化。

(1) 纵向一体化。也称垂直一体化,是指生产或经营过程相互衔接、紧密联系的企业实现一体化,是一种在产、供销的两种不同方向上扩大企业生产经营规模的增长方式,可分为前向一体化和后向一体化。

① 前向一体化。前向一体化是指企业自行对本公司产品做进一步深加工,或者资源进行综合利用,或公司建立自己的销售组织来销售本公司的产品或服务。如钢铁企业自己轧制各种型材,并将型材制成各种不同的最终产品即属于前向一体化。前向一体化使企业能够控制销售过程和销售渠道,有助于企业更好地掌握市场信息和发展趋势,更迅速地了解顾客的意见和要求,从而增加产品的市场适应性。

② 后向一体化。后向一体化是指企业自己供应生产现有产品或服务所需要的全部或部分原材料或半成品,如钢铁公司自己拥有矿山和炼焦设施。后向一体化能够使企业对其所需原材料的成本、质量及其供应情况进行有效的控制,以便降低成本,减少风险,使生产稳定地进行。

虽然有很多因素促使企业采取纵向一体化战略,但企业在采取这一战略时,一定要非常谨慎。因为纵向一体化容易出现大而全的情况,这在我国经济发展过程中有过深刻的教训,其弊端众所周知。首先,实行纵向一体化时,需要进入新的业务领域,由于业务生疏,可能导致生产效率低下,而这种低效率又会影响企业原有业务的效率。其次,纵向一体化的投资额一般比较大,企业一旦实行了一体化,往往很难摆脱这一产业,当产业处于衰退期时,企业会面临较大危机。最后,纵向一体化可能导致企业缺乏活力。因为这时的企业领导者往往过多地注意自成一体的业务领域,而忽视外界环境中随时可能出现的机会。

(2) 横向一体化。也叫水平一体化战略,是指为了扩大生产规模,降低成本,巩固企业的市场地位,提高企业竞争优势,增强企业实力而与同行业企业进行联合的一种战略。这种战略的实现途径一般是企业通过购买与自己有竞争关系的企业或与之联合及兼并等方式。横向一体化的优点首先表现为能够吞并和减少竞争对手;其次是能够形成更大的竞争力量去与其他竞争对手抗衡;最后能够取得规模经济效益,获取被吞并企业在技术及管理等方面的经验。

但横向一体化的缺陷在于企业要承担在更大规模上从事某种经营业务的风险,以及由于企业过于庞大而出现的机构臃肿、效率低下的情况。

3. 多元化战略

多元化战略是指企业通过开发新产品,占领新市场,进行多领域、多行业经营的战略。有的也称为多角化战略。多元化战略是相对企业专业化经营而言的,其内容包括产品的多元化、市场的多元化、投资区域的多元化和资本的多元化。一般意义上的多元化经营,多是指产品生产的多元化。

多元化战略又可以分为两种：相关多元化和非相关多元化。

（1）相关多元化。相关多元化是指企业在主业相关行业范围内开展多元化生产和经营。例如：光明乳业从鲜奶、奶粉，到酸奶、果汁、经营奶牛场、开展送奶业务等；上药集团经营范围涉及医药研发、医药生产、医药流通等多领域。

（2）非相关多元化。非相关多元化是指企业进入与当前行业和市场均不相关的领域的战略。例如：当年的巨人集团在保健品业务之外涉足房地产业务；光明食品集团不仅有光明乳业，还有出租车业务；海尔集团除了白色家电还有房地产、金融服务业务；中粮集团既有粮食、食品业务，也有酒店、房地产业务；等等。

企业选择多元化经营的动因有以下几点。

（1）规避经营风险，增强举债能力。一方面，根据证券投资组合理论，多元化经营使得企业将资源分布于多个方面，从而有效避免了企业对单一产品或市场的依赖性，使得企业可以用其他产品或市场的成功来弥补亏损；另一方面，正因为实施多元化的企业相对风险较低，其借债能力相对于多元化之前会有所提高。

（2）把握机会，优化资源配置。对于企业来说，市场机会有时就是至关重要的战略机会。实施多元化可以实现企业的关键性转变，同时企业的原材料、设备、技术、管理、市场、信息、人才等资源在多元化过程中会得到充分利用，产生协同效应从而提高资源利用效率，提高资源的效用价值。

（3）降低交易成本。多元化经营扩大了企业的原来边界，可以使企业的外部非确定性交易契约变为内部合约，如纵向一体化可以带来原料或营销成本的节约，横向一体化可以减少不必要的同业竞争。

（4）建立企业内部资本市场，缓解资金不足。在当前宏观经济环境下，资金严重制约着企业的发展，融资成为企业生存的关键因素，多元化经营可以为企业营造一个很大的内部资本市场，企业可以通过内部不同方面资金的调度在一定程度上缓解资金不足的困境。

同时，多元化经营不可避免地会给企业带来一定的风险，表现在如下方面。

（1）可能的系统风险。多元化经营使得企业涉足多个相关甚至是全新的产品或市场，这些产品在生产工艺、技术开发、营销手段上可能不尽相同，这些市场在开发、开拓、渗透、进入等方面也都可能有明显的区别，企业可能会因为业务的不熟悉或能力的不足导致失败。同时，企业将精力同时分散于各个经营方向，原有的分工、协作、职责利益平衡机制可能会打破，管理协调需要的精力和成本大大增加，在资源重新配置和维持企业竞争力方面可能面临较大的挑战。

（2）资产分散化可能失去主导产品优势的风险。多元化经营使得企业资产分散化，多元化经营初期企业可能将主要精力放在新方向上，注重培育新产品和新市场，从而在一定程度上减弱原有的专业化程度，甚至威胁到企业原来的核心竞争优势。

（3）机会成本及相关财务风险。企业面临着各种各样的发展机会，若不结合自身资源优势、战略布局就盲目涉足多元化经营，很可能造成多元化经营失败，而且多元化经营有一定的资金回收期，所以多元化经营有巨大的机会成本。同时盲目涉足多元化经营会带来巨大的财务风险，在自身财力不雄厚的情况下大张旗鼓搞多元化经营只会扩大风险，加重企业负担。

　　企业进行多元化经营,要根据企业的实际情况而定。一般来说,企业进行多元经营须基于以下前提。

　　(1)从拓展市场的角度看,可以为增长提供新的载体。当企业原有的经营领域没有更大的盈利机会时,开辟新领域等于开辟了新的天地。

　　(2)从把握机会的角度看,可以保证经营有足够的灵活性,也就是"东方不亮西方亮"。

　　(3)从规避风险的角度看,可以保证企业总体盈利的稳定,也就是"把鸡蛋装在不同的篮子里"。

　　(4)从资源利用的角度看,可以使企业的优势资源得到共享,在资源利用上起到放大作用。

 **案例资料**

格兰仕的战略选择之路

　　格兰仕(Galanz)是一家家电制造企业,总部位于中国广东省佛山市顺德区容桂街道,其前身是顺德桂洲羽绒厂。格兰仕曾是中国最主要的微波炉制造商。在中国总部拥有13家子公司,在全国各地共设立了60多家销售分公司和营销中心,在香港、首尔、北美等地都设有分支机构。

　　作为中国制造和中国民营企业的杰出代表之一,格兰仕过去30年实践中稳健成长、发展和壮大的历史,是中国改革开放成功推进的一个企业标签:在第一个10年里,格兰仕荒滩创业,创出了一个过亿元的轻纺工业区;在第二个10年里,格兰仕从轻纺业转入微波炉业,成为中国首批转制成功、建立现代企业制度的乡镇企业之一,并迅猛赢得微波炉世界冠军;在第三个10年里,格兰仕开始打造一个以微波炉、空调、冰箱、洗衣机、生活电器为核心的跨国白色家电集团。

　　格兰仕集团的成长历程回顾——基于战略演变视角的划分和审视

　　格兰仕集团的前身是1978年建立的广东顺德桂洲羽绒厂,可以说恰好诞生于我国改革开放政策的启动之年。多年来,伴随着改革开放政策的逐步深化,先前那个以手工操作洗涤鹅鸭羽毛起家的小作坊企业,已演变为年产值超过100亿元,无形资产价值也超过100亿元,产品已覆盖全球100多个国家和地区,职工超过20 000人,世界知名的家电生产企业——格兰仕集团。综观格兰仕富有传奇色彩的37年(1978—2015)持续成长历程,从其成长战略演变的轨迹来看,可划分为以下几个阶段。

　　1. 创业和纵向拓展(1978—1992):从专业化战略到纵向一体化战略

　　1)创立初期的专业化成长阶段(1978—1982)。1978年9月28日,梁庆德带领10余人破土动工,筹办羽绒制品厂。1979年,广东顺德桂洲羽绒厂成立并投产,职工100余人,以手工操作洗涤鹅鸭羽毛供外贸单位出口,当年产值46.81万元。经过不到3年的快速发展,到1982年,职工已超过300人,年产值近150万元。

　　2)纵向拓展初期阶段(1983—1986)。1983年,桂洲羽绒厂与港商、广东省畜产进出口公司合资兴建的华南毛纺厂建成并投产，年产量300吨，主要产品供出口。1984年，桂洲羽绒厂扩建，水洗羽绒生产能力达600吨，年产值达300多万元。1985年，桂洲羽绒厂更名为桂洲畜产品工业公司，下辖羽绒厂、华南毛纺厂（合资），员工达600余人。

3）纵向拓展深化和产品多元化发展阶段（1987—1992）。1987年，与港商合资成立华丽服装公司，与美国公司合资成立华美实业公司，生产羽绒服装和羽绒被直接出口。1988年6月，桂洲畜产品企业（集团）公司成立，其成员企业包括桂洲畜产品工业公司，以及该公司与外商合资的3家工厂，当年公司产值超过1亿元。1989年，格兰仕与港商合资的桂洲毛纺有限公司投产。1991年，中外合资的华诚染整厂有限公司建成投产。1992年6月，桂洲畜产品工业公司更名为广东格兰仕企业（集团）公司，下辖羽绒厂和4个合资公司，当年，集团公司总产值达到1.8亿元。至此，公司经营业务包括毛纱出口、纱线染色加工、羽绒被、羽绒服等生产。

透视格兰仕从初期创业到1992年的成长过程，基本上反映了当时我国同时期诞生的一批民营企业的创业模式和成长模式（自主创业，选国有企业不愿从事的低附加值产业环节作为创业的平台，之后逐渐向高附加值环节拓展以谋取持续成长），这是与我国当时的政策和市场环境相对应的。事实上，格兰仕结合自身的资源条件和外部环境特点，选择轻纺行业产业链的低端作为切入点，通过一体化经营战略和行业内产品多元化战略逐渐向前拓展，适应了当时短缺经济的经营环境，同时也顺应了当时国家对民营企业的产业导向政策，因而获得了快速发展并取得了良好的经济效益，为后续的持续成长尤其是实施具有高风险的跨行业转型奠定了坚实基础。

2. 二次创业和第一次转型（1992—1997）：从纵向一体化战略到多元化战略转变

进入20世纪80年代后期，轻纺行业竞争日趋激烈，行业利润水平不断降低。尽管经过了近10年的艰苦创业和不断发展，格兰仕在轻纺行业构筑起了一定的竞争优势，但正如格兰仕创始人梁庆德所言：羽绒制品、毛混纺纱等产品的附加价值和档次较低、市场竞争大，企业要扩大发展，必须另辟蹊径，上规模，创名牌。因此，受外部客观环境的变化影响，同时更是源自公司内部自身持续成长的驱动，20世纪90年代初，格兰仕果断做出了战略变革的重大决策，1992年3月，在充分调查的基础上经过反复分析论证，决定实行跨行业多元化经营，即提出了"把以轻纺工业为主体的经营格局转移到以家电产品为龙头的多元一体化复合型企业的最初设想"，这标志着格兰仕由纵向一体化成长战略转向多元化、集团化成长道路的开始。

根据新的发展战略，1992年，格兰仕随即进入以微波炉为主导产品的小家电领域，也开启了第一次跨行业进行业务转型和二次创业的新征程。1993年便试产了1万台微波炉，标志着格兰仕从纺织业为主转向家电制造业为主的新战略进入实质性实施阶段。转向阶段的开始，即1993年，在格兰仕集团的产品销售额中，微波炉所占的份额还不到10%，在其后的过程中，格兰仕不断从轻纺行业中撤出，利用积累的资金不断地扩大微波炉的生产规模，到了1997年年底，在格兰仕集团的销售额中，微波炉业务占集团销售收入已接近80%，而轻纺业务所占的份额已变得很小（完全退出是在1999年1月），成功完成了从以轻纺业为主转变为以家电业为主的战略转型目标。

3. 国际拓展和专业化成长阶段（1996—2000）：从多元化战略回归到专业化战略

由于二次创业定位准确，加上格兰仕勇于开拓创新，从 1993 年试产 1 万台微波炉起，作为后起之秀的格兰仕微波炉迅速扩张，国内市场占有率快速攀升，同时产销量也急速扩大。1995 年，其国内市场占有率便达到 25.10%，并且也是在这一年，新兴的微波炉生产业务超过了格兰仕传统轻纺业务，成为新的主营业务，标志着格兰仕二次创业和业务转型取得了阶段性的成功。因此，随着微波炉业务的快速成长，格兰仕自 1996 年起加快了轻纺行业的收缩步伐，把资源逐步集中在微波炉业务上，以进一步做大、做强微波炉业务，同时也标志着公司开始回归"专业化"的成长道路。

随着国内市场占有率的快速上升，为了更好地配合主要依靠微波炉业务的专业化成长战略实施的需要，1996 年格兰仕开始把战线扩展到国外，瞄准了更为广阔的国际市场，标志着格兰仕市场战略开始由专注于国内市场到国内和国际并举的转变，进而为格兰仕后续的更快成长和持续发展开创了新的平台。随着这一战略的转变，自 1998 年来，格兰仕微波炉全球市场占有率也节节攀升，并于 1999 年在美国成立微波炉研究所；向市场推出新开发的品种百余种，其产品融入新开发出的专有技术；聘请 Anderson 公司为集团财务顾问；当年微波炉销售量达 600 万台，其中内销与出口各占 50%，国内市场占有率为67.1%，居第 1 位，欧洲市场占有率达 25%。这一系列辉煌业绩的取得不仅促进了格兰仕的快速成长，也为格兰仕下一阶段的全球化战略实施奠定了坚实基础。

4. 三次创业和第二次转型（2000—2011）：从专业化战略再到多元化战略

经过 4 年多时间的专业化发展，到 2000 年，格兰仕集团微波炉生产能力已达 1 200万台，居全球第 1，且是第 2 位企业的 2 倍多。但这也预示着公司成长再次进入到了一个新的拐点，随着微波炉市场竞争日趋激烈，行业已进入成熟期的中后阶段，利润水平日渐下降。因此，单靠微波炉业务已经难以支撑格兰仕持续成长的要求，必须寻找新的利润增长点并伺机转型，跃上一个新的成长平台。于是，2000 年，在综合分析内外环境的基础上，结合自身优势，格兰仕携巨资进入制冷行业并选择空调生产作为切入点，构筑新的支撑格兰仕持续成长的主营业务。这标志着格兰仕由先前的专业化战略转向多元化战略和第三次创业的开始，也标志着格兰仕再次踏上了一条新的转型之路。

另外，2001 年成功加入 WTO，标志着我国改革开放进入了一个新的阶段，"引进来""走出去"双向互动战略替代了先前的"引进来"战略。加快"走出去"的步伐，在全球竞争平台上"与狼共舞"，既是国家的一项重要战略，也是我国企业在全球化背景下寻求持续成长的必然选择。因此，自 2001 年以来，作为已经成功实施国际化战略近 5 年的格兰仕，再次担起了我国民营企业实施"走出去"战略的排头兵，开始加快由国际化战略向全球战略转变的步伐，同时也提出了把格兰仕建成"全球家电产品制造中心"的新目标。

5. 四次创业（2011—）：横向相关多元化加垂直一体化的"全家电"产业布局

从 2009 年到 2011 年，整个格兰仕空调都经历了超常规发展。2009 年，格兰仕空调中国市场销量首度超过 100 万套，成为了行业增长第一的品牌。2010 年，格兰仕空调实现了从代理商向盘商转制，与盘商共同打造品牌，系统竞争力显著提升。

2011 年 2 月，格兰仕空调展开与上海日立、日本东芝变频合作，全面提升格兰仕变频空调品质。2011 年 4 月以来，格兰仕通过空调、冰箱、洗衣机三大产业全面整合，大力提升了格兰仕空调、冰箱、洗衣机在品牌、技术、产品、管理、营销、渠道、服务等多方面的有效融合。

　　格兰仕的发展思路很明确,就是同海尔、美的等家电巨头一样,横跨多个品类,做"全家电"产品综合性企业。海尔是靠冰箱起家,当其冰箱的利润增长点难以突破时,海尔进军了其他家电领域;美的亦是如此成长为"全家电"企业。凭微波炉起家,并已稳坐微波炉市场第一的格兰仕,也需要在更大范围内寻找新的利润增长点。时至今日,格兰仕已基本形成了包括微波炉、冰空洗、小家电等在内的全白电产业布局。

　　资料来源:①李烨,李传昭,罗婉议.战略创新、业务转型与民营企业持续成长——格兰仕集团的成长历程及其启示[J].管理世界,2005(6);②作者根据格兰仕集团有限公司网站相关资料整理。

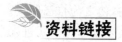 **资料链接**

横向一体化与相关多元化的区别

　　横向一体化是企业收购、兼并或联合竞争企业的战略,是发生在两个直接竞争企业之间的市场行为,主要目的是减少竞争压力,实现规模经济和增强自身实力以获取竞争优势。比如一家生产空调的企业收购另外一家生产空调的企业。

　　相关多元化战略也称同心多元化战略,是指企业以现有业务或市场为基础进入相关产业或市场的战略。采用相关多元化战略的企业之间不存在直接竞争的关系,主要目的是企业利用原有产业的产品知识、制造能力、营销渠道、营销技能等优势来获取融合优势,即两种业务或两种市场同时经营的盈利能力大于各自经营时的盈利能力之和。比如一家生产空调的企业收购另外一家生产电冰箱的企业。

资料来源:作者根据网络资料整理。

（二）发展型战略实施的主要途径

　　发展型战略的实施一般可以采用三种途径,即内部发展(新建)、外部发展(并购)与战略联盟。

1. 内部发展（新建）

　　内部发展也称内生增长,是指企业在不收购其他企业的情况下利用自身的规模、利润、活动等内部资源来实现扩张,也即企业利用自身内部资源谋取发展的战略。内部发展的狭义内涵是新建,指建立一个新的企业。

　　对企业来说,采用内部发展战略进入一个新的业务领域要面临许多进入障碍和由此产生的进入成本。因此,采用新建的方式进入一个新业务领域需要研究其应用条件。一般来说,拟进入领域需具备以下条件。

　　（1）产业处于不均衡状况,结构性障碍还没有完全建立起来。通常新兴产业更具有这样的特点。在快速成长的新兴产业中,竞争结构不够完善,尚没有企业封锁原材料渠道或建立有效的品牌识别,此时进入成本可能较低。

　　（2）产业内现有企业的行为性障碍容易被制约。行业内现有企业对企业新进入者通常会实施诸如垄断限价、进入对方领域等报复手段,这种行为性障碍在一些产业中,可能由于现有企业采取报复性措施的成本太高而受到限制和制约。比如,如果现有企业用进入对方领域的手段报复企业新进入者,在它自身实力不足时,反而会削弱它在本行业的竞争优势。

(3) 企业有能力克服结构性壁垒与行为性障碍,或者企业克服障碍的代价小于企业进入后的收益。首先,如果某个企业能够比大多数其他潜在进入者以更小的代价克服结构性障碍,或者只是遇到很少的报复,它便会从进入中获取高于平均水平的利润。比如企业现有业务的资产、技能、分销渠道同新的经营领域有较强的相关性。IBM 公司在 1981年进入个人计算机市场就是采用内部发展的方式,两年内即获得 35% 的市场份额,原因是个人计算机与 IBM 当时所拥有的计算机系列制造技术具有高度相关性。我国海尔公司以电冰箱起家,又进入空调、洗衣机、彩电等领域,也是源于这些产品的技术与市场具有高度相关性。其次,企业进入新领域后,有独特的能力影响其行业结构,使之为自己服务。最后,企业进入新领域后,有利于发展企业现有的经营内容。如美国施乐复印机公司进入数字数据传输网络就是基于这种考虑。虽然施乐公司在数据网络业务中没有什么优势,但是计算机之间的数据传输、电子邮件及公司地点的精密联网,以及该公司原有的业务——传统的复印,都可能成为"未来办公室"业务设计中重要和广泛的基础。

当然,采用内部发展的方式实现扩张,不可避免地会出现如下缺陷。

(1) 与购买市场中现有的企业相比,它可能会激化某一市场内的竞争。

(2) 企业并不能接触到另一知名企业的知识及系统,可能会更具风险。

(3) 从一开始就缺乏规模经济或经验曲线效应。

(4) 当市场发展得非常快时,内部发展会显得过于缓慢。

(5) 进入新市场可能要面对非常高的障碍。

2. 外部发展(并购)

企业并购(mergers and acquisitions, M&A)包括兼并和收购两层含义,两种方式。国际上习惯将兼并和收购合在一起使用,统称为 M&A,在我国称为并购。即企业之间的兼并与收购行为,是企业法人在平等自愿、等价有偿基础上,以一定的经济方式取得其他法人产权的行为,是企业进行资本运作和经营的一种主要形式。企业并购主要包括公司合并、资产收购、股权收购三种形式。

(1) 企业并购的原因

企业实施发展型战略的途径有多种选择,选择并购而不是内部新建的原因在于以下两方面。

① 避开进入壁垒迅速进入,争取市场机会,规避各种风险。并购方式是指将目标领域中的一个企业合并过来,不存在重新进入和进入障碍的问题,并且直接取得正在经营的部门,可获得时间优势,避免工厂建设延误时间;同时可以降低新产品开发成本和风险。在公司内部开发新产品并成功推向市场,需要耗费大量公司资源,包括时间成本,这使得公司很难迅速获得可观的回报,因此管理者一般将内部产品开发视为一项高风险活动,相比之下收购所得的回报更具有可预见性,并且可以使公司快速进入市场。然后是市场力的运用,两个企业采用统一价格政策,可以使他们得到的收益高于竞争时的收益。因此,大多数并购都是通过购买竞争者、供应商、分销商或高度相关行业的业务,来获取更强的市场影响力,从而使公司进一步巩固核心竞争力,并获得被收购公司在主要市场上的竞争优势。

② 获得协同效应。协同主要来自以下几个领域：在生产领域,可产生规模经济性,可接受新技术,可减少供给短缺的可能性,可充分利用未使用生产能力;在市场及分配领域,同样可产生规模经济性,是进入新市场的途径,扩展现存分布网,增加产品市场控制力;在财务领域,充分利用未使用的税收利益,开发未使用的债务能力;在人事领域,吸收关键的管理技能,使多种研究与开发部门融合。

（2）企业并购失败的主要原因

研究表明,在所有的兼并和收购中,大约20%是成功的,60%的结果不尽如人意,剩余20%则是完全失败的。分析其主要原因在于以下几点。

① 高溢价收购。最典型的例子便是2000年1月美国在线以1 600多亿美元并购时代华纳这一全球金额最大的并购案,时至今日,一直被人们认为是一次非常失败的并购。其中的教训就是收购方以非常高的溢价进行收购,但合并后的新公司并没有获得效率的提升,反而出现了经营业绩下滑的现象。因此,在并购交易的定价上,应该进行审慎性调查,使信息客观、准确而充分,最好咨询专业评估机构进行定价。

② 盲目扩张收购。有的企业在缺乏强有力的核心业务的情况下,大量收购其他企业,扩大生产,最后得不到市场认可,导致企业衰败。如原来的三株药业,其规模从1个亿扩展到60个亿,并购了很多企业,最终却以失败告终。

③ 并购后整合不力。并购整合是指当一方获得另一方的资产所有权、股权或经营控制权之后进行的资产、人员等企业要素的整体系统性安排,从而使并购后的企业按照一定的并购目标、方针和战略组织运营。并购后的整合是一项艰巨的任务。融合两个企业的文化,连接不同的财务和控制系统,建立有效的工作关系(尤其是两个企业的管理风格相左的时候),以及解决被收购企业原有管理人员的地位问题等,都是企业在整合过程中会遇到的挑战。

当企业的收购行动具有如表4-2所示的相应特征时,收购获得成功的可能性才会更大。

表4-2　成功收购的特性

特　　性	效　　果
被收购公司的资产或资源与收购公司的核心业务具有互补性	通过保持优势来提高获得协同效应和竞争优势的可能性
收购是善意的	更迅速、更有效的整合,较低的费用
收购公司通过有效的尽职调查选择和评价目标公司(财务、文化、人力资源)	收购最具互补性的公司并且避免超额支付
收购公司具有宽松的财务状况(现金或有利的债务状况)	更容易以较低的成本获得融资(债务或股票)
被收购公司保持中低程度的负债水平	低融资成本、低风险(如破产)、避免高债务带来的负面效应
收购公司一贯强调研发和创新	在市场上保持长期竞争优势
收购公司很好的管理文化并具有灵活性和适应性	快速有效地整合来达到协同效应

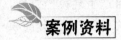 **案例资料**

为保增长，五粮液未来将继续并购战略

五粮液发布的 2014 年年报显示，在报告期内，公司实现营业总收入 210.11 亿元，同比下降 15%；实现净利润 58.35 亿元，同比下降 26.81%；基本每股收益 1.537 元。公司拟向全体股东每 10 股派现金红利 6 元。

虽然五粮液去年营收和净利润均出现了下滑，但是，公司表示，调整幅度在可控范围内。事实上，五粮液的业绩表现也体现出整个行业目前的状态。在已经发布年报的 6 家白酒公司中，他们的业绩表现也同样一般。泸州老窖和山西汾酒的净利润增幅分别为 −74.41% 和 −62.96%。而对于公司的业绩表现，五粮液董秘彭智辅接受《证券日报》记者采访时表示，白酒行业产能严重过剩，行业产能消化面临巨大的压力，加之高端市场进一步调整，产品价格承受压力加大，中低端产品竞争更加激烈，行业内企业间竞争加剧。在面临诸多困难、机遇与挑战并存的情况下，公司通过持续推进营销组织改革、不断调整产品结构、梳理优化商家渠道、重构市场布局，稳定了公司生产经营，在高端产品市场抢位上，依然保持行业前列。对于公司去年的业绩表现，彭智辅表示还算可以。而对于 2015 年及未来目标，其表示看好。"结合行业现状和经营实际，公司 2015 年的经营目标力争实现业绩平稳，业绩值得期待。"在彭智辅看来，白酒行业的调整在今年年初已经触底了，"五粮液的调整虽然不是尽善尽美，但是也已经调整到位"。而对于公司未来的混合所有制改革进程如何，彭智辅表示，公司混改已经提上日程，地方国资管理部门也很支持，正在进行中。

作为行业龙头企业，五粮液经过两年多的调整，对未来发展已经有了清晰的战略规划。五粮液董事长刘中国在 2014 年春季糖酒会期间表示，自从白酒行业进入调整期以来，五粮液一直以积极的姿态，主动迎接挑战、改革转型、创新求变。2015 年公司要继续在观念、组织架构、执行等层面积极创新和转变，要进一步完善品牌体系，凸出航母品牌，狠抓产品品质，以适应经济新常态下的市场环境，走上可持续发展的道路。不过，在业内分析师看来，五粮液去年的业绩虽然超出预期，但是接下来依然面临较大的挑战。一位不愿具名的白酒资深分析师在接受《证券日报》记者采访时表示，"从业绩数据表现来看，是超出市场预期的。今年公司业绩会保持平稳增长，但是增长的幅度不会很大"。在他看来，今年一季度，五粮液的销售数据都比较好，而高端酒经过两年多的调整，量价、供求方面都比较平衡。但是，在中低价位的白酒市场竞争也很大，五粮液能否在中低价位市场抢到更多的市场份额，这要看企业的表现。而走并购的方式，收购省外大型的白酒企业会使五粮液摆脱增长缓慢的窘态。

平安证券分析师认为，五粮液在渠道体系恢复良性循环后，2015 年业绩反转是大概率事件，判断五粮液酒 2015—2016 年销量可恢复年均 10% 的增长。五粮液的系列酒可能成为白酒行业中 50 元～300 元中档酒的重要一极。上述分析师表示，五粮液巨额现金为潜在并购打开想象空间。五粮液具备对外并购的条件和意愿，预计 2015—2016 年白酒行业的并购动作有望提速。长期来看，五粮液可能成为大型平台型白酒集团，持续对外并

购。值得一提的是,五粮液在过去两年中,已经分别收购了河北永不分梨酒业和河南五谷春酒业。

对于公司未来的并购战略,彭智辅表示,公司会继续执行走出去的战略,寻找合适的标的企业。现在可以预计的是,未来的标的企业比以前收购的企业规模都要大。而据接近五粮液的人士向记者透露,五粮液目前已经有并购项目在谈。在业内人士看来,五粮液未来会在全国下一盘并购棋,而通过并购来扩大五粮液的市场份额,抢占中小白酒企业的市场份额,对于五粮液的快速增长有利。"白酒行业的集中度总是要提高的,谁现在布局的好,谁就抢占了市场先机,可通过收购企业的市场网络渠道提升五粮液的市场份额及影响力,而收购的企业可以消化五粮液的基酒,打造系列酒区域品牌,实现公司产品销量增长。"

资料来源:中国资本证券网,2015-04-17,08:26:52。

3. 战略联盟

战略联盟是通过公司间资源和能力的组合来创造竞争优势的合作战略。战略联盟需要公司间的资源和能力进行一定程度的交换和共享,从而共同进行产品或服务的开发。另外,企业可以利用战略联盟来平衡现有资源和能力,并与合作伙伴一起开发额外的资源和能力,以此作为获得新竞争优势的基础。事实上,战略联盟是20世纪80年代以来,西方企业尤其是跨国公司迫于强大的竞争压力而对企业间竞争关系进行战略性调整的组织创新,即将企业间对立的竞争转化为合作竞争,其中最主要的形式即是"战略联盟",被誉为"20世纪20年代以来最重要的组织创新"。

(1) 战略联盟的特征。

① 边界模糊。战略联盟并不像传统的企业具有明确的层级和边界,企业之间以一定契约或资产联结起来对资源进行优化配置。战略联盟一般是具有共同利益关系的单位之间组成的战略共同体,可能是供应商、生产商、分销商之间形成的联盟,甚至可能是竞争者之间形成的联盟,从而产生一种"你中有我,我中有你"的局面。

② 关系松散。战略联盟主要是契约式联结起来的,因此合作各方之间的关系十分松散,兼具了市场机制与行政管理的特点,合作各方主要通过协商的方式解决各种问题。

③ 机动灵活。战略联盟组建过程十分简单,无须大量附加投资,并且合作者之间关系十分松散,战略联盟存在时间不长,解散十分方便;所以战略联盟不能适应变化的环境时,可迅速将其解散。

④ 动作高效。合作各方将核心资源加入到联盟中来,联盟的各方面都是一流的;在这种条件下,联盟可以高效运作,完成一些单个企业很难完成的任务。

(2) 战略联盟的主要形式。

① 合资。由两家或两家以上的企业共同出资、共担风险、共享收益而形成企业,是当前发展中国家普遍采用的形式。合作各方将各自的优势资源投入合资企业中,从而使其发挥单独一家企业所不能发挥的效益。

② 研发协议。为了取得某种新产品或新技术,合作各方可以签订一个联合开发协议,各方分别以资金、设备、技术、人才投入来联合开发,开发成果按协议各方共享。这样汇集各方的优势,大大提高了成功的可能性,加快了开发速度,各方共担开发费用,降低了

各方开发费用与风险。

③ 定牌生产。如果一方有知名品牌且生产力不足,另一方有剩余生产能力,则有生产能力一方可以为对方定牌生产。这样,一方可充分利用闲置生产能力,谋取一定利益;对于拥有品牌的一方,还可以降低投资或购并所产生的风险。

④ 特许经营。合作各方可以通过特许的方式组成战略联盟,其中一方具有重要无形资产,可以与其他各方签署特许协议,允许其使用自身品牌、专利或专用技术,从而形成一种战略联盟。这样,拥有特许权一方不仅可获取收益,并可利用规模优势加强无形资产的维护,而受许可方可以利用该无形资产扩大销售、提高收益。

⑤ 相互持股。合作各方为加强相互联系而持有对方一定数量的股份。这种战略联盟中各方的关系相对更加紧密,各方可以进行更为长久、密切的合作。与合资不同的是双方的人员、资产不必进行合并。

二、稳定型战略

稳定型战略,又称为防御型战略、维持型战略。即企业在战略方向上没有重大改变,在业务领域、市场地位和产销规模等方面基本保持现有状况,以安全经营为宗旨的战略。

稳定型战略有利于降低企业实施新战略的经营风险,减少资源重新配置的成本,为企业创造一个加强内部管理和调整生产经营秩序的修整期,并有助于防止企业过快发展。

稳定型战略较适宜在短期内运用,长期实施则存在较大风险。这些风险主要包括:稳定型战略的成功实施要求战略期内外部环境不发生重大变化,竞争格局和市场需求都基本保持稳定;稳定型战略的长期实施容易导致企业缺乏应对挑战和风险的能力。因此,由于目前企业面临的内外部环境变化很快,完全采用稳定战略的企业已经很少见了。

三、紧缩型战略

紧缩型战略,也称为撤退型战略,是指企业因经营状况恶化而采取的缩小生产规模或取消某些业务的战略。采取紧缩型战略一般是因为企业的部分产品或所有产品处于竞争劣势,以至于出现销售额下降、亏损等情况时,采取收缩或撤退措施,用以抵御外部环境压力,保存企业实力,等待有利时机。收缩型战略的目标侧重于改善企业的现金流量,因此,一般都采用严格控制各项费用等方式渡过危机。收缩型战略本质上是一种带有过渡性质的临时战略。按照实现收缩目标的途径,可将收缩型战略划分为三种类型:扭转战略、剥离战略和清算战略。

1. 扭转战略

扭转战略是指企业采取缩小产销规模、削减成本费用、重组等方式来扭转销售和盈利下降趋势的战略。实施扭转战略,对企业进行"瘦身",有利于企业整合资源,改进内部工作效率,加强独特竞争能力,是一种"以退为进"的战略。

2. 剥离战略

剥离战略是指企业出售或停止经营下属经营单位(如部分企业或子企业)的战略。实施剥离战略的目的是使企业摆脱那些缺乏竞争优势、失去吸引力、不盈利、占用过多资金或与企业其他活动不相适应的业务，以此来优化资源配置，使企业将精力集中于优势领域。

3. 清算战略

清算战略是指将企业的全部资产出售，从而停止经营的战略。清算战略是承认经营失败的战略，通常是在实行其他战略全部不成功时的被迫选择。尽管所有管理者都不希望进行清算，但及时清算可能比继续经营导致巨额亏损更有利。清算能够有序地将企业资产最大限度地变现，并且股东能够主动参与决策，因而较破产更为有利。

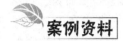 **案例资料**

收缩战略应成为煤炭企业的首选

煤炭企业"寒冬"仍在继续。在最近一份文件中，山西省煤炭工业厅对全省煤炭经济一季度的运行情况称："2014年的煤炭市场价格下跌比预期来得早、来得急、跌得快、跌得深，煤炭企业生产经营困难加剧。"

正因如此，煤炭企业将援手再一次伸向地方政府。近日，山西省政府召开常务会议，部署落实2013年推出的煤炭救市政策，将原本于2013年年底到期的暂停提取矿山环境恢复治理保证金和煤矿转产发展资金、减半收取煤炭交易服务费政策继续延续，并暂停协议方式配置煤炭资源，暂停审批露天煤矿。

中投顾问产业与政策研究中心煤炭行业研究员邱希哲认为，煤炭行业的困境是我国经济结构转型中必然面临的重点问题，来自环保政策和政府部门的打压必然加快煤炭行业转型升级的步伐，煤炭企业亏损破产的现象将会逐渐增多，行业亏损面的增加将进一步降低煤炭企业的信心。当前正是考验煤炭企业战略调整的关键时机，内部优化调整、产能布局、成本控制等诸多核心工作若能取得重大效果，未来煤炭行业有望重新步入上升轨道。

收缩战略应成为煤炭企业的首选，肆意扩张只会进一步拖累企业的财务状况。部分企业试图在产业低迷之时逆向操作，并购中小煤企、扩张产能、提升行业集中度似乎成了首要选择。然而，国有煤炭巨头战略扩张是受政策和地方政府影响，以市场为导向的民营企业并不适合采取激进的进攻措施，能否守住当下的市场份额已然非常不易，高估自身综合实力只会加快企业破产的步伐。

而国家层面尚未出台大规模的救市举措，2014年也不太可能对煤炭行业重点照顾，完全依靠地方政府也不现实，民营煤企应将工作重心放在公司内部，缩减开支、收缩战略能够帮助企业尽可能地降低损失，即便退出煤炭领域也能留存部分资金。煤炭行业已经进入下行轨道，行业企稳回暖需要多年时间，企业无法改变行业环境的恶化，只能通过改变自身来提升核心竞争力。从某种意义上来讲，煤炭企业实施收缩战略正是为了适应产业环境和国家政策。

资料来源：2014-05-05 13:53 中国投资咨询网。

第二节　业务单位战略

业务单位战略属于企业战略的第二个层次,它上承公司层战略,作为总体战略的展开,下接职能战略,作为职能层战略的指导和目标。制定业务单位战略的目的是改善企业各战略经营单位在特定行业或市场中的竞争地位,从而赢得竞争优势。所以,业务单位战略有时也称竞争战略。

在《竞争战略》一书中,波特是这样定义竞争战略的:企业采取进攻性或防守性行动,在产业中建立进退有据的地位,成功地对付五种竞争作用力(即五力模型),从而为公司赢得超常的投资收益。波特认为,在与五种竞争力量的抗争中,蕴含着三类成功的战略思想,即成本领先战略、差异化战略及集中化战略。其中集中化战略,又可分为集中成本领先和集中差异化战略。三种基本竞争战略之间的关系如图 4-1 所示。

竞争优势的基础

	低成本	差异化
整体产业 竞争范围	成本领先 (cost leadership strategy)	差异化 (differentiation strategy)
细分市场	集中成本领先 (focused cost leadership strategy)	集中差异化 (focused differentiation strategy)

图 4-1　三种基本竞争战略之间的关系

一、成本领先战略

(一)内涵

成本领先战略是指企业通过在内部加强成本控制,在研发、生产、销售、服务等各领域把成本降低到最低限度,使成本或费用明显低于行业平均水平或主要竞争对手,从而赢得更高的市场占有率或更高的利润,成为行业中的成本领先者的一种竞争战略。但是,成本领先战略并不意味着仅仅获得短期成本优势或者仅仅削减成本,它是一个"可持续成本领先"的概念,即企业通过其低成本地位来获得持久的竞争优势。像美国的西南航空公司、我国的格兰仕等都是成本领先战略持续成功的典范。

(二)优势

企业采取成本领先战略,主要优势体现在以下几方面。

(1)可以抵御竞争对手的进攻。低成本使企业可以制定比竞争者更低的价格,并仍然可以获得适当的收益。因此,即使面对激烈的竞争,成本领先者仍然可以有效地保护企业。

(2)具有较强的对供应商的议价能力。成本领先战略往往通过大规模生产或销售建立起成本优势,较大的购买量使这类企业对供应商往往具有较强的议价能力,从而进一步增加了其成本优势。

（3）形成了进入壁垒。成本领先战略充分利用规模经济的成本优势,使得无法达到规模经济的企业难以进入该行业并与之竞争。因此,成本领先者有可能获得高于平均水平的投资回报。

（4）降低替代品的威胁。企业的成本低,在与替代品竞争时,仍然可以凭借低成本的产品和服务吸引顾客,使自己处于有利的竞争地位。

（三）适用

成本领先战略主要适用于以下一些情况。

（1）市场中存在大量的价格敏感用户,购买者对价格越是敏感,就越倾向于选择提供低价格商品的供应商,成本领先的优势就越明显。

（2）产品难以实现差异化,所处行业的企业大多生产标准化产品,从而使价格竞争决定企业的市场地位。

（3）购买者不太关注品牌。

（4）消费者的转换成本较低,即购买者转换供应商往往不会发生转换成本。

（四）实现

为获取成本优势,实现成本领先战略,企业必须做到以下几点。

（1）在规模经济显著的行业中购建生产设备来实现规模经济。

（2）简化产品设计,通过减少产品的功能但同时又能充分满足消费者需要来降低成本。

（3）降低各种要素成本。与各种投入相关的资金、劳动力、原材料和零部件等要素,都力求以最优惠价格获取。

（4）提高生产能力利用程度。生产能力利用程度决定分摊在单位产品上的固定成本的多少。

（5）在高科技行业和在产品设计、生产方式方面依赖于劳动技能的行业中,充分利用学习曲线效应。企业通过比其他竞争对手生产更多的产品可以从学习曲线中获得更多的好处,并达到较低的平均成本。

事实上,企业若想在上述领域建立和发挥与降低成本有关的资源优势、能力优势及核心专长,需要建立和有效地运行支撑上述优势的价值创造活动或者系统。一般来说,与有效实施成本领先战略相匹配的价值活动组合如图4-2所示。

（五）风险

采取成本领先战略的风险主要包括以下几方面。

（1）可能被竞争者模仿,使得整个产业的盈利水平降低。

（2）技术变化导致原有的成本优势丧失,技术的变化可能使过去用于降低成本的投资(如扩大规模、工艺革新等)与积累的经验全部抹杀。

（3）购买者开始关注价格以外的产品特征,市场需求从注重价格转向注重产品的品牌形象,使得企业原有的优势变为劣势。

（4）与竞争对手的产品产生了较大差异。

（5）采用成本集中战略者可能在细分市场取得成本优势。

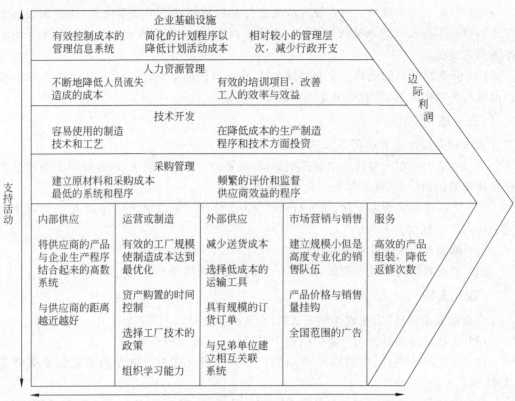

图 4-2 成本领先战略价值活动组合特点

沃尔玛的成本领先战略

沃尔玛是世界上最大的零售商,它凭借规模经济和分销系统使成本降到非常低的水平,因此,多年来,它一直是低价商品的市场领导者。其成功的关键就在于高效的物流管理以及严格的采购成本控制。

对于商业零售企业来说,成本在一定程度上决定了企业的命运,那么,商业零售企业该如何立足实际,挤出经营中的水分,达到降本增效的目标呢?在这方面,作为世界500强企业的沃尔玛的成本管理方法颇具借鉴意义。

对于商业零售企业,采购活动的发生必然存在物流成本。在美国三大零售企业中,沃尔玛的商品物流成本占销售额的比例只有1.3%,凯马特为8.75%,西尔斯为5%。如果按年销售额250亿美元计算,沃尔玛的物流成本要比凯马特少5.5亿美元,比西尔斯少9.25亿美元,数额相差惊人。在沃尔玛每1美元商品销售额中,配货方面的成本只有1美分多一点。沃尔玛对物流成本的控制是降低成本的一个核心要素,包括以下两个方面。

一是高效运作的配送中心。沃尔玛的集中配送中心是相当大的,且均位于一楼。之所以位于一楼,是因沃尔玛希望产品能够滚动,从一扇门进另一扇门出。如果有电梯或其他物体,就会阻碍流动。沃尔玛会使用一些传送带,使这些商品有效流动。沃尔玛所有的系统都基于一个 Unix 的配送系统,通过传送带、开放式平台、产品代码以及自动补发系统和激光识别系统,所有这些加在一起,可以为沃尔玛节省相当多的成本。沃尔玛的物流配送系统使用的是最先进的电子数据交换技术(EDI),把供货商、各个门店和物流配送中心联系在一起。如果在沃尔玛的一家门店里买一件衬衫,沃尔玛就能够向供应商提供在此之前 100 个星期内这种衬衫的销售记录,并能够跟踪这种产品在全球或某个特定市场的销售情况。对零售企业来说,规模越大,采购的难度和成本也越高,而沃尔玛根据业务的需要建立细化的采购配送中心,以达到降低采购成本的目的。

二是先进的信息管理中心。沃尔玛建立了先进的信息管理中心,包括射频技术/RF(radio frequency),在日常的运作中可以跟条形码结合起来应用;便携式数据终端设备/PDF,传统的方式到货以后要打电话、发 E-mail 或者发报表,通过便携式数据终端设备可以直接查询货物情况;物流条形码/BC,利用物流条码技术,能及时有效地对企业物流信息进行采集跟踪;射频标识技术(RFID),是一种非接触式的自动识别技术,它通过射频信号自动识别目标对象并获取相关数据,识别工作无须人工干预,可在各种恶劣环境中工作。凭借这些信息技术,沃尔玛建立了先进的信息管理中心对采购时间、商品品种和数量做出科学的准确预计,防止采购商品的积压,节省采购成本。沃尔玛获得巨大成功的原因有很多,先进的信息管理系统是其成功的一个重要因素。

当然,沃尔玛对采购成本也进行了严格的控制。对供应商资格进行严格认证,以避免采购商品不合格而增加采购成本;对于合格的供应商,除要求有编号、详细联系方式和地址外,还要求有付款条款、交货条款、交货期限、品质评级、银行账号等。此外,沃尔玛还利用市场竞争机制在全球范围内进行采购,让所用潜在的供应商都有机会参与,在透明的市场中获得更低的采购价格,从而节省采购成本。

资料来源:李克红.沃尔玛的成本管控方法[J].新理财,2014(5).

二、差异化战略

(一)内涵

差异化战略是指企业针对大规模市场,通过提供与竞争者存在差异的产品或服务来获取竞争优势的战略。这种差异性可以来自设计、品牌形象、技术、性能、营销渠道或客户服务等各个方面。成功的差异化战略能够吸引品牌忠诚度高且对价格不敏感的顾客,从而获得超过行业平均水平的收益。与成本领先战略主要用于提高市场份额的目的不同,差异化战略有可能获得比成本领先战略更高的利润率。

(二)优势

企业采取差异化战略,主要优势体现在以下方面。

(1)形成强有力的产业进入障碍。由于产品的特色,顾客对该产品或服务具有很高的忠诚度,从而使该产品和服务具有强有力的进入障碍。潜在的进入者要与该企业竞争,则需要克服这种产品的独特性。

(2)建立起顾客对企业的忠诚,削弱其讨价还价的能力。一方面,企业通过差异化战略,使得购买商缺乏与之可比较的产品选择,降低了购买商对价格的敏感度。另一方面,通过产品差异化使购买商具有较高的转换成本,使其依赖于企业。

(3) 增强了企业对供应商讨价还价的能力。这主要是由于差异化战略提高了企业的边际收益,降低企业的总成本,增强企业对供应商的议价能力。

(4) 防止替代品威胁。由于差异化战略使企业建立起顾客的忠诚,所以使得替代品无法在性能上与之竞争。差异化战略通过提高产品的性能来提高产品的性价比,从而抵御替代品的威胁。

(三) 适用

差异化战略主要适用于以下一些情况。

(1) 顾客对产品的需求和使用要求是多种多样的,即顾客需求是有差异的。

(2) 技术变革很快,市场上的竞争主要集中在不断地推出新的特色产品方面。

(3) 可以有很多途径创造企业与竞争对手产品之间的差异,并且这种差异被顾客认为是有价值的。

(4) 采用类似差异化途径的竞争对手很少,即真正能够保证企业是"差异化"的。

(四) 实现

为实现差异化战略,企业必须做到以下几点。

(1) 具有很强的研究开发能力,研究人员要有创造性的眼光。

(2) 企业具有以其产品质量或技术领先的声望。

(3) 企业在这一行业有悠久的历史或吸取其他企业的技能并自成一体。

(4) 具有很强的市场营销能力,具有很强的市场营销能力的管理人员。

(5) 研究与开发、产品开发以及市场营销等职能部门之间要具有很强的协调性。

(6) 企业要具备能吸引高级研究人员、创造性人才和高技能职员的物质条件。

(7) 各种销售渠道强有力的合作。

事实上,产品和服务可以从多个方面实现差异化。与众不同的特征、及时的顾客服务、快速的产品创新和领先的技术、良好的声誉和地位、不同的口味、出色的设计和功能等,都可以成为差异化的来源。也就是说,企业拥有任何一种能为顾客创造真实价值或感知价值的方法,都可以作为差异化的基础。价值链可以用来分析企业是否有能力将实施差异化战略所需的价值创造活动连为一体。图 4-3 列示了与产品差异化相匹配的企业价值活动组合特点。

(五) 风险

采用差异化战略的风险表现在以下方面。

(1) 可能丧失部分客户。如果采用成本领先战略的竞争对手压低产品价格,使其与实行差异化战略的厂家的产品价格差距拉得很大,在这种情况下,用户为了大量节省费用,放弃取得差异的厂家所拥有的产品特征、服务或形象,转而选择物美价廉的产品。

(2) 用户所需的产品差异的因素下降。当用户变得越来越老练,对产品的特征和差别体会不明显时,就可能发生忽略差异的情况,如不断重复的体验可能会减少顾客对差异化特征的价值的认同感。

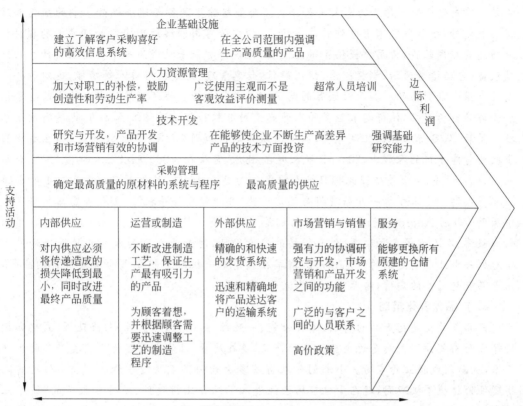

图 4-3　差异化战略价值活动组合特点

（3）大量的模仿缩小了感觉得到的差异。特别是当产品发展到成熟期时，拥有技术实力的厂家很容易通过逼真的模仿，减少产品之间的差异。

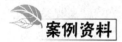 **案例资料**

小米科技公司的差异化战略

小米科技（全称"北京小米科技有限责任公司"）由前 Google、微软、金山等公司的顶尖高手组建，是一家专注于新一代智能手机软件开发与产品研发的公司。米聊、MIUI、小米手机是小米科技的三大核心产品。小米科技成功的秘诀在于：避开与竞争对手拼杀的红海，实行差异化的营销战略。实现差异化战略可以有许多方式，如品牌形象、技术特点、外观特点、客户服务、经销网络及其他方面的独特性。最理想的情况是公司使自己在几个方面都实行差异化。小米科技的差异化营销战略表现在以下几个方面。

1. 差异化定位

市场定位，也称为产品定位或竞争性定位，是指根据竞争者现有产品细分市场上所处的地位和顾客对产品的某些属性的重视程度，塑造出本企业产品与众不同的鲜明个性或形象，并传递给目标顾客，使该产品在细分市场上占有强有力的竞争位置。小米手机将产品属性定位于"发烧友手机"，核心卖点是高配置、低价格和软硬一体。小米定位的具体策略是：首先对目标消费者的需求进行分析。智能机除了具备普通手机最基本的短信和通话功能以外，还具备了掌上电脑的许多功能，特别是可用网络的浏览器和可安装的各种特色功能的应用软件，为用户提供了很大便利，也使得智能手机成为一个功能强大的手持终端设备，包括语音通话、影视娱乐、视讯短信、信息管理、无线网络接入等功能，这对青年人是具有很大吸引力的。其次对顾客的购买模式进行分析。快速发展的网络技术改变了消费者许多行为习惯，使得越来越多的人开始使用电脑和移动通信工具上网，也进行网络购物。最后，从目标人群匹配度考量，据中国城市居民调研 CNRS2012 数据显示，在新购买手机为智能手机的人群中，20～45 岁人群占 68%，月收入 3 000 元以上人群占 62%，企事业人群占 67%，小米手机因此将目标人群定位为 20～45 岁、月收入 3 000 元以上的企事业职员人群。小米手机一开始就将自己定位为"高性能发烧手机"。创始人雷军解释了其中原因：当前 Android 的深度用户基本都是发烧人群，MIUI 的受众构成也是如此。借助新浪微博、人人网等各种渠道，信息传播的速度很快，对专业人群和发烧友的选择和使用将起到一个比之前更强的示范作用。雷军在做小米手机时就想要成为苹果那样的公司，用产品唤起用户的热情，培养了一圈忠实的"米粉"。

2. 产品差异化策略

产品差异化是指产品的特征、工作性能、一致性、耐用性、可靠性、易修理性、式样和设计等方面的差异。也就是说企业生产的产品，要在质量、性能上明显优于同类产品的生产厂家，从而形成独立的市场。小米创始人雷军多次阐明了互联网手机的逻辑：与之前比拼硬件的传统手机不同，现在手机市场已经进入了综合比拼硬件、软件和服务的"铁人三项赛"。他将小米公司的战略称为"铁人三项"加 CPS。"铁人三项"指的是硬件、操作系统、云服务，而 CPS 则是通讯录、电话和短信。从长期来看，小米公司的核心竞争力不是一款手机即时通信软件，而是小米手机从硬件到云端的整个链条。

近年来，以 iPhone 为代表的智能手机的出现，带来了用户行为和个人终端市场的巨大变革，然而，智能手机普遍偏高的价格却也让大量消费者望而却步。在这样的市场背景下，售价仅为 1999 元的小米手机一经推出便受到极大关注。小米手机坚持"为发烧而生"的设计理念，将全球最顶尖的移动终端技术与元器件运用到每款新品。由于具有极高的性价比，和用户的要求完美契合，并且成功地运用一系列营销模式，小米手机自上市以来备受热捧，使以前只有在苹果手机首次发售时才会产生的哄抢局面首次在国产机上演。

小米手机的产品特点：①外观。简约内敛，直板加圆润的边角让其显得简单清爽。②屏幕。4 英寸 854×480 分辨率，可兼顾上网、娱乐等多数人的握持感受。③大电池。1930mAh 电池，可联网待机 450 个小时，连续通话 15 个小时，播放歌曲 45 个小时，观看视频 12 个小时，大型游戏 6 个小时。④手机信号。支持 GSM＋WCDMA；支持美国 GPS 和俄罗斯 GLONASS 两套卫星定位系统，支持 A-GPS；支持 WiFi 和蓝牙等。⑤价格。与其他产品双核 CPU 手机比，价格便宜，只有 2 000 元左右。⑥系统。自主研发 Android MIUI 操作系统，优化改进功能近 100 处，符合中国用户的人性化应用。⑦产品创新。专为手机玩家、手机发烧友发布的一款极致智能手机。最有特色的是底部的"米键"，该键为自定义多功能键，可设置为拍照、返回桌面，甚至可以一键微博，这也在很大程度上给予了用户更高的自由度。与其他手机厂商不同的是，小米产品的研发采用了"发烧"用户参与的模式，不管你来自哪里，只要拥有必备的技术水平和参与开发的意愿，就可以对产品进行优化和改善。

差异化包装策略。作为产品的一部分，包装犹如产品的衣裳，在产品销售中起着重要的作用。为了突出与竞争对手的差异，小米手机选择的包装是：①类似包装策略。小米手机对旗下不同类型的手机产品，在包装上采用相近的图案、近似的色彩和共同的特征。采用该策略，可使消费者形成对小米手机产品的深刻印象，也降低了小米手机的包装成本。②等级包装策略。2012年5月15日，小米手机在原有产品的基础之上发布了具有鲜明年龄特性的限量版手机——小米手机青春版，并根据产品质量等级的不同采取了不同的包装，青春版小米手机的外包装盒上印着显眼的"青春"两字。③配套包装策略。小米手机将不同类型和规格但又相互联系的产品置于同一包装中。例如，小米将手机及必备配件内置于紧凑的包装盒中再将包装盒与周边配件置于统一规格大包装盒中进行发货，这便是典型的配套包装。④附赠品包装策略。小米手机青春版，在包装盒中附赠了绝版的以小米吉祥物兔为主要形象的大学生活青春画册，以吸引消费者购买。

3. 差异化的市场推广

一个新产品要想打开市场，不仅需要产品自身先进的技术和可靠的质量，还需要与竞争对手不同的市场推广策略。小米手机的市场推广特点表现在以下几个方面。

（1）产品未出，先闻其声。小米科技凭着自身的技术优势，在手机未出来之前，先从软件上为其做了铺垫。2011年8月小米科技发布基于Android的手机操作系统MIUI，MIUI很快就得到了刷机爱好者的认可，同年底，小米推出手机聊天软件米聊，模仿Talkbox式即时通信软件的米聊，一开始就获得了Android用户关注，迅速积累起大量用户。MIUI借助互联网社区力量进行快速迭代的方式，更容易让手机用户有认同感，也符合了移动互联网的发展速度。米聊更是一款抓时机、抓需求都十分对路的产品。推出半年后，米聊就积攒了300万注册用户。又过了半年，2011年8月16日，小米手机正式对外发布并大受欢迎。如果以为小米科技做手机的想法是后期才形成，那就错了。事实上，小米从一开始就瞄准了手机制造，之前的MIU和米聊，以及做的A轮融资，都是在为小米手机攒人气、用户和资本。小米手机的诞生与迅速成功，完全是厚积薄发的结果。

（2）饥饿营销。饥饿营销是指商品提供者有意调低产量以期达到调控供求关系，制造供不应求的假象，维持商品较高售价和利润率的目的。关键点在于产品对消费者的吸引力，以及如何让消费者感受到供不应求的紧迫感。饥饿营销一般借助三类因素：一是把握市场节奏，推出适合市场、具备强大竞争力的产品；二是通过各种媒介宣传造势；三是产品本身具备核心竞争力，并不容易被复制仿造。成功的饥饿营销能提高产品的售价和利润率，维护品牌形象，提高品牌附加值。小米技术采用的策略是：①高调发布产品信息，吊足消费者胃口。雷军凭借其自身的名声号召力和一场酷似苹果的小米手机发布会，于2011年8月16日在中国北京举行。小米手机这招高调宣传发布会取得了众媒体与手机发烧友的关注；工程机先发实属第一例。小米手机的正式版尚未发布，却先预售了工程纪念版，而且小米手机工程机采用秒杀的形式出售。8月29—8月31日三天，每天200台限量600台，比正式版手机优惠300元。此消息一出，在网上搜索如何购买小米手机的新闻瞬间传遍网络。每个人需在8月16日之前在小米论坛达到100积分以上的才有资格参与秒杀活动。小米手机这一规则的限制,让更多的人对小米手机充满了好奇,越来越多的人想买一台,貌似拥有一台小米手机就是身份的象征似的。②分批开放、限量发货的模式。这种模式让小米手机总能在很短时间销售一空。小米在手机的营销运营上可谓花足了心思,从秒杀、预售,到F码,小米之家,各种手段频出,加上产品本身立得住,产生了惊人的传播效果。销售及运营工作完成得越出色,市场需求就越大,而低廉的定价让小米手机在同类产品市场竞争中获得了高性价比的优势,需求带着跑的产品生产则慢慢加码,决定了最终的稳定运转。这正是乔布斯最擅长的炒作手法:挤牙膏式的发货、配合大量事件营销拉升关注和渴望。这样一整套的模式让小米手机给互联网企业开拓出一条全新的道路。

(3)促销渠道的差异化策略。没有电视广告,没有专卖店,没有促销员,网上一样卖手机,这就是小米手机。以微博、论坛、专业网站评测配合电子商务销售,成为独特的小米手机促销模式。小米手机采用线上直销销售方式,小米手机官网、凡客诚品官网都可以完成一站式的订购。最近货源地发货的一站式物流体系,大大缩短了物流所耗费的时间,并提供七天退货保障,十五天换货承诺。小米手机出现以前,手机市场的销售方式是传统的实体店铺销售,小米手机通过网购手机的方式,降低了用户的时间成本、体力成本和精神成本。

4. 差异化传播

在营销传播上,小米利用自身的网络优势,实施了与传播手机厂商不同的策略。雷军和乔布斯一样相当关心用户体验。互联网时代,社交媒体将日益成为趋势,可以让消费者获得从实体店购买的同等体验。创业至今,一直自诩为互联网企业的小米深谙此道。"和米粉,做朋友"是小米的口号。为此,小米成立了由400名自有员工组成的呼叫中心,专门负责在小米社区、微博以及对于米粉来电进行互动和反馈,并以此和米粉建立直接联系,加深米粉对于小米的体验。

(1)微博传播。微博是一个新兴的媒体,因方便快捷、影响面大而备受欢迎,小米手机在正式发布前,其团队通过雷军的微博与关注小米的人群进行交流,同时通过IT界名人的微博充分为小米手机造势,微博的影响力被小米运用到极致。网络是培育米粉的平台,微博是小米聚合米粉的利器。小米几乎把微博玩到了极致。截至目前,新浪微博上"小米公司"粉丝已达153万,"小米手机"粉丝也有152万。对拥有394万粉丝的雷军而言,在微博平台上,他既是小米手机掌门,又是一个随时防止小米品牌受破坏的看守,更是一个为"米粉"排忧解难的客服人员。而在微博上,米粉对于小米的反馈也是热烈的,这无疑最大程度地强化了小米宣传效应,减少了营销成本。小米手机发布青春版时,几个合伙人花了一下午的时间拍了一组与青春有关的照片,在微博中短短两天就达到了转发200多万次,评论90多万条的成绩。

(2)小米手机论坛。小米手机论坛是小米科技公司的品牌虚拟社区,该社区成立的时间比较短暂。该社区主要分为论坛、同城会等,以论坛板块为主体,同城会等板块主要负责组织线下交流。从2011年8月16日小米手机发布会到9月5号开放网络订购,小米论坛经历了原始社群(初始话题聚集)—社群成长—社群成熟及深化等过程。如今,小米论坛规模发展迅速,客户活跃度高。截至2012年9月,社区注册会员457万人,近期日平均发帖量超过 20 万,社区注册成员数及日发帖量居国内手机品牌虚拟社区之首。小米品牌虚拟社区在让成员获取信息、交流互动、活动回报等方面成绩显著,在营销策略上极具特色。小米社区是小米公司为用户提供服务的重要场所,用户界面及搜索便利可以提升社区效率,而主题内容则彰显价值。

(3) 线上线下开展活动,广泛与消费者沟通。为了给成员提供丰富多彩的社区生活,社区应开辟线上活动区,不定时举办活动,提供米粒(小米社区虚拟币)、手机配件,甚至手机等相应奖励。社区在线下发起了爆米花、同城会等活动,在活动中大家以现实身份进行交流,拉近了成员之间的距离,满足了人们内心渴望接触新朋友的欲望。线上线下活动的结合增强了用户的愉悦感,提升了社区的社交价值,使得社区成员间的互动质量与社交临场感得到提高与深化,同时社区对这些活动的成果予以展示,使得更多成员有意愿参加社群活动,对公司的形象和产品形象起到了良好的宣传作用。

资料来源:袁小明.小米科技公司的差异化战略[J].企业改革与管理,2013(11).

三、集中化战略

(一) 内涵

集中化战略是指针对某一特定购买群体、产品细分市场或区域市场,采用成本领先或产品差异化来获取竞争优势的战略。采用集中化战略的企业,由于受自身资源和能力的限制,无法在整个产业实现成本领先或者产品差异化,故而将资源和能力集中于目标细分市场,实现成本领先或差异化。

与成本领先战略和差异化战略不同的是,集中战略不是面向整个产业,而是围绕产业中一个特定的目标开展经营和服务。采用集中战略的逻辑依据是:企业能比竞争对手更有效地为狭隘的顾客群体服务。具体来说,集中化战略可以分为产品线集中化战略、顾客集中化战略、地区集中化战略等。按照集中化战略所关注的焦点不同,又可将其进一步细分为集中差异化战略和集中成本领先战略。

(二) 优势

企业采取集中化战略,主要优势体现在以下方面。

(1) 便于集中使用企业资源和力量,更好地服务于某一特定市场。

(2) 可以避开行业中的各种竞争力量,可以化解替代品的威胁,以针对竞争对手最薄弱的环节采取行动。如:根据消费者不断变化的需求形成产品的差异化优势;或者在为该目标市场的专门服务过程中降低成本,形成低成本优势;或者兼而有之。

(3) 将目标集中于特定的部分市场,企业可以更好地调查研究与产品有关的技术、市场、顾客及竞争对手等各方面的情况,做到"知彼"。

(4) 该战略目标集中明确,经济成果易于评价,战略管理过程易于控制,从而带来管理上的便利。

(三) 适用

企业实施集中化战略的关键是选好战略目标。一般原则是,企业要尽可能地选择竞争对手最薄弱环节和最不易受替代产品冲击的目标。不论是以低成本为基础的集中化战略,还是以差异化为基础的集中化战略,都应满足下列条件。

(1) 企业的资源或能力有限,不允许选定多个细分市场作为目标。

(2) 在所选定的目标细分市场中,没有其他的竞争对手采用这一战略。

(3) 企业拥有足够的能力和资源,能在目标市场上站稳脚跟。

(4) 企业能够凭借其建立起来的顾客商誉和企业服务来防御行业中的竞争者。

(四) 风险

实施集中化战略也有相当大的风险,主要表现在下面几点。

(1) 由于企业将全部力量和资源都投入到了一种产品或服务或一个特定的市场,当顾客偏好发生变化,技术出现创新或有新的替代品出现时,就会导致这部分市场对产品或服务的需求下降。企业会受到很大冲击。

(2) 竞争者打入了企业选定的部分市场,并且采取了优于企业的更集中化的战略。

(3) 产品销量减少,产品要求不断更新,造成生产费用的增加,导致采用集中化战略企业的成本优势被削弱。

案例资料

联合利华在中国市场的集中化战略

联合利华集团是由荷兰 Margarine Unie 人造奶油公司和英国 Lever Brothers 香皂公司于 1929 年合并而成。总部设于荷兰鹿特丹和英国伦敦,分别负责食品及洗剂用品事业的经营。

联合利华针对中国市场的集中化战略主要表现在以下方面:一是企业集中化,1999年,把 14 个独立的合资企业合并为 4 个由联合利华控股的公司,使经营成本下降了20%,外籍管理人员减少了 3/4;二是产品集中化,果断退出非主营业务,专攻家庭及个人护理用品、食品及饮料和冰激凌等三大优势系列,取得了重大成功;三是品牌集中化,虽然拥有 2 000 多个品牌,但在中国推广不到 20 个,都是一线品牌;四是厂址集中化,通过调整、合并,减少了 3 个生产地址,节约了 30% 的运行费用。

资料来源:作者根据网络资料整理。

四、基本竞争战略的综合分析——"战略钟"模型

战略钟模型(SCM)是由克利夫·鲍曼(Cliff Bowman)提出的,"战略钟"是分析企业竞争战略选择的一种工具,这种模型为企业的管理人员和咨询顾问提供了思考竞争战略和取得竞争优势的方法。

"战略钟"模型的基本原理:假设不同企业的产品或服务的适用性基本类似,那么,顾客购买时选择其中一家而不是其他企业可能有以下原因。一是这家企业的产品和服务的价格比其他公司低;二是顾客认为这家企业的产品和服务具有更高的附加值。

我们如果将价格作为横坐标,将顾客对产品认可的价值作为纵坐标,这样就可以将企业可能的竞争战略选择在同一个坐标系内表示出来(见图 4-4)。该模型显示:如果将产品或服务的价格与产品或服务的附加值综合在一起考虑,企业实际上可以沿着以下 8 种

途径中的一种来完成企业经营行为。其中一些的路线可能是成功的路线,而另外一些则可能导致企业的失败。

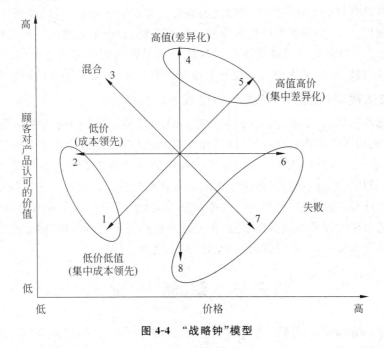

图 4-4 "战略钟"模型

(一)成本领先战略(途径 1 和途经 2)

途径 1 是一种低价低值战略;途经 2 是一种低价战略。低价低值途径看似没有吸引力,但有很多公司按这一路线经营获得成功。这时企业关注的是对价格非常敏感的细分市场,在这些细分市场中,虽然顾客认识到产品或服务的质量很低,但他们买不起或对更高质量没有偏好。低价低值战略是一种很有生命力的战略,尤其在面对收入水平较低的消费群体时。如我们周围的低档餐馆、小商品批发市场等长盛不衰就足以说明这一点。途径 1 可以看成是一种集中成本领先战略。途经 2 则是企业寻求成本领先战略时常用的典型途径,即在降低价格的同时,努力保持产品或服务的质量不变。

(二)差异化战略(途径 4 和途经 5)

途径 4 是一种高值战略;途径 5 是一种高值高价战略。途径 4 也是企业广泛使用的战略,即以相同或略高于竞争者的价格向顾客提供高于竞争对手的顾客认可价值。我国的一些高档购物中心、宾馆、饭店等,实施的就是这种战略。这种战略在面对高收入消费群体时很有效,因为产品或服务的价格本身也是消费者经济实力的象征。途径 5 可以看成是一种集中差异化战略。

(三)混合战略(途径 3)

途径 3 表示企业可以在为顾客提供更高的认可价值的同时获得成本优势。现实中顾客总是抱有很高的期望,希望能买到物美价廉的产品。鉴于顾客的这些期望,很多公司参与价值链的主要活动和辅助活动,以同时寻求低成本和差异化。这种战略有时又称为整体成本领先/差异化战略。使用这种战略的目的是高效率地生产差异化产品。效率是维持低成本的源泉,差异化则是创造独特价值的来源。成功实施这种战略的公司通常对技术的变化和外部环境的变化能够做出快速的调整。柔性对于企业学习如何利用价值链的主要活动和辅助活动,为顾客提供低成本的差异化产品,是非常必要的。该战略的主要风险是:公司考虑产品低成本可能无法在差异化方面为顾客创造足够的价值。此时,公司会陷入两难的境地,这将导致公司在竞争中处于不利位置,并且无法获得超额利润。

（四）失败战略（途径 6、途径 7 和途径 8）

途径 6 提高价格,但不能为顾客提供更高的认可价值。途径 7 是途径 6 更危险的延伸,降低产品或服务的顾客认可价值,同时却在提高相应的价格,除非企业处于垄断的地位,否则不可能维持这样的战略。我国一些行业中的企业向消费者提供的是质次价高的产品或服务,但却生存得不错,正是由于企业拥有垄断的权力。途径 8 在保持价格不变的同时降低顾客认可的价值,这同样是一种危险的战略,虽然它具有一定的隐蔽性,在短期内不被那些消费层次较低的顾客所察觉,但是这种战略是不能持久的,因为有竞争对手提供的优质产品作为参照,顾客终究会辨别出产品的优劣。

第三节　职　能　战　略

职能战略,又称职能层战略,主要涉及企业内各职能部门。如营销、财务、生产、研发、人力资源、信息技术等部门如何更好地配置企业内部资源,为各级战略服务,提高组织效率。

职能战略是为企业战略和竞争战略服务的,所以必须与企业战略和竞争战略相配合。比如,企业战略确立了差异化的竞争战略,需要培养创新的核心能力,企业的人力资源战略就必须体现对创新的鼓励;要重视培训,鼓励学习;把创新贡献纳入考核指标体系;在薪酬方面加强对各种创新的奖励。职能战略描述了在执行公司战略和经营单位战略的过程中,企业中的每一职能部门所采用的方法和手段。职能战略在以下几个方面不同于总体战略和业务单位战略。

首先,职能战略的时间跨度要较总体战略短。

其次,职能战略要较总体战略更具体和专门化,且具有行动导向性。总体战略只是给出企业发展的一般方向;而职能战略必须指明比较具体的方向。

最后,职能战略的制定需要较低层管理人员的积极参与。事实上,在制定阶段吸收较低层管理人员的意见,对成功地实施职能战略是非常重要的。

企业职能战略一般可分为市场营销战略、研究与开发战略、生产运营战略、采购战略、人力资源战略、财务战略、信息战略等。

鉴于财务战略在企业战略管理体系中的重要性,本教材专门安排相关章节重点讲述财务战略的制定。

一、市场营销战略

市场营销战略是指企业营销部门根据企业总体战略与业务单位战略规划,在综合考虑外部市场机会及内部资源等因素的基础上,确定目标市场,选择相应的市场营销策略组合,并予以有效实施和控制的过程。

（一）确定目标市场

企业确定目标市场的三个重要步骤分别是：市场细分、选择目标市场、市场定位。

1. 市场细分

（1）概念。所谓市场细分,是指营销管理人员通过市场调研,依据消费者的需要与欲望、购买行为和购买习惯等方面的明显差异性,把某一产品的市场整体化分为若干个消费者群的市场分类过程。

（2）市场细分的标准。由于消费者受年龄、性别、收入、家庭人口构成、居住地区、生活习惯等诸多因素的影响,不同的消费者群具有各自不同的欲望和需求。影响消费者市场需求的因素,即可用来作为细分消费者市场的细分变数和标准,可大致概括为地理、人口、心理和行为等四个方面。

① 地理细分。按照消费者所处地理位置、自然环境来细分市场即是"地理细分"。地理因素包括国家、地区、城市、乡村、城市规模、人口密度、气候带、地形地貌等。地理细分之所以可行,主要是因为：处于不同地理环境下的消费者,对于同一类产品往往会有不同的需求和偏好；各地区自然气候、经济发展水平等不同,从而形成不同的消费习惯和偏好,对营销刺激有不同的反应。因此,有些产品只行销少数地区,有些则行销全国各地,但各地区侧重不同。如我国茶叶市场,各地区就有不同的偏好,绿茶主要畅销江南地区,花茶畅销于华北、东北地区,砖茶则主要为某些少数民族所喜好。

地理因素易于辨别和分析,是细分市场时应予首先考虑的重要因素。然而地理因素是一种静态因素,处于同一地理位置的消费者仍然会存在很大的需求差异,因此,企业要选择目标市场,还必须同时依据其他因素进一步细分市场。

② 人口细分。人口细分是指按照人口统计变量来细分市场。

人口统计因素包括的具体变量很多,主要有年龄、性别、职业、收入、教育、家庭人口、家庭生命周期、国籍、民族、宗教等。很明显,这些人口变量与需求差异性之间存在密切的因果关系。不同年龄组、不同文化水平的消费者,会有不同的生活情趣、消费方式、审美观和产品价值观,因而对同一产品必定会产生不同的消费需求；经济收入的高低不同,则会影响人们对某一产品在质量、档次等方面的要求差异等。因此,依据人口变量来细分市场,历来为人们所普遍重视。

③ 心理细分。按照消费者的心理特征来细分市场。

按照前述依据细分出来的同一群体消费者,对同类产品的喜好态度也往往不相同,这就是不同心理特征起作用的结果。心理因素十分复杂,包括生活方式、个性、购买动机、价值取向以及对商品供求局势和销售方式的感应程度等变量。

④ 行为细分。按消费者不同的消费行为来细分市场。

消费行为的变量很多,主要包括购买时机、追求的利益、使用状况、使用频率、忠诚程度、待购阶段和态度等。

2. 选择目标市场

企业进行市场细分的最终目的是选择经营的方向,即目标市场。任何企业在市场细分的基础上,都要从众多的细分子市场中确定哪些是企业值得进入的目标市场。

企业选择目标市场范围不同,营销策略也不一样。一般可供企业选择的目标市场策略有三种:无差异营销策略、差异性营销策略、集中性营销策略。

(1) 无差异营销策略。无差异营销策略是指企业将整个市场看成是同质市场或只考虑市场上消费者需求的共同点或相似处,向整个市场提供单一的产品,运用一种市场营销组合策略,尽可能地吸引更多的购买者。

无差异营销策略主要适用于具有广泛需求,能够大量生产、大量销售的产品或同质产品。例如,美国可口可乐公司凭借拥有世界性专利的优势,在20世纪60年代以前曾经以单一口味的品种、单一标准的包装和统一的广告宣传,长期占领世界软饮料市场。

这种策略的最大优点是成本的经济性。大批量的生产和储运会降低单位产品的成本;统一的广告宣传可以节省促销费用;不进行市场细分也相应减少了市场调查、产品研制、制订多种市场营销组合方案所花费的企业资源。

但是,这种策略对大多数产品并不适用,而且对一个企业来说一般也不宜长期采用。因为市场需求是有差异的,而且是不断变化的。一种多年不变的老产品很难为消费者所长期接受。

(2) 差异性营销策略。差异性营销策略是指企业把整个市场划分为若干细分市场,从中选择两个或两个以上的细分市场作为自己的目标市场,为每个选定的细分市场制订不同的市场营销组合方案,同时多方位或全方位地分别开展有针对性的营销活动。

近些年,越来越多的企业采用差异性营销策略。它们通过推出多品种、多种广告媒体宣传产品、多渠道方式销售产品。采取这种策略的企业,进行小批量、多品种生产,有很大的优越性。一方面,它能够较好地满足不同消费者的需求,有利于扩大企业的销售额。另一方面,一个企业如果同时在几个细分市场都占有优势,就会大大提高消费者对企业的信任感。不过,采用这种策略会由于产品品种、销售渠道、广告宣传的扩大增加企业的成本。同时,要受到企业资源的限制。因为要求企业必须具有一定的财力、技术力量和素质较高的管理人员,否则,该策略很难取得成功。因此,采取差异性营销策略的前提是:扩大销售所增加的利润必须大于所增加的经营成本。为了减少实行差异性营销所带来的不利影响,企业不应当把市场划分得过细,同时,企业在一定时期内不宜进入过多的细分市场。

(3) 集中性营销策略。集中性营销策略是指企业在整体市场细分后,选取一个或少数细分市场作为企业的目标市场,开发相应的市场营销组合。采取这种策略的企业,通常是为了在一个较小的市场上占有较大的市场份额。他们往往在大企业不重视或不愿顾及的某个细分市场上全力以赴,通常容易获得成功。

这种策略的不足之处是企业承担较大的风险。因为这种策略使得企业的目标市场比较单一和狭小,而企业对它的依赖性又较强,一旦目标市场情况发生突然变化,企业就会因为没有回旋余地而立即陷于困境。因此,采取这种策略必须密切注意目标市场的动向,并制定适当的应急对策。

3. 市场定位

企业一旦选定了目标市场,就要在目标市场进行产品的市场定位。企业不管采取何种目标市场策略,都必须进一步考虑在拟进入一个或多个细分市场中推出具有何种特色的产品,都应当通过各种努力使产品与营销在消费者心目中占据特定的位置。

市场定位是指塑造一种产品在细分市场上的位置。具体来说,市场定位是根据竞争者现有产品在细分市场上所处的地位和顾客对产品某些属性的重视程度,塑造出本企业产品与众不同的鲜明个性或形象并传递给目标顾客,使该产品在细分市场上占有强有力的竞争位置。

产品特色,有的可以从产品实体上表现出来,如形态、成分、结构、性能、商标、产地等;有的可以从消费者心理上反映出来,如豪华、朴素、时髦、典雅等;还有的可以表现为价格水平、质量水准等。企业在进行市场定位时,一方面要了解竞争对手的产品具有何种特色,即竞争者在市场上的位置;另一方面要研究顾客对该产品各种属性的重视程度,包括产品特色需求和心理上的要求,然后分析确定企业的产品特色和形象,从而完成产品的市场定位。

(二)设计市场营销组合

市场营销组合在其发展过程中,是与市场细分、目标市场、市场定位等重要概念相适应而产生的。

营销组合与市场细分构成制定营销策略组合的最基本方法。市场细分的目的在于探索市场机会,确定企业的目标市场。市场营销组合的目的在于艺术地使用有效手段去达到目标市场。因而,市场细分是对营销客观条件的分析,市场营销组合则是对营销工作如何发挥主观能动性的研究。

市场营销组合中所包含的可控制变量很多,可概括为四个基本变量,即产品、价格促销和分销,这就是经典的4ps组合。

1. 产品策略

产品策略包括产品发展、产品计划、产品设计、交货期等决策的内容。其影响因素包括产品的特性、质量、外观、附件、品牌、商标、包装、担保、服务等。

2. 价格策略

价格策略包括确定定价目标、制定产品价格原则与技巧等内容。其影响因素包括分销渠道、区域分布、中间商类型、运输方式、存储条件等。

3. 促销策略

促销策略是指主要研究如何促进顾客购买商品以实现扩大销售的策略。其影响因素包括广告、人员推销、宣传、营业推广、公共关系等。

4. 分销策略

分销策略主要研究使商品顺利到达消费者手中的途径和方式等方面的策略。其影响因素包括付款方式、信用条件、基本价格、折扣、批发价、零售价等。

上述四个方面的策略组合起来总称为市场营销组合策略。市场营销组合策略的基本思想在于:从制定产品策略入手,同时制定价格、促销及分销渠道策略,组合成策略总体,以便达到以合适的商品、合适的价格、合适的促销方式,把产品送到合适地点的目的。企业经营的成败,在很大程度上取决于这些组合策略的选择和它们的综合运用效果。

二、研究与开发战略

一般来说,研究是指用科学方法,探求未知事物的本质和规律,开发则是指充分利用现有科学技术成果,把生产、技术或经营方面的某种可能性变为现实的一系列活动。研究与开发是企业科技进步的原动力,强化研究开发工作,对促进企业科技进步,加快产品更新换代,增强市场竞争能力,提高经济效益都有重要的推动作用。

企业研究与开发战略规划的根本目的就是通过产品研发,研制出有竞争力的产品或服务以及提高研发的效率,使企业通过不断创新来保持持续地差异化和核心竞争力,在激烈的市场竞争中立于不败之地。

研究开发策略共分为四种:进攻型策略、防御型策略、技术引进型策略及部分市场策略。

(1)进攻型策略。这种策略的目的是通过开发或引入新产品,全力以赴地追求企业产品技术水平的先进性,抢占市场,在竞争中保持技术与市场的强有力的竞争地位。这是一种既令人兴奋,又十分危险的战略。3M(Minnesota Mining and Manufacturing,明尼苏达矿务及制造业公司)、通用电气公司都曾成功实施了这种战略,但有不少采用这种战略的企业已经落伍甚至被淘汰了。

(2)防御型策略。防御型战略又称追随策略,这种策略的目的是企业不抢先研究和开发新产品,而是在市场上出现成功的新产品时,立即对别人的新产品进行仿造或者加以改进,并迅速占领新市场,这样可以将风险和初期费用降至最低。

(3)技术引进型战略。这种战略的目的是利用别人的科研力量来开发新产品,通过购买高等院校、科研机构的专利或者科研成果来为本企业服务。通过获得专利许可进行模仿,把他人的研究成果转化为本企业的商业收益。

(4)部分市场策略。部分市场策略也叫依赖型策略,这种策略主要是为特定的大型企业服务,企业用自己的工程技术满足特定的大型企业或者母公司的订货要求,不再进行除此以外的其他技术创新和产品的研究开发,只要不失去为之服务的特定的大企业,就可以不必去追求各种冒险创新的事业,就能够安全稳定地经营。

三、生产运营战略

生产运营活动是企业最基本的活动之一。生产运营活动为了达到企业的经营目的,必须将其所拥有的资源要素合理地组织起来,并且保证有一个合理、高效的运作系统来进行一系列的变换过程,以便在投入一定,或者说资源一定的条件下,使产出能达到最大或尽量大。具体地说,运作活动应该保证能在需要的时候、以适宜的价格向顾客提供满足他们质量要求的产品。

生产运营战略的主要内容一般包括产品的选择、生产能力的确定、生产要素的配置、协作化水平的确定、生产组织、生产计划与库存控制以及质量管理计划与控制等。生产运营战略作为一系列决策的结果,是关于生产运营系统如何成为企业立足于市场,并获得长期竞争优势的战略性计划。

生产运营战略的目标并不是提供具体的产品和服务,而是提供一套满足用户需要和支持竞争优势的能力。这些能力的具体表现形式则为企业产品和服务的成本、质量、柔性、交货期、信誉和环保等方面功能的指标,由此而构成生产运营战略的目标体系。

因此,依据不同的竞争因素对生产运营管理的影响,可将生产运营战略分为基于成本、质量、服务、柔性、时间和环保的生产运营战略等六种类型,下面仅做简单介绍。

(1) 基于成本的生产运营战略。这种策略是指企业为赢得竞争优势,以降低成本为目标,通过发挥生产运营系统的规模经济与范围经济优势,以及实行设计和生产的标准化,使得产品和服务的成本大大低于竞争对手的同类产品和服务,从而获得价格竞争优势的一系列决策规划、程序与方法。这是企业最基本的生产运营战略之一。其实现措施主要有采用大量生产方式、成组生产技术和进行库存控制等。

(2) 基于质量的生产运营战略。这种策略是指企业以提高顾客满意度为目标,以质量为中心,通过制订质量方针与质量计划、建立健全质量管理体系、实施质量控制等活动,提高其产品和服务质量,从而获取持续的质量竞争优势的一系列决策规划、程序与方法。其实现措施主要有开展全面质量管理活动和采用精细生产方式等。

(3) 基于柔性的生产运营战略。这种策略是指企业面对复杂多变的内外环境,以满足顾客多品种、中小批量需求为目标,综合运用现代信息技术与生产技术,通过企业资源的系统整合,来增强企业生产运营系统柔性和提高企业适应市场变化能力的一系列决策规划、程序与方法。其实现措施主要有应用柔性制造系统、物料需求计划(MRP)和制造资源计划(MRPⅡ)以及企业资源计划(ERP)等。

(4) 基于时间的生产运营战略。这种策略是指企业以高质量、低成本快速响应顾客需求为目标,运用敏捷制造、供应链管理和并行工程等现代管理方法,通过缩短产品研制、开发、制造、营销和运输时间,从而获取时间竞争优势的一系列决策规划、程序和方法。其实现措施主要有供应链管理和敏捷制造系统。

(5) 基于服务的生产运营战略。这种策略是指企业以提高企业信誉、培养顾客忠诚度为目标,针对不同的顾客需求,快速响应并提供高质量、价格合适的个性化的产品和服务,以提高企业的信誉竞争优势的一系列决策规划、程序与方法。其实现途径主要是建立面向顾客的全新的生产方式,即大量定制生产方式。

(6) 基于环保的生产运营战略。这种策略是指企业为满足顾客的长远需要,以谋求人类、社会和自然的协调发展为目标,通过技术创新、管理创新和知识创新,降低资源消耗,减少环境污染,实现其生产运营系统的绿色化,从而获得持续竞争优势的一系列决策规划、程序与方法。其实现措施主要有绿色制造和绿色供应链等。

四、采购战略

采购战略,有时也称战略采购,是一种有别于常规采购的思考方法。它与普遍意义上的采购区别在于:前者注重要素是"最低总成本"而后者注重要素是"单一最低采购价格"。战略采购是一种系统性的、以数据分析为基础的采购方法。简单地说,战略采购是以最低总成本建立服务供给渠道的过程,一般采购是以最低采购价格获得当前所需资源的简单交易。

"战略采购"是由著名咨询企业科尔尼(A. T. Kearney)于20世纪80年代首次提出

的。科尔尼致力于战略采购研究和推广工作,已为全球 500 强企业中的三分之二提供过战略采购咨询服务。战略采购"是计划、实施、控制战略性和操作性采购决策的过程,目的是指导采购部门的所有活动都围绕提高企业能力展开,以实现企业远景计划"。它用于系统地评估一个企业的购买需求及确认内部和外部机会,从而减少采购的总成本。其好处在于充分平衡企业内外部优势,以降低整体成本为宗旨,涵盖整个采购流程,实现从需求描述直至付款的全程管理。

战略采购作为整合公司和供应商战略目标和经营活动的纽带,包括四方面的内容:供应商评价和选择、供应商发展、买方与卖方长期交易关系的建立和采购整合。前三个方面发生在采购部门和外部供应商群体之间,统称采购实践;第四个方面发生在企业内部。

(1) 供应商评价和选择。供应商评价和选择是战略采购最重要的环节。供应商评价系统(supplier evaluation systems,SES)包括:①正式的供应商认证计划;②供应商业绩追踪系统;③供应商评价和识别系统。

(2) 供应商发展。供应商发展(supplier development)是"买方企业为提高供应商业绩或能力以满足买方企业长期或短期供给需求对供应商所作的任何努力"。这些努力包括:①与供应商进行面对面的沟通;②高层和供应商就关键问题进行交流;③帮助供应商解决技术、经营困难;④培训供应商的员工等。

(3) 买方与卖方长期交易关系的建立。战略采购要和目标供应商完成战略物资的交易。战略采购使买方与卖方的交易关系长期化、合作化。这是因为战略采购对供应商的态度和交易关系的预期与一般采购不同。战略采购认为:①供应商是买方企业的延伸部分;②与主要供应商的关系必须持久;③双方不仅应着眼于当前的交易,也应重视以后的合作。在这种观点的指导下,买方企业和供应商致力于发展一种长期合作、双赢的交易关系。建立长期合作交易关系还要求双方信息高度共享,包括公开成本结构等敏感的信息。忠诚是长期合作交易关系的基础。

(4) 采购整合。随着采购部门在公司中战略地位的提高,采购逐渐由程序化的、单纯的购买向前瞻性、跨职能部门、整合的功能转变。采购整合是将战略采购实践和公司目标整合起来的过程。与采购实践不同,采购整合着眼于企业内部,目的是促进采购实践与公司竞争优势的统一,转变公司高层对采购在组织中战略作用的理解。

采购整合包括:采购部门参与战略计划过程,战略选择时贯穿采购和供应链管理的思想,采购部门有获取战略信息的渠道,重要的采购决策与公司的其他战略决策相协调等。

五、人力资源战略

人力资源战略是指科学地分析预测组织在未来环境变化中人力资源的供给与需求状况,制定必要的人力资源获取、利用、保持和开发策略,确保组织在需要的时间和需要的岗位上,满足人力资源在数量上和质量上的需求,使组织和个人获得不断的发展与利益。它是企业发展战略的重要组成部分。

人力资源战略的关键内容包括以下方面。

(1) 人力资源开发战略。人力资源开发战略是指有效地发掘企业和社会上的人力资源,积极地提高员工的智慧和能力所进行的长远性的谋划和方略。主要包括人才引进战略、人才借用战略和人才招聘战略。

（2）人才结构优化战略。人才结构优化战略是指使企业的各方面人才保持合理的比例结构而采取的措施和方法,主要包括层次结构优化、学科结构优化和智能结构优化等方面。

（3）人才使用战略。人才使用战略是指企业为发挥人才的最大潜力而采用的措施和方法。包括任人唯贤、岗位轮换、台阶提升、权力委让和破格提升等方面。

六、信息战略

在现代化信息技术条件下,信息战略越来越受企业管理层关注,信息战略广泛涉及企业运营管理的各个方面。

信息战略从战略管理高度讨论信息的发展和管理问题,为实现组织战略目标,建立和扩大其竞争优势,而对其业务与管理活动中的信息生产要素及其功能所做的总体谋划。按信息生产要素可划分为信息技术战略、信息资源战略和信息管理体制战略等三方面内容。它应结合组织业务的实际,匹配环境和组织内部信息要素资源,为组织建立竞争优势服务和提供支持。

（1）信息技术战略。信息技术战略是指对企业内部支撑信息技术应用的基础设施的建设以及在此基础上作用于组织业务与管理活动的信息技术系统的设计、选用、实施与调整加以规划,包括确定信息技术战略与公司战略的关系和确定信息技术与公司业务活动和管理的匹配关系等。

（2）信息资源战略。信息资源战略是指对企业内部中的信息资源管理进行规划,其中战略数据资源的识别及其管理问题是重要的内容。

（3）信息管理体制战略。信息管理体制战略是指必须建立起一支在企业最高层领导支持下的强有力的信息技术和信息管理队伍来参与制订和实施信息战略规划的全过程。信息战略规划成功的关键在于企业的最高层管理人员的全力支持和亲自参加。这也说明了信息资源管理应坚持一把手原则。

第四节　国际化经营战略

在全球化现实背景下,企业之间的竞争已由国内市场层面扩展为局部的国际市场层面乃至全球市场层面,这种激烈的跨国界竞争使得选择正确的国际化战略模式成为企业生存、发展和获利的关键。

一、国际化经营战略概述

（一）内涵

国际化经营战略是指企业从国内经营走向跨国经营,从国内市场进入国外市场,在国外设立多种形式的组织,对国内外的生产要素进行配置,在一个或若干个经济领域进行经营活动的战略。从事国际化经营的企业需要通过系统评价自身资源和经营使命,确定企业战略任务和目标,并根据国际环境变化拟定行动方针,以求在国际环境中长期生存和发展所作的长远的总体的谋划。

(二)动因

戈沙尔(Ghoshal)提出了一个广为接受的企业国际化动因分析框架,即企业国际化的战略目标与手段。这个分析框架提供了在全球化背景下,企业从国内外两个市场提升国际竞争力的驱动力来源,如表 4-3 所示。

表 4-3　企业国际化的战略目标与实现手段

国际化的战略目标	实现手段		
	国家/区域差别	规模经济	范围经济
提高效率	从要素获得效益成本差异中	在每一个活动上扩大规模效益	多产分享获得范围经济效益品/市场
管理风险	通过市场多元化/国家差异降低风险	平衡规模和经营上的弹性	组合投资降低风险,增加了选择的范围
适应、学习和创新	通过了解组织/过程、制度的社会差异进行学习	通过降低成本和增加创新获得经验和知识	通过跨组织和跨产品/市场/行业分享学习成果

1. 企业国际化的战略目标

一般来说,企业国际化有三个战略目标:提高效率,管理风险,适应、学习和创新。

(1)提高效率。在国际化过程中,企业有可能利用国家差异、经营活动扩大和跨国共享达到提高效率的目的,具体表现如下。

① 降低生产要素成本,包括劳动力、土地、资本、原材料等。如 20 世纪 80 年代中国改革开放以后,廉价的要素成本优势以及各种优惠政策吸引了西方发达国家企业进入中国,将制造环节转移到中国。但近年来,我国劳动力成本日趋上升,一些西方发达国家又开始瞄准越南、马来西亚、印度等国家。

② 分摊研发成本,提高研发活动的效率。某些需要在研究开发方面做大量投入的行业也往往积极拓展国外市场,分摊研发成本,发挥研发的范围经济和规模经济效益。如国际知名的大型制药企业辉瑞、诺华等。

③ 其他方面降低成本的需要,如运输成本。中集集团在 2003 年曾收购美国一家半挂车制造商,降低运输成本是其中一个重要因素。

此外,如果国内缺乏某种资源,或某些资源在其他国家的成本比较低,或某些特定资源在其他国家不可转移,企业也会为了获得这些资源而进行国际化。

(2)管理风险。跨国经营将有利于稳定原材料采购、平衡运营和稳定销售,提高企业分散和管理风险的能力。当然,在国际化过程中,企业面临一些新的与跨国经营有关的风险,包括政治、经济、宗教等方面。

(3)适应、学习和创新。在国际化过程中,企业必须适应更多样化的经营环境,并且在适应中得到更多的学习和创新机会。一旦企业在一国获得的经验、知识或能力可以转移和应用到另一个国家,就可以带动整个企业的创新。

发展中国家企业进入发达国家的国际化往往是以学习为主要的战略目标和动因,通过在当地经营获取知识和能力,转移回母公司,从而提高企业整体的国际化经营经验与能力。

2. 企业国际化的实现手段

有三种手段可以帮助企业实现战略目标,从而建立国际竞争优势。这三种手段包括国家差异、规模经济和范围经济。

（1）国家差异。利用国家差异,企业可以降低要素成本,提高要素的质量,提高产品的价格,控制和管理风险,以及在适应中学习和创新。

（2）规模经济。在国际化过程中,经营活动规模的扩大会提升企业在安排和调配经营活动上的弹性,降低内部运营中的经营风险,还可能会带来专业化水平和学习效益的提升。

（3）范围经济。范围经济效益主要来自多产品或者多市场经营对某种资源或者能力,尤其是核心专长的共享,例如共享物理资产、外部关系、研发、渠道和品牌等。

总之,企业国际化动因可以归结为:运用国家差异、规模经济、范围经济等三种手段,来达到效率、风险和世界范围业务同步学习的最优化。

二、国际化经营战略的选择

（一）选择依据

企业国际化是企业主动参与国际竞争的选择。没有竞争优势的竞争无法维持,即使有国家的补贴也不会长久,而国家的补贴战略最终依然是为获取竞争优势,所以国际化方式应根据竞争优势选择。

企业国际化的成功取决于企业如何利用自己的优势和在国际化过程中不断建立新的竞争优势。企业国际化优势的表现有两个方面:一是国家竞争优势;二是企业特定优势。这两种优势的性质是不同的,下面分别简单论述。

1. 国家竞争优势

哈佛大学的迈克尔·波特教授在《国家竞争优势》一书中,在继承发展传统的比较优势理论的基础上提出了独树一帜的"国家竞争优势"理论,该理论着重讨论了特定国家的企业在国际竞争中赢得优势地位的各种条件。

波特认为,一国的贸易优势并不像传统的国际贸易理论宣称的那样简单地取决于一国的自然资源、劳动力、利率、汇率,而是在很大程度上取决于一国的产业创新和升级的能力。由于当代的国际竞争更多地依赖于知识的创造和吸收,竞争优势的形成和发展已经日益超出单个企业或行业的范围,成为一个经济体内部各种因素综合作用的结果,一国的价值观、文化、经济结构和历史都成为竞争优势产生的来源。

波特认为,一国的国内经济环境对企业开发其自身的竞争能力有很大影响,其中影响最大、最直接的因素是以下四项:生产要素、需求条件、相关和支持性产业以及企业战略、企业结构和同业竞争。在一国的许多行业中,最有可能在国际竞争中取胜的是那些国内"四因素"环境对其特别有利的那些行业。因此,"四因素"环境是产业国际竞争力的最重要来源。波特将这四种要素以"钻石图"来表示。因此,波特的国家竞争优势模型又被称为"钻石模型",如图 4-5 所示。

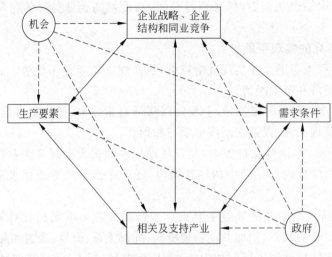

图 4-5　钻石模型

（1）生产要素。生产要素主要包括人力资源、自然资源、知识资源、资本资源、基础设施等。生产要素又分为初级生产要素和高级生产要素两类。初级生产要素是指一个国家先天拥有的自然资源和地理位置等。高级生产要素则是指社会和个人通过投资和发展而创造的因素。一个国家若要取得竞争优势，高级生产要素远比初级生产要素重要。因此，增加国家竞争优势的最重要因素就不应仅仅盯着国家中仅有的自然资源，而是要凭借对初级生产要素进行升级、改良的速度形成竞争优势。在创造性资源的内容中，最为关键的是知识资源和人力资源。因为这二者更新换代的速度极快，所以需要积极和严格的更新方法，以保证一国经济持续健康地发展。

（2）需求条件。国内需求条件是特定产业具有国际竞争力的另一个重要影响因素。波特认为，国内需求对竞争优势的影响主要是通过三个方面进行的：一是本国市场上有关产业的产品需求若大于海外市场，则拥有规模经济，有利于该国建立该产业的国际竞争优势。二是若本国市场消费者需求层次高，则对相关产业取得国际竞争优势有利。因为老练、挑剔的消费者会对本国公司产生一种促进改进产品质量、性能和服务等方面的压力。三是如果本国需求具有超前性，那么为它服务的本国厂商也就相应地走在了世界其他厂商的前面。

波特认为，市场规模的大小没有高质量的顾客重要，内行并且挑剔的客户是企业追求高质量产品、优质服务的力量源泉。比如，由于瑞典具有世界上最坚硬的岩石，所以，瑞典人对钻孔设备的要求近乎苛刻，这一特别的国内需求催生出瑞典具有世界水准的钻头制造及其相关设备产业。同样，讲究并且见多识广的日本音响设备消费者，期望得到最新、最好的款式，这就刺激了日本厂商为满足消费者对新机型的需求而快速改善产品、不断推陈出新。

（3）相关与支持性产业。即与企业有关联的产业和供应商的竞争力。一个企业的经营要通过合作、适时生产和信息交流与众多的相关企业和行业保持联系，并从中获得和保持竞争力，如果这种接触是各方的主观愿望，那么产生的交互作用就是成功的。一个国家要想获得持久的竞争优势,就必须在国内获得在国际上有竞争力的供应商和相关产业的支持。

波特认为,产业集群就像一个紧密联系的系统,可以促进企业在纵向和横向之间通过积极的互动和交流来推动和鼓励对方进行持续的产业升级和创新。特别是在文化相似、地理位置接近的时候,企业之间经常性的接触和交流会帮助它们抓住机会、发现和应用新的技术方法,实现显著的集群效应。

(4)企业战略、企业结构和同业竞争。波特教授断言,"强大的国内竞争者是一项难以衡量的国家资产"。他认为,激烈的国内竞争会激发竞争者强烈的取胜欲望,使所有参与者更高效、更节约,最终使他们能够更好地应对国外的竞争者。并且,国内对手之间的竞争更关键的是体制效率的竞争。

除上述四个因素外,一国的机遇和政府的作用,对形成该国的国际竞争地位也起辅助作用。机遇包括重要发明、技术突破、生产要素供求状况的重大变动(如石油危机)以及其他突发事件。政府因素是指政府通过政策调节来创造竞争优势。波特认为以上影响竞争的因素共同发生作用,促进或阻碍一个国家竞争优势的形成。

2. 企业特定优势

企业特定优势主要指企业的研发、生产或营销技能,专利,商标,组织能力等资源和能力,它是非区位性的。即可以在不同国家之间转移和共享,其本质与核心竞争力基本一致,只是更强调这是企业所具有的有别于国家特定优势的一种优势。在更高水平的国际化阶段,只有拥有了这种独特的能力,才能克服由于对当地市场不熟悉或作为外来者在东道国经营遇到的障碍和劣势;同时,企业特定优势同样强调企业独特能力在东道国市场是有价值的、稀缺的、难以模仿的和难以替代的。因此企业拥有特定优势是获得国际竞争优势的重要源泉。企业特定优势一般有以下四种类型。

(1)技术优势。技术优势是指企业独立拥有并能够在生产过程中被直接使用的信息,通常被称为技术、生产技能、专门的管理技术和知识等。

(2)消费者认同优势(产品差异化能力)。消费者认同优势是指消费者对企业具有一定程度的特别偏好,这种偏好来自企业信誉、品牌、商标、服务和对消费者具有吸引力的价格及产品的质量等。

(3)市场优势。市场优势有两种:一是企业对其占有的市场的认知或熟悉;二是企业把产品或服务有效地送达消费者的能力。市场优势的获得程度取决于企业如何成功地通过各级批发和零售降低其分销成本,通过其产品差异化来增加其垄断能力以吸引更多的消费者。

(4)投入优势。投入优势是指企业具有获得原材料或中间产品的专门途径。

(二)国际市场进入模式

国际市场进入模式选择是企业国际化进程中须考虑的关键问题,企业对国际市场进入模式选择伴随着企业国际化发展的全过程。企业国际化以国际市场进入模式选择为起点,其发展过程也是企业不断进入新的国际市场以及选择不同进入模式的过程。企业进入海外市场的方式可以有多种选择,其中主要包括贸易方式、契约方式、直接投资方式、跨国并购及战略联盟等。

1. 贸易方式

贸易方式是指以向目标国家出口商品而进入该市场的模式,其特点是风险最小、资源承诺以及在财务和管理等方面投入也最少。主要的出口渠道可以分为直接出口和间接出口。在间接出口情况下,通过本国的中间商经销或代销其产品出口,本企业与国外市场无直接联系,也不涉及国外业务活动。直接出口又可分为三种:一是利用国外中间商,即将产品直接卖给国外中间商或由国外中间商代理;二是在国外设立办事处;三是建立国外销售分支机构。大部分中国企业的国际化行为主要是以出口的方式进入国际市场的,利用展会(如中国进出口商品交易会,即"广交会")获得外国采购商的订单,组织生产,最后出口交货。

2. 契约方式

契约方式是指本企业通过与目标国家的法人之间订立长期的、自始至终的、非投资性的无形资产转让合作合同而进入目标国家。主要包括以下内容。

(1)许可经营。许可方与国外被许可方签订许可协议,授权对方使用本企业的专利权、版权、商标权以及产品或工艺方面的专有技术等从事生产和销售,然后向对方收取许可费用。例如,微软于2012年4月与台湾和硕联合签署专利许可协议,授权台湾和硕在其生产的电子阅读器、智能手机和平板电脑上使用安卓设备有关的专利,并收取许可费。

(2)特许专营。在该协议下,许可人不仅把自己的无形资产(通常是商标)销售给被许可人,而且还要求被许可人遵守严格的经营规则。特许经营与许可经营最大的差异在于特许者需要对被特许者进行经营监督。麦当劳、肯德基、必胜客等都是特许经营的典型。

(3)技术协议。技术协议是指企业同外方签订协议,向对方提供为发展技术或解决技术难题而进行的各种技术咨询、技术培训等服务活动。

其他契约式进入方式还包括管理合同、交钥匙工程、国际分包合同等。

3. 直接投资方式

直接投资方式是指通过直接投资进入目标国家,即企业将资本连带本企业的管理技术、销售、财务及其他技能转移到目标国家,建立受本企业控制的分公司或子公司,实行当地生产,就近销售。具体方式包括独资经营、合资经营。

(1)独资经营。独资经营是指企业独自到目标国家去投资建厂,进行产销活动。独资经营的标准不一定是100%的公司所有权,主要是拥有完全的管理权与控制权,一般只需拥有90%左右的产权便可以。独资经营的方式可以是单纯的装配,也可以是复杂的制造活动。其组建方式可以是收购当地公司,也可以是直接建新厂。例如,为进入美国市场,华为2002年在美国得克萨斯州成立全资子公司Futurewei,向当地企业销售宽带和数据产品。

独资经营的好处是:企业可以完全控制整个管理与销售,经营利益完全归其支配;可以根据当地市场特点调整营销策略,创造营销优势;可以同当地中间商发生直接联系,争取它们的支持与合作;可降低在目标国家的产品成本,降低产品价格,增加利润。其主要缺陷是:投入资金多,可能遇到较大的政治与经济风险,如货币贬值、外汇管制、政府没收等。

（2）合资经营。它是指与目标国家的企业联合投资，共同经营，共同分享股权及管理权，共担风险。联合投资方式可以是外国公司收购当地公司的部分股权，或当地公司购买外国公司在当地的股权；也可以是双方共同出资建立一个新的企业，共享资源，共担风险，按比例分配利润。

合资经营的好处是：投资者可以利用合作伙伴的专门技能和当地的分销网络，从而有利于开拓国际市场；同时还有利于获取当地的市场信息，以对市场变化做出迅速灵活的反应；当地政府易于接受和欢迎这种模式，因为它可以使东道国政府在保持主权的条件下发展经济。但这种模式也存在弊端，例如双方常会就投资决策、市场营销和财务控制等问题发生争端，有碍于跨国公司执行全球统一协调战略。

4. 跨国并购

跨国并购为进入新的市场提供了捷径，可能是国际市场进入最快、最方便的方式。例如，2004年年底联想集团成功收购IBM的PC业务，一跃成为年收入超过百亿美元的世界第三大PC厂商。2009年，中国浙江吉利控股集团有限公司以15亿美元收购沃尔沃汽车公司。当然，跨国并购的成本非常高昂，并且收购谈判也比国内收购更加复杂。同时，跨国并购后的整合也非常难。整合不仅要考虑不同的企业文化，还要考虑潜在的不同社会文化和习惯。如TCL并购汤姆逊视频业务之后遇到了整合上的巨大挑战。因此，尽管通过国际收购能快速进入新的市场，但企业往往需要承担相当大的代价和风险。

5. 国际战略联盟

自20世纪末以来，国际战略联盟成为国际扩张的主要方式。具体类型包括资产型战略联盟和非资产型战略联盟。资产型战略联盟就是经常被提及的国际合资，即企业将资本、管理、技术转移到目标国家，与当地企业建立控股或者参股的企业。国际非资产型战略联盟则是以合同（不是资产）为纽带的合作形式。如国际航空业比较常见的"营销和运营联盟"，像STAR联盟就是一个包括美国联合航空、德国汉莎航空、中国国际航空等航空公司的联盟，会员企业在销售、运营支持和提供后勤服务等方面合作，为航线运行提供便利。

（三）国际化经营的战略类型

企业国际化经营的战略基本上有四种类型，即国际战略、多国本土化战略、全球化战略与跨国战略。这四种战略可以通过"全球协作"的程度和"本土独立性和适应能力"的程度所构成的两维坐标体现出来，如图4-6所示。

1. 国际战略

国际战略是指企业将其在母国所开发出的具有竞争优势的产品与技能转移到国外的市场，以创造价值的举措。其基本特点是：国际战略的决策行为主要体现母国与母公司的利益。公司的管理决策高度集中于母公司，对海外分公司采取集权式管理体制。这种管理体制强调公司整体目标的一致性，优点是能充分发挥母公司的中心调整功能，更优化地使用资源，但缺点是不利于发挥分公司的自主性与积极性，全球化协作程度和对东道国本土市场的适应能力均较低。

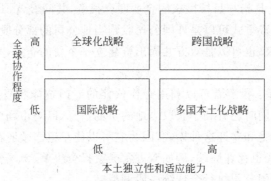

图 4-6　国际化经营的战略类型

2. 多国本土化战略

这种战略是指一个企业的大部分活动,如战略和业务决策权分配等都由设在国外的战略业务单位进行,由这些单元向本地市场提供本土化的产品,从而把自己有价值的技能和产品推向国外市场而获得收益。其基本特点是:多国本土化决策行为倾向于体现众多东道国与海外子公司的利益,母公司允许子公司根据自己所在东道国的具体情况独立地确定经营目标与长期发展战略。公司的管理权力较为分散,母公司对子公司采取分权式管理体制。这种管理体制强调的是管理的灵活性与适应性,有利于充分发挥各子公司的积极性和责任感。但这种管理体制的不足在于母公司难以统一调配资源,而且各子公司除了自谋发展外,完全失去了利用公司内部网络发展的机会,无法获得经验曲线效益和区位效益。该战略能使企业面对各个市场的异质需求时的反应最优化。美国有名的餐饮企业肯德基公司在中国实施的就是典型的多国本土化战略。

3. 全球化战略

全球化战略是指在全世界范围生产和销售同一类型和质量的产品或服务。全球化战略以母公司为中心,决策哲学是母公司的全球利益最大化。其基本特点是:①企业根据最大限度地获取低成本竞争优势的目标来规划其全部的经营活动,将研究与开发、生产、营销等活动按照成本最低原则分散在少数几个最有利的地点来完成,但产品和其他功能则标准化和统一化以节约成本,能形成经验曲线和规模经济效益。②全球化战略强调集权,由母国总部控制。不同国家的战略业务单元相互依存,而总部试图将这些业务单元整合。③全球化战略对东道国本土市场的反应相对迟钝,并且由于企业需要跨越国界的协调战略和业务决策,所以难以管理。

4. 跨国战略

跨国战略是指企业既寻求多国本土化战略所具有的当地优势,又注重全球化战略带来的效率。因而,运用这种战略的企业在本土化响应和全球效率上都能获得优势。其基本特点是:跨国战略既不以母公司也不以子公司为中心,其决策哲学是公司的整体利益最大化。相应地,公司采取集权与分权相结合的管理体制,这种管理体制吸取了集权与分权两种管理体制的优点,事关全局的重大决策权和管理权集中在母公司的管理机构,但海外子公司可以在母公司的总体经营战略范围内自行制订具体的实施计划、调配和使用资源,有较大的经营自主权。这种管理体制的优点是在维护公司全球经营目标的前提下,各子公司在限定范围内有一定的自主权,有利于调动子公司的经营主动性和积极性。跨国战略是让企业可以实现全球化的效率和本土化的敏捷反应的一种国际化经营战略。该种战略能够形成以经验为基础的成本效益和区位效益。

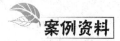
案例资料

"走出去"的中国企业

记得英国众多企业被美国"大牌"超越时,美国总统罗斯福在1910年时写过这样一段话:"现在英国杂志上的广告给人们的感觉就是,一个典型的英国人,会在英格索尔(Ingersoll)闹钟的闹铃中醒来,用吉利(Gillette)的刀片刮胡子,用凡士林(Vaseline)发型水打理头发,穿上箭牌(Amnv)的衬衫,跑到楼下吃桂格燕麦片(Quake),搭配加州无花果,再来一杯麦斯威尔咖啡(Maxwell),然后搭乘西屋有轨电车(westinghouse)到办公室,坐奥迪斯(Otis)电梯进到办公室,陪伴他一整天工作的是爱迪生电灯泡(Edison)的灯光。"

那么想象一下,中国的企业品牌若干年后,在美国报纸杂志广告上,会不会出现一段这样的文字:一个典型的美国人,早上起来打开TCL的电视,观看中央电视台九套(CCTV-9)的英语新闻,用霸王洗发水沐浴,穿着三枪内衣、七匹狼的衬衫,到楼下用格兰仕面包机烤好利来面包,吃南方黑芝麻糊,然后开着比亚迪去上班,一整天都用联想的笔记本电脑,办公室装的是海尔空调,喝的是娃哈哈非常可乐。

如今,不仅是塑造品牌,中国经济增长的新动力也已着眼于海外,本刊综合整理了几家国内知名企业海外投资路径,以期对将要和正在"走出去"的中国企业有所借鉴。

华为:跨境整合是一项高风险工作

2011年年底,华为总裁任正非发文《一江春水向东流》,虽然在多数人看来,文章的主题是交接班,正如文章副标题指出的那样——为轮值CEO鸣锣开道,但也有不少业内人士指出,这篇文章可以看作是第二篇《华为的冬天》,让已经与世界咫尺之遥的华为人更清醒地看到危机与挑战。

"经济越来越不可控,如果金融危机进一步延伸爆炸,外部社会动荡,我们会独善其身吗?我们有能力挽救自己吗?我们行驶的航船,员工会像韩国人卖掉金首饰救国家一样,给我们集资买油吗?历史没有终结,繁荣会永恒吗?"任正非在最近的这篇文章中发出一连串的疑问。

国际化程度有限是华为成功躲过2000年IT泡沫的重要原因,但也正是那一场危机,让华为趁机在国际市场站稳脚跟。如今,因为国际化程度高达80%,华为的发展已经与国际经济的波动息息相关。

"2000年的时候,我们管理层知道有危机,但感觉跟华为没有特别密切的关系,到2008年发生经济危机的时候,我们就无比紧张,世界上的每件事,甚至是地震、水灾都有可能跟我们有关,这是我们走出去带来的必然结果?"华为副董事长郭平表示。

华为的海外发展之路分为三个阶段:走出去、国际化和全球化。而当年华为决定国际化的最初原因,是为了活下去。

据了解,1998年的时候,国内电信运营商正在酝酿第一次重组。几个运营商都在忙内部重组。"谁都不订货,我们的产品和设备卖不出去,所以逼迫我们往外走,找市场。这是我们最早走出去的内在动力。"郭平说。

真正开始走出去的时候,海外之路的困难和复杂超乎想象。

"刚走出去的时候,我们是'两眼一抹黑'。"郭平说,那种感觉类似于把人空投到了某一个地方,必须从了解市场和客户开始做好充分调研,要知道市场在哪儿,客户是谁,然后等待和把握时机。

1998年前后,正是国际设备市场竞争最激烈的时候,不过由于2000年的IT泡沫不期而至,西方设备商开始收缩战线,并逐渐退出一些边缘市场,但运营商对设备的需求还在,华为就迅速弥补了这个空缺,海外市场逐渐开花。

据了解,华为的海外之路起步于俄罗斯,多年都是颗粒无收,但华为的第一批海外员工在俄罗斯坚持了6年,终于迎来了第一单生意——一笔价值仅有16美元的合同。如今,华为在俄罗斯的年收入规模已经达到20亿美元以上。

走出去的第二阶段是"国际化"。任正非曾经表示,在全球电信投资里,大约30%在北美,30%在欧洲,面对巨大的市场,如果不尽快使产品实现覆盖全球的目标,那就是投资的浪费、机会的浪费。

通过英国电信的标准认证是华为突破欧洲的第一步,从此,华为开始按照国际规则和国际标准参与国际市场的竞争。据介绍,虽然华为的三大竞争对手爱立信、西门子和阿尔卡特朗讯都是传统的欧洲企业,但到目前为止,华为实现了在欧洲市场三分天下有其一的目标。

为了推进国际化进程,华为在内部通过薪酬考核和提拔向海外员工倾斜的政策,保证在海外工作人员的薪酬待遇远远高于留在国内的人员,同时在文化制度上,赋予一线更多决策权,这也就是任正非在内部讲话中提出的"让听得见炮火的人来决策"。

从2009年开始,华为进入海外之路的第三个阶段:全球化。这是一个全球化配置资源的阶段,华为在全球各个主要地方进行了人力中心建设,依托本地化的优势进行本地化的经营。其中一个显著体现是,华为海外本地化人员已经超过70%。华为也以此为标准,成为真正的全球员工组成的全球化企业。

以2010年的日本地震为例,华为与所有在日本经营的外资公司一样,面临着艰难的抉择,是否要离开?华为最终决定,将后方服务从东京撤到大阪,包括任正非在内的公司高管,也飞赴日本打气。

这个决定,让华为在震后成为最快恢复服务的企业之一。尽管日本电信市场相当封闭,但这一年间,华为在日本的产品销量又提高了一倍。"因为我们更像一个本地公司,如果你地震的时候跑了,之后就很难再回来了,也是我们走出去过程中的一个经验。"郭平说。

对很多公司来说,国际化的一个重要标志就是并购。过去几年时间里,虽然华为在北美市场的并购因为美国政府的阻挠而未能实现,华为一直在低调进行一些小规模的并购。除了从赛门铁克手中以5亿多美元收购了华赛49%的股权以强化企业业务之外,华为在英国、比利时等欧洲地区,以色列和中东地区都在进行一些并购。

尽管外界认为，随着华为收入规模的扩大，大规模并购将成为华为实现继续增长的重要手段。但到目前为止，华为只做一些小规模的收购，特别重视业务的跨境整合，因为这对所有企业来说是一项高风险的工作。

TCL：曾经太乐观

提及中国企业海外并购，作为家电第一波出海者，李东生这个名字是绕不过去的。而此时他的底气已与10年前有天壤之别。2003年，TCL跨国并购之前，销售额是280亿元，如今10年过去，销售额达到1 000亿元，增长了将近3倍。

"中国过去两三年大的跨国并购项目不断在发生。回想来看，10年前TCL做这个决定的时候，确实是需要很多的决心和勇气。TCL是中国企业国际化、跨国并购的一个先行者，基本上是摸着石头过河，磕磕绊绊，摔跟头也是不可避免的。"李东生表示。

在他的职业生涯中，2004年无疑是最为浓墨重彩的一年。当年1月，中国高层访法，TCl收购法国汤姆逊的签约仪式就设在法国总理府。一个年轻的发展迅猛的中国公司收购世界500强企业引发业内轰动，被认为是中国制造业全球化扩张的标志。

在收购汤姆逊的签约仪式上，当时的法国电讯董事长牵线，将想要卖掉手机业务的阿尔卡特介绍给李东生，并问他"看看你有没有兴趣把他们也买了"。

"谈了3个月就签了。"李东生回忆道。当时，47岁的他雄心勃勃。他坦言，当时是TCL通讯最红火的时候，2003年在国内赚了12亿元，国内手机市场品牌第一。一切都风生水起。

对于为何发起这两桩并购案，李东生曾表示"因为我们在欧美市场还是空白的，通过收购品牌、渠道和客户能够帮助TCL迅速进入欧美两个主流市场"。

然而，TCL为这两桩并购案交上了巨额学费，第二年集团陷于亏损漩涡，直到2006年，TCL巨亏已达19亿元，公司股票由此被戴上ST的帽子。为了渡过难关，电工业务、楼宇业等非核心业务被相继出售。

如今回头看轰动一时的两大并购案，李东生不能说没有教训。他表示："从这个时点来看，当时做这个决定的时候有点过于乐观，对困难估计不足，对并购当中需要的资源投入也是估计不足。我们两个并购项目都体现出一个特点，前期遭遇了比较大的困难和挑战，后期慢慢再走出来。"

"我们想不到彩电从CRT转换到LCD那么快速。"李东生表示，汤姆逊当时在CRT技术方面是全球领先的，拥有全球最多领先的CRT专利，虽然LCD正在兴起，但TCL认为LCD应该至少还有五六年才能取代CRT。

然而事情的发展出乎意料。2005年，欧洲市场快速转向平板，当年下半年问题暴露出来，2006年LCD已经占去欧洲市场约七八成份额。

"对产业技术和市场转型的判断失误，是造成彩电业务并购前期困难的一个最重要的因素。"他举例称，卖CRT电视像卖萝卜白菜，卖LCD像卖海鲜。当时由于技术准备不足，所以产品就会延误，设计就晚了3个月，交货再晚3个月，供应链的速度又3个月，9个月后，海鲜就变成咸鱼了，最后这个损失是巨大的。

但对于阿尔卡特并购案，他又有别样的遗憾——"3个月就签约太仓促"。

2004年1月法国总理府上牵上线，3个月后，与阿尔卡特联手的合资公司T&A成立,其中 TCL 出资 5 500 万欧元,阿尔卡特出资 4 500 万欧元,阿尔卡特将专利技术、渠道技术免费算进来。对此,李东生介绍称,专利至少值 2 亿欧元。

"我心中暗自窃喜,绝对值。"李东生坦承,由于当时看起来得益很大,所以很快做了决定要干。

但合资公司烧钱太快。"2004 年 8 月份并购的,第二年 5 月份赔的钱比我们预算大得多,1 亿欧元年初就烧完了,所以就马上和对方谈二次重组,不注入资金,这个企业就没法活下去了。"随后在 2005 年 5 月,TCL 通信通过资本重组实现全资控股 T&A,并将其和国内业务合并进行整合,境况才日渐好转。

就这样,这两桩 2004 年的收购案让李东生在 2005 年过得并不安生。国际化的步子曾经几乎扼住 TCL 扩张的咽喉,但 10 年过去,目前海外市场已经良性运转。

"2009 年到 2014 年,我们销售收入和海外销售收入都在稳步增长,特别是海外销售收入增长的幅度比国内销售收入增长大一些。整体 1 000 亿,海外销售收入占 48%,而2009 年只有三分之一。特别是手机业务,海外这一块成长非常快。"李东生介绍,"预估海外销售收入明年将超过 50%。"

如果以收购彩电巨头汤姆逊作为原点,TCL 的国际化之路已经走了十年,已然成为中国企业走出去进行海外收购的一个缩影。

对于正在走出去的中国企业,李东生交过的巨额学费显然极具参考价值。他表示:"首先,对于跨国并购,每一个企业要根据自身的发展战略和能力来做出分析和判断,战略上要想明白,这个事情是不是你应该做的,你是不是能够做。其次要坚韧,国际化不可能一蹴而就,一开始我自己把这个事情想得很容易,如果我知道那么艰难,当时的准备会更加充分一些,会采用更加安全的方式。"

总结:10 年以来,中国企业走出国门的步伐越来越大。据拉斯汉姆全球咨询公司测算,2004 年中国企业海外并购额达到 70 亿美元。对比日前社科院发布的一个数据:2013 年中国企业跨国并购实际交易总额为 502 亿美元,那么与 10 年前相比,增幅已高达 617%。

在即将跨入对外直接投资元年之时,冷静下来全面分析和判断中国对外直接投资的实际状况和所面临的对内对外形势,在认识到所取得成绩的同时,更应清醒和深刻地认识到"走出去"过程中存在的问题和教训。对于中国企业而言,不仅要做好"走出去"的心理准备,更要扎实做好各项工作准备。

资料来源:2014 年 12 月 22 日《商周刊》独家策划。

思 考 题

1. 什么是总体战略? 总体战略的类型有哪些?
2. 在实施不同总体战略时,企业可以选择的多元化层次有哪些?
3. 公司选择多元化的动因是什么?
4. 比较内部发展战略和并购战略的优缺点。针对这两个战略,分别举出一个企业进行分析。

5. 成功并购的基本特性有哪些?

6. 企业为什么要参与国际化经营? 进入国际市场的方式有哪些?

7. 成本领先战略的内涵是什么? 有何优势与不足?

8. 简述集中成本领先和集中差异化战略的实施条件。

9. 列举近年来采取差异化战略的企业,并分析其差异化的获取途径及采取这种战略的优劣势。

10. 市场细分的标准有哪些?

第五章

财 务 战 略

学习目标

1. 了解财务战略的含义及特征。
2. 掌握三种财务战略的特征、适用性及利弊。
3. 掌握融资战略、投资战略以及股利分配战略的主要内容。
4. 掌握基于企业生命周期的财务战略选择的基本内容。
5. 了解影响企业价值创造的主要因素。
6. 掌握财务战略矩阵的应用。

引导案例

S 股份有限公司的大幅亏损

2013 年 1 月,S 股份有限公司发布公告指出,2012 年仍将大幅度亏损。据透露,S 公司很可能再度巨亏百亿元。S 公司 2011 年已经亏损 224.5 亿元。目前公司资产负债率已超过 80%,并且银行借款中有 75% 是短期借款,公司已"无钱可还",支付员工工资都有困难。S 公司股价已经处于历史低位,跌破了当初的发行价。

S 公司业绩不断下滑,股价持续下跌,固然有整个行业大环境的影响,但最主要的原因是管理层在财务战略上的选择失误。近几年来,全球光伏行业持续低迷,寒冬仍未过去,美股市场中的光伏股像尚德电力、英利新能源等纷纷预亏,说明亏损的并非 S 公司一家,这些上市公司都面临着行业性的难题。但为什么 S 公司亏损得最严重并且面临巨大的财务风险呢? 这与 S 公司过于激进的扩张战略有关。

在 2008 年下半年次贷危机爆发之际,S 公司的管理者却被一度繁荣的光伏市场以及亮丽的盈利水平所迷惑,本应该开始采取防御收缩型财务战略,却盲目乐观,再加上对形势出现误判,结果在多晶硅料、多晶硅片及太阳能电池组三块业务上均大举做多,最终导致其一度不振。而为了支撑巨额投资和光伏市场的运营,S 公司董事长和 CFO 不断从银行借入资金,并且将公司的大型设备进行售后租回以取得资金。更令人惊讶的是,即便在持续巨亏和无力归还借款的情况下,S 公司仍然在筹谋业务扩张计划。据 S 公司相关人士介绍,2012 年,公司提出了在新疆投资 100 亿元建立硅片厂的计划,目前仍在商谈中。

可见,S 公司之所以成为"巨亏王"并且资金极度紧缺,完全跟其在经济衰退阶段未正确选择财务战略密切相关。S 公司案例也再次证明财务管理人员唯有持续跟踪时局的变化,正确判断经济发展形势,合理选择财务战略类型才是一个企业实现持续创造价值的关键。

资料来源:2014 年《高级会计实务》案例分析. http://www.dongao.com/gaoji/anlifenxi/201408/183093.shtml.

第一节　财务战略概述

财务战略是指主要涉及财务性质的战略,属于财务管理的范畴。财务战略主要考虑资金的使用和管理的战略问题,并以此与其他性质的战略相区别。

一、财务战略的内涵与特征

(一)财务战略的含义

目前关于企业财务战略国内外还没有一个统一的定义,国内外学者对于"财务战略"的含义存在不同的理解,可以归纳为以下几种观点:①财务战略是资金运动的战略。财务战略关注的焦点是资金运动,目标是确保企业资金长期均衡有效流动,从而最终实现企业总体战略。该观点认为资金是财务战略管理的灵魂,企业财务战略管理就是资金的战略性管理,这也是不同于其他各种战略的质的规定。②财务战略是财务活动的战略。财务活动是财务战略的重心,财务战略管理就是以财务活动为内容的具有战略性质的各类财务决策。在这种观点下,财务战略的管理不仅仅关注资金的运动,还着眼于所有的财务活动和财务决策,但仅局限于财务活动的管理和财务部门的战略管理。③财务战略是企业整体的财务性战略。财务战略是企业战略管理系统中的一个综合性子系统,目标是提升企业的竞争力和创造企业价值。财务战略渗透在企业的全部战略之中,财务战略管理也不仅仅是财务部门的管理,还是整个企业的战略管理。

综上所述,财务战略是针对企业长期状况,关注企业内外部环境的发展变化,用战略的思想解决对企业经营有重大影响、发挥重大作用、有重要意义的财务方面的问题而制定出的一系列决策。财务战略是一种综合性的战略,处于企业战略的核心地位,具有一定的独立性,主要包括投资、融资和分配三个方面。换句话说,财务战略就是战略理论在财务管理方面的应用与延伸,不仅体现了财务战略的"战略"共性,而且勾画出了财务战略的"财务"个性。财务战略管理决定企业财务资源配置的取向和模式,影响企业理财活动的行为与效率,关系企业的健康和发展。

(二)财务战略的特征

财务战略具有以下四大特征。

(1)从属性。财务战略应体现企业整体战略的要求,为其筹集到适度的资金并有效合理投放,以实现企业整体战略。

(2)系统性。财务战略应当始终保持与企业其他战略之间的动态联系,并努力使财务战略能够支持其他子战略。

(3)指导性。财务战略应对企业资金运筹进行总体谋划,规定企业资金运筹的总方向、总方针、总目标等重大财务问题。财务战略一经制定便具有相对稳定性,成为企业所有财务活动的行动指南。

(4)复杂性。财务战略的制定与实施相对于企业整体战略下的其他子战略而言,复杂程度更高。

二、财务战略目标

财务战略目标是公司战略目标中的核心目标。目前学术界对财务战略目标还没有达成一致，国内外学者在对财务战略的目标研究过程中形成了多种观点，如资金观、利润观、体系观、价值观等。价值观是目前最流行的一种观点，该观点认为财务战略目标的根本是通过资本的配置与使用为企业创造价值并实现价值。

价值创造是指企业的内在价值，即企业将要为其权益所有者创造的一系列期望的未来现金流的净现值，是预测期股权现金流的当前价值。

价值实现是指通过与股东和外部投资者进行有效沟通，提高价值创造与股票价格之间的相关性，避免管理期望价值与市场预期价值的差异，使经营绩效有效地反映于资本市场的股东投资效益。

价值创造与价值实现的计量可通过资本增值来体现。价值计量标准不同，产生的价值计量也不同。资本增值可表现为经济增加值和市场增加值。

作为财务战略目标的两个方面，价值创造过程通常是企业内部管理的范畴，价值实现过程则是通过对外沟通来完成的。当公司内在的真实经济价值与外在的市场价值有所落差，在市价被高估时，对内要进行价值重建，以确保公司价值创造能力的提升；在市值被低估时，对外要与股东和投资者做有效的价值沟通，以避免由于欠缺资讯的透明度及资讯的不对称造成预期落差，导致投资价值减损，从而阻碍价值实现的最终目标。

三、财务战略分类

财务战略主要考虑财务领域全局的、长期的发展方向问题，并以此与传统的财务管理相区别。财务战略按财务活动内容划分，可分为融资战略、投资战略、收益分配战略等。不同时期不同环境中的公司在筹资活动、投资活动和分配活动方面有不同的侧重点，这就构成了不同类型的财务战略。尽管战略应该着眼于企业未来长期稳定的发展，但这并不意味着战略是一成不变的，同样，财务战略的选择必须考虑企业不同发展阶段的经营风险和财务特征，并随着企业环境的变化及时进行调整，以保持其旺盛的生命力。传统的财务管理内容可以分为资金筹集和资金管理两大部分，相应地，从资本筹措与使用特征的角度，财务战略可划分为扩张型、稳健型和防御型三种类型。

（一）扩张型财务战略

扩张型财务战略，又称为进攻型的财务战略。它是为了配合公司的一体化战略和多元化战略而展开的，以实现企业资产规模快速扩张为目的。为了实施这种战略，公司往往需要在将绝大部分乃至全部利润留存的同时，大量地进行外部筹资，更多地利用负债，从而弥补内部积累相对于企业扩张需要的不足。由于收益的增长相对于资产的增长总是具有一定的滞后性，企业资产规模的快速扩张，往往使企业的资产收益率在一个较长时期内表现为相对较低的水平。因此，这种财务战略的特点是公司对外投资规模不断扩大，现金流出量不断增多，资产报酬率下降，债务负担增加，即一般会表现出"高负债、低收益、少分配"的特征。

该种战略的优点是通过新的产品或市场发展空间，可能会给公司未来带来新的利润增长点和现金净流量,其成功案例如我国的海尔集团、蒙牛集团;它的缺点是一旦投资失误,公司财务状况可能恶化,甚至导致公司破产,其典型案例如东亚金融危机后陷入困境的韩国大宇集团和我国的巨人集团。

(二)稳健型财务战略

稳健型财务战略,又称为稳健发展型或加强型、平衡型财务战略。它是为配合公司实施对现有产品或服务的市场开发或市场渗透战略而展开的,是以实现公司财务业绩稳定增长和资产规模平稳扩张为目的的一种财务战略。实施这种战略的公司,一般将尽可能优化现有资源的配置和提高现有资源的使用效率,将利润积累作为实现资产规模扩张的基本资金来源。为了防止过重的利息负担,这类企业对利用负债实现企业资产规模和经营规模的扩张往往持十分谨慎的态度。所以,实施稳健型财务战略的企业的一般财务特征是"适度负债、中等收益、适度分配"。

该种战略的特点是充分利用现有资源,对外集中竞争优势,兼有战略防御和战略进攻的双重特点,通常是一种过渡性战略。其典型的成功案例如日本的佳能公司,它通过不断加强其在精密机器、精密光学、微电子与激光的核心技术能力,从而使其产品在激烈的市场竞争中一直处于不败之地。但是,当公司现有产品或服务本身已属夕阳产业,发展前景暗淡,如果仍然实行这种财务战略,则可能给公司带来财务危机,影响公司未来盈利能力和现金流量。

(三)防御型战略

防御型财务战略,又称为防御收缩型的财务战略,主要是为配合公司的收缩、剥离、清算等活动展开的,以预防出现财务危机和求得生存以及新的发展为目的的一种财务战略。实施这种财务战略的公司,一般将尽可能减少现金流出和尽可能增加现金流入作为首要任务,通过采取削减业务和精简机构等措施,盘活存量资产,节约资本支出,集中一切可以集中的财力,用于公司核心业务,以增强公司核心业务的市场竞争力。这种财务战略的特点是公司规模迅速降低,现金流入量增加,资产报酬率提高,债务负担减轻。因此,实施防御型财务战略的企业的基本财务特征是"低负债、低收益、高分配"。

该种战略的优点是公司财务状况稳健,为将来选择其他财务战略积聚了大量现金资源,其成功案例如美国克莱斯勒公司在 20 世纪 80 年代末实行的管理变革和我国 TCL 集团出售盈利的非核心业务;它的缺点是公司会因此而失去一部分产品领域和市场空间,若不能及时创造机会调整战略则会影响公司未来的盈利增长和现金流量,目前我国有相当部分企业不景气就是由于这一原因造成的。

第二节　财务战略的确立

财务战略的确立是指在追求实现企业财务目标的过程中,高层财务管理人员对融资渠道、融资方式、融资成本、投资规模、股利分配等方面做出决定以满足企业发展需要的过程。

一、融资战略

（一）融资战略概述

1. 融资战略的内涵

融资战略是指根据企业内外环境的现状与发展趋势，适应企业整体发展战略（包括投资战略）的要求，对企业的融资目标、原则、结构、渠道与方式等重大问题进行长期的、系统的谋划，旨在为企业战略实施和提高企业的长期竞争力提供可靠的资金保证，并不断提高企业融资效益。与具体的融资方法不同，融资战略要针对为什么融资、从何处融资、何时融资、用什么方式融资、融资金额、融资的成本为多少等融资问题确定采取的行动方针，要对各种融资方法之间共同的原则性问题做出选择。它是决定企业融资效益最重要的因素，也是企业具体融资方法选择和运用的依据。

2. 融资战略的目标

融资战略的目标是指企业在一定的战略期间内所要完成的融资总任务，是企业各项融资活动的行动指南和努力方向。它既涵盖了融资数量的要求，又关注融资质量；既要筹集企业维持正常生产经营活动及发展所需资金，又要保证稳定的资金来源，增强融资灵活性，努力降低资本成本与融资风险，增强融资竞争力。融资战略的目标一般包括满足资金需求、满足资本结构调整需要、提高融资竞争能力等方面。

3. 融资战略的作用

融资战略的作用体现在以下三个方面。

（1）融资战略可有效地支持企业投资战略目标的实现。企业要实现投资战略目标，首先离不开资本的投入。而要取得投资战略所需要的资本就需要融资。融资规模、融资时机、融资成本、融资风险等都直接影响和决定着投资战略的实施及效果。因此，正确选择融资战略对投资战略目标的实现和企业整体战略目标的实现都是至关重要的。

（2）融资战略选择可直接影响企业的获利能力。融资战略对企业获利能力的影响可体现在几个方面：①融资战略通过融资成本的降低可直接减少资本支出增加企业价值，可间接通过投资决策折现率等的改变提高企业盈利水平；②融资战略可通过资本结构的优化降低成本、应对风险、完善管理，促进企业盈利能力的提高；③融资战略还可通过融资方式、分配方式等的变化向市场传递利好消息，提升企业的价值。

（3）融资战略可影响企业的偿债能力和财务风险。融资战略通过对融资方式、融资结构等的选择直接影响企业的偿债能力和财务风险。融资战略选择可反映管理者的经营理念及对风险的偏好和态度。利用财务杠杆进行负债经营与资本经营，与融资战略选择紧密相关。企业经营管理者应权衡收益与风险，充分利用融资战略实现风险应对，为企业创造更多价值。

（二）融资渠道与方式

1. 融资方式

一般来说，企业的融资方式有内部融资、股权融资、债权融资和资产销售融资。因此，基于融资方式的融资战略有四种，即内部融资战略、股权融资战略、债务融资战略和资产销售融资战略。

（1）内部融资。企业可以选择使用内部留存利润来进行再投资。留存利润是指企业分配给股东红利后剩余的利润。这种融资方式是企业最普遍采用的方式。但企业的一些重大事件，比如并购，仅仅依靠内部融资是远远不够的，还需要其他的资金来源。内部融资的优点在于管理层在做此融资决策时不需要听取任何企业外部组织或个人的意见，比如并不需要像债权融资那样向银行披露自身的战略计划或者像股权融资那样向资本市场披露相关信息，从而可以节省融资成本。当然不足也是存在的，比如股东根据企业的留存利润会预期下一期或将来的红利，这就要求企业有足够的盈利能力，而对于那些陷入财务危机的企业来说压力是很大的，因而这些企业就没有太大内部融资的空间。

（2）股权融资。股权融资是指企业为了新的项目而向现在的股东和新股东发行股票来筹集资金。股权融资也可称为权益融资。这种融资经常面对的是企业现在的股东，按照现有股东的投票权比例进行新股发行，新股发行的成功取决于现有股东对企业前景具有较好预期。股权融资的优点在于当企业需要的资金量比较大时（比如并购），股权融资就占很大优势，因为它不像债权融资那样需要定期支付利息和本金，而仅仅需要在企业盈利时向股东支付股利。这种融资方式也有其不足之处，比如股份容易被恶意收购从而引起控制权的变更，并且股权融资方式的成本也比较高。

内部融资战略和股权融资战略将面临股利支付的困境。如果企业向股东分配较多的股利，那么企业留存利润就较少，进行内部融资的空间相应缩小。理论上讲，股利支付水平与留存利润之间应该是比较稳定的关系。然而，实际上企业经常会选择平稳增长的股利支付政策，这样会增强股东对企业的信心，从而起到稳定股价的作用。而且，留存利润也是属于股东的，只是暂时没有分配给股东而要继续为股东增值。但是，较稳定的股利政策也有其不足之处，与债权融资的思路类似，如果股利支付是稳定的，那么利润的波动就完全反映在留存利润上，不稳定的留存利润不利于企业做出精准的战略决策。同样，企业也会权衡利弊做出最优的股利支付决策。

（3）债权融资。债权融资大致可以分为贷款和租赁两类。

① 短期贷款与长期贷款。从银行或金融机构贷款是当今许多企业获得资金来源的普遍方式，特别是在银行业对企业的发展起主导作用的国家更是如此。年限少于一年的贷款为短期贷款，年限高于一年的贷款为长期贷款。长期贷款通常需要企业的资产作抵押。资产抵押意味着企业如不按期偿还贷款，债权人就有权处置企业所抵押的资产。企业可以选择不同的贷款合同，比如选择固定的或是浮动的利率和贷款期限。一般额度较高的贷款会附加较多的合同条款，条款的苛刻程度取决于企业对贷款的需求程度，这类贷款一般都会要求资产抵押，一旦企业违约，资产的所有权就归债权人所有。也正因为有资产作抵押，债权融资的成本一般会低于股权融资，但是无论企业的盈利状况如何，即便是亏损，企业也需要支付合同规定的利息费用，而股权融资在此时可以选择不发放股利。每个企业的贷款额度都是有限的，债权人会从风险管理的角度来评价需要贷款的企业，从而做出最优的贷款决策。例如，债权人会分析企业过去的经营业绩、未来前景、抵押资产的质量以及与企业长期培养的合作关系。债权融资方式与股权融资相比，融资成本较低、融资的速度较快，并且方式也较为隐蔽。但是不足之处也很明显，当企业陷入财务危机或者

企业的战略不具竞争优势时,还款的压力会增加企业的经营风险。

② 租赁。租赁是指企业租用一段时期资产的债务形式,可能拥有在期末的购买期权。比如,运输行业比较倾向于租赁运输工具而不是购买。租赁的优点在于企业可以不需要为购买运输工具进行融资,因为融资的成本是比较高的。此外,租赁很有可能使企业享有更多的税收优惠。租赁可以增加企业的资本回报率,因为它减少了总资本。不足之处在于,企业使用租赁资产的权利是有限的,因为资产的所有权不属于企业。

(4) 资产销售融资。企业还可以选择销售其部分有价值的资产进行融资,这也被证明是企业进行融资的主要战略。从资源观的角度来讲,这种融资方式显然会给企业带来许多切实的利益。销售资产的优点是简单易行,并且不用稀释股东权益;不足之处在于,这种融资方式比较激进,一旦操作了就无回旋余地,而且如果销售的时机选择得不准,销售的价值就会低于资产本身的价值。

不同融资方式的优缺点如表 5-1 所示。

表 5-1   不同融资方式的比较

融资方式	优　　点	缺　　点
内部融资	管理层在做此融资决策时不需要听取任何企业外部组织或个人的意见,可以节省融资成本,同时方便快捷	资金额度有限、对于企业的盈利要求比较高
股权融资	股本没有固定的到期日,不存在到期还本付息的压力	融资成本高;股份容易被恶意收购从而引起控制权的变更
债权融资	融资成本较低、融资的速度也较快,并且方式也较为隐蔽	当企业陷入财务危机或者企业的战略不具竞争优势时,还款的压力增加了企业的经营风险
资产销售融资	简单易行,并且不用稀释股东权益	融资方式比较激进,一旦操作了就无回旋余地;销售时机选择不好可能使销售的价值低于资产本身的价值

2. 不同融资方式的限制

在理解了企业的几种主要融资方式后,管理层还需要了解限制企业融资能力的两个主要方面:一是企业进行债务融资面临的困境;二是企业进行股利支付面临的困境。

(1) 债务融资面临的困境。债务融资要求企业按照合同进行利息支付,利率一般是固定的,并且利息的支付还有两个方面的要求:一是利息支付一定优先于股利支付;二是无论企业的盈利状况如何,企业都必须支付利息。因此,如果企业负担不起利息时,可能进入破产程序。这意味着,企业盈利波动的风险由股东承担,而不是由债权人承担。高风险通常与高回报相联系,股东会比债权人要求更高的回报率。按照这个逻辑,企业应该更偏好于选择债权融资。尽管相对于股权融资而言,债权融资的融资成本较低,但是企业不会无限制地举债,因为巨额的债务会加大企业利润的波动,表现为留存利润和红利支付的波动。而企业通常会提前对未来的留存利润进行战略规划,如果留存利润的波动较大,企业就不能很好地预期,这样就会影响企业的战略决策。因此,举债后企业的红利支付水平的波动比没有举债时更大。举债越多,红利支付水平波动越大。因此,即便是在企业加速发展时期，企业也会有限地举债。

债权人不愿意看到企业的资产负债比例高达 100％，因为高负债率对企业利润的稳定性要求非常高。然而，当债权融资不能满足企业的增长需求时，企业会寻求其他的途径来实现企业增长的目标。总的来说，企业会权衡债权融资的利弊做出最优的融资决策。

（2）股利支付面临的困境。企业在做出股利支付决策时同样也会遇到两难的境地。如果企业向股东分配较多的股利，那么企业留存的利润就较少，进行内部融资的空间相应缩小。从理论上讲，股利支付水平与留存利润之间应该是比较稳定的关系。然而，实际上企业经常会选择平稳增长的股利支付政策，这样会增强股东对企业的信心，从而起到稳定股价的作用。而且，留存利润也是属于股东的，只是暂时没有分配给股东而要继续为股东增值。但是较稳定的股利政策也有其不足之处，与前述债权融资的思路类似，如果股利支付是稳定的，那么利润的波动就完全反映在留存利润上，不稳定的留存利润不利于企业做出精准的战略决策。同样，企业也会权衡利弊做出最优的股利支付决策。

（三）融资成本

为了评价上述各种不同的融资方式，我们需要考察它们给企业带来的融资成本，有时也简称资本成本。从一般意义上理解，资本成本是指企业为筹集和使用资本而付出的代价。资本成本包括资本筹集费用和资本占用费用两部分。资本筹集费用是资金在筹集过程中发生的费用，但资本占用费用包括资金的时间价值和投资者考虑的风险报酬，如股息、利息等。债务融资成本、股权融资成本和融资总成本的计量模型或公式可以用下列方法表示。

（1）用资本资产定价模型（CAPM）估计权益资本成本。权益资本成本是指企业通过发行普通股票获得资金而付出的代价，它等于股利收益率加资本利得收益率，也就是股东的必要收益率。资本资产定价模型是估计企业权益资本成本的模型。它的核心思想是企业权益资本成本等于无风险资本成本加上企业的风险溢价，因而企业的资本成本可以计算为无风险利得与企业风险溢价之和。

（2）用无风险利率估计权益资本成本。企业也通常会使用比 CAPM 简单的无风险利率方法估计权益资本成本，IT 企业就常常使用这种方法。使用这种方法时，企业首先要得到无风险债券的利率值，这在大多数国家都是容易获取的指标，然后企业再综合考虑自身企业的风险在此利率值的基础上加上几个百分点，最后按照这个利率值计算企业的权益资本成本。

（3）长期债务资本成本。债务资本成本相对权益资本的计算较为直接，它等于各种债务利息费用的加权平均数扣除税收的效应。

（4）加权平均资本成本。加权平均资本成本（WACC）是权益资本成本与长期债务资本成本的加权平均。在实务中，企业通常使用现在的融资成本来计算，因为这样计算比使用过去的资本能更准确地反映企业使用资金的成本，从而做出合理的战略决策。

WACC＝（长期债务成本×长期债务总额＋权益资本成本×权益资本总额）/总资本

需要说明的是，虽然资本成本计算复杂且不确定，但仍有必要进行计算。这是因为企业需要让所有的利益相关者确认自己的付出得到回报，如果这些资金投资在企业外部能得到比投资在该企业更多的收益,企业的利益相关者就会改变自己的投资策略,从而影响企业的融资成本。此外,对企业来说,分析资本成本是企业做出新的战略规划的起点。如果企业即将启动项目的预算收益低于资金的融资成本,那么企业就应该放弃该项目。

（四）最优资本结构

分析资本成本的最终目的是为企业做出最优的资本结构决策提供帮助。具体来讲,资本结构是权益资本与债务资本的比例。现实中不同行业的企业,其资本结构存在很大差异。这说明,不同行业的企业由于受企业特性的影响,资本结构也是不同的。不同行业之间资本结构的差异,说明最优资本结构是存在的。一般认为最优资本结构是指能使企业资本成本最低且企业价值最大并能最大限度地调动利益相关者积极性的资本结构。对最优资本结构的研究,已有五十多年的历史,虽然对最优资本结构的标准仍然存在争议,但是国内外学者在一些方面达成了共识,即股权融资与债权融资应当形成相互制衡的关系,过分偏重任何一种融资都会影响公司经营的稳定和市场价值的提升。

决定企业最优资本结构的基本因素是资本成本水平及风险承受水平。具体应考虑的因素包括企业的举债能力、管理层对企业的控制能力、企业的资产结构、增长率、盈利能力及有关的税收成本等。此外,还有一些比较难以量化的因素,主要包括企业未来战略的经营风险;企业对风险的态度;企业所处行业的风险;竞争对手的资本成本与资本结构(竞争对手可能有更低的融资成本及对风险不同的态度);影响利率的潜在因素,比如整个国家的经济状况等。

平时我们所讲的最优资本结构,都是指理想的最优资本结构。但是受各种因素的制约,企业并不能在任何时刻都达到理想的最优资本结构,再加上受认知能力的限制,关于理想最优资本结构的决定依据与取值,人们还没有达到充分认识的地步。理想资本结构是一个在理论上存在,但是在现实中却非常难以达到的资本结构。我们只能通过影响与操纵我们所能掌握与控制的有关变量影响资本结构,从而使次优资本结构逼近理想的最优资本结构,因此,当通过影响我们所能控制的变量从而逼近最优资本结构时,我们就可以认为已经实现了次优资本结构。

（五）企业战略与融资模式的选择

按照资本结构理论,企业的融资结构影响企业的市场价值,在税收不为零的情况下,由于债务融资有"税盾"作用,企业通过债务融资可以增加企业的价值,这样就形成了"优序融资理论",企业理性的融资顺序为内源融资、债务融资和股权融资。

企业融资究竟是内源融资还是外部融资,外部融资是以股权融资为主还是以债权融资为主,除了受企业自身财务状况的影响外,还受国家体制的制约。在实际中,由于企业所处的成长阶段、业务战略和竞争战略不同,企业融资方式与资本结构也存在差异。企业首先要根据商业环境确定自己的发展战略,然后再确定与发展战略相适应的融资决策和资本结构管理的具体原则和标准。

1. 稳定型战略下的企业融资模式选择

稳定型战略是指企业遵循与过去相同的战略目标,保持一贯的成长速度,同时不改基本的产品或经营范围。其基本特征是不进行重大的变革,管理者满足于坚守他们原有的事业,不愿意进入新的领域。

采取稳定型战略的企业往往处于行业的成熟期,经营风险相对降低,公司对外投资比较少,资金的需求主要表现为对原有资产的重置以及稳定增长过程中所需要增加资产的投入。因此,在这种战略下的企业不会出现大量的资金需求。在财务上,企业的收入平稳增长,利润和现金流量也比较稳定。如果企业能够在一个较长的时期保持比较平稳的收入、利润增长和比较充足的现金流,这时企业的经营风险和财务风险都比较低。在现金流稳定性较高时,可以通过增加长期债务或用债务回购公司股票来增加财务杠杆,在不明显降低资信等级的同时,可以明显降低资本成本;还可以在保证债权人权益的同时,增加股东价值;还可以充分利用其稳定的现金流,采取适当的股利政策。比如,增发股利,或是采用稳定的股利政策,以吸引更多的投资者,树立良好的企业形象。

2. 增长型战略下的企业融资模式选择

增长型战略是指企业在现有的战略水平上向更高一级目标发展的战略。增长可以通过直接扩张、纵向一体化、横向一体化以及多元化来实现。无论企业实施的是哪一种增长型战略,其基本的财务特征就是对资金的大量需求。

实施增长型战略的企业一般处于初创期或成长期。在这一阶段,大多数企业认为经营风险比财务风险更重要。因此,企业的融资战略应关注经营风险,尽量降低财务风险。由于企业快速扩张,内源融资通常不能满足企业的资金需求,需要进行外部融资。高成长型企业通常以股权融资为主,其融资决策首先不是考虑降低成本的问题,而是考虑如何与企业的经营现金流入风险匹配、保持财务灵活性和良好的资信等级,降低财务危机的可能性。因此,这类企业的长期债务比例和现金红利支付率都非常低。

虽然在一般情况下高成长型公司一般采用股权融资,但因为企业所处的行业不同,也有可能采取其他更为合理的融资模式。此时,选择适合企业战略的外部融资模式非常关键。在实务中,传统行业企业更多采取负债融资,既可以充分利用负债融资的优势,又不会给企业带来过高的财务风险;而处于高科技和新兴行业的企业,实施增长型战略所需的外部资金最好通过权益融资的方式来解决,可以选择发行股票、认股权证或者发行可转换公司债券等方式。

3. 紧缩型战略下的企业融资模式选择

紧缩型战略是指企业从目前的战略经营领域和基础水平收缩和撤退,且偏离起点战略较大的一种经营战略。一般情况下,企业实施紧缩型战略通常处于行业的衰退期。企业在这个阶段大多数采取防御型融资战略。在防御型融资战略下企业仍可继续保持较高的负债率,而不必调整其激进性的资本结构。一方面,衰退期既是企业的夕阳期,也是企业新活力的孕育期。在资本市场相对发达的情况下,如果新进行业的增长性及市场潜力巨大,则理性投资者会甘愿冒险,高负债率即意味着高收益率;如果新进行业并不理想,投资者会对未来投资进行判断,因为理性投资者及债权人完全有能力通过对企业未来前景的评价,来判断其资产清算是否超过其债务价值。因此,这种市场环境为企业采用高负债融资创造了客观条件。另一方面,衰退期的企业具有一定的财务实力,以其产业做后盾,高负债融资战略对企业自身而言也是可行的。

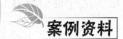

案例资料

透视"大宇神话"

　　韩国第二大企业集团大宇集团于1999年11月1日向新闻界正式宣布,该集团董事长金宇中以及14名下属公司的总经理决定辞职,以表示"对大宇的债务危机负责,并为推行结构调整创造条件"。韩国媒体认为,这意味着"大宇集团解体进程已经完成","大宇集团已经消失"。

　　大宇集团于1967年开始奠基立厂,其创办人金宇中当时是一名纺织品推销员。经过30年的发展,通过政府的政策支持、银行的信贷支持和在海内外的大力购并,大宇成为直逼韩国最大企业——现代集团的庞大商业帝国:1998年年底,总资产高达640亿美元,营业额占韩国GDP的5%;业务涉及贸易、汽车、电子、通用设备、重型机械、化纤、造船等众多行业;国内所属企业曾多达41家,海外公司数量创下过600家的记录,鼎盛时期,海外雇员多达几十万,大宇成为国际知名品牌。大宇是"章鱼足式"扩张模式的积极推行者,认为企业规模越大,就越能立于不败之地,即所谓的"大马不死"。据报道,1993年金宇中提出"世界化经营"战略时,大宇在海外的企业只有15家,而到1998年年底已增至600多家,"等于每3天增加一个企业"。还有更让韩国人为大宇着迷的是:在韩国陷入金融危机的1997年,大宇不仅没有被危机困倒,反而在国内的集团排名中由第4位上升到第2位,金宇中本人也被美国《幸福》杂志评为亚洲风云人物。

　　自1997年年底韩国发生金融危机后,其他企业集团都开始收缩,但大宇仍然我行我素,结果债务越背越重。尤其是1998年年初,韩国政府提出"五大企业集团进行自律结构调整"方针后,其他集团把结构调整的重点放在改善财务结构方面,努力减轻债务负担。大宇却认为,只要提高开工率,增加销售额和出口就能躲过这场危机。因此,它继续大量发行债券,进行"借贷式经营"。1998年大宇发行的公司债券达7万亿韩元(约58.33亿美元)。1998年第4季度,大宇的债务危机已初露端倪,在各方援助下才避过债务灾难。此后,在严峻的债务压力下,大梦方醒的大宇虽做出了种种努力,但为时已晚。1999年7月中旬,大宇向韩国政府发出求救信号;7月27日,大宇因"延迟重组",被韩国4家债权银行接管;8月11日,大宇在压力下屈服,割价出售两家财务出现问题的公司;8月16日,大宇与债权人达成协议,在1999年年底前,将出售盈利最佳的大宇证券公司,以及大宇电器、大宇造船、大宇建筑公司等,大宇的汽车项目资产免遭处理。"8月16日协议"的达成,表明大宇已处于破产清算前夕,遭遇"存"或"亡"的险境。由于在此后的几个月中,经营依然不善,资产负债率仍然居高,大宇最终不得不走向本文开头所述的那一幕。

　　大宇集团为什么会倒下?在其轰然坍塌的背后,存在的问题固然是多方面的,但不可否认有财务杠杆的消极作用在作怪。举债具有财务杠杆效应,而财务杠杆效应是一把"双刃剑",既可以给企业带来正面、积极的影响,也可以带来负面、消极的影响。其前提是:总资产利润率是否大于利率水平。当总资产利润率大于利率时,举债给企业带来的是积极的正面影响;相反,当总资产利润率小于利率时,举债给企业带来的是负面、消极的影响。任何企业不能无条件地进行举债经营。

资料来源：作者根据中国会计网 2006 年 3 月 17 日的同名文章（作者毛付根、周晓英、梁丽）资料整理。http://www.canet.com.cn/wenyuan/cwgl/cgal/200807/18-18209.html.

二、投资战略

企业投资战略是指根据企业总体经营战略要求，为维持和扩大生产经营规模，对有关投资活动所做的全局性谋划。它是将有限的企业投资资金，根据企业战略目标评价、比较、选择投资方案或项目，获取最佳的投资效果所做的选择。

（一）投资战略概述

1. 投资战略的基本要素

投资战略包括战略思想、战略目标和战略内容这三个基本要素。其中，战略思想是企业在制定投资战略时应当遵循的原则，也是企业长期投资运筹帷幄的灵魂。战略目标是企业投资战略思想的具体体现，包括收益性目标、发展性目标和公益性目标等。战略内容是企业根据战略目标制定的具体的投资活动，包括战略手段、资金、日程、实施的组织、预期效果等。

2. 投资战略的原则

投资战略的原则包括集中性原则、适度性原则、权变性原则和协同性原则等。

（1）集中性原则。集中性原则要求企业把有限的资金集中投放到最需要的项目上。

（2）适度性原则。适度性原则要求企业投资要适时适量，风险可控。

（3）权变性原则。权变性原则要求企业投资要灵活，要随着环境的变化对投资战略做出及时调整，做到主动适应变化，而不刻板投资。这一要求突出了投资战略需要紧密关注市场环境、技术环境、政策环境甚至是消费市场环境。

（4）协同性原则。协同性原则要求按照合理的比例将资金配置于不同的生产要素上，以获得整体上的收益。企业还需要对投资规模和投资方式等做出恰当安排，确保投资规模与企业发展需要相适应，投资方式与企业风险管理能力相协调。投资规模不宜扩张过快，避免公司资金、管理、人员、信息系统都无法跟上投资扩张的速度，从而使得企业倒在快速扩张的途中；投资时需要关注投资风险和企业管理投资风险的能力与水平，不可在缺乏严谨的风险控制程序和能力的基础上去追求高风险高回报项目，从而导致企业处于巨大风险之中。

3. 投资战略的特点

投资战略具有导向性、保证性、超前性和风险性四个方面的特点。

（1）导向性。公司战略包含两个方面：一是决定应该从事哪些业务；二是决定企业如何发展业务。企业如何发展业务，这就涉及一个如何进行资源配置的问题，而企业内部资源的配置正是通过投资战略的实施来有效拉动的，因此投资战略具有导向作用。

（2）从属性。企业投资战略必须服从企业总体发展目标和企业财务战略目标，把企业资源合理分配到各个职能部门之中，协调企业内部各职能部门之间的关系，使企业经营活动有条不紊地进行。投资战略在企业战略中占有十分重要的地位，是企业其他职能战略的基础。同时,投资战略与企业内部其他职能战略互相配合,保证公司战略的实现。

(3) 超前性。公司战略一经确定,首先就需要通过投资战略在各个职能部门之间合理调配企业资源。因此,相比其他职能战略,企业投资战略具有一定超前性。

(4) 风险性。企业在实施投资战略时会受到许多不确定性因素的影响,这些因素是无法事先知晓和控制的,投资战略不能消除这些风险,为了保证投资战略的有效实施,就需要通过各种投资组合来分散风险。

4. 投资战略的程序

投资战略程序可以划分为五个主要领域,如图 5-1 所示。

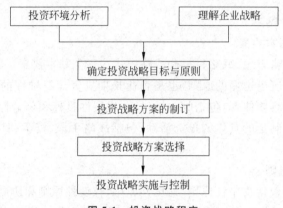

图 5-1 投资战略程序

(1) 分析投资环境和企业战略的要求。在进行投资战略决策前,首先要理解企业战略和企业投资环境的要求,在分析产业前景及市场竞争特点的基础上,使资金投放不偏离企业战略所规定的总方向和总目标,从而提高投资的战略效果。

(2) 确定投资战略目标和原则。企业投资战略主要解决一定时期内企业投资的目标、规模、方式及时机等重大问题,是企业最根本的决策。投资战略目标应该是多元化的,包括获得投资收益、降低投资风险、技术领先、承担社会义务等方面。同时,还要根据企业战略的要求和投资客观规律制定企业投资战略的原则,为投资决策提供指导思想和基本准则。

(3) 制订投资战略方案。企业要根据战略目标的要求,制订可行的企业投资战略方案。这一步骤对于投资成功具有十分关键的意义。制订战略方案一般分为轮廓设想、精心设计和前景预测三个步骤。①轮廓设想就是从不同的角度和途径,设想各种各样的可行方案。这一步骤的关键在于冲破传统的思维定式,充分发挥创造力,大胆创新。②精心设计是由于轮廓设想所得到的方案比较粗糙,需要进一步精心设计完善之后才有实用价值。精心设计主要包括两项工作:确定方案的细节和评估方案的实施结果。③通过战略执行前景预测,企业可以更加合理地规划战略执行预算,提高资本使用的效率,避免产生太大的资本损失和浪费。企业投资战略前景预测包括战略执行的结果、战略执行中可能遇到的意外情况、战略执行的费用等。

(4) 选择投资战略方案。运用一定的理论和方法对一些备选投资方案进行分析、评价,从中选择最佳方案予以实施。

（5）投资战略实施和控制。投资战略的实施是将投资战略方案付诸行动的过程。首先要将战略方案具体化,因为实施战略方案需要将其分解为可操作具体方案。其次要建立实现战略的组织机构,因为方案是通过组织来实施的,适宜的组织机构将为企业战略决策方案的实施提供组织上的保证。企业要根据战略不定期的调整组织结构,确保实现战略所必要的活动能够有效地进行。同时还要根据外部环境的变化对企业的战略进行修正,以保证战略的正确性和有效实施。

（二）投资战略的类型

按照投资规模、资金投向、投资资金密度等不同的分类标准,对企业投资战略可以进行不同的划分。

1. 按投资规模分类

按照企业投资规模划分,可以将投资战略分为稳定型投资战略、增长型投资战略、紧缩型投资战略和组合型投资战略。

稳定型战略是指在内外环境的约束下,企业准备在战略规划期使企业的投资水平基本保持在目前状态和水平上的战略。按照稳定型投资战略,企业目前所遵循的经营方向及其正在从事经营的产品和面向的市场领域,企业在其经营领域内所达到的产销规模和市场地位都大致不变或以较小的幅度增长或减少。一般来说,稳定型战略适用于处于上升期的产业和稳定环境中成长的企业。

增长型投资战略是一种不断扩大现有投资规模的战略。增长型投资战略是以企业的发展战略为指导,将企业的资源用于开发新产品,开拓新市场,采用新的生产方式和管理方式来扩大企业的产销规模,增强企业的竞争实力。一般来说,增长型投资战略适用于转入成长型的企业。

紧缩型投资战略是一种收缩现有投资规模的战略,企业从现有经营领域抽出资金,缩小经营范围,撤出某些经营领域,减少生产经营的产品种类。这种战略多用于经济不景气、企业内部存在重大问题、财务状况恶化、政府对某种产品开始限制等情况。

组合型投资战略是指在企业的实际工作中,在一个时期内,会同时采取稳定、增长、紧缩型几种战略。这几种战略可以同时组合,也可以按顺序组合。

2. 按资金投向分类

根据企业资金投向可以将企业投资战略分为集中化投资战略与多元化投资战略。

集中化投资战略是指企业集中全部资源,以较快的增长速度来提高现有产品或服务的销售额、利润额或市场占有率。采用这种战略的企业要能保证战略实施所需要的大量资金,保证资本的融通和加快资本的运营速度,并保持一定的资本弹性,可以应对外部环境变化带来的巨大风险。

多元化投资战略是指将投资分散投放于不同的生产经营领域或不同的产品或服务上。多元化投资战略根据资金投放对象不同又可以分为同心多元化投资战略、纵向一体化投资战略、横向一体化投资战略及混合多元化投资战略。同心多元化投资战略是将企业资金集中投入用于增加与企业现有产品或服务相类似的新产品或新服务;纵向一体化投资战略是在生产、供销的两种不同方向上扩大企业生产规模的方式,可分为前向一体化和后向一体化;横向一体化投资战略是指集中企业的资金用于生产新产品销售给原市场的顾客,以满足他们新的需求;混合多元化投资战略是指企业向与原产品、技术、市场无关的经营范围投资扩展。

3. 按投资资金密度分类

根据投资资金密度可以将企业投资战略分为资金密集型投资战略、技术密集型投资战略和劳动密集型投资战略三种类型。

资金密集型投资战略是指在长时期内,企业确定的投资方向需要投入大量的资金,这些投资方向的实际运行主要依靠资产的运用来实现。

技术密集型投资战略是指在长时期内,企业确定的投资方向需要大量的技术投入,这些投资方向的实际运行主要依靠技术的运用来实现,投资的重点往往是先期的技术开发。在技术密集型的投资战略中,又可以细分为改变产品整体功能和增加产品附加功能的战略。改变产品整体功能是指通过技术研究使产品的性质发生根本变化,即由一种产品变成另一种产品;增加产品附加功能是指通过技术研究只是在产品的主体功能上增加某些新的功能,产品的主体功能不变。

劳动密集型投资战略是指在长时期内,企业确定的投资方向需要大量的劳动投入,这些投资方向的实际运行主要靠劳动力的推动。

在投资战略决策中,企业必须根据自身的特点,选择投资方向。当企业资金雄厚时,可以选择资金密集型的投资战略;当企业技术力量和研究开发条件雄厚时,可以选择技术密集型投资战略;当劳动成本低,企业资金不足、技术条件不充分时,应选择劳动密集型投资战略。一般而言,伴随社会生产力的发展和企业的不断成长壮大,通常要经历由劳动密集型到资金密集型,再到技术密集型的投资战略转移。

（三）投资战略选择

投资战略选择应考虑企业对投资规模和投资方式等做出恰当安排,确保投资规模与企业发展需要相适应,投资方式与企业风险管理能力相协调。

1. 直接投资战略选择

直接投资是指企业为直接进行生产或者其他经营活动而在土地、固定资产等方面进行的投资,它通常与实物投资相联系。直接投资战略规划需要以企业的生产经营规划和资金需要量预测为基础,继而确定企业需要直接投资的时间、规模、类别以及相关资产的产出量、盈利能力等,以满足企业财务战略管理的需要。例如,企业意图进入汽车行业,从而通过并购或利用资金直接购买相应的生产资料,如土地、厂房、机器设备等进行实体经济经营活动。

直接投资战略根据目标可分为提高规模效益的投资战略、提高技术进步效益的投资战略、提高资源配置效率的投资战略及盘活资产存量的投资战略。

（1）提高规模效益的投资战略。企业投资规模决定着企业规模,优化企业规模对实现企业投资战略目标至关重要。企业规模的优化过程实际上是资产增量经营的过程。资产增量经营,就是要通过投资规模扩大取得规模经济效益。经济规模是影响规模经济效益的根本因素。规模经济效益是指适度的规模所产生的最佳经济效益,在微观经济学理论中它是指由于生产规模扩大而导致的长期平均成本下降的现象。因此,经济规模与规模经济效益是相互影响、相互作用的。在进行投资战略选择时应注意生产技术特点、市场需求情况、企业资源情况、企业管理水平等影响经济规模的因素。

（2）提高技术进步效益的投资战略。企业技术进步是指为实现一定目标的技术进化和革命。这个目标通常是指企业的战略目标，即通过生产率的提高实现经济效益提高和企业价值创造。提高技术进步经济效益的核心在于加快技术进步，企业技术进步的关键在于技术创新、技术改造和技术引进。而企业进行技术创新、技术改造和技术引进的前提是资本投入或企业投资。因此，企业技术进步与企业投资战略紧密相关。投资战略中只有充分考虑技术进步因素，才能提高投资的效率和效果。

（3）提高资源配置效率的投资战略。资源配置主要是指研究在全部资源中各种资源如何配置，使总产出最大化。资产配置是资源配置的重要组成部分。资产配置，从广义上说，既应研究资产资源本身的配置，又应研究资产资源与人力资源、自然资源的配置；从狭义说，资产配置主要研究资产在不同用途之间的配置组合。投资战略选择中要通过资产运营，使资产配置结构优化，一方面提高资产配置的经济效率或经济效益；另一方面降低或有效应对资产经营中的风险。企业为提高资源配置效率投资可采取的资产结构优化战略通常可分为适中型资产组合战略、保守型资产组合战略和冒险型资产组合战略三种。

（4）盘活资产存量的投资战略。资产存量是指企业现存的全部资产资源，包括流动资产、长期投资、固定资产、无形资产及递延资产等。在企业存量资产中，有使用中的资产，也有未使用或闲置资产。在使用资产中，有使用效率高的资产，也有使用效率低的资产，在资产使用效率一定的情况下，由于资产投向不同，有资本增值率高的资产，也有资本增值率低的资产。盘活资产存量的投资战略就是要通过投资增量，有效地盘活和利用现有资产，提高资产使用效率与效益，使现有资产创造更大价值。第一，盘活资产存量，使闲置资产充分发挥作用；第二，提高资产使用效率，使效率低的资产提高利用率；第三，重组或重新配置存量资产，使低增值率资产向高增值率转移。

2. 间接投资战略选择

间接投资是指企业通过购买证券、融出资金或者发放贷款等方式将资本投入其他企业，其他企业进而再将资本投入生产经营中去的投资。由于其投资形式主要是购买各种各样的有价证券，以预期获取一定收益的投资，因此也称为证券投资。间接投资战略规划的核心是如何在风险可控的情况下确定投资的时机、金额、期限等，尤其是投资策略的选择和投资组合规划。按照现代投资理论，在面对不可预知的投资风险时，组合投资是企业降低风险、科学投资的最佳选择，从而通过减少"可分散风险"间接地提高预期投资收益。

3. 投资时机战略选择

投资时机选择是投资战略的重要内容之一。对需要投资的企业来说，投资的时机选择是一个基本的问题，企业应选择什么时机进行投资取决于三方面的因素：①制定企业的投资战略时，要根据企业的总体发展战略规划对远期、中期、近期投资进行整体规划。任何投资从投资到获得收益需要一个过程，合理的投资规划有利于企业获得一个稳定的经营收益以维持企业的良性循环与信誉。②生产计划的进度。生产计划进度规定了不同时期各种资源的投入量，因而决定了投资的时间。③要素市场价格的波动。在市场机制中，价格是最灵敏有效的指示器和调节器，价格机制的作用支配着众多的经济主体的行为，使他们根据市场供求所引起的价格变动来决定其资源的投向和规模，进行资源配置。因此，企业进行投资战略决策前要进行可行性分析，拟订不同的投资战略方案，并对每种方案的成本、收益、投资收益率等方面进行比较，以便确定最优方案。

4. 投资规模战略选择

投资规模的合理选择与确定可以减少企业的投资风险，确保企业的投资效益。它是企业投资战略选择中的重要内容。在生产经营中，企业物质技术、社会需求因素及经济效益因素是影响企业投资规模的主要因素。企业物质技术决定企业能够达到的规模，社会需求决定投资项目需要达到的规模，经济效益决定投资项目实际达到的规模。因此，在确定投资方案时，要对这三方面进行详细分析以确定投资规模。

5. 投资期限战略选择

投资期限战略可分为长期投资战略、短期投资战略及投资组合战略。

（1）长期投资战略。长期投资战略是对企业的资本在长期投入上规定其合理、有利和有效运用的战略。长期投资战略将形成企业的基本特征和公司战略定位。长期投资战略的内容包括固定资产投资战略和长期对外投资战略。

（2）短期投资战略。短期投资战略是对企业资本在短期投放上规定其合理、有利和有效运用的战略。短期投资具有期限短、周转快、变现能力强等特征。短期投资战略的内容包括现金持有战略、存货战略、交易性金融资产投资战略等。

（3）投资组合战略。投资组合战略是指长期投资与短期投资结构优化战略。影响投资组合战略的因素包括盈利能力、经营风险、经营规模和产业性质等。

 案例资料

巨人集团的倒塌

巨人集团，曾经是一个红遍全国的知名企业，历经不到 2 年就成为销售额近 4 亿元，利税近 5 000 万元，员工达 2 000 多人的大企业，同样历经不到 4 年就如同泡沫式地破裂了，有人说"巨人"是个神话，而这个神话终因史玉柱不是神而最终破灭。回顾巨人集团的发展史，可总结出其发展过程中存在如下问题。

1. 第一步的险棋

随着西方国家向中国出口计算机，浪潮、康柏、惠普、AST、IBM 等国际电脑公司开始围剿中国的电脑公司，电脑业于 1993 年走入低谷。此时，巨人集团却又投入超出自己能力十几倍的资金于巨人大厦，同时采用了破坏式影响主业发展的方式来建设这个巨人大厦，由原来的 18 层增至 38 层，后来当地政府的一些领导建议巨人集团为珠海建一座标志性大厦，因此，巨人大厦又由原来的 38 层改至 54 层、64 层，最后决定盖个 70 层的大厦，预算也因此从 2 亿元增至 12 亿元。

单凭巨人集团的实力，根本无法承接这项浩大的工程，而且更令人瞠目结舌的是，大厦从 1994 年 2 月动工到 1996 年 7 月，史玉柱竟未申请过一分钱银行贷款，全凭自有资金和卖楼花的钱支撑。房地产必须有金融资本作后盾，可史玉柱竟将银行搁置一边。而一个企业的生存与发展需要现金和利润来支持，当企业频繁出现现金流的短缺和利润的缺

乏时,后果可想而知。

2. 走向悬崖的第二步险棋

1995年,一个名为"二次创业"的总体目标被提出:跳出电脑产业,走产业多元化的扩张之路,以发展寻求解决矛盾的出路。史玉柱亲自挂帅,成立了"三大战役"总指挥部,下设八大方面军和30多家独立分公司,各级总经理都改为"方面军司令员"或"军长""师长"。

对巨人集团来说,生物工程是一个完全陌生的领域,在对这个市场的开拓中,由于不了解该领域的消费者特性,尤其不熟悉这一新领域的资金运作和营销策略,巨人集团越陷越深。虽然1994—1996年,巨人集团在保健品方面异军突起,但整个生物工程出现全面亏损。生物工程领域萎缩的一个重要原因还包括受巨人大厦的拖累。

在决定进入房地产和生物工程领域之前,史玉柱曾设想了一个绝妙的财务运作机制:先用开发巨人大厦卖楼花的钱投入生物工程,再用生物工程产生的利润回过来支持巨人大厦。但是,实际的运作出现了偏差,由于巨人大厦预算的不断上升,史玉柱不能为生物工程注资,反而不断从生物工程中抽资去支撑巨人大厦,活钱变成了死钱,结果是巨人大厦没能撑起,反倒赔进了生物工程。1996年巨人大厦资金告急。史玉柱决定将保健品方面的全部资金调往巨人大厦。保健品业务因"抽血"过量,迅速盛极而衰。

错误的循环链条——东墙与西墙的应用——将所筹来的1亿多元的资金投资于寄予厚望新兴产业,缺乏明显的市场化能力,缺乏对市场环境和过去成功的认识,毕竟一项业务领域,要获得利润需要一定的生命周期,即投入期、成长期、成熟期、衰退期或重新成长期。任何一项业务,若要成功,都会或长或短经过生命周期,只是我们尽量压缩投入、衰退期,延长成长、成熟期,获得更多的现金流和利润。这样的险棋进一步加重了巨人的危险。

民营企业创业时在申请贷款方面一直处于劣势,因此他们已习惯于滚雪球式的自我积累,赚点钱就投入,再赚钱再投入,而对现代企业的资本运作方式不熟悉,当面临较大较复杂的投资时很容易出现财务运作上的问题。

3. 第三步险棋

突变式的巨人管理变革。管理的目标就是如何使企业更具有生命力,就是如何获得更多的利润。管理的进步和升级,是需要基础的,毕竟管理中人的成分用8∶2原则来讲,人占了80%,是动态的人,针对人的管理变革,管理基础系统不能少,缺乏基础的管理变革经不住不良的市场环境的冲击。巨人的管理变革几乎是大换血的方式运行,风险是巨大的,要么走向成功,要么走向失败。

巨人集团在现有主业的基础上,未能有效运用内部管理型战略与外部交易型战略延伸企业生命周期曲线,巩固和发展核心能力,而贸然跨入一个自己完全生疏的行业,从而使企业的竞争优势无法得以持续存在。尽管这种外延式扩张的道路暂时掩盖了各种矛盾,但因缺乏培植企业新的核心竞争能力而为企业埋下了致命的隐患。公司的多元化发展必须与其核心竞争能力紧密联系,并以培植公司新的核心竞争能力为中心,从而有助于维持和发展公司的竞争优势,确保公司的长期稳定发展。

巨人集团为追求资产的盈利性,以超过其资金实力十几倍的规模投资于一个自己生疏而资金周转周期长的房地产行业,使公司有限的财务资源被冻结,从而使公司的资金周转产生困难,并因此而形成了十分严峻的资产盈利性与流动性矛盾。生物工程因正常运作的基本费用和广告费用不足而深受影响。巨人集团从事房地产开发和建设,却未向银行申请任何贷款,不仅使企业白白浪费了合理利用财务杠杆作用从而给企业带来效益的可能机会,而且也使企业因放弃举债而承担高额的资本成本,最后使企业在资产结构与资本结构、盈利性与流动性的相互矛盾中陷入难于自拔的财务困境。

在2001年中国民营科技实业家协会高峰论坛中,史玉柱曾坦言投资战略的失误是巨人集团最致命的失误。巨人集团过去的投资过于草率,做了大量自己不该做的事情。因此,企业在制定投资战略时,应对投资环境做出客观、充分的分析,选择合适的投资战略,以便在激烈的市场竞争中立于不败之地。

资料来源:作者根据网络资料整理。

三、股利分配战略

分配战略,或收益分配战略,从广义来讲,是指以战略眼光确定企业收益留存与分配的比例,以保证企业债权人、员工、国家和股东的长远利益。收益分配是利用价值形式对社会剩余产品所进行的分配。收益分配战略主要包括企业收益分配战略和股利分配战略等。然而由于企业与债权人、员工及国家之间的收益分配大都有比较固定的政策或规定,只有对股东收益的分配富有弹性,所以股利分配战略成为收益分配战略的重点,或者说狭义的分配战略就是指股利分配战略,这也是本教材研究的重点。

(一)股利分配战略概述

1. 股利分配战略的特点

股利分配战略是指依据企业战略的要求和内、外环境状况,对股利分配所进行的全局性和长期性谋划。与通常所说的股利决策或股利政策相比较,股利分配战略具有以下特点。

(1)股利分配战略不是从单纯的财务观点出发决定企业的股利分配,而是从企业的全局出发,从企业战略的整体要求出发来决定股利分配的。

(2)股利分配战略在决定股利分配时,不过于计较股票价格的短期涨落,而是关注股利分配对企业长期发展的影响。

2. 股利分配战略的目标

股利分配战略的目标为促进公司长远发展,保障股东权益,稳定股价、保证公司股价在较长时期内基本稳定。公司应根据股利分配战略目标的要求,通过制定恰当的股利分配政策来确定其是否发放股利、发放多少股利及何时发放股利等重大方针政策问题。

3. 股利分配战略的原则

企业的收益分配战略应遵循既有利于股东又有利于企业的原则。股利分配战略的制定必须以投资战略和筹资战略为依据,必须为企业整体战略服务。股利分配战略的原则主要体现在以下方面。

(1)股利分配战略应优先满足企业战略实施所需的资金,并与企业战略预期的现金流量状况保持协调一致。

（2）股利分配战略应能传达管理部门想要传达的信息，尽力创造并维持一个企业战略所需的良好环境。

（3）股利分配战略必须把股东们的短期利益（支付股利）与长期利益（增加内部积累）很好地结合起来。

4．股利分配战略的内容

股利分配战略要处理的内容主要包括以下三个方面。

（1）股利支付率。即确定股利在净收益中所占的比重，也就是股利与留存收益之间的比例。这是一个最重要也是最困难的问题。

（2）股利的稳定性。即决定股利发放是采用稳定不变的政策还是采用变动的政策。

（3）信息内容。即决定希望通过股利分配传达何种信息给投资者。

企业要根据内外部环境和企业战略的要求对上述三个方面做出决定，并就股利支付的具体方式（如现金形式、财产形式、股票股利等）进行设计与策划，并确定股利发放的程序，如发放频率、股利宣布日、登记日、除息日和发放日等。

（二）股利分配战略选择

1．影响股利分配的因素

决定盈余分配和留存政策也是财务战略的重要组成部分。保留的盈余是企业的一项重要的融资来源，财务经理应当考虑保留盈余和发放股利的比例。大幅的股利波动可能降低投资者的信心，因此，企业通常会通过调整盈余的变化来平衡股利支付。企业发放的股利可能被投资者看作是一种信号。在决定向股东支付多少股利时，考虑的重要因素之一就是为了满足融资需要而留存的盈余的数量。在实务中，影响股利分配的因素很多，既有法律环境、债务（合同）条款、经济环境等外部因素，也有现金流量、筹资能力、投资机会、股利分配的惯性等内部因素。这些因素还将随着时间或企业的不同而有所变化。因此，企业选择股利分配战略必须首先分析股利分配的制约和影响因素。影响股利分配战略的因素主要有以下几个。

（1）法律因素。各国对企业股利支付制定了很多法规，股利支付面临着多种法律限制。尽管每个国家的法规不尽相同，但归纳起来有以下几点。

① 资本限制。资本限制是指企业支付股利不能减少资本（包括资本金和资本公积金）。这一限制是为了保证企业持有足够的权益资本，以维护债权人的利益。如果一个公司的资本已经减少或因支付股利而引起资本减少，则不能支付股利。

② 偿债能力的限制。如果一个企业的经济能力已降到无力偿付债务或因支付股利将使企业丧失偿债能力，则企业不能支付股利。这一限制的目的是保护债权人。

③ 内部积累的限制。有些法律规定禁止企业过度地保留盈余。如果一个企业的保留盈余超出目前和未来的投资很多，则被看作是过度的内部积累，要受法律的限制。这是因为有些企业为了保护高收入股东的利益，故意压低股利的支付，多留利少分配，用增加保留盈余的办法来提高企业股票的市场价格，使股东逃税。所以税法规定对企业过度增加保留盈余征收附加税作为处罚。

（2）债务（合同）条款因素。债务特别是长期债务合同通常包括限制企业现金股利支付权力的一些条款，限制内容通常包括：①营运资金（流动资产减流动负债）低于某一水平,企业不得支付股利;②企业只有在新增利润的条件下才可进行股利分配;③企业只有先满足累计优先股股利后才可进行普通股股利分配。这些条件在一定程度上保护了债权人和优先股东的利益。

（3）股东类型因素。企业的股利分配最终要由董事会来确定。董事会是股东们的代表,在制定股利战略时,必须尊重股东们的意见。股东类型不同,其意见也不尽相同,大致可分为以下几种。

① 为保证控制权而限制股利支付。公司支付较高的股利,就会导致留存盈余减少,这又意味着将来发行新股的可能性加大,而发行新股必然稀释公司的控制权,这是公司拥有控制权的股东们所不愿看到的局面。因此,若他们拿不出更多的资金购买新股,宁肯不分配股利。

② 为避税的目的而限制股利支付。一些股利收入较多的股东出于避税的考虑(股利收入的所得税高于股票交易的资本利得税),往往反对公司发放较多的股利。

③ 为取得收益而要求支付股利。一些股东(主要是小股东)的主要收入来源是股利,他们往往要求公司支付稳定的股利。

④ 为回避风险而要求支付股利。一些股东认为通过保留盈余引起股价上涨而获得资本利得是有风险的。为了回避这种风险收益,股东们往往倾向于现在获得股利而不愿将来获得更多的资本收益。因此,若公司留存较多的利润,将受到这部分股东的反对。

（4）经济因素。宏观经济环境的状况与趋势会影响企业的财务状况,进而影响股利分配。影响股利分配的具体经济因素有现金流量、筹资能力、投资机会、公司加权资金成本、股利分配的惯性等。

（5）企业因素。企业因素包括以下几种。

① 盈余的稳定性。公司是否能获得长期稳定的盈余,是其股利决策的重要基础。盈余相对稳定的公司相对于盈余不稳定的公司而言具有较高的股利支付能力,因为盈余稳定的公司对保持较高股利支付率更有信心。收益稳定的公司面临的经营风险和财务风险较小,筹资能力较强,这些都是其股利支付能力的保证。

② 资产的流动性。较多地支付现金股利会减少公司的现金持有量,使资产的流动性降低;而保持一定的资产流动性,是公司经营所必需的。

③ 举债能力。具有较强举债能力(与公司资产的流动性有关)的公司因为能够及时地筹措到所需的现金,有可能采取高股利政策;而举债能力弱的公司则不得不多滞留盈余,因而往往采取低股利政策。

④ 投资机会。有着良好投资机会的公司,需要有强大的资金支持,因而往往少发放股利,将大部分盈余用于投资。缺乏良好投资机会的公司,保留大量现金会造成资金的闲置,于是倾向于支付较高的股利。正因为如此,处于成长中的公司多采取低股利政策;处于经营收缩中的公司多采取高股利政策。

⑤ 资本成本。与发行新股相比,保留盈余不需花费筹资费用,是一种比较经济的筹资渠道。所以,从资本成本考虑,如果公司有扩大资金的需要,也应当采取低股利政策。

⑥ 债务需要。具有较高债务偿还需要的公司,可以通过举借新债、发行新股筹集资金偿还债务,也可直接用经营积累偿还债务。如果公司认为后者适当的话(比如,前者资

本成本高或受其他限制难以进入资本市场），将会减少股利的支付。

综合以上各种因素对股利分配的影响，企业就可以拟订出可行的股利分配备选方案。此后，企业还须按照企业战略的要求对这些方案进行分析、评价，才能从中选出与企业战略协调一致的股利分配方案，确定企业在未来战略期间内的股利分配战略，并予以实施。

2. 股利政策的类型

一般而言，实务中的股利政策有四大类：剩余股利政策、稳定或持续增加的股利政策、固定股利支付率政策、低正常股利加额外股利政策和零股利政策。

（1）剩余股利政策。剩余股利战略在发放股利时，应优先考虑投资的需要，如果投资过后还有剩余则发放股利，如果没有剩余则不发放。这种政策的核心思想是以公司的投资为先、发展为重。这种股利政策在那些处于成长阶段，不能轻松获得其他融资来源的企业中比较常见。

（2）稳定或持续增加的股利政策。稳定的股利战略是指公司的股利分配在一段时间里维持不变；持续增加的股利战略则是指公司的股利分配每年按一个固定成长率持续增加。每年支付固定的或者稳定增长的股利，将为投资者提供可预测的现金流量，减少管理层将资金转移到盈利能力差的活动的机会，并为成熟的企业提供稳定的现金流。但是，盈余下降时可能会给企业造成较大的财务压力。因此，这种股利政策一般适用于经营较稳定或处于成长期的企业，但该政策很难长期使用。

（3）固定股利支付率政策。公司将每年盈利的某一固定百分比作为股利分配给股东。它与剩余股利战略正好相反，优先考虑的是股利，后考虑保留盈余。股利支付率等于企业发放的每股现金股利除以企业的每股盈余。支付固定比例的股利能保持盈余、再投资率和股利现金流之间的稳定关系，但是投资者无法预测现金流，这种方法也无法表明管理层的意图或者期望，并且如果盈余下降或者出现亏损，这种方法就会出现问题。

（4）低正常股利加额外股利政策。公司事先设定一个较低的经常性股利额，一般情况下，公司都按此金额发放股利，只有当累积的盈余和资金相对较多时，才向股东支付正常股利以外的额外股利。采用这种股利政策的缺点是股利发放仍然缺乏稳定性。如果公司较长时期一直发放额外股利，会使股东误认为这是正常股利，一旦取消，容易给投资者造成企业财务状况变差的印象，从而导致股价下跌。

（5）零股利战略。这种股利战略是将企业所有剩余盈余都投资回本企业中。在企业成长阶段通常会使用这种股利政策，并将其反映在股价的增长中。但是，当成长阶段已经结束，并且项目不再有正的现金净流量时，就需要积累现金和制定新的股利分配战略。

3. 股利分配战略的制定

股利分配战略制定模式如图5-2所示。

首先，制定股利分配战略必须分析和弄清内、外部因素对股利分配的制约和影响；接着，企业就可以拟订可行的股利分配备选方案；然后按照企业战略的要求对各种备选方案进行分析和评价，从中选出与企业战略协调一致的股利分配战略方案，确定为企业在未来战略期间内的股利分配战略，并组织实施。

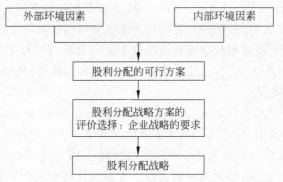

图 5-2　股利分配战略制定模式

A 股份有限公司的利润分配

　　A 股份有限公司属工业企业,已在深圳证券交易所挂牌交易 17 年,公开发行社会公众股(A 股)1 930 万股。A 公司以生产制造各种电光源产品为核心,40％的产品出口到 20 多个国家和地区,在国内大多数省份及地县级城市已设立销售网点 2 000 多家。

　　自上市以来,公司的主营业务突出且每年都有稳定的增长,年增长率在 11％～29％之间。主营业务盈利能力强,近两年主业对利润的贡献超过 100％,且净利润年增长率保持在 5％以上。

　　该公司上市 17 年来,每年均发放现金股利,创造了一个长期持续分红的新的历史记录,公司的年平均红利支付率高达 60％～80％,使一些稳健的投资者获利颇多,投资者通过现金分红可以稳定地获取长期远高于银行定期储蓄的收益率。该公司因 17 年连续分配高额的现金股利,被称为"现金奶牛",为深市中稳健并坚持长期价值投资的股东所青睐。

　　探究 A 公司优厚分红的背后原因,有以下几点影响其分配战略的因素。

　　首先,与其董事长发放股利的承诺有直接关系,在第一次股东大会上,董事长就承诺要给投资者一个好的回报。

　　其次,从公司现有的股东构成来看,控股公司及第二大股东都是外资公司,都赞成并倾向于长期现金分红,该股股票持有期收益率短期波动较大,但是长期持有(8 年及 8 年以上),投资者所获得股利收益(股票投资效益)均远高于同期银行存款利率,表明公司的股利政策是使长期持有股东获得较大收益。

　　最后,通过派发高额现金股利"自然选择"出符合公司战略的股东,其实也是一个向投资者传递信号的过程,选择出与公司的发展目标一致的股东,自然避免了不必要的分歧,减少了可能的代理成本,也起到了提高公司价值的作用。

　　通过上述资料,我们可以得出以下几点。

　　(1) A 公司的股利分配战略目标是:促进公司长远发展,保障股东权益,稳定股价、保证公司股价在较长时期内基本稳定。

（2）A公司的股利分配战略类型属于"稳定或持续增加的股利战略"。理由为：A公司自上市17年来，每年均发放现金股利且平均红利支付率高达60％～80％。

A公司采用稳定的股利政策可以向市场传递公司正常发展的信息，树立公司的良好形象，持续增加的股利，代表公司未来有良好的发展前景，有利于保障股东权益，增强投资者对公司的信心，稳定股票的价格。

资料来源：作者根据网络资料整理。

第三节　基于企业生命周期的财务战略选择

一、企业生命周期的阶段划分及其特点

就像所有的生物一样，企业也具有生命周期。企业从创建到衰退，都具有一个显著的周期性，并且呈现出一种倒钟形的抛物线形状。在众多的企业生命周期研究中，学者们一般都是按照企业的生存和发展阶段以及每个阶段伴随的特征及规律来进行研究。尽管不同的学者对于企业生命周期阶段划分不尽相同，但其内容论述都表明企业的生存与发展总是有着大致相同的模式。即一般的企业都要经过初创期、成长期、成熟期和衰退期四个阶段，如图5-3所示。

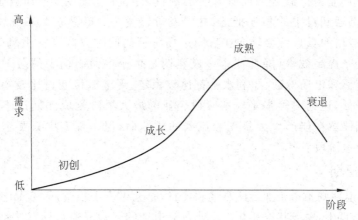

图5-3　企业生命周期曲线

（一）初创期

初创期，顾名思义是指企业刚刚成立的时期。这时的企业产品尚未成熟，利润率比较低，还没有足够的资金和经验，人才匮乏，经营风险高，在企业经营过程中的任何风险都有导致企业夭折的可能。整个生产经营活动过程中出现的任何差错都可能导致企业的夭折。新产品开发的成败以及未来企业现金流量的大小都具有较高的不确定性，因此经营风险非常高。企业都是在投资人发现一个新的市场机会（有盈利前途）或开发出一种新产品的情况下，才会进行投资。企业的战略目标是扩大市场份额，争取成为领头羊。这个时期的主要战略路径是投资于研究与开发和技术改进，提高产品质量。

（二）成长期

成长期是指企业有一定的业绩且有一定的发展潜力的时期。在这一时期，企业的实力得到明显增强，管理经验比较丰富，职工的技术水平有所提高，融资能力增强，生产规模扩大，业务迅速增长，发展速度加快，形成了自己的主导产品并得到用户的认可。企业的战略目标是争取最大市场份额，并坚持到成熟期的到来。如果以较小的市场份额进入成熟期，则在开拓市场方面的投资很难得到补偿。成长期的主要战略路径是市场营销，此时是改变价格形象和质量形象的好时机。成长期企业的经营风险有所下降，主要是产品本身的不确定性在降低。但是，经营风险仍然维持在较高水平，原因是竞争激烈了，市场的不确定性增加。这些风险主要与产品的市场份额以及该份额能否保持到成熟期有关。

（三）成熟期

企业的成熟期是指企业的管理趋于正规化，形成了一套切实可行的管理方法和模式，企业也已经步入正轨，风险下降，处于盈利阶段。在这一阶段，企业的发展速度有所放慢，产品标准化有所提高，企业的经营领域有所拓宽，管理走向正规化，企业产品的知名度和市场占有率都有很大的提高，并且通过各种媒体渠道在公众中树立了形象。由于整个产业销售额达到前所未有的规模，并且比较稳定，任何竞争者想要扩大市场份额，都会遇到对手的顽强抵抗，并引发价格竞争。既然扩大市场份额已经变得很困难，经营战略的重点就会转向在巩固市场份额的同时提高投资报酬率。成熟期的主要战略路径是提高效率，降低成本。成熟期是企业生命周期中的最理想阶段，成熟期企业的销售额和市场份额、盈利水平都比较稳定，现金流量变得比较容易预测，经营风险进一步降低，达到中等水平。本阶段企业的最大风险是成熟期过于短暂，企业和股东希望长期停留在能产生大量现金流入的成熟期，但是现实中只要企业一不留神，马上就陷入衰退阶段。

（四）衰退期

企业的衰退期则是指企业走向衰老和死亡，企业生产手段落后，产品老化，导致企业生产萎缩，效益低下，财务状况恶化。企业在衰退期的经营战略目标首先是防御，获取最后的现金流。战略途径是控制成本，以求能维持正的现金流量。进入衰退期后，经营风险会进一步降低，主要的悬念是什么时间产品将完全退出市场。需要说明的是，衰退期企业的生命还是有延长的可能性的。只要企业进行蜕变，成功地转换产品，灵活地转换企业形态，准确地选择新的产业领域，企业就可能重获新生。

二、企业不同生命周期阶段的财务特征

（一）初创期企业的财务特征

企业的初创期，像一个刚出生的婴儿，抵抗能力很弱，随时都有夭折的可能。这时的企业资源有限，条件不足，资金匮乏，人才短缺，知名度不高，市场的占有率很低，偿债能力很弱，但是又需要大量的资金、人才，投入和产出不成比例。由于缺乏信用和担保支持，企业很难获得像商业银行等金融机构的贷款支持。这一阶段的企业大部分是亏损的，面临着比较大的风险,所以这个时期的企业资金主要还是创业者的风险资金。同时,在这个阶段,企业的投资项目投入多,产出少,风险高,收益也高,具有高风险、高收益的特点。因此,处于初创期的企业,主要财务目标是现金流量的最大化,企业需要采取稳健型的财务战略,低收益,低负债,低分配。

(二)成长期企业的财务战略特征

成长期的企业,通过一段时间的积累,已经初具规模,开始做大做强,并逐步获得消费者的认可,也有了一定的资金规模,筹资能力有所提高,融资渠道逐渐多元化。此时企业具备了一定的竞争力及一定的融资能力。因此,企业一般采取积极的财务战略,提高负债比率,发挥财务杠杆的作用。处于成长期的企业,一般以利润的最大化为目标,经常采用扩张型财务战略,追求高负债,低收益,少分配。

(三)成熟期企业的财务特征

企业进入成熟期以后,各项管理制度、生产技术、经营模式都日趋成熟。而此时由于产量过剩,市场份额很大而且相对稳定,利润也比较合理,盈利水平稳定,现金周转流畅,财务状态稳定,人力资源充足,企业的风险再度降低了。此时的企业往往选择稳健的资本结构,不愿再投资高风险的项目。因此,一般以企业价值最大化为财务管理目标,采用稳健型财务战略,低负债,高收益,中分配。

(四)衰退期企业的财务特征

衰退期的企业,产品需求量在逐渐消失,现金需求量也逐步减少。此时企业创新意识短缺,员工流动性大,企业盈利能力下降,市场需求萎缩,财务状况每况愈下。与此同时,企业的股票价格下跌,发行股票、债券融资都十分困难,筹资能力严重下降,甚至可能面临着破产。一般会面临业务重组或者被接管兼并的境地。企业在这个阶段具有较低的经营风险和较高的财务风险。垂死的企业会通过再投资战略降低企业风险。因此,这一阶段的企业,会努力获得稳定的现金流,将目标定为企业现金流量最大化,采用防御收缩型财务战略,高负债,低收益,低分配。

企业在不同生命周期的财务特征如表 5-2 所示。

表 5-2　企业不同生命周期的财务特征

	初创期	成长期	成熟期	衰退期
经营风险	非常高	高	中等	低
财务风险	非常低	低	中等	高
资本结构	权益融资	主要是权益融资	权益＋债务融资	权益＋债务融资
资金来源	风险资本	权益投资增加	保留盈余＋债务	债务
股利	不分配	分配率很低	分配率高	全部分配
价格/盈余倍数	非常高	高	中	低
股价	迅速增长	增长并波动	稳定	下降并波动

三、企业不同生命周期阶段的财务战略选择

(一) 初创期企业的财务战略选择

按照初创期的企业经营风险与财务风险反向搭配的要求,企业不能既要面对较大的经营风险,又要承担较大的财务风险;也不能使企业处于经营风险与财务风险双低的状态,防止被敌意收购的危险。所以,这时企业财务战略决策的原则应是关注于企业的经营风险,不应再让企业承担较大的财务风险。与此相适应,企业在该阶段应采取以下财务战略。

(1) 从筹资战略看,企业初创期适宜采取权益筹资战略,建立牢固的财务基础,以保证企业的生存和未来的成长。在企业初创阶段,负债筹资的风险很大,从而使企业的筹资成本很高。另外,从财务上考虑,由于这一阶段企业并没有或者只有很少的应税收益,即使利用负债经营也不能从中得到任何税收上的好处(无节税功能)。因此,最好的办法不是负债筹资,而是采用股权资本筹资方式。对于股权资本筹资,初创期的企业通常利润微薄,收益很低,甚至有可能出现亏损,因此风险投资者在其中起很大作用。风险投资者之所以愿意将资本投资于初创期企业,是因为预期企业未来盈利能力会出现高增长。同时,初创期企业必须建立牢固的财务基础,建立自由现金储备,尽可能地增强企业的流动性,进而提高企业的灵活性,这是保证企业生存和未来成长的重要战略措施。

(2) 从投资战略看,企业初创期适宜采取集中化投资战略,即通过内部获得发展,以开辟自己的根据地市场,争取获得一种优势地位。初创期企业注重的是生存和进行初步的积累,企业没有稳定的市场份额,因此需要开辟市场。通过实施集中战略,主攻某个特定的顾客群、某产品系列的一个细分市场或某一地区市场,重点投资于特定目标,以更高的效率为某一狭窄的战略对象服务,有利于最大限度发挥企业的能力,发挥资金效益,使企业获得稳定的发展。另外,初创期的企业在市场营销方面具有机动灵活性、经营者具有旺盛的创新意识、企业内部沟通效率高等优势,但在技术人才、外界联系、管理技能、资金等方面又具有明显的劣势。因此,初创期企业的投资应集中在那些创新活动活跃的行业。

(3) 从股利分配战略看,由于企业初创期的收益较低并且波动性也比较大,融资渠道不畅,留存收益是很多企业唯一的资金来源,企业出于稳健考虑需要进行大量积累,因此适宜采取不分配或少分配利润的股利分配战略。若非派发股利不可,也应主要考虑股票股利方式。另外,股利回报对于期望高收益的风险投资者来说,也没有吸引力。

总之,初创期企业资金需求量大,企业在融资时应优先考虑内部融资方式即净利润留存方式,采取零股利分配战略,外部融资时主要考虑权益融资方式及吸收风险投资,采取低财务风险战略,以与初创企业的高经营风险相匹配,即"低负债、低收益、低分配"的稳定成长型财务战略。

(二) 成长期企业的财务战略选择

企业在成长期的战略任务是进入大规模的发展期,在某个领域的大市场内取得领先地位,通过资本自我积累和筹资使企业达到相当大的资本规模,筹资将成为企业成长的重要推动力。所以,成长阶段的企业如果成长顺利可以发展成巨型企业;反之,则会导致失

败。企业在该阶段应采取以下财务战略。

（1）从筹资战略看，企业应采取以权益筹资为主、负债筹资为辅的战略方针。在这一时期，企业的主要目的是能够在激烈的竞争中处于领先地位，逐步占领市场。本阶段资金不足的矛盾仍然要通过以下途径解决：一是追加股东股权资本；二是提高税后收益留存比率。这两种途径都是权益资本型筹资战略的重要体现。当这两条途径难以解决企业发展资金问题时，企业也可以更多地采取负债融资的方式来筹资，发挥财务杠杆效应，防止净资产收益率和每股收益的稀释。但需要注意的是，债务规模必须适度，必须与企业的发展速度相协调。

（2）从投资战略看，企业成长期适宜采取一体化投资战略，即通过企业外部扩张或自身扩展等途径获得发展，以延长企业的价值链或扩大企业的规模，培育企业的核心竞争力。通过实施一体化战略，企业可以充分利用自己在产品、技术和市场上的优势，在现有业务基础上不断向深度和广度发展，以获取更多战略利益，实现快速扩张。此时，企业为了快速成长，可以采取内部扩张投资战略和外部资本扩张战略相结合的办法，在企业内部通过内部资源的合理配置、提高效率、更新改造等维持并发展企业竞争优势，对外通过组建合营企业、吸收外来资本、兼并收购等方式吸纳外部资源，推动企业迅速成长。

（3）从股利分配战略看，企业应采取低股利分配战略。因为在成长期企业收益水平虽有所提高，但现金流量不稳定，财务风险较高，同时拥有较多有利可图的投资机会，需要大量资金。为增强筹资能力，企业不宜采取大量支付现金股利的政策，而应采取高比例留存、低股利支付的政策，在支付方式上也宜以股票股利为主导。

总之，成长期企业应实行扩张财务战略，从而实现企业资产规模的快速扩张。为了满足企业核心竞争力成长的需要，企业不仅要将绝大部分利润留存，还须大量筹措外部资金。在此阶段，企业举债的资信能力得到提高，通常能贷到数额大、成本低、附有优惠条件的贷款。因此，此阶段的财务战略一般会表现出"高负债，低收益，少分配"的特征。

（三）成熟期企业的财务战略选择

企业进入成熟期，企业资源投入达到一定规模后保持相对稳定，资源结构趋于合理，企业在市场中已经取得比较稳固的地位，产品开始进入回报期，市场份额相对稳定，持续不断地给公司带来净现金流入。此时公司突出的特征是经营活动出现正的现金流量，投资活动出现的现金流量开始慢慢由负变为正。企业筹措资本的能力较强，融资呈现多元化特征，既可以取得银行贷款，也可以通过股票、债券、票据等形式筹集到庞大的资本。在企业的成熟期，为了避免行业进入成熟阶段后对企业发展速度的制约，企业一般会采取较积极的财务战略。

（1）从筹资战略看，企业成熟期，可采取相对激进的筹资战略。激进是相对于前两阶段的稳健而言，其含义为可采用相对较高的负债率，以有效利用财务杠杆。在企业成熟期，经营风险相应降低，从而使得公司可以承担中等财务风险，同时企业开始出现大量正现金净流量，这些变化使企业开始可以使用负债而不单单使用权益筹资。对成熟期企业而言，只要负债筹资导致的财务风险增加不会产生很高的总体风险，只要企业可以保持一个相对合理的资本结构，负债筹资就会为企业带来财务杠杆利益，同时提高权益资本的收益率。因此，成熟期的企业可以采取积极的筹资方式，采用较高的负债率，有效利用财务杠杆,根据投资项目的具体收益水平,选择适当的外源性债权融资方式,以提升企业的权益净利率水平。

(2) 从投资战略看,企业成熟期可采取适度多元化投资战略,即将企业集聚的力量通过各种途径加以释放,以实现企业的持续成长。通过实施以企业传统优势产品为核心的同心多元化投资,可以避免将企业的全部资本集中在一个行业所产生的风险。同时,企业还需要寻找新的经济增长点,不仅要拓展企业的宽度,还要拓展企业的广度,将融资资本用于对传统优势产品的优化升级,以拓展产品线的方式开发新产品等领域,优化资源配置。通过同心多元化模式下的分散化投资活动,成熟期企业可以创造新的利润增长点,增加企业盈利空间,延长企业所处成熟期的时间,降低企业传统产品步入衰退期所引致的经营风险和财务风险。

(3) 从股利分配战略看,企业成熟期现金流量充足,筹资能力强,能随时筹集到经营所需资金,资金积累规模较大,具备较强的股利支付能力。成熟期企业的销售额和总利润额虽然保持较高水平,但增长速度已经趋于平稳甚至出现停滞,而且此时的股东也希望获得较高的投资回报。因此,在缺乏合适的投资项目的前提下,成熟期企业可以采取稳健的高股利分红政策,提高股利支付率,并且以现金股利的方式为主。

总之,成长期企业应实行稳健型财务战略。对于成熟期的企业而言,其筹资能力较强,财务指标的优化和低成本融资渠道的畅通能够使企业的日常经营具有较高的灵活性,企业也多采用多元化的投资战略以避免将资本全部集中在一个行业可能产生的风险。此时,企业的资金积累规模也较大,具备了较强的股利支付能力。因此,此阶段的财务战略一般会表现出"低负债,高收益,中分配"的特征。

(四) 衰退期企业的财务战略选择

企业进入衰退期后,企业的产品市场出现萎缩,利润空间越来越稀薄,企业开始最大限度地转让、变卖专用设备、厂房,或另外开发新产品、新市场。此时,经营活动和投资活动都产生巨额的现金流入,而融资活动的净现金流出也达到了历史高位。在步入衰退期后,企业的实际增长率开始下滑,并出现负增长,而此时现金净流量仍然是正数。因此,如果企业适时调整财务战略,充分利用内部财务资源不仅有可能延缓企业寿命,甚至可能避免企业终结。所以从总体上看,企业在该阶段一般应采取防御收缩型财务战略。

(1) 从筹资战略看,企业衰退期仍可继续保持较高的负债率,而不必调整其激进型的资本结构。一方面,衰退期既是企业的夕阳期,也是企业新活力的孕育期。在资本市场相对发达的情况下,如果新进行业的增长性及市场潜力巨大,则理性投资者会甘愿冒险,高负债率即意味着高收益率;如果新进行业并不理想,投资者会对未来投资进行自我判断,因为理性投资者及债权人完全有能力通过对企业未来前景的评价,来判断其资产清算价值是否超过其债务面值。因此,这种市场环境为企业采用高负债融资创造了客观条件。另一方面,衰退期的企业具有一定的财务实力,以其现有产业作后盾,高负债筹资战略对企业自身而言是可行的。

(2) 从投资战略看,企业衰退期可考虑实施并购重组或退出战略。如果企业在市场中处于较强的竞争地位,则可以考虑通过兼并小的竞争对手来重组行业,直到拥有市场份额的控制权。通过市场控制权,企业可以获得比重组以前更多的财务回报。采用这种战略,企业首先要确定某一局部市场在衰退期仍能有稳定的或者下降很慢的需求,而且在该市场中还能获得较高的收益。企业应当在这部分市场中建立起自己的地位,以后再视情况发展考虑进一步的对策。当然,在这种情况下,企业需要进行一定的投资,但必须注意投资成本不能太高。对于那些不盈利而又占用大量资金的业务,企业则可采取剥离或清算等退出战略,以增强在需要进入的新投资领域中的市场竞争力。

（3）从股利分配战略看,仍可采取现金高股利支付的股利分配战略。企业在进入衰退期后,通常不想扩大投资规模,折旧不会再用来重置固定资产,企业自由现金流量可能超过披露的利润额,因此可以向股东支付很高的股利。这种股利回报既是对现有股东投资机会的补偿,也是对其初创期与发展期"高风险—低报酬"的一种补偿。当然,高回报应以不损害企业未来发展所需投资为最高限。

综上所述,企业在不同生命周期财务战略选择的特点如表 5-3 所示。

表 5-3   企业不同生命周期财务战略选择的特点

	初创期	成长期	成熟期	衰退期
经营风险	非常高	高	中等	低
财务风险	非常低	低	中等	高
资本来源	风险投资	股权投资	留存收益加负债	负债
股利分配政策	实行零股利或低股利政策	实行低股利或股票股利政策	稳定股利分配政策	高现金股利政策
股本扩张策略	扩张	快速扩张	稳定扩张	收缩
投资策略	集中化投资	一体化投资	多元化投资	并购重组或退出

第四节   基于价值创造或增长率的财务战略选择

创造价值是财务管理的目标,也是财务战略管理的目标。鉴于财务战略是影响企业价值可持续增长的重要动因,因此,对于日益追求价值可持续增长的企业来说,构建基于可持续增长的价值创造的财务战略模型是财务战略管理的关键。

一、影响价值创造的主要因素

为了实现财务目标,必须找到影响价值创造的主要因素,以及它们与价值创造之间的内在联系。

（一）企业市场增加值

市场增加值（MVA）是计量企业价值变动的有效指标。即某一时点,企业资本（包括所有者权益和债务）的市场价值与占用资本账面价值之间的差额。这个差额是企业活动创造的,是用市场价值衡量的企业价值增加额。

企业市场增加额＝企业资本市场价值－企业占用资本

其中,"资本市场价值"是权益资本和负债资本的市价之和;"占用资本"是占用的权益资本和债务资本的账面价值之和,可以通过调整财务报表数据获得,这种调整主要是修正会计准则对经济收入和经济成本的扭曲,调整的主要项目包括坏账准备、商誉摊销、研究与开发费用等。

严格来说,企业的市场价值最大化并不意味着创造价值。企业的市场价值由占用资本和市场增加值两部分组成。股东和债权人投入更多资本,即使没有创造价值,企业的总的资本市场价值也会变得更大。一个大企业的市值很大,一个小企业的市值很小,我们不能认为大企业能创造更多的价值,也不能认为小企业的管理业绩较差,关键是投入的资本是否由于企业的活动增加了价值。换句话说,企业的市场价值是由占用资本和市场增加值两部分组成。

(二) 影响企业市场增加值的因素

既然在利率不变的情况下,企业市场增加值最大化与股东财富最大化具有同等意义,那么管理人员就应努力增加企业的市场增加值。

假设企业也是一项资产,可以产生未来现金流量,其价值可以用永续固定增长率模型估计。

$$企业价值=\frac{现金流量}{资本成本-增长率}$$

其中:

$$现金流量=息税前利润×(1-税率)+折旧-营运资本增加额-资本支出$$
$$=税后经营利润-(营运资本增加额+资本支出-折旧)$$
$$=税后经营利润-投资资本增加额$$

假设企业价值等于企业的市场价值:

$$企业市场增加值=企业市场价值-投资资本$$
$$=(税后经营利润-投资资本增加额)/(资本成本-增长率)-投资资本$$
$$=[税后经营利润-投资资本增加额-投资成本×(资本成本-增长率)]/(资本成本-增长率)$$
$$=[税后经营利润/投资资本-投资资本增加额/投资成本-资本成本+增长率]×投资资本/(资本成本-增长率)$$

由于增长率是固定的,可得:

$$投资资本增加额/投资资本=增长率$$
$$税后经营利润/投资资本=投资资本回报率$$

所以企业市场增加值可表示为:

$$企业市场增加值=(投资资本回报率-资本成本)×投资资本/(资本成本-增长率)$$

这里的企业市场增加值与经济增加值(Economic Value Added,EVA)有联系。经济增加值是分年计量的,而市场增加值是预期各年经济增加值的现值。

$$经济增加值=税后经营利润-资本成本×投资资本$$
$$=(税后营业利润/投资资本-资本成本)×投资资本$$
$$=(投资资本回报率-资本成本)×投资资本$$

因此：

$$企业市场增加值＝经济增加值/(资本成本－增长率)$$

经济增加值与企业市场增加值之间有直接联系，为企业业绩考核奠定了最为合理的基础，可以使激励报酬计划与增加企业价值保持一致。经济增加值与净现值有内在联系。投资的净现值、投资引起的经济增加值现值、投资引起的企业市场增加值三者是相等的。正因为如此，净现值法成为最合理的投资评价方法。

综上所述，影响企业市场增加值的因素有以下三个。

（1）投资资本回报率。投资资本回报率反映企业的盈利能力，由投资活动和经营活动决定。投资资本的回报率是公式的分子，提高盈利能力有助于增加市场增加值。

（2）资本成本。通过加权平均资本成本来计量，反映权益投资人和债权人的期望报酬率，由股东和债权人的期望以及资本结构决定。资本成本同时出现在公式的分子（减项）和分母（加项）中，资本成本增加会减少市场增加值。

（3）增长率。用预期增长率计量，由外部环境和企业的竞争能力决定。增长率是分母的减项，提高增长率对市场增加值的影响，要看分子是正值还是负值。当公式分子的"投资资本回报率－资本成本"为正值时，提高增长率使市场增加值变大；当"投资资本回报率－资本成本"为负值时，提高增长率使市场增加值变小（即市场价值减损更多）。增长率的高低虽然不能决定企业是否创造价值，但却可以决定企业是否需要筹资，这是制定财务战略的重要依据。

（三）销售增长率、筹资需求与价值创造

在资产的周转率、销售净利率、资本结构、股利支付率不变并且不增发和回购股份的情况下，出现现金短缺、现金剩余和现金平衡现象时，销售增长率、筹资需求与价值创造三者关系如下。

1. 现金短缺

销售增长率超过可持续增长率时企业会出现现金短缺。我们将这种增长状态定义为高速增长。这里的"现金短缺"是指在当期的经营效率和财务政策下产生的现金不足以支持销售增长，需通过提高经营效率、改变财务政策或增发股份来平衡现金流动。从财务的战略目标考虑，必须区分两种现金短缺：一种是创造价值的现金短缺；另一种是减损价值的现金短缺。对于前者，应当设法筹资以支持高增长，创造更多的市场增加值；对于后者，应当提高可持续增长率以减少价值减损。

2. 现金剩余

销售增长率低于可持续增长率时企业会出现现金剩余。我们将这种增长状态定义为缓慢增长。这里的"现金剩余"是指在当前的经营效率和财务政策下产生的现金，超过了支持销售增长的需要，剩余的现金需要投资于可以创造价值的项目（包括扩大现有业务的规模或开发新的项目），或者还给股东。从财务的战略目标考虑，有两种现金剩余：一种是创造价值的现金剩余，企业应当用这些现金提高股东价值增长率，创造更多的价值；另一种是减损价值的现金剩余，企业应当把钱还给股东，避免更多的价值减损。

3. 现金平衡

销售增长率等于可持续增长率时企业的现金保持平衡。我们将这种增长状态定义为

均衡增长。有序的"现金平衡"是指在当前的经营效率和财务政策下产生的现金,与销售增长的需要可以保持平衡。这是一种理论上的状态,现实中的平衡是不存在的。

综上所述,影响价值创造的因素主要有:①投资资本回报率;②资本成本;③增长率;④可持续增长率。它们是影响财务战略选择的主要因素,也是管理者为增加企业价值可以控制的主要内容。

二、价值创造和增长率矩阵

根据以上的分析,我们可以通过一个矩阵,把价值创造(投资资本回报率-资本成本)和现金余缺(销售增长率-可持续增长率)联系起来。该矩阵称为财务战略矩阵,可以作为评价和制定战略的分析工具(见图5-4)。财务战略矩阵是以业务单元能否创造价值,产生的现金流能否支持企业自身发展为基础而建立的战略分析工具,是对基于价值创造/增长率的财务战略理论的浓缩和提炼。

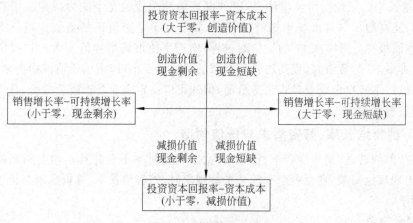

图5-4 财务战略矩阵

财务战略矩阵假设一个企业有一个或多个业务单位。纵坐标是一个业务单位的投资资本回报率与其资本成本的差额,实际上就是EVA,也就是经济增加值,财务战略矩阵用该指标来评价公司的价值增长状态。EVA的应用弥补了传统会计损益计量的缺陷,考虑了企业所有占用资金的资金成本。它逐渐被认为是衡量企业绩效最有效的体系。如果EVA的值大于零,说明企业的税后净经营利润大于资金成本,该业务单位为股东创造价值;若EVA的值小于零,说明企业的税后净经营利润不能够弥补其资金成本,该业务单位减损股东价值。

但只用EVA来判断企业的价值增加程度显得有些单调,所以财务战略矩阵的横坐标是用销售增长率减去可持续增长率来表示的,用以衡量企业资源耗费的状况。可持续增长率是指不增发新股并保持目前经营效率和财务政策条件下公司所增长的最大比率。即:

可持续增长率=股东权益增长率=本期净利润×本期收益留存率

如果销售增长率大于可持续增长率,说明企业销售带来的现金流量不能维持其自身发展,现金短缺;反之,表示企业的现金流量可以满足自身发展的需要,企业有剩余现金。

据此建立的矩阵有四个象限：处于第一象限的业务，属于增值型现金短缺业务；处于第二象限的业务，属于增值型现金剩余业务；处于第三象限的业务，属于减损型现金剩余业务；处于第四象限的业务，属于减损型现金短缺业务。处于不同象限的业务单位(或企业)应当选择不同的财务战略。

（一）增值型现金短缺的财务战略选择

在第一象限中，EVA 大于零，销售增长率大于可持续增长率。该象限业务往往处于业务成长期，一方面该业务能够带来企业价值增值，另一方面其产生的现金流量不足以支持业务增长，会遇到现金短缺的问题。在这种情况下，业务增长越快，现金短缺越是严重。

在实务中，首先应判明这种高速增长是暂时性的还是长期性的。高速增长是供不应求的反映，会引来许多竞争者。高速增长通常是不可持续的，增长率迟早会下降。如果高速增长是暂时的，企业应通过借款来筹集所需资金，等到销售增长率下降后企业会有多余现金归还借款。如果预计这种情况会持续较长时间，不能用短期周转借款来解决，则企业必须采取战略性措施解决资金短缺问题。长期性高速增长的资金问题有两种解决途径：一是提高可持续增长率，使之向销售增长率靠拢；二是增加权益资本，提供增长所需的资金。有关的财务战略选择如图 5-5 所示。

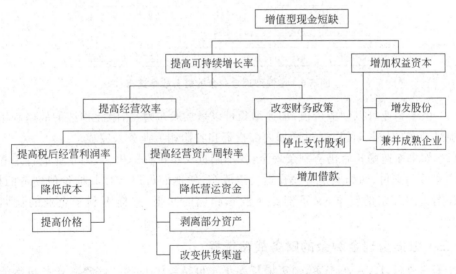

图 5-5　增值型现金短缺的财务战略选择

（1）提高可持续增长率。一方面，提高经营效率是应对现金短缺的首选战略。它不但可以增加现金流入，还可以减少增长所需的资金数额。但是，如果企业的经营业绩已经达到现有经营条件下的极限，一般的降低成本或加快资金周转的措施很难解决面临的问题。企业应改变经营战略，采取降低成本、提高价格、降低营运资金、剥离部分资产、改变供货渠道等措施，寻求突破性的改善。

另一方面，改变财务政策也可以暂时解决现金短缺，如停止支付股利、增加借款的比例等措施。

（2）如果可持续增长的提高仍不能解决资金短缺问题，就需要设法增加权益资本。

不能因为资金短缺就降低增长率,那将不利于创造价值。增加权益资本包括增发股份和兼并成熟企业两种方法:①增发股份。争取新的权益资本投入,配股或增发都可以获得大量的资金流入,但股权资本成本的昂贵使得企业必须增加负债资金来降低资本成本并且可以保持最优的资本结构。增发股份的必要前提是所筹集的资金要有更高的回报率,否则不能增加股东的财富。但增发股份会分散控制权,也会稀释每股收益。②兼并"现金牛"企业,即那些增长缓慢、有多余现金的成熟企业。

(二)增值型现金剩余的财务战略选择

在第二象限中,EVA 大于零,销售增长率小于可持续增长率。该象限往往随着企业发展,获得持续增长的现金净流量。其内外部环境也发生了一系列的变化,新技术不断成熟,新产品逐渐被市场接受,目标市场逐步稳定,获利水平持续增长,为企业带来预期的现金流。这时企业的现金流量足以满足其自身发展需求,即该业务单元能够为企业带来价值增值。本阶段关键的问题是能否利用剩余的现金迅速增长,使增长率接近可持续增长率。有关财务战略的选择如图 5-6 所示。

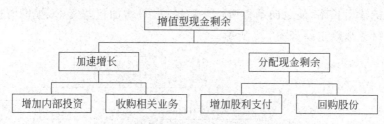

图 5-6　增值型现金剩余的财务战略选择

(1)由于企业可以创造价值,加速增长可以增加股东财富,因此首选的战略利用过剩资金促进业务的增长,可以通过增加内部投资和收购相关业务来完成。

(2)如果加速增长后仍有剩余现金,找不到进一步投资的机会,则企业应将这些资金通过增加股利支付、回购股份等途径返还给股东,使他们可以选择其他价值创造的投资。如果长期占用股东的资本,又不能给予股东相应的回报,这样不利于企业的长期价值增加。

(三)减损型现金剩余的财务战略选择

在第三象限,EVA 小于零,销售增长率小于可持续增长率。该象限业务虽然能够产生足够的现金流量维持自身发展,但是业务的增长反而会降低企业的价值。这是业务处于衰退期的前兆。减损型现金剩余的主要问题是盈利能力差,而不是增长率低,简单的加速增长很可能有害无益。首先应分析盈利能力差的原因,寻找提高投资资本回报率或降低资本成本的途径,使投资资本回报率超过资本成本。减损型现金剩余的财务战略选择如图 5-7 所示。

(1)首选的战略是提高投资资本回报率。应仔细分析经营业绩,寻找提高投资资本回报率的途径。主要包括:①提高税后经营利润率,包括扩大规模、提高价格、控制成本等。②提高经营资产周转率,降低应收账款和存货等资金占用。

(2)在提高投资资本回报率的同时,审查目前的资本结构政策,如果负债比率不当,

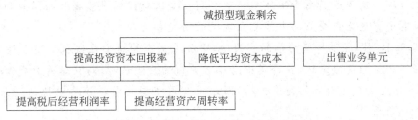

图 5-7　减损型现金剩余的财务战略选择

可以适度调整,以降低平均资本成本。

(3) 如果企业不能提高投资资本回报率或者降低平均资本成本,无法扭转价值减损的状态,就应当把企业出售。

(四) 减损型现金短缺的财务战略选择

在第四象限,EVA 小于零,销售增长率大于可持续增长率。该象限的企业既不能带来企业价值的增值,又不能支持其自身的发展,并且由于增长缓慢遇到现金短缺问题。这种业务不能通过扩大销售得到改变。由于股东财富和现金都在被吞食,因而需要快速解决问题。有关的财务战略选择如图 5-8 所示。

图 5-8　减损型现金短缺的财务战略选择

(1) 彻底重组。如果盈利能力低是本企业的独有问题,应在仔细分析经营业绩,寻找价值减损和不能充分增长的内部原因后,对业务进行彻底重组。这样做的风险是,如果重组失败,股东将蒙受更大损失。

(2) 出售。如果盈利能力低是整个行业的衰退引起的,企业无法对抗衰退市场的自然结局,应尽快出售以减少损失。即使是企业独有的问题,由于缺乏核心竞争力,无法扭转价值减损的局面,也需要选择出售。在一个衰退行业中挽救一个没有竞争力的业务,成功的概率不大,往往会成为资金的陷阱。

 案例资料

甲公司的财务战略选择

甲公司是一家生产豆浆机的民营企业,设立于 2004 年,其企业愿景是将物美价廉的豆浆机摆进普通居民的厨房,让普通居民足不出户喝上新鲜香浓的豆浆。

由于渣浆分离操作不便和内桶豆渣难以清理,豆浆机上市初期在市场上认同度较低,市场总体需求量不大,总体增长率偏低。

在豆浆机上市初期,甲公司的唯一竞争对手是乙公司,乙公司是一家生产多类型小家电的企业,其所生产的豆浆机性能虽与甲公司生产的豆浆机相当,但因其拥有知名品牌,

其豆浆机市场占有率远远高于甲公司。甲公司一直依赖促销手段赚取微薄的利润。市场上其他著名小家电生产企业尚未涉足豆浆机的研发和生产。

2009年10月,经过持续的革新和改造,甲公司生产的新型豆浆机实现了渣浆的轻松分离和内桶豆渣的简捷清理,获得了中老年客户群的广泛认可,而且随着健康饮食观念的推广,豆浆已逐渐成为时尚的健康饮料,因此甲公司新型豆浆机销售量快速增长,出现了供不应求的局面。

鉴于豆浆机市场的迅速扩张,其他著名小家电企业开始加强研发,拟推出类似产品,抢夺市场。甲公司也应对变化,进一步改善了相关财务战略目标。表5-4是关于甲公司豆浆机产品2011年的相关预测信息。

表5-4　甲公司豆浆机产品相关预测信息(2011年)

	预　计		预　计
销售增长率	60%	投资资本回报率	25%
可持续增长率	45%	资本成本	15%

根据上述资料,我们可以做出以下分析。

(1) 根据文中提供的信息和波士顿矩阵,甲公司的豆浆机在革新前的产品类型属于瘦狗产品,其特征是市场增长率低、市场份额低;而改造后的产品类型属于问号产品,其特征为市场增长率高、市场份额低。

(2) 根据甲公司2011年的相关预测信息,销售增长率60%大于可持续增长率45%,所以是现金短缺;投资资本回报率25%大于资本成本15%,所以是创造价值;据此可以判断甲公司的业务在财务战略矩阵的第一象限。

(3) 如果甲公司希望通过提高税后经营利润率的途径来提高可持续增长率,可以采用的具体方法包括:①降低成本。进行作业分析,重构作业链,消除无增值作业,提高增值作业的效率。②提高价格。通过价格提升,在维持利润的同时抑制销售增长,减少资金需要。

资料来源:作者根据网络资料整理。

思 考 题

1. 公司财务经理在做战略规划时,需要考虑哪些因素?
2. 如果你是某家企业的CFO,你打算如何改进企业所采用的财务目标?
3. 如何进行资本成本决策?
4. 试比较不同公司战略下的融资模式。
5. 简述企业投资战略的制定程序。
6. 战略性投资项目与一般性投资项目有什么区别?
7. 企业股利政策分为几种?每种股利政策的具体内容是什么?
8. 在制定股利分配战略时,应考虑哪些方面的因素?

9. 简述企业生命周期不同阶段的财务战略。

10. 简述财务战略矩阵的主要内容。

11. 案例分析。

某企业集团是一家大型国有控股企业,持有甲上市公司 65% 的股权和乙上市公司 2 000 万股无限售条件流通股。集团董事长在 2008 年的工作会上提出,"要通过并购重组、技术改造、基地建设等举措,用 5 年左右的时间使集团规模翻一番,努力跻身世界先进企业行列"。根据集团发展需要,经研究决定,拟建设一个总投资额为 8 亿元的项目,该项目已经国家有关部门核准,预计两年建成。企业现有自有资金 2 亿元,尚有 6 亿元的资金缺口。企业资产负债率要求保持在恰当水平,集团财务部提出以下方案解决资金缺口。

方案一:向银行借款 6 亿元,期限 4 年,年利率 10%,按年付息。

方案二:向银行借款 6 亿元,期限 1 年,年利率 4.5%,按年付息。

方案三:直接在二级市场上出售乙公司股票,该股票的每股初始成本为 18 元,现行市价为 30 元,预计未来成长潜力不大。

方案四:由集团按银行同期借款利率向甲公司借入其尚未使用的募股资金 6 亿元。

方案五:发行集团公司股票 3 000 万股,共计 6 亿元,发行后集团公司第一大股东的股权被稀释,公司股权分散,不再属于国有控股。

方案六:不再向股东支付现金股利,这可以再节省出 2 亿元现金;同时采取租赁设备的方法,减少另外的 4 亿元资金支付。

要求:假定你是集团总会计师,请比较各个融资方案后选择较优方案,并说明理由。

第六章

战 略 实 施

1. 了解战略实施的内涵。
2. 了解战略实施的模式。
3. 掌握战略实施的主要任务。
4. 掌握组织结构的基本类型。
5. 了解战略与组织结构设计之间的作用机理。
6. 了解企业文化的类型及与企业战略之间的关系。
7. 了解企业高层管理人员必须具备的基本素质。

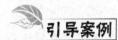 **引导案例**

联想集团成功实施"双模式"战略

联想集团由柳传志带领20多位科研工作者于1984年创立。凭借勇于创新、不断进取的精神,把握住了市场机会,取得快速发展。1994年,联想在香港证券交易所成功上市。1997年联想占据了中国PC市场份额第一的位置,并保持至今;2005年,联想宣布收购IBM PC业务,进军世界500强;2006年联想成为了北京奥运会的"TOP"赞助商,进一步提升了品牌形象。现在的联想已经由一家中国本土的IT企业成长为销售网络遍布全球150个国家,员工超过25 000名,年营业额达146亿美元的国际化企业。在联想集团的发展中,尤其引人瞩目的是为其业绩增长做出了重要贡献的"双模式"战略(dual strategy)。"双模式"战略的具体内涵是什么?联想集团是如何实施"双模式"战略的?成功实施"双模式"战略需要企业具备怎样的组织能力?

1. "双模式"战略的内涵和作用

作为一家全球领先的PC厂商,联想在全球超过150个国家,为客户提供笔记本电脑、台式机、软件工具、显示器以及一系列的PC附件和选件。同时,联想在中国还拥有针对中国市场更为丰富的产品线,包括服务器、外设和数码产品等。针对消费市场和商用市场,联想把其服务的客户群分为两大类:第一类是交易型客户(简称T模式),主要是指个人、家庭等零售客户,以及成长型企业和少于1 500人的中小型政府和教育机构。第二类是关系型客户(简称R模式),主要是指1 500人以上的大型企业和政府教育机构以及其他大型商业用户。这些大客户通常也被称为战略性客户或关键客户。

从联想集团的发展历史来看,自1994年杨元庆建立微机事业部开始,联想在中国逐渐建立起了深入到五、六级城市的渠道分销网络。很多渠道商是联想多年的合作伙伴,它们在长期多层次的交往中与联想建立起了牢固的合作关系,被称为"大联想体系"。这个坚固的渠道体系帮助联想在交易型客户中获得很高的市场份额,打下了中国 PC 市场的大好江山。然而,中国市场的富饶也吸引了众多国际电脑厂商的注意,如惠普、IBM 也纷至沓来。1998 年,以直销模式为核心的戴尔也在中国厦门设厂,以联想当时的劣势——大客户为主要市场,开始进军中国。随后几年,戴尔在中国的市场份额逐年攀升。这种急剧上升的势头,使联想感到了威胁。于是从 2001 年开始,联想展开了一系列探索和尝试,希望在自己并不擅长的关系型大客户市场建立其像渠道一样的优势来反击对手的进攻。2004 年联想集团明确提出实施"双模式"战略。随后,在原本相对较弱的大客户市场取得了骄人的业绩增长。

2006 年开始,联想利用收购 IBM PC 业务的契机,将 IBM 在大客户管理方面的有益经验与联想自身的实践相融合,针对两类不同客户群采取了表 6-1 中所示的品牌策略,即针对关系型客户使用 Think 作为主品牌,而针对交易型客户使用 Think Edge 和 Idea 作为主品牌,分别覆盖中小企业客户和消费类客户。根据联想发布的财务报表,2010 年联想集团全球市场营收中近 70% 来自关系型客户。而在占据了联想集团营收 37.5% 的中国市场,51% 的营收来自关系型客户,另外 49% 的营收来自交易型客户。可以说,"双模式"战略的成功实施,对联想集团在日益激烈的 PC 市场竞争中保持发展和壮大功不可没。

表 6-1　联想集团"双模式"战略及相应的品牌策略

LENOVO		
关系型客户 (R 模式)	交易性客户 (T 模式)	
Think 大企业客户	Think Edge 中小企业客户	Idea 个人/家庭/娱乐用户

2. "双模式"战略实施中的三个阶段及主要特征

联想集团的"双模式"战略实施始于其在 2001 年前后在大客户管理方面的探索和尝试。迄今,联想实施"双模式"战略经历了三个阶段(见表 6-2),即"双模式"战略的孕育阶段(2001—2004 年),实施推进阶段(2004—2006 年)和调整发展阶段(2006 年至今)。

在实施"双模式"战略时,联想集团是如何处理大客户管理与具有传统优势的渠道管理之间关系的?在表 6-2 中,我们结合联想的实际情况,着重对联想集团导入和推行大客户管理的实践进行分析,并从组织结构、市场营销、产品研发、生产制造、客户服务这五个重要的价值链活动环节总结联想集团在各个阶段"双模式"战略的实施要点。

3. 保障"双模式"战略实施的双元能力

双元能力或双元性是指企业从事不同(且往往存在相互冲突)的战略行动时的组织能力。促进组织层面双元能力的因素主要来自组织结构、组织管理情景及领导力等方面。基于中国上市公司的一项调研发现,中国卓越绩效企业的一项共同特征是在已有成熟业务和新兴业务之间、在专注与灵活之间保持平衡的能力。这种平衡能力就是双元性的一种体现。

表6-2　联想集团"双模式"战略实施阶段及要点

	第一阶段(2001—2004年)孕育阶段	第二阶段(2004—2006年)实施推进阶段	第三阶段(2006年至今)调整发展阶段
组织结构	建立商用事业部,组建从分区到中央的大客户经理团队	成立大客户业务部,并按用户群组建政府、教育、公交、金融、邮电、军工六大行业的客户经理团队	整合原IBM"Think"产品大客户团队,更好满足客户需求,引进优秀业内人才,强化大客户业务部门管理
市场营销	客户经理开始接触客户,但仍以渠道销售为主	采用"网络化"的销售管理模式,每个客户不仅获得所在区域客户经理支持。产品销售由渠道销售逐步转向客户经理直销模式。逐步建立起了商机捕捉、投标、价格审批、客户经理激励的完善体系	精耕"网络化"的销售模式,覆盖更多客户;进一步将客户细分为忠实客户、优质客户、一般客户,并针对不同客户提供营销方案;逐步将针对大客户的产品品牌由"lenovo"切换为"Think"
产品研发	成立专门的研发团队进行针对大客户的产品开发	加大研发投入,不断提升技术能力以及产品"定制化"能力	整合IBM团队,提升研发能力,成立产品"定制化"团队
生产制造	成功上线ERP系统,大幅提升公司效率	优化预测、供应流程,保证客户订单的按时交付;建立"柔性制造"生产线,更好地满足客户定制化需求	通过全球化的采购、生产,提升订单交付效率,降低制造成本
客户服务	建立了专门的商用服务团队	针对大客户,建立一对一的服务团队,涵盖从售前咨询到售后服务	不断提升大客户服务团队的技术能力

在前述分析中,我们可以看到:联想"双模式"战略的实施是一个"自上而下,逐步深入"的过程。为了进军商用大客户市场,联想的管理团队首先成立了专门的事业部来运营业务,然后以事业部为驱动力,从满足客户需求的角度,推动公司各个业务部门实施调整,并不断优化端到端的流程,形成销售、研发、制造、供应、服务紧密衔接的体系。在对联想集团实施"双模式"战略的发展历程以及取得的效果进行回顾和梳理的基础上,我们进一步探究联想集团"双模式"战略得以成功实施的深层次原因,即联想在战略实施中组织能力层面得到的培育和提升。图6-1中我们提出保障联想"双模式"战略实施的双元能力构成模型,下面对该模型中双元能力的构成要素进行简要的阐述并讨论其对其他企业的启示。

（1）双元能力的培育发端于对市场细分

企业成长到一定规模后,管理需要精细化,其中的一个办法是对客户需求进行细致的区分,并针对不同需求群体提供更有针对性的产品与服务。"双模式"战略是差异化战略思想的产物,它对大客户群体与数目众多的一般客户加以区分,并为大客户提供"差异化"的产品或服务,从而赢得更为广阔的市场。联想"双模式"战略的实施和调整过程,实际上是将企业的资源与能力不断与客户需求相匹配的过程。因此,市场分析以及对不同客户群的差异化响应往往触发企业双元能力的培育。

（2）双元能力的载体和执行主体在于人

双元能力虽然是一种组织能力,但其载体和执行主体是组织中的人。人的作用是双元能力中的核心要素。在联想"双模式"战略的实施中,公司管理层和客户经理发挥的作

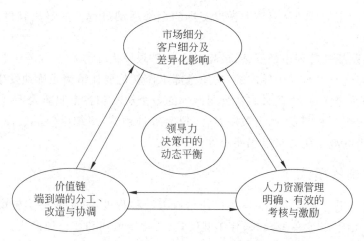

图 6-1　联想集团双元能力构成模型

用尤为重要。在联想"双模式"战略实施中的历次调整中,一个重点方向就是精心选择客户经理,明确客户经理的考核与激励。这对保障"双模式"战略的成功实施具有非常重要的作用。

(3)双元能力培育中的难点是改造端到端的价值链活动管理

联想的"双模式"战略实施过程,实际是一个企业价值链的改造过程。联想的"双模式"战略,使得公司在原先相对较弱的关系型客户业务中取得突破,在此过程中,联想以大客户的需求为驱动力,不断地对其原有的各个价值链环节进行"改造",最终使企业内部的各个部门形成一条最能令客户满意的"黄金价值链"。事实上,这是一个充满艰辛的过程。比如,客户希望直接跟客户经理进行沟通,而联想的原有模式是采用渠道销售,要改变这一状况,就必须牺牲曾经与联想患难与共的渠道利益,这需要企业做出艰难的取舍。也正因为其困难,很多别的企业在推行类似"双模式"的战略过程中,更多地采用了优化策略,而不是改造,但却因造成管理中的混乱而被市场无情淘汰。

资料来源:王铁民,李鹏,邹洁,等. 联想集团"双模式"战略实施中的双元能力培育[J]. 企业管理,2013(2).

联想集团成功实施"双模式"战略的过程表明,战略制定固然重要,战略实施同样重要。一个良好的战略仅仅是战略成功的前提,有效的战略实施才是企业战略目标顺利实现的保证。而正确地实施战略要比战略决策困难得多。战略实施就像是一个线路很长的串联系统,它对系统各个组成部分的可靠性要求极高。战略的实施是一个有机的过程,即一个各职能有机协调、合作的过程。企业战略意图的实现,需要技术研发、生产、营销、财务、人力资源等各个职能间的密切配合。

第一节　战略实施概述

一、战略实施的内涵

战略实施是指将战略落到实处,将战略付诸行动,将公司总体战略、业务单位战略和职能战略中所确定的事项从总体上做出安排的全部活动过程。战略只有付诸实施，才能实现战略目标。

战略实施是战略管理中最复杂、最耗时也是最艰巨的工作。在性质上与战略制定不同，战略实施完全是以行动为导向的，它的全部工作就是要让事情正确地发生。战略实施包含了管理的所有内容，因此必须从公司内外的各个层次和各个职能入手，包括建设公司文化，完善公司规则和制度，制定策略方针，拟定各种预算，组织必要的资源，实施控制与激励，提高公司的战略能力与组织能力等。

二、战略实施的模式

根据战略制定与战略实施主体的责任与权力转移程度不同，战略实施模式可以划分为五种：指挥型模式、变革型模式、合作型模式、文化型模式和增长型模式。

（一）指挥型模式

在这种模式里，企业管理人员运用严密的逻辑分析方法重点考虑战略制定问题。高层管理人员或者自己制定战略，或者指示战略计划人员去决定企业所要采取的战略行动。一旦企业制定出满意的战略，高层管理人员便让下层管理人员去执行战略，而自己并不介入战略实施的问题。这种模式的优点是在原有战略或常规战略变化的条件下，企业实施战略时不需要有较大的调整，实施的结果也就比较明显。缺点是不利于调动企业职工的积极性。职工会因此感到自己在战略制定上没有发言权，处于一种被动执行的状态。

（二）变革型模式

与指挥型模式相反，在变革型模式中企业高层管理人员重点研究如何在企业内实施战略。他的角色是为有效地实施战略而设计适当的行政管理系统。为此，高层管理人员本人或在其他各方面的帮助下，进行一系列变革，如建立新的组织结构、新的信息系统，兼并或合并经营范围等，以增加战略成功的机会。该模式的优点是从企业行为角度出发考虑战略实施问题，可以实施较为困难的战略。但是，这种模式也有它的局限性，只能应用于稳定行业中的小型企业。如果企业环境变化过快，企业来不及改变自己内部的状况，这种模式便发挥不出作用，同时，这种模式也是自上而下地实施战略，同样也不利于调动职工的积极性。

（三）合作型模式

在这种模式里，负责制定战略的高层管理人员启发其他的管理人员运用头脑风暴法去考虑战略制定与实施的问题。管理人员仍可以充分发表自己的意见，提出各种不同的方案。这时，高层管理人员的角色是一个协调员，确保其他管理人员所提出的所有好的想法都能够得到充分地讨论和调查研究。此模式的优点是可以克服指挥型和变革型两个模式的不足之处。这是因为高层管理人员在做决策时，可以直接听取来自基层管理人员的意见，并将他们的意见加以综合分析，从而保证了决策时所使用的信息的准确性。在这个基础上企业可以提高战略实施的有效性。其缺陷：一是在这种模式下决定的战略实施方案会过于平稳，缺乏由个人或计划人员提出的方案中所具有的那种创造性；二是在战略实施方案的讨论过程中,可能会由于某些职能部门善于表述自己的意见,而导致战略实施方案带有一定的倾向性;三是战略实施方案的讨论时间可能会过长,以致错过了企业面对的战略机会,不能对正在变化的环境迅速采取战略行动。

(四)文化型模式

文化型模式扩大了合作型合作的范围,而将企业基层的职工也包括进来。在这种模式里,负责战略制定与实施的高层管理人员首先提出自己对企业使命的看法,然后鼓励企业职工根据企业使命去设计自己的工作活动。在这里,高层管理人员的角色就是指引总的方向,而在战略执行上则放手让每个人做出自己的决策。在这个模式里,战略实施的方法很多。有的企业采取类似日本企业的社训,有的利用厂歌,也有的通过规章制度和其他影响职工行为的方式来进行。所有这些方法最终要使管理人员和职工有共同的道德规范和价值观念。这种文化型模式打破了战略制定和实施中存在的只想不做与只做不想之间的障碍,每一个企业都或多或少地涉及战略的制定与实施。这是前三个模式中所没有的特点。但是,这种模式也有它的局限性。它要求企业里的职工有较高的素质,受过较好的教育,否则很难使企业战略获得成功。同时,企业文化一旦形成自己的特色,又很难接受外界的新生事物。

(五)增长型模式

在这种模式里,为了使企业获得更好的增长,企业高层管理人员鼓励中下层管理人员制定与实施自己的战略。这种模式与其他模式的区别之处在于它不是自上而下地灌输企业战略,而是自下而上地提出战略。这种战略集中了来自实践第一线的管理人员的经验与智能,而高层管理人员只是在这些战略中做出自己判断,并不将自己的意见强加在下级身上。在大型的多种经营企业里,这种模式比较适用。因为在这些企业里,高层管理人员面对众多的部门,不可能真正了解每个部门所面临的战略问题和作业问题,不如放权给各部门,以保证成功地实施战略。这种模式的优点是给中层管理人员一定的自主权,鼓励他们制定有效的战略并使他们有机会按照自己的计划实施战略。同时,由于中下层管理人员和职工有直接面对战略的机会,可以及时地把握时机,自行调解并顺利执行战略。因此,这种模式适合于变化较大的行业中的大型联合企业。

三、战略实施的主要任务

战略管理的核心即是使企业的自身条件与环境相适应,因此,战略实施的主要任务就是分析战略实施过程中的影响因素并使之与战略相匹配,具体来说,主要包括以下几方面。

(一)建立与战略相匹配的组织结构

"组织"是战略执行中最重要的、最关键的要素。完善而有效的"组织"不仅为"资源"或"要素"的运行提供最为适当的载体,而且可以部分地补足或缓解资源、要素等方面的缺陷。一个好的企业战略只有通过与其相适应的组织结构去执行才能起作用,因此,战略决定结构,组织结构必须按照战略目标的变化进行调整。

（二）战略资源与战略的有效匹配

企业的战略资源是指用于既定战略实施的人力、财力、物力等资源的总和，包括有形资源和无形资源两种。战略管理的实质是使企业的内部条件与外部环境所提供的机会和威胁相配合，战略实施作为企业内部条件与外部环境相连接的中间环节，决定了战略与资源匹配是战略实施的关键问题。企业在发展过程中，在不同的阶段将其战略不断更新，资源也在不断地积累。企业在制定现行战略时，必须充分预测将来的环境、资源的变化，并对资源进行必要的、合理的配置。资源的配置应该与既定战略和战略更新有效匹配。企业的战略资源与战略实施的匹配受外界复杂多变的环境的影响，是个动态的匹配过程。

（三）企业管理层的领导风格与战略的匹配

管理层领导风格与既定战略的匹配是战略实施有效性的关键。由于不同的战略对战略实施者的知识、价值观、技能及个人品质等方面有不同的要求，因而管理者的领导风格要与既定战略相匹配。管理者必须具备对企业或管理的熟悉程度、产业经验、管理职能的背景情况，提高与战略匹配的有效性。

（四）企业文化与战略实施的匹配

战略的成功实施建立在组织成员的共同信念和理解的基础之上。文化不仅影响组织所使用的分析方法，而且影响组织中流行的思维方式，因而也就影响战略的实施过程。文化是企业获得持久竞争优势的重要资源，与战略相匹配的先进文化可以推动战略的成功实施。相反，落后的、与战略思想相抵触的文化则会阻碍战略目标的实现。

第二节　企业战略与组织结构

企业战略与组织结构的有效结合是企业生存和发展的关键因素之一，一个企业的成功就在于能制定适当的战略，同时能建立适当的组织架构以贯彻其战略。企业战略的变化往往导致其组织结构的变化，组织结构的重新设计又能够促进企业战略的实施。企业战略和组织结构之间是一个动态匹配的过程。孤立地制定战略或设计组织结构都很难奏效，只有将两者视为一个有机整体并放在不断变化着的环境中去考察，才可能有效地促进企业健康持续的发展。

一、组织结构

组织结构是指关于组织在运行过程中涉及的目标、任务、分工协作、权力、结果及相互关系的系统，它阐明的是全体员工在职务范围、工作责任、任务和权力方面所形成的相互关系的结构体系，用以确定各项工作任务分配，以及内部工作报告和内部协调的机制。组织结构包含三层意思：一是组织从上到下纵向的管理层次、管理幅度和报告关系的确立；二是组织内横向单位之间主要职责、工作流程、沟通与协调关系的确立；三是组成组织的各个单位及岗位主要职责和任务的明确划分。这三个方面互相作用，共同构成一个完整的组织结构。

二、组织结构的基本类型

组织结构的类型,是指一个组织以什么样的结构方式去处理层次、跨度、部门设置和上下级关系。组织结构的类型包括以下五种。

(一)简单结构

简单结构又称直线制结构,企业的所有者兼经营者做出所有主要决定,并监控企业的所有活动。一般来说,简单结构适合提供单一产品,占据某一特定地理市场的企业。具有简单结构的公司会选择集中成本领先战略或集中差异化战略。简单结构如图 6-2 所示。

图 6-2 简单组织结构

(二)职能制组织结构

职能制组织结构,是指各级行政单位除主管负责人外,还相应地设立一些职能机构。如在总经理下面设立职能机构和人员,协助总经理从事职能管理工作。其优点在于:能适应现代化工业企业生产技术比较复杂,管理工作比较精细的特点;能充分发挥职能机构的专业管理作用,减轻直线领导人员的工作负担。但缺点是妨碍了必要的集中领导和统一指挥,形成了多头领导,不利于建立和健全各级行政负责人和职能科室的责任制等。现代企业一般都采用职能制。职能制组织结构如图 6-3 所示。

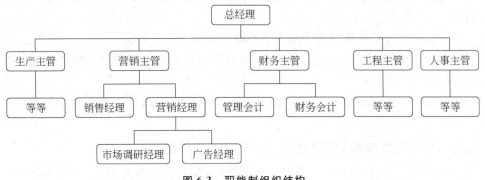

图 6-3 职能制组织结构

(三)多部门型组织结构

多部门型组织结构通常是指以地区、产品或服务项目、用户和生产工序或业务过程的不同来划分的组织形式。在多部门型组织结构中,职能业务活动在总公司和各自独立的分部两个层次进行。其优点如下。

(1)集中关注业务领域。

(2)解决了职能合作问题。

(3)可以衡量各部门的业绩。

其缺点如下。

（1）职能重复，加大了管理费用。

（2）形成了各部门之间的利益冲突。

（3）与总部关系容易出现问题。

多部门型组织结构的一般形式如图 6-4 所示。

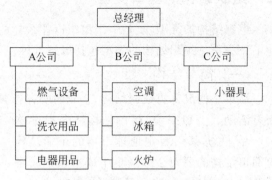

图 6-4　多部门型组织结构

（四）矩阵制组织结构

矩阵制组织结构是为了处理复杂项目中的控制问题而设计的。这种结构在职能和产品或项目之间起到了联系的作用。这样，员工就拥有了两个直接上级，其中一名上级负责产品或服务，另一名负责职能活动。矩阵制组织结构将个人或单元横向归类为小组，并由小组处理正在进行的战略事务。这一混合制结构在一定程度上保持了职能制结构和 M 型结构的优点。

其优点如下。

（1）对项目经理及员工有更大激励效应。

（2）能更加有效地优先考虑关键项目，加强对产品和市场的关注。

（3）与产品主管和区域主管之间的联系更加直接，从而能够做出更有质量的决策。

（4）实现了各个部门之间的协作以及各项技能和专门技术的相互交融。

其缺点如下。

（1）可能导致权力划分不清晰（比如谁来负责预算），并在职能工作和项目工作之间产生冲突。

（2）双重权力容易使管理者之间产生冲突。

（3）管理层可能难以接受混合型结构，并且管理者可能会觉得另一名管理者将争夺其权力，从而产生危机感。

（4）协调所有的产品和地区会增加时间成本和财务成本，从而导致制定决策的时间过长。矩阵型结构如图 6-5 所示。

（五）H 型组织结构（控股企业/控股集团组织结构）

当企业不断发展时，可能会实施多元化的战略，业务领域涉及多个方面，甚至上升到全球化竞争层面上，这时企业就会成立控股企业。其下属子企业具有独立的法人资格。控股企业可以是对某家企业进行永久投资的企业，主要负责购买和出售业务。在极端形态下，控股企业实际上就是一家投资企业。或者，控股企业只是拥有各种单独的、无联系的企业的股份，并对这些企业实施较小的控制或不实施控制；再者，控股企业是一家自身拥有自主经营的业务单位组合的企业。虽然这些业务单位组合属于母公司的一部分，但是它们都独立经营并可能保留其原本的企业名称。母公司的作用仅限于做出购买或出售这些企业的决策，而很少参与它们的产品或市场战略。一般 H 型组织结构如图 6-6 所示。

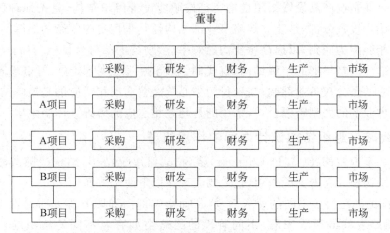

图 6-5 矩阵制组织结构

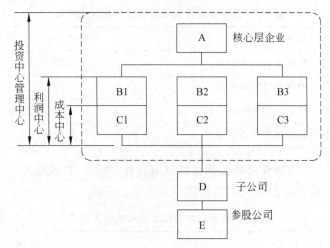

图 6-6 H 型组织结构

三、组织结构与战略的关系

组织结构的功能在于分工和协调,是保证战略实施的必要手段。通过组织结构,企业的目标和战略转化成一定的体系和制度,融进企业的日常生产经营活动中,发挥指导和协调的作用,以保证企业战略的完成。

企业的战略与组织结构的关系,是与外部经济发展状况相联系的。一般来说,企业在不同的发展阶段中,有不同的战略目标,其组织结构也应做出不同的调整。企业组织结构的调整是企业战略实施的重要环节,同时也决定着企业资源的配置。

生产力水平决定了企业组织结构模式的发展趋势,在一定生产力水平制约下,企业采用什么组织结构,是与它采取什么企业行为密切相关的,而决定企业行为的正是企业所制定的战略。

企业组织结构的调整,并不是为调整而调整,而是要寻找、选择与经营战略相匹配的组织结构。企业是按产品设置组织结构还是按职能设置组织结构,是按地理区域设置分公司还是按用户设置分部,是建立战略事业部结构还是采用更为复杂的矩阵结构,一切必须以与战略相匹配为原则,以提高企业沟通效率、激励员工参与为目标。如:与单一经营发展阶段相适应的是早期的层级结构(直线制、职能制、直线职能制);与市场和产品多样化阶段相适应的是分权事业部制;与项目为中心的经营活动相适应的是矩阵结构;以产品为中心划分事业部的大型跨国公司,采用的是与之相适应的多维立体制结构。

(一)战略与组织结构设计之间的作用机理

美国著名学者钱德勒(A. D. Chander)认为"战略决定结构,结构追随战略"。因此,战略对组织结构设计起着支配作用,这主要表现在以下两个方面。

(1)不同的战略要求不同的业务活动,从而影响部门和职务等方面的设计。从纵向来看,即从战略发展的历程来看,不同阶段的战略类型有着不同的组织结构形式。如表 6-3 所示。

表 6-3　战略发展阶段与组织结构的对应关系

战略发展阶段	主要的组织结构形式
第一阶段:数量扩大战略阶段	直线型的简单结构
第二阶段:地域扩散战略阶段	职能结构
第三阶段:纵向一体化战略阶段	集权的职能制结构
第四阶段:多种经营战略阶段	分权的事业部制结构

从横向来看,即从战略涉及的经营领域范围来看,单一经营战略和不同形式的多种经营战略要求不同的组织结构形式与其适应。如表 6-4 所示。

表 6-4　经营战略与组织结构的对应关系

经 营 战 略	组 织 结 构
单一经营战略	职能制
副产品型多种经营战略	附有单独核算单位的职能制
相关型多种经营战略	事业部制
相连型多种经营战略	混合结构
非相关型多种经营战略	子公司制

(2)战略中心的转移会引起组织工作重点的改变,从而导致各部门与职务在组织中地位的改变,并最终导致各管理职务以及部门之间关系的相应调整。

管理大师彼得·德鲁克(Peter F. Druker)认为:"整个企业的组织结构如同一栋建筑物,各项管理职能如同建筑物的各种构件和砖瓦材料,而关键性的职能就好比建筑物中负荷量最大的那部分构件。"因此,任何一家卓有成效的公司,其关键职能总是设置于企业组织结构的中心地位,至于哪项职能成为关键职能主要是由企业经营战略中心所决定。有的企业把质量放在中心地位,实行以质取胜的战略;有的企业则把技术开发放在中心地位,实行以新产品取胜的战略。总之,不同的战略中心,要求有不同核心的组织结构。如表 6-5 所示。

表 6-5　战略与关键职能的对应关系

战　略	关　键　职　能
产品驱动型战略	产品的改进、销售与服务
客户或市场驱动型战略	市场调研、提高客户忠诚度
技术驱动型战略	研发、应用推广
生产驱动型战略	生产效率、营销
销售或营销驱动型战略	招聘销售人员、销售
物流驱动型战略	系统结构、系统效率改进
资源驱动型战略	开采、加工
成长驱动型战略	资产管理、投资
利润驱动型战略	投资组合管理、信息系统

（二）战略对组织结构设计的导向

战略视角下的组织结构设计要求组织结构应具有某种倾向性:或是"效率"至上,或是强调"学习",或是两者兼顾。采用成本领先战略和防御型战略要求从提高效率的角度来设计组织结构。它们要求高强度的集权、严密的控制、标准化的操作程序及高效率的采购和分销系统,要求员工在严密的监督和控制下执行常规任务,不能自主做出决策或采取行动。与之相反,差异化战略和探索型战略要求考虑组织的学习能力,鼓励员工不断尝试和学习,因而采取一种灵活而有弹性的结构,强调横向之间的协调;充分授权员工、鼓励员工直接与顾客一道工作,并奖励其创造力和冒险精神。这类组织对研究创造性和创新性的重视超过了对效率和标准程序的关注。而分析型战略一方面要在稳定的产品线经营中求得效率,另一方面又要在新产品领域保持灵活性和学习能力,因此为了取得效率与学习之间的平衡,往往表现为一种混合式的组织特征。反应型战略是一种被动反应型战略,现实情况的经常变化要求组织结构会发生急剧改变。因此这种战略没有明确的组织形式,也无明显的组织结构倾向。表 6-6 概括了与竞争战略相对应的组织结构特征。

表 6-6　与竞争战略相对应的组织结构特征

差异化战略	成本领先战略
学习导向:灵活、宽松的行为、强有力的横向协调	效率导向:较强的集权、严格的成本控制、频繁详细的控制报告
强大的研究开发能力	标准化操作程序
密切联系顾客的价值观和行动机制	高效率的采购和分销系统
鼓励员工发挥创造性、冒险和创新	严密的监督;常规任务,很少向员工授权

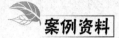

联想战略导向下的组织结构分析

钱德勒首次分析了环境—战略—组织结构的关系,并提出"管理方式必须服从组织战略,战略决定组织结构"的理论。钱德勒的战略导向理论,为企业组织结构设计提供了出发点和落脚点。那么为何要科学地设计组织结构,诺贝尔经济学奖获得者赫伯特·西蒙(H. A. Simon)曾经有过经典描述,"有效地开发社会资源的第一个条件是有效的组织结构"。下面本文将通过对联想集团战略导向下的组织结构分析,阐述组织结构设计的相关原理,目的是帮助相关企业做好组织结构设计。

1. "平底快船"结构—直线型结构(1984—1987)

联想集团成立于1984年11月1日,成立之初,采用直线型的组织结构,服务于快速进入市场的战略目标。这种组织结构具有结构简单、权力等级少等特点,非常适合初创企业。随后联想集团结合组织特色形成了独特的"船员文化",在IT行业内走过数十年风雨。但是不久企业内部便出现了诸多的管理问题。如工作岗位划分不清晰,部门资源分配不均等问题困扰着当时的联想,阻碍了联想的发展。直线型结构因其指挥链清晰、短小,从而表现出无与伦比的灵活性。另外该结构维持成本较低,责任划分比较明确,适合组织规模较小的企业使用。但直线型结构有很大的局限性,主要表现在权力过于集中。这种过于依赖个人决策的行为具有高风险性,并且直线型结构也过于简单,很多职务无法分配归类,因而不能满足规模扩张后的企业需要。

2. "舰队结构"—事业部型结构(1993—2000)

联想于1993年开始尝试事业部型结构,并在不同阶段战略的指向下调整组织结构。他们联系时代发展趋势,准确地于1994年制定出微机开发战略。同时在组织结构内加入微机事业部,年仅29岁的杨元庆担任微机事业部总经理,带领整个企业进军微机领域。联想集团契合时机的组织结构调整,为其后续的微机产业发展奠定了坚实的基础。

(1)事业部型结构优势分析

事业部型结构作为一种传统的组织结构,通过对企业组织分层、归类,可以有效地对资源进行整合、分配,从而提高企业价值,所以常被资源丰富的大型企业所采用。同时事业部型结构还帮助企业集中精力做好产品战略决策,强调以结果为导向,为企业的经济效益创造提供强大支持。另外理论和实践也证明,对组织架构合理的分层归类,还会加速信息流动,提高信息的使用价值。

(2)事业部型结构劣势分析

事业部型结构虽是现行大型企业常用的组织结构,但是如果部门设置不合理,资源重复配置将导致成本上升,工作效率降低,同时部门过多也会导致整个企业反应滞后。事业部型结构具有明显的垂直及水平边界。垂直边界的嵌入,使整个企业的管理制度森严,不利于创新思维的激发;而水平边界的存在则严重阻碍了各部门间有效的沟通,部门内部易形成利益小集团,一定程度上影响企业凝聚力的加固,从而影响整个企业任务的完成情况。

3. 矩阵型结构引入（2000 年）

联想集团于 2000 年为开发产品,提升企业综合能力,依托不同产品项目引入矩阵型结构。这在一定程度上解决了部门沟通困难的问题,也使利益纠纷得到了适度缓解。最主要的是矩阵结构以产品为依托,集合了来自各部门专业人士的力量,极大地提升了联想集团产品的技术含量。矩阵型结构依托项目需求,组合各方专业人士,具有很强的目标性。另外,流动性和灵活性也使组织能更好地适应环境变化。当然,矩阵型结构蕴含着双重指挥链的隐患,造成了任务分配和人员管理上的困难,在实际应用中具有很大的局限性。

4. "航空母舰结构"—事业部的海外集团型创新（2003 年至今）

2003 年收购 IBM,对于联想集团的海外扩展来说是一个标志性事件。联想集团依据战略目标,在原有部门基础上,开设海外办事处,并将海外市场进行区域性分类,并派专门的人员进行海外事业的拓展。现今的联想集团正被制度和烦琐的组织部门所桎梏,庞大的组织结构不仅导致联想集团各部门协调困难,内部矛盾不断,而且降低了集团对外部市场的敏感性,尤其将整个决策层置于权力的顶峰,隔绝了其对市场的接触。显然这种结构是不能适应现行环境的,联想集团面临着极严峻的竞争环境,想要更好地实施国际化战略,必须对现行组织结构进行科学化的改良。

资料来源:陈虹.企业战略导向下的组织结构设计——以联想集团为例[J].时代金融,2012(3).

第三节　企业战略与企业文化

一、企业文化的内涵

由于文化概念,企业管理理念、理论与模式的不同,企业文化也就有了多种不同定义。一般认为:企业文化是企业在经营过程中形成的经营理念、经营目的、经营方针、共同价值观念、经营行为准则、社会责任与经营形象等方面的总和。其内涵之广包含了企业所有硬要素与软要素:既包含企业产品(或服务)本身,也包括企业经营宗旨;既反映企业厂容厂貌,也反映企业员工精神面貌;既体现企业流程,也反映企业经营理念。考虑企业所遵循的价值观、信念和准则这些构成文化基础的东西很难被观察和测量,因而本教材对企业文化定义采用一个更易操作的观点:企业文化代表了企业内部的行为指针,它们不能由契约明确下来,但却制约和规范着企业的管理者和员工。

二、企业文化的类型

尽管理论界在企业文化的定义和范围上存在很大的分歧,而现实中也确实没有两个企业的文化是完全相同的。但英国当代最知名的管理大师查尔斯·汉迪(Chales Handy)在 1976 年提出的关于企业文化的分类,还是将企业文化的共性进行了总结,提出了四种经典的企业文化类型,至今仍具有相当重要的参考价值。他将文化类型从理论上分为四类,即:权力(power)导向型、角色(role)导向型、任务(task)导向型和人员(people)导向型。

（一）权力导向型

权力导向型文化,也称作集权式文化、铁腕型家长文化,权力中心只有一个,通常是由一位具有领袖魅力的创始人或其继任者,以相当权威化的方式运作。企业的领导人很强势,有决断力,反应速度很快。而中间管理阶层采取主动的空间不大。这种企业文化,在决策正确的情况下,有助于公司快速成长。

但是,同样可能发生的情况是,如果决策错误,将为公司带来灾难。该类企业在运行中明显忽视人的价值和一般福利。这类企业经常被看成是专横和滥用权力的,因此它可能因中层人员的低士气和高流失率而蒙受损失。权力导向型文化通常存在于家族式企业和初创企业当中。

（二）角色导向型

角色导向型文化,也称作各司其职的文化,在大型且注重既定程序的公司里经常可见。这些企业中每个人的角色、工作程序,以及授权程度,均清楚界定。在这种文化之下,既定的工作说明与工作程序比个人特质重要。这类组织相当稳定且规律化,但也缺乏弹性,步调迟缓。这种企业有时被称作官僚机构,此类文化最常见于一些历史悠久的银行与保险公司,以及集团企业（如日本的株式会社）、我国的国有企业等。

角色导向型文化十分重视合法性、忠诚和责任。这类企业的权力仍在上层,这类结构十分强调等级和地位,权力和特权是限定的,大家必须遵守。这类企业采用的组织结构往往是职能制结构。

角色导向型文化具有稳定性、持续性的优点,企业的变革往往是循序渐进的,而不是突变的。在稳定环境中,这类文化可能带来高效率,但是,这类企业不太适合动荡的环境。

（三）任务导向型

任务导向型文化,也称作目标导向型文化,在这种文化中,管理者关心的是不断地和成功地解决问题,对不同职能和活动的评估完全是依据它们对企业目标做出的贡献。这类企业采用的组织结构往往是矩阵式的,为了解决某一特定问题,企业可以从其他部门暂时抽调人力和其他资源,而一旦问题解决,人员将转向其他任务,所以无连续性是这类企业的一个特征。

实现目标是任务导向型企业的主导思想,不允许有任何事情阻挡目标的实现。企业强调的是速度和灵活性,专长是个人权力和职权的主要来源,并且决定一个人在既定情景中的相对权力。这类文化常见于新兴产业中的企业（特别是一些高科技企业）、公关公司、房地产经纪公司以及销售公司等。

这类文化具有很强的适应性,个人能高度掌控自己分内的工作,在十分动荡或经常变化的环境中会很成功。但是,这种文化也会给企业带来很高的成本。由于这种文化有赖于不断地试验和学习,所以建立并长期保持这种文化是十分昂贵的。

（四）人员导向型

这类文化完全不同于上述三种类型。人员导向型文化,也称作利他导向型文化。在这种文化中,重视个人的文化,主要由个人主导工作,强调个人价值与专业,员工对企业的忠诚度较低。员工通过示范和助人精神来互相影响,而不是采用正式的职权。这一文化常见于俱乐部、协会、专业团体和小型咨询公司。

这类文化中的人员不易管理,企业能给他们施加的影响很小,因而很多企业不能持有这种文化而存在,因为它们往往有超越员工集体目标的企业目标。

虽然汉迪关于企业文化的分类不能囊括所有的文化类型,而且一个企业内部可能还存在不同的亚文化群,但是,这四种分类较好地总结了大多数企业的文化状况,因此可以作为研究企业文化与战略关系重要的分析基础。

三、企业文化的作用

企业文化于企业有着诸多巨大的功能与作用,正是因为其诸多的作用,才使得企业文化得到企业的高度重视而得以持续建设。其作用主要通过以下六大功能来体现。

1)导向功能。导向功能是指对企业整体及其成员的价值与行为取向所起的引导推动作用。具体表现在两方面:一是对企业成员个体的思想和行为所起的引导作用;二是对企业整体的价值取向和经营管理所起的引导作用。

2)凝聚功能。凝聚功能是指通过其共同价值观的作用而形成一种黏合力,从而产生一种巨大的向心力和凝聚力,将所有企业员工聚合成团结、积极向上的整体。

3)激励功能。激励功能是指企业文化发挥积极向上的理念和行为准则的作用,使企业员工从内心产生一种高昂情绪和奋发进取的精神的效应。

4)协调功能。协调功能是指企业文化借助其共同价值观的作用,使企业能够正确而和谐地处理组织内外各种关系,为组织正常运转创造良好的条件和环境,有效促进企业目标的实现。

5)约束功能。约束功能是指对企业员工的思想、心理和行为所具有的约束和规范作用。既有各种制度强制性的硬约束,也有通过文化氛围、道德规范等发挥的无形的软约束。

6)美化与品牌功能。美化与品牌功能是指通过学习、企业文化植入等手段提升员工个人素质,进而美化员工心灵与企业形象,对企业员工产生作用与影响的同时,通过企业形象与各种宣传渠道而产生的品牌与美化效应对社会产生影响。

四、企业战略与企业文化的关系

企业战略与企业文化相互依存、相互适应和相互协调。一方面,企业战略随企业发展而发展,即企业所处环境与自身条件变化时,企业战略必须适当调整而形成新的战略。企业文化虽随着企业变化而变化,但企业的价值观体系很难即时改变,这时企业战略向企业文化提出挑战,企业文化必须做出相应提升和变革,否则,很难适应企业的发展。不能适应企业发展的文化不是优秀的企业文化,企业文化应该推动企业战略向前顺利实施。另一方面,企业文化又制约企业战略的形成与实施。面对多变的环境,如果企业不能适应环境与企业自身的变化,依然墨守成规,不能变革价值观与理念,企业即使形成和制定战略,也是与企业的发展不相适应的,更不能促进企业的发展,其战略的实现也不是企业应追求的目标。企业文化只有随时适应多变的环境和企业自身的变化与发展,及时调整其价值观体系,才能形成适宜的、优秀的企业文化。价值观体系决定企业战略体系,企业战略体系并依企业文化变化而变化,只有这样,优秀的企业文化才会促进企业适宜的战略形成、制定与实施。因此,企业战略与企业文化只有互为依存、互为适应、互为协调,才会并驾齐驱地推动和促进企业的发展。

(一)企业文化是企业战略形成、制定和实施的基础

企业纵使处于创建初期与发展早期,企业战略的形成、制定和实施也是企业主要价值链之一——人力资源所为;企业处于发展成熟期时,其战略更是企业的价值取向与企业存在的根本任务和意义的体现,即企业文化发挥其核心价值观与共同行为准则的影响,使企业结合自身状况与其所处及未来可能面临的环境形成、制定与实施自己适宜的战略,只有这样的战略才是人心所向且鼓舞人心的。同时,企业文化发挥其导向、凝聚、激励等功能,使得企业战略的实施相对顺畅。因此,无论企业处于何种发展状态,企业文化都是企业战略的基础,它支撑与保障企业战略的实现。

(二)企业文化是企业战略顺利实施的关键和核心

企业战略的实施,除了运用完善的有形资源、手段和措施外,必须运用好"人"这一关键的核心因素。而企业文化,尤其是优秀的企业文化,凭借其共同价值观和理念铸成共同的思维模式,将企业员工的行为凝聚成整齐划一而共同向前的行为方式,只有这种共同的行为,才能保证、促进企业战略的顺利实施、成功实现,否则,企业战略可能会被悬搁于有形框架而不能生根、发芽、开花、结果。

五、企业文化形成竞争优势的关键

理论实践证明,企业文化与企业的竞争优势之间存在不可分割的关系。企业文化与资金、技术、人才一起组成企业的资源,在形成竞争优势上有着重要的作用。

(一)核心价值观修炼

企业文化是企业员工价值观的体现,是企业的经营理念。迪尔(Deal)和肯尼迪(Kennedy)指出,"强势文化几乎总是美国企业持续成功的驱动因素"。强势文化论认为,强势文化有助于保持企业目标的一致性,提高员工的工作积极性,并提供必要的组织和管理机制,因而有利于企业减少对官僚机制的依赖,提高企业的活力和变革能力。一个企业若有强势的企业文化,有被员工认同的核心价值观,企业员工就会精神饱满、管理规范、生产紧张有序;反之,若企业文化没有达成共识的核心价值观,企业员工便会无精打采、人浮于事。企业文化中所包含的核心价值观对改变员工的价值观有着重要的作用,这是因为优秀的企业文化才会激励员工努力工作,创造更多的经济效益。因此,企业文化一定要有强有力的核心价值观,对员工形成激励,进而提升效率,塑造核心竞争力,形成竞争优势。

(二)提升企业的凝聚力

凝聚力强的企业往往能创造出比技术创新、流程再造更高的效率。提升企业的凝聚力也是企业文化建设工作的一个重要组成部分。留住人是企业存在和发展的前提,留住人就要提高企业的凝聚力,建立团队式的企业文化,在企业内部形成良好的人际关系、良好的领导作风、良好的企业道德、良好的企业风气和企业精神。这样既有利于促进生产经营活动,获得较好的效益,又以雄厚的物质基础来改善员工的物质和文化生活,形成一种

良性循环,并持久地维持下去,从而使企业具有更强的竞争优势。因此,提升企业的凝聚力也是企业文化形成竞争优势的一种路径。

(三)提升企业的学习创新能力

在知识经济时代,学习的速度和效率决定了一个组织竞争优势的大小。加强组织学习,培养学习型组织,提高组织学习能力,是许多企业获得竞争优势的重要途径。组织学习是指组织成员不断获取知识,改善自身的行为和优化组织的体系,是组织保持可持续生存及健康和谐发展的过程。学习型组织是指组织成员能够有意识、系统和持续地不断获取知识,改善自身的行为和优化组织的体系,从而在不断变化的内外部环境中,保持可持续生存和健康的和谐发展。显然,学习型的企业文化是现代企业在动态竞争环境中的基本要求,一个组织只有成为学习型组织的时候,才能保证创新的持续发生,才能具备快速应对市场变化的能力,才能充分发挥人力资本和知识资本的作用,才能形成竞争优势,也才能实现企业和相关利益者之间的共同利益。学习型组织是通过培养学习气氛,充分发挥企业成员的创造性思维而建立的一种有机的"高度柔性的""扁平的""符合人性的""能够持续发展的"组织形式,其核心是培养和提高组织学习能力。组织学习能力是指组织成员作为一个不断地获取知识、改善自身行为和优化组织的体系,在不断变化的内外环境中,使组织保持可持续生存和健康和谐发展的能力。企业要发展和培养自身的学习能力,需要做到以下几点。

第一,企业成员在知识增长的环境下改善和更新知识结构以获得竞争优势,只有养成终身学习的习惯,才能形成组织学习的良好氛围。

第二,组成企业系统的所有成员通过过程学习和培训提高创新能力,促进组织效能的最优化。

第三,制定鼓励学习和创新的制度,使创新成为企业成员的自觉行动和组织行为的准则。

第四,构建合理的企业远景,实现企业文化和企业战略的融合,使企业团队形成向心力和凝聚力,能够在共同目标的指引下形成学习和知识创造的共享意识和自觉行动。

(四)提升企业的管理创新能力

管理创新是指创造一种更新、更有效的资源整合范式,这种范式既可以是新的有效整合资源以达到企业目标和责任的全过程管理,也可以是新的具体资源整合及目标制订等方面的细节管理。管理创新的目的是激发社会再生产过程中的主体的积极性,通过各种生产要素进行重新组织,为实现主体目标而协同努力。现代的管理方式和模式已经发生了根本性的变革,提升科学管理水平是提高企业文化竞争力的重要途径。管理创新能力也是企业文化竞争优势的基础,其内容主要包括基础管理能力、流程再造能力、组织创新能力、企业信息化能力和资本运营能力。实施管理创新就是要按照现代企业制度的要求,放弃旧的传统管理模式及其相应的管理方式,创造一种更新、更有效的资源整合方式,最终形成一套与市场经济相吻合的管理机制。企业通过企业文化这种资源形成核心竞争力,促进企业管理创新,从而保持企业可持续发展。

案例资料

如何通过企业文化来推动战略变革——加多宝凉茶的品牌危机带来的思考

人力资源费力不讨好。有时候老板觉得,虽然财务、供应链、专业生产技术自己不是很擅长,但是我懂人,这些都是我的人,在任何时候我可以加入任何意见,这对于人力资源专业人员来讲是一件非常痛苦的事。这些意见来自我们的顶头上司或者是大老板,人力资源工作者是遵守还是不遵守?遵守的话跟我的专业相悖,不遵守的话我的饭碗还要不要了,这是很现实的一个问题。从我1993年开始从事人力资源以来,这个困扰一直让我很痛苦。

但是在我经历了加多宝品牌危机变革之后,突然间发现:第一,我们人力资源是可以让老板心服口服的,我们唯一要做到的是要把人力资源跟战略结合起来。第二,企业软实力很重要,这源于企业长期的积累,是拿钱买不来的。只有具备软实力才能够帮助企业跨越和提升。

对于加多宝来说,我们得到董事会、公司高层和董事长的认可,是在加多宝一夜之间面临着一个巨大的品牌危机的时候,如何能让两万人的离职率不升反降,是我们面临的巨大挑战。所以我想更多地介绍一下我们人力资源管理中的一点:如何通过企业文化来推动战略变革。

企业文化对加多宝度过2012年那场品牌危机起到了巨大的作用,这一点也是我跟我的团队深以为豪的。2012年,加多宝面临着一场巨大的品牌危机,我们经营了17年,把它打造成为一个国民品牌,突然间说我们不能用了。我们能做到的只能是稳定军心,让我们的员工在这样一个危机事件当中没有任何惊慌失措,反而要把团队的凝聚力发挥出来。

什么是企业文化

其实企业文化很简单,它就是在一个企业当中所有的员工所达成的关于价值观或者是行为规范的共识。在这样的共识下,每个人都会在内心当中有一股无形的力量,让他们沿着同样的轨迹去行动。

在这种情况下,企业文化就有以下几个特点。

第一,它具有综合性。它是员工普遍认同且自觉遵循的一系列理念和行为方式的总和。这种综合性又很复杂,复杂到可能你在不经意之间,一个眼神、一个短短的话语就可能产生作用。

第二,它具有共识性。无论企业文化再复杂,因素再多,认可这个文化的团队员工一定是有一个共识的,代表的是企业的共同的价值判断和价值取向。

第三,它具有内在性。如果文化已经真的被内化,员工就不会当着我的面说"我对咱们企业特别认可,特别热爱我们的企业文化,我对企业忠诚无比"。所以企业文化具有内在性,它会让企业所倡导的理念和行为方式在达成普遍的共识之后,成为员工自觉遵守的一种潜在文化规范。

企业文化在企业变革中的三个意义

在加多宝品牌危机变革过程中,我对团队首先提到的要求就是:我们要做一件事情,这件事一定是能在短时间内完成而且效果特别好的，让所有的人都能够看到我们未来的策略和变革的方向。于是，我们集思广益，想到了两件事。第一，我们请老板起草了给全体员工的一封信。在这封信当中，明确了加多宝从今天开始要做什么，那就是上下同心协力、打造加多宝奇迹。第二，全面加多宝化，也就是在两个工作日之内，让全公司上下看不到原来的那三个字。我们其实是从这一件非常简单的事开始的。因为大家知道一个品牌公司，而且是一个单品公司，它在公司上下各个角落里都有这个品牌的痕迹。在两个工作日内所有的人员加班加点，真的在公司上下再也看不到那三个字了，这让我特别感动。

这是加多宝在十几年的文化积淀当中沉淀下来的执行力，这是超级执行力，不是靠钱能买到的。我没有去跟他们说消灭一处给多少钱，就完完全全是大家提出来的，然后就做到了。加多宝从那一年的5月开始发动了一系列的企业文化主题活动，到今天仍然在延续，这让我们团队非常凝聚。在整个的两年的过程当中，我们的团队也为这个品牌自豪，我们的品牌也因为有这样的团队而更加熠熠生辉，我真的觉得这是我们的自豪和骄傲。

在这个过程当中，有三个体会要跟大家分享。

第一，巨大的变革中，企业文化的积淀能够从不确定性中找到确定性。未来品牌怎么样是不确定的，但只要一个通知发出去，我们的团队立即就能执行，这就是我们的确定性。有了这种确定性，任何的不确定就不会变成不安全因素。

第二，在复杂的格局当中，这种共识能够让我们在变化当中找到稳定性。未来市场格局怎么样，我不知道。但是我能够把握的是，员工对这件事情的情绪是一致的，他们的执行力是我能够预测的。当在变化中能够把握住稳定性的时候，所有的变化也不会成为不安全因素。

第三，在激烈的竞争当中，企业文化能够从创新中找到可复制性。我们在2012年启动了一个"红色力量行动"，主题就是"坚持每天影响一个人"。2012年，我们不能用原来的品牌了，加多宝凉茶这个品牌被人熟知都是从《中国好声音》开始。在这之前，没有人知道加多宝凉茶是怎么回事。怎么办？我们的同事上街吃饭点菜说，服务员，给我们来一个加多宝凉茶。如果饭店没有这个东西，员工就会解释，这原来是什么，现在我们改名了。

有一个员工，腿受伤了去急诊，打着石膏挂着拐，看到夜班医生在喝雀巢咖啡，他说医生你喝这个上火，我给你推荐这个加多宝凉茶。腿肿成那样了，他还忍着剧痛跟医生在讲这个故事。我们的员工能做到这种程度，坚持每天影响一个人。

在这个过程当中，我们又会升级一些优秀的案例，然后让员工们看到，通过什么样的方式能够更多地影响我们身边的人。这些案例发布之后，大家又会照着去学，然后创意层出不穷。社区的大爷大妈晚上唱京剧，员工自己做一个横幅挂出来，写着"加多宝凉茶祝您快乐"之类。大家问什么是加多宝凉茶，然后就给人家讲解。所以，在这样的过程中，企业文化的力量可以让大家不断地去创新，在这种创新当中，我们又可以找到可以复制的闪亮点。

上述三点对企业文化的战略落地非常重要，因为战略确定出方向之后，不知道会遇见什么样的情况。在这个时候，企业一定要有一个非常稳定的心理基础，也就是说当这个事情出现的时候你能够预测。当企业文化帮我们找到一些稳定的东西，我们就能知道发生了什么事情,我至少有员工的执行力,有员工对品牌的这种期望和忠诚度可以依赖。

我们基层的普通员工发起了一个活动,叫作"给老板的一句话",他整理出厚厚的一本给我。我就问他,为什么要做这个? 他说了一句话,让我当时特别感动。他说,我觉得老板也是需要鼓励的,如果我们不鼓励他,他也会很难受的。当我把那些非常质朴的心声带到老板面前的时候,我真的看到这位企业家在流眼泪,我也是很感动,很满足,我觉得我们这个团队真的是很棒的,所以我认为企业文化是能够引导战略选择的。

企业文化塑造需要专业知识支撑

当危机出现的时候,企业文化是可以通过它内在的稳定性达成一个合力的,但困难的是,如何把这种合力变成一个可执行的行为。在企业文化每一个活动设计的背后都是有专业支撑的,比如说心理学的专业知识是最需要具备的。

第一年我们为什么要做"红色力量,我们在行动",这是为了从情绪的层面把员工唤起。我们要把这种情绪引导为一种向上的力量,让员工的情绪从愤怒变成自强不息。但是情绪的唤起不能够持久,有谁能够永远保持在亢奋状态? 所以这背后靠的是对员工群体心理学和组织行为学这种专业知识的把握,这其实挺重要的。情绪唤起之后,2013 年的主题就是要回归理性。回归理性的第一点是要让自己去提高。高手在战场上对决的时候,技术实力已经不重要了。李娜能够在澳网夺冠,是因为她不出错。如何能够少出错、不出错? 关键是自己的专业能力的提升。所以 2013 年我们就回归理性,进行专业提升,启动了"红色力量,我们在提高",坚持每天进步一点点。通过绩效的比对,通过对每天进步表格的自我比对,还有"加多宝好建议"这样一个活动,我们每天都在成长。

在这样的基础上,到了 2014 年,我们就开始要重新回到团队了,我们还要形成团队的合力。回到团队之后就要有一个目标去引领大家新的高度方向,就是共担使命,坚定信心。我们阐述了加多宝的中国梦,一定要把加多宝打造成世界级的饮料企业。所以 2013 年到 2014 年,我们又从个体回归到了群体。

这就是这几年"加多宝红色之旅"的过程,其实这个红色之旅中的每一个活动都是根据我们的企业文化体系而来的。在活动背后支撑的是什么? 我们可以看到,企业文化是战略实施非常重要的手段。首先,它能够提供导向;其次,它能够为战略落地提供激励;再次,企业文化具有无形的约束力;最后,企业文化最重要的一点,是在企业文化背后,一定要有专业能力去支撑它。所以这里跟大家分享的就是我们内部的逻辑:以使命来确定战略,以核心价值观来把握战略,以愿景聚焦战略,以核心能力推动战略。在这样一个战略引领框架下,专业能力特别特别重要,尤其是对人力资源从业者来讲,所谓的最好的人力资源是你要提出最适合企业发展,最能够解决企业当今现在面对的最重要问题的解决方案。所以这就是人力资源的专业性和企业文化的关系。企业文化,高到可以引领战略,低到可以激励约束每一个员工,中间支撑的是非常强大的专业系统。没有这些专业系统的支撑,文化仍然是推进不了战略的。所以这里面,战略目标能够引导专业能力发展的方向,同时业绩结果也能够支撑这种文化的落地。

资料来源:夏楠(加多宝集团人力资源及行政总经理).通过企业文化推动战略变革[J].中国人力资源开发,2014(12).

第四节　企业战略与高层管理人员

作为战略执行者的高层管理人员,其行为将直接关系到企业的绩效。他们接受董事会的监督和领导,对公司战略的实施起全面推动作用。通过他们,企业的战略得以转化为产品的竞争力,从而获得更好的生存空间。高层管理人员作为战略的实施者,其能力、工作绩效对于企业竞争力的提升至关重要。企业成功的一个关键因素就是拥有一个具有卓越管理技能的高层管理团队。

一、高层管理人员的组成

高层管理人员是指一个组织的最高领导层,其主要职责是根据组织内外的全面情况,分析和制定该组织长远目标及政策,即组织的任务及战略。以多元化经营的大公司为例,其高层管理人员主要包括企业主管、事业部总经理和事业部高层管理团队的其他人员。具体包括首席执行官(CEO)、总裁和(或)首席运营官(COO)、负责主要业务部门的执行副总裁、负责某一业务部门内部的一组业务分部门的集团副总裁、事业部总经理等。其中,事业部总经理可能拥有企业副总裁或部门总裁的头衔。在事业部总经理的领导下,事业部高层管理团队由各事业单位或职能部门的领导人组成。

二、高层管理人员应具备的素质

高层管理人员应具备以下五大方面的素质。

(一)思想素质

思想素质是思想品德、道德修养、工作态度的总和。它是高层管理人员素质的统帅及核心。企业高层管理人员应具备以下几个方面的思想素质。

(1)具有正确的世界观、人生观和价值观。

(2)具有强烈的事业心。

(3)能密切联系群众,发扬民主作风。

(4)作风正派、办事公道。

(二)知识素质

高层管理人员的知识素质是取得事业成功的基础。现代化的企业,只能由具有现代化知识的人领导。高层管理人员的知识素质很大程度上决定了他们的能力,同时也影响他们的思想素质。高层管理人员应当掌握以下基本知识。

(1)应当懂得现代市场经济理论。

(2)通晓国家政策法令,特别是有关经济方面的法令、条例、规定和制度。

(3)应精通企业经营管理的基本原理和方法。

(4)应熟知本企业的业务知识。

(5)应具有创新的意识和观念。

（三）技能素质

技能是人的才智在实际操作中的具体表现。技能素质是企业高层管理人员一切素质的集中反映,其他素质的表现均由技能素质来体现。技能素质是一种综合性的能力,是多种能力的集合体。从高层管理人员应具备的特点来看,应包括能够使企业不断前进的创新能力、运筹帷幄的决策能力、维持关系的协调能力、知人善任的用人能力等。

（四）心理素质

高层管理人员的心理素质是指企业高层管理人员在个人身上所表现出来的本质的、经常的、稳定的个性心理特征。高层管理人员良好的心理素质是实现企业战略目标、提高企业绩效的重要条件之一。它包括的内容比较广泛。对于企业高层管理人员来说,应当具备以下方面的心理素质。

（1）心理行为上的主导型。主导型人才思维能力强,勇于创新开拓,善于学习,办法多,在群体中往往是举足轻重的角色,也是角色的传递者。

（2）人格心理的外向型。人格的心理特征,可分为内向型、外向型、中间型。典型的内向者爱沉思,喜独处,淡交往,对外界回避介入。典型的外向型者则开朗乐观,善交际,愿冒险,喜变化。一般人总是二者兼有,只是侧重不同。企业高层管理人员的人格心理特征应表现为外向型。因为企业是庞大社会的一个基本经济"生物体",在外界环境的挑战下,适者生存,企业高层管理人员必须以绝大部分精力应付挑战。

（3）心理品质的果断顽强性。高层管理人员的首要任务是决策。从决策者的心理特征分析其素质类型,主要有果断顽强型和多虑型两种。果断顽强型决策者,是指经过深思熟虑的选择,能迅速、明确地表达出来,并坚决地去实现既定目标。而多虑型决策者除了具有深思熟虑和沉着稳健的优点外,还有优柔寡断和犹豫不决,容易丧失良机的弱点。企业高层管理人员的心理品质应以果断顽强型为主导特征。这是因为在市场竞争十分激烈的条件下,既要求企业高层管理人员要随机应变,又要求其在风险决策时要果断、坚决,保证战略的执行。

（五）生理素质

生理素质即身体素质,具有良好的身体素质是人们从事事业的根本保证。随着科学技术的飞速发展,高层管理人员的工作变得越来越复杂。对身担重任既用脑又用体力的企业高层管理人员而言,没有良好的身体素质是难以胜任的。因此,在培养、提高其他方面素质的同时,高层管理人员还必须身体健康,具备强壮的体魄、乐观的性格及充沛的精力。

三、高层管理人员的领导类型

高层管理人员的知识、能力、经验、性格修养和领导风格必须与将要实施的战略相适应。高层管理人员对战略实施和目标实现有着关键性的影响。为保证战略实施,企业必须选择具有与所实施战略相匹配的领导风格或背景的高层管理人员。如美国的大通·曼哈顿银行的信托部经理退休时,该部门的业务已基本稳定,银行的高层领导者决定该部门应采取更加积极进取的战略。为此,银行聘用了一位长期在 IBM 任职的人员,而不是寻找一位经验丰富的银行家,理由是该人具有强烈的顾客—市场营销观念,可以更有效地实施新战略。

根据一项研究成果,可以按照与不同战略相匹配的领导风格将高层管理人员划分为以下几种类型。

(1) 动态产业的专家。这部分高层管理人员的知识、能力、经验等都集中在某个特定的产业方面,而且积极进取,比较适应于采用纵向或横向一体化战略的情况。

(2) 分析型经营组合管理者。这部分高层管理者有分析头脑,有多种产业的知识,能管理多样化的产品线,风格比较保守,适应于采用稳定型战略的情况。

(3) 谨慎型利润计划者。这部分高层管理者有生产或工程背景,有预算控制和执行标准化程序的经验,风格比较保守,适应于采用稳定型战略的情况。

(4) 转向专家。这部分高层管理者有迎接挑战、为弱小企业寻找出路的经验,比较适应于采用紧缩型战略的情况。

(5) 职业的清算专家。这部分高层管理者善于为破产企业办理清算事宜,适应于采用清算战略的情况。

事实上,选择与所实施战略相匹配的高层管理人员是一件非常困难的事情,企业经常无法找到实施某项战略的管理者。企业需要有一个继承性规划,通过开发和培养来储备一批后备人才,他们熟悉企业的生产经营和文化,长期参与企业战略的制定和实施,较易于解决与战略相适应的问题。

思 考 题

1. 简述战略实施的主要任务。
2. 如何理解战略和结构的交互关系?
3. 企业文化是如何影响企业战略实施的?
4. 高层管理人员的领导风格对企业战略实施有何具体影响?举例说明。

第七章

战 略 控 制

学习目标

1. 掌握战略控制的内涵。
2. 了解战略控制的基本方法。
3. 掌握战略控制的过程。
4. 了解战略控制的内容。
5. 掌握平衡计分卡的内涵。
6. 理解基于平衡记分卡的战略控制内涵。

三九集团的财务危机

1985 年以深圳南方制药厂起步的三九集团,在短短 10 多年中,曾一度成为一个拥有超过 200 亿元总资产、3 家上市公司和 400 余家子公司的庞然大物,但其当时的实际情况显示:公司管理不善,财务状况非常混乱。三九集团的首次危机爆发于 2001 年 8 月,中国证监会对其核心企业三九医药做出通报批评,披露上市公司控股股东三九集团占用资金高达 25 亿元;2003 年,三九集团再陷债务危机,多达 21 家债权银行开始集中追讨债务并纷纷起诉,"三九系"整体银行债务被曝高达 98 亿元。之后,三九债权银行向媒体披露的统计数据显示,"三九系"整体对银行的负债总额最高达 107 亿元。

从 1992 年开始,三九企业集团在短短几年时间里,通过收购兼并企业,形成医药、汽车、食品、酒业、饭店、农业、房产等几大产业并举的格局。但是,2004 年 4 月 14 日,三九医药(000999)发出公告:因工商银行要求提前偿还 3.74 亿元的贷款,目前公司大股东三九药业及三九集团(三九药业是三九集团的全资子公司)所持有的公司部分股权已被司法机关冻结。至此,整个三九集团的财务危机全面爆发。

截至危机爆发之前,三九企业集团约有 400 多家公司,实行五级公司管理体系,其三级以下的财务管理已严重失控;三九系深圳本地债权银行贷款已从 98 亿升至 107 亿,而遍布全国的三九系子公司和控股公司的贷款和贷款担保约在 60 亿至 70 亿之间,两者合计,整个三九系贷款和贷款担保余额约为 180 亿元。

三九集团总裁赵新先曾在债务风波发生后对外表示,"你们(银行)都给我钱,使我头脑发热,我盲目上项目"。

当然,三九的危机不能简单地归结为过度多元化,虽然它的经营领域涉及了过多的行业。经济学家郎咸平曾经说过,"一个企业的失败往往是从投资开始的"。实际上,三九集团的战略已经完全失去了控制：决策者自身、投资方向、投资额度、融资额度无不体现出严重的失控。三九危机其实与早年的巨人集团如出一辙。当时，巨人集团也是在前后不到半年的时间，其子公司即从 38 个发展到 228 个。高速的多元化发展使得巨人集团自身的弊端一下子暴露无遗，如其下属子公司康元管理极度混乱，浪费严重，债台高筑。巨人大厦从 64 层增加到 70 层，增加近一个亿的巨额投资，而这却是史玉柱一个人一夜之间做出的决定。

斯蒂芬·罗宾斯曾这样描述控制的作用："尽管计划可以制订出来，组织结构可以调整得非常有效，员工的积极性也可以调动起来，但是这仍然不能保证所有的行动都按计划执行，不能保证管理者追求的目标一定能达到。"

资料来源：作者根据网络资料整理。

第一节　战略控制概述

客观环境是不断发展变化的，企业的战略目标和实施方案只是根据目前内外部条件所提出的规划、设想和部署，因而这种设想不应该也不可能是一成不变的。相反，它必须随着环境的变化适时地做出相应的调整，并在企业发展的实践过程中不断修改、完善，以逐步实现企业的发展目标。保证战略的实施过程和企业发展目标一致的管理手段即是战略控制。

一、战略控制的内涵

战略控制主要是指在企业经营战略的实施过程中，检查企业为达到目标所进行的各项活动的进展情况，评价实施企业战略后的企业绩效，把它与既定的战略目标与绩效标准相比较，发现战略差距，分析产生偏差的原因，纠正偏差，使企业战略的实施更好地与企业当前所处的内外环境、企业目标协调一致，使企业战略得以实现。

企业经营战略实施的控制是企业战略管理的重要环节，它能保证企业战略的有效实施。战略决策仅能决定哪些事情该做，哪些事情不该做，而战略实施的控制的好坏将直接影响企业战略决策实施的效果好坏与效率高低，因此，企业战略实施的控制虽然处于战略决策的执行地位，但对战略管理来说是十分重要的，是必不可少的。

二、战略控制的方法

在战略控制中，需要综合运用各种现代化的控制方法。控制方法的选择，直接关系到控制的成效。主要的控制方法有如下几个。

（一）目标管理

目标管理是指通过企业管理层集体参与共同设置目标，对企业的每个发展阶段，每个管理单位所负责的目标加以明确的规定和说明，并据此评价各阶段、各管理单位的工作成效或贡献。由于目标管理中由集体参与共同设置目标，所以具有以下优点：目标管理的目标是由战略决策部门、经营单位参与制订的，它较好地体现了企业的战略目标，较好地反映了战略经营单位的实际情况，同时又使战略经营单位能较好地了解自身所要实现的那部分目标和实施时的职责范围,从而使目标易于接受和实现。这种集体参与有效地消除了传统管理下产生的抵制行为。目标管理使得战略经营单位进行自我控制成为可能,因为各战略经营单位在实施其目标时已经清楚地了解了目标的进程和实现目标过程中所面临的各种困境,因此,战略经营单位在实施目标时可以自觉地进行自我控制,有利于各经营单位的决策者充分挖掘潜力,发挥各自的优势,从而激发他们去追求更高的目标。

(二)预算控制

预算控制是指通过数字化的财务报表、人力资源统计、研发开支、销售增长幅度、资源配置等来约束经营活动,使企业的决策者在从事其经营活动时受到有效约束而不能任意行动。预算使企业经营的各阶段具有可比性,便于衡量和评价各阶段的成效;预算使企业的各部门之间具有可比性,易于对比部门经营的好坏,以便对他们进行控制。利用这种量化的战略活动标准来衡量战略经营单位的战略实施,就比较容易得到实施与预算之间的差异,这样有利于提高控制的成效,有利于加强对企业决策者或各部门决策者的行动约束,使其更加合理,从而有利于保证企业战略目标的实施。

(三)审计控制

战略控制中的审计方法(战略审计)是指系统地对战略实施过程中的全部管理人员的工作成效进行评价、审核与监督。战略审计人员不仅要弄清企业财务账目的准确性、合法性,而且还要对企业文化、政策、组织结构、职能设置、职权范围、市场地位、竞争对手等企业内部环境和外部环境做比较全面、客观的了解和评价。企业可以采取内部审计与外部审计相结合的形式。内部审计由企业的内部审计机构对企业的会计资料及其反映的经济业务活动进行监督和审查;外部审计是外部审计人员对企业进行审查和监督,具有一定的外部公正性和全局监督性。

(四)建立有效的信息反馈系统

主要工作如下。

1. 信息收集、整理及分析

信息收集、整理及分析,包括以下五个方面。

(1)战略方面。如:国内外宏观经济政策及经济运行情况、本行业状况、国家产业政策;市场对本企业产品或服务的需求;与企业战略合作伙伴的关系,未来寻求战略合作伙伴的可能性;本企业主要客户、供应商及竞争对手的有关情况;与主要竞争对手相比,本企业实力与差距;本企业发展战略和规划、投融资计划、年度经营目标、经营战略,以及编制这些战略、规划、计划、目标的有关依据;本企业对外投融资流程中曾发生或易发生错误的业务流程或环节。

(2)财务方面。财务方面包括企业的财务状况,行业平均情况,相关的行业会计政策与国际会计准则的差异和调节等信息。

(3)市场方面。市场方面包括产品或服务的价格及其供需变化,物资供应的充足性、稳定性和价格变化,主要客户、主要供应商的信用情况,税收政策和利率、汇率、股票价格指数的变化,潜在竞争者、竞争者及其主要产品、替代品情况。

(4)运营方面。运营方面包括:新市场开发,市场营销策略,如产品或服务定价与销售渠道,市场营销环境状况等;企业组织效能、管理现状、企业文化,高、中层管理人员和重要业务流程中专业人员的知识结构、专业经验;质量、安全、环保、信息管理曾发生或易发生失误的业务流程或环节。

(5)法律方面。法律方面包括国内外与本企业相关的政治、法律环境,影响企业的新法律、法规和政策,员工道德操守的遵从性,本企业签订的重大协议和有关贸易合同,本企业发生重大法律纠纷案件的情况,企业和竞争对手的知识产权情况。

2. 建立有效的信息反馈系统

建立有效的信息反馈系统,使反映实际工作情况的信息既能迅速地收集上来,又能适时地传递给合适的主管人员,并且能够将纠偏指令迅速地传达到有关人员以便对问题进行及时处置。有效的管理信息系统不仅指系统能有效地接收、处理、传递信息,而且指通过它传递的信息也是有效的。

三、战略控制的特征

(一)可行性

可行性是指企业一旦选定了战略,就必须认真考虑能否成功地实施,企业是否有足够的财力、人力或者其他资源、技能、技术、诀窍和组织优势,换言之,企业是否有有效实施战略的核心能力。如果在可行性上存在疑问,就需要将战略研究的范围扩大,并将能够提供所缺乏的资源或能力的其他公司或者金融机构合并等方式包括在内,通过联合发展达到可行的目的,特别是管理层必须确定实施战略要采取的初始的实际步骤。

(二)适宜性

判断企业战略是否适宜,首先要求这个战略具有实现公司既定的财务和其他目标的良好的前景。因此,适宜的战略应处于公司希望经营的领域,必须具有与公司的经营哲学相协调的文化,如果可能的话,必须建立在公司优势的基础上,或者以某种人们可能确认的方式弥补公司现有的缺陷。

(三)可接受性

可接受性强调的问题是:与公司利害攸关的人员,是否对推荐的战略非常满意,并且给予支持。一般来说,公司越大,对公司有利害关系的人员就越多。要保证得到所有的利害相关者的支持是不可能的,但是,所推荐的战略必须经过最主要的利害相关者的同意,且在战略被采纳之前,必须充分考虑其他利害相关者的反对意见。

(四)多样性和不确定性

战略具有不确定性。公司的战略只是一个方向,其目的是某一点,但其过程可能是完全没有规律、没有效率和不合理的,因此这时的战略就具有多样性。同时,虽然经营战略是明确的、稳定的且是具有权威的,但在实施过程中由于环境变化,战略必须适时地调整和修正,因而也必须因时因地地提出具体控制措施,这即是说战略控制具有多样性和不确定性。

(五)整体利益和局部利益、长期利益和短期利益的不一致性

企业的整体是由局部构成的。从理论上讲,整体利益和局部利益是一致的,但在具体

问题上,整体利益和局部利益可能存在一定的不一致性。企业战略控制就是要对这些不一致性的冲突进行调节,如果把战略控制仅仅看作是一种单纯的技术、管理业务工作,就不可能取得预期的控制效果。

(六)弹性和伸缩性

战略控制中如果过度控制,频繁干预,容易引起消极反应。因而针对各种矛盾和问题,战略控制有时需要认真处理,严格控制,有时则需要适度的、弹性的控制。只要能保持与战略目标的一致性,就可以有较大的回旋余地而具有伸缩性。所以战略控制中只要能保持正确的战略方向,尽可能地减少干预实施过程中的问题,尽可能多地授权下属在自己的范围内解决问题,对小范围、低层次的问题不要在大范围、高层次上解决,反而能够取得有效的控制。

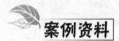

案例资料

华为的战略控制管理——"让听得见炮声的人来决策"

在行业衰退显著的 2008 年度里,华为仍然取得了增长 40% 的不俗业绩,充分彰显了数年来华为强化集团战略管控的成效。

目前,对于危机条件下未来世界和中国经济的走势,各方精英众说纷纭,对 L,U,V,W 型经济走势的争论此起彼伏、不绝于耳,对于企业尤其是企业集团而言,在这种高度不确定的环境中,如何加强集团战略管控显得极为重要。

竞争战略鼻祖迈克尔·波特认为,"战略配称"才是企业获取持续竞争优势的最核心因素,而运营效益是必要而不充分的。迈克尔·波特认为,日本企业在 20 世纪七八十年代以实际营运优势成功崛起,但是因为战略的缺失,导致日本企业整体竞争力下降以及日本经济的衰退。由于本来就缺乏明确的战略定位,在危机来临时,更普遍缺乏重新进行战略定位的能力,这使得日本企业深陷困境。日本企业的前车之鉴,中国企业勿重蹈覆辙,前事不忘,后事之师。中国企业集团需要加强集团战略管控,并从标杆企业集团在危机中的集团战略管控做法中寻求借鉴。而在应对危机、强化集团战略管控方面,做得较好的中国企业,华为显然是其中之一。

华为的逆势增长

2009 年 4 月 22 日,华为正式发布了 2008 年年报。2008 年华为全球销售收入达到 183.3 亿美元,同比增长 42.7%,也超过之前 170 亿美元销售收入的预期。净利润达到 11.5 亿美元,同比增长 20%,净利润率 6.28%。海外收入的比例上升到了 75%,位列全球前 50 大运营商中的第 36 家。同时在标志企业健康程度的相关指标上,华为也表现良好。

40% 的增长速度与华为一贯的成长速度基本吻合,但是如果相对比行业内其他主要竞争对手的年度业绩,就可知华为成就的来之不易和春风得意。2008 年,爱立信净收入减少 40%,诺基亚亏损 3 亿欧元,阿尔卡特-朗讯、摩托罗拉、北电更是一塌糊涂。在行业前列的几位巨头之中,只有华为一枝独秀、分外妖娆。

华为集团战略管控的关键解读

华为的逆势增长,是其长期以来规范管理、改造流程、塑造企业文化和追求全球化发展的结果。比如,《华为基本法》是中国第一部总结企业战略、价值观和经营管理原则的"企业宪法";华为引入西方大企业的优秀实践,与IBM、HAY、PWC、埃森哲等西方公司展开合作,在集成产品开发、集成供应链、人力资源管理、财务管理、质量管理等方面加以改进。

在集团战略管控方面,华为带给我们以下四个方面的思考。

巨资投入研发,确保增强企业核心竞争力

大量公布的数据和走访的事实表明,在金融危机条件下,我国沿海地区的大部分外向型企业举步维艰,而这其中,尤以OEM等简单制造企业受冲击最大,相对来说,有自有品牌和核心竞争力的企业,受冲击相对较小,也就是说,"微笑曲线"的两端企业要好于中间企业。这从反面证明了,从制造向创造、从OEM向ODM和OBM的转变,是中国企业转型和升级的必然。

华为走在了我国企业的前列,其多年在研发人员和资金的巨额投入,和对知识产权的高度重视,使企业获得了丰硕的成果。华为连续多年位居中国企业发明专利申请数量第一。截至2008年12月,华为累计申请国内外专利达到25 000多件。2008年,华为总共提交了1 737项PCT国际专利申请,超过了松下(日本)和飞利浦(荷兰),成为PCT国际专利申请第一大户,中国企业第一次在该排行榜名列榜首。

更值得国内企业集团借鉴的是,华为一直贯彻"领先半步策略",避免研发人员只追求技术的新颖、先进而缺乏市场敏感,华为一直坚持研发战略要从"技术驱动"转变为"市场驱动",规定每年必须有几百个研发人员转做市场,同时有一定比例的市场人员转做研发。与此同时,华为探索以项目为中心的团队运作模式。从2000年开始在企业内部进行集成产品开发的变革,把以前由研发部门独立完成的产品开发,变成跨部门的团队运作。任何产品一经立项就瞄准市场和客户需求,并成立开发、服务、制造、财务、采购、质量等人员组成的团队,确保产品一推到市场就满足客户需要。

金融危机对成本控制提出了严峻挑战,华为也提出了降低运作成本的要求,包括引起轩然大波的鼓励员工辞职事件,但是,2009年年初任正非明确提出:必须确保增强核心竞争力的投入,确保对未来的投入。

华为的做法与美国优秀企业不谋而合。美国企业吸取了上一次经济不景气期间的经验和教训。为了保持未来的竞争力,美国企业尽管采取了裁减员工、削减资本支出等措施降低成本,但却维持甚至增加了研发投资。如,微软尽管销售收入几乎没有增长,2008年第四季度研发投资增长了21%;英特尔(33.83,-0.16,-0.47%)2008年第四季度净利润下滑了90%,2009年其研发预算仍然高达54亿美元;3M过去15个月裁减了4 700名员工,今年其资本支出将减少30%,但研发预算将基本持平或略有增长;芯片厂商飞思卡尔第四季度营收下滑了近40%,但研发投资下滑幅度只有6%。

决策权前置,让听得见炮声的人来决策

集团战略管控的立足点就是要对前线的市场信息有充分及时的了解和把握,华为则把它推向极致,要"让听得见炮声的人来决策"。

2009年1月，在销服体系奋斗颁奖大会上的讲话中，任正非明确提出了"让听得见炮声的人来决策"。他提出：

后方配备的先进设备、优质资源，应该在前线一发现目标和机会时就能及时发挥作用，提供有效的支持，而不是拥有资源的人来指挥战争、拥兵自重。

基层作战单元在授权范围内，有权力直接呼唤炮火。

任正非对于后方机关不了解前线却拥有太多的权力与资源、设置了许多流程控制点而且不愿意授权、官僚主义及教条主义等现象给予了无情的抨击，明确提出将指挥所放到听得到炮响的地方去，把决策权根据授权规则授给一线团队，后方起保障作用。要以需求确定目的，以目的驱使保证，一切为前线着想，从而精简不必要的流程，精简不必要的人员，提高运行效率，为生存下去打好基础。

正如任正非自己所认为的那样，华为过去的组织和运作机制是"推"的机制，是靠中央权威的强大发动机在推。现在，要将"推"逐步转换到"拉"的机制上去，或者说，是"推""拉"结合、以"拉"为主的机制。

搭船出海，全球合资

我国政府鼓励企业"走出去"，很多企业也都做了国际化的勇敢尝试，比如联想、TCL等，但是实事求是地讲，这些以并购为目标和手段的国际化效果并不好，一方面引起了并购对象所在国的高度敏感和猜忌；另一方面由于国际化经验和企业自身管理水平的不足，并购后的整合和运营效果都并不理想。反倒是，华为的"搭船出海，全球合资"的国际化之路越走越宽。

考虑到通信行业标准化程度非常高，主流标准占据90%以上市场份额，为了在国际市场上获得更多的机会，华为采取"搭船出海"的策略，积极参与国际主流标准的制定，在全球化竞争中逐渐变被动为主动。华为目前已加入了91个国际标准组织，并在这些标准组织中担任100多个职位。通过了欧洲发达国家运营商的严格认证，已达到其主要供应商的要求，赢得了欧洲市场的拓展。

2008年华为75%的销售额都来自海外市场，这与其长期以来实行海外合资的经营战略密切相关。

华为这几年来进行了一系列的海外合资活动，如：2003年3月20日，华为与美国3Com公司宣布成立全球性的合资公司—华为3Com通信技术有限公司。2004年8月，华为与德国西门子公司组建了另一家全球性合资公司。2006年2月，华为与电信巨头北电网络宣布成立合资公司。

现在，华为建立起了一对多、多对多的全球合资体系，任正非期望能够以全球视野把握好合资公司短期与长期利益的平衡。

化危为机，进一步拓展发达国家市场

大家都知道"危"中有"机"，但并非每个企业都能够、都敢于在危机中寻找发展的机遇，大多数企业毫无例外地实行紧缩战略，且看华为的例外好戏。

正当国际电信设备巨头还在思考如何渡过金融危机之时，华为却开始酝酿一场美国市场的"抄底"行动。2008年10月，华为北美区CTO查理·马丁表示，华为原计划暂缓在北美市场拓展，因为这一成熟市场难以渗透，但现在是突破良机，华为已持有美国移动

运营商 Leap Wireless 的合同,在过去 18 个月中,公司在美国的雇员数量也已从 200 人增至 500 人,公司还聘请大量美国本土员工充实领导阶层。

金融危机给了华为一个最佳的市场机会。虽然国际电信巨头在美国电信设备市场上已根深蒂固,但金融危机会让其市场和销售策略变得保守,而且这些公司都是上市公司,要对每季度业绩负责,有短期回报压力。而华为完全可以通过灵活的价格和市场策略进行市场渗透。

华为在海外真正赚钱的是在发展中国家和地区,但拿下欧洲市场和美国市场抢占制高点的好处不言自明:一是发展中国家的运营商一般也来自发达国家,华为可借此熟悉客户;二是对发展中国家的运营商有一个很好的示范作用。

危机中的集团战略管控三步法

卓越的集团战略管控,帮助华为在快速变化的市场中,制定新的发展方向及战略举措,以求最终能够创造更大的整体价值和整体竞争优势。

华为的做法虽然有其独特性,但值得思考和借鉴。对于所有企业集团而言,可以遵循以下三个步骤,以应对危机所带来的挑战,真正化危为机。

识别危机:识别影响企业的外部直接因素和间接因素。确定决定企业未来的产业环境以及一般环境的重要因素及其变化。只选择最重要的而且是不确定的变化环境因素进入情景规划。直接因素是产业环境因素,间接因素是一般环境因素。

评价危机:通过分析间接因素对直接因素的影响,判断直接因素发生的趋势及概率,评价直接因素各变化趋势的战略重要性。

应对危机:根据各直接因素趋势的发生概率和战略重要性,绘出危机情景规划矩阵。

根据不同情景制定不同的战略:依据战略上重要而且发生概率大的直接因素变化趋势,制订基本战略方案。依据战略上重要而可能性不大的直接因素变化趋势,制订备用战略方案。对于战略上不重要的因素,无论发生概率大还是小,在战略管理中都可以不予考虑。

资料来源:2009 年 07 月 14 日《董事会》,作者为华彩咨询集团执行董事、中国首席母子公司管控专家白万纲先生。

第二节　战略控制过程

一、战略失效

战略失效,是指企业战略实施的结果偏离了预定的战略目标或战略管理的理想状态。

(一)战略失效的原因

(1)企业内部缺乏沟通。

(2)战略实施过程中各种信息的传递和反馈受阻。

(3)战略实施所需的资源条件与现实存在的资源条件之间出现较大缺口。

(4)用人不当,主管人员、作业人员不称职或玩忽职守。

(5)公司管理者决策错误,使战略目标本身存在严重缺陷或错误。

（6）企业外部环境出现了较大变化，而现有战略一时难以适应等。

（二）战略失效的类型

（1）早期失效。在战略实施初期，由于新战略还没有被全体员工理解和接受，或者战略实施者对新的环境、工作还不适应，就有可能导致较高的早期失效率。

（2）偶然失效。在战略实施过程中，偶然会因为一些意想不到的因素导致战略失效，这就是偶然失效。

（3）晚期失效。晚期失效是指当战略推进一段时间之后，原先对战略环境条件的预测与现实变化发展的情况之间的差距会随着时间的推移变得越来越大，战略所依赖的基础就显得越来越糟，从而使失效的可能性大为提高。

二、战略控制

战略控制是指监督战略实施进程，及时纠正偏差，确保战略有效实施，使战略实施结果符合预期战略目标的必要手段。

（一）战略控制的内容与作用

1. 战略控制的内容

（1）设定绩效标准。根据企业战略目标，结合企业内部人力、物力、财力及信息等具体条件，确定企业绩效标准，作为战略控制的参照系。

（2）绩效监控与偏差评估。通过一定的测量方式、手段、方法，监测企业的实际绩效，并将企业的实际绩效与标准绩效对比，进行偏差分析与评估。

（3）设计并采取纠正偏差的措施，以顺应变化着的条件，保证企业战略的圆满实施。

（4）监控外部环境的关键因素。外部环境的关键因素是企业战略赖以存在的基础，这些外部环境的关键因素的变化意味着战略前提条件的变动，必须给予充分的注意。

（5）激励战略控制的执行主体，以调动其自控与自评价的积极性，以保证企业战略实施的切实有效。

2. 战略控制的作用

（1）企业经营战略实施的控制是企业战略管理的重要环节，它能保证企业战略的有效实施。战略决策仅能决定哪些事情该做，哪些事情不该做，而战略实施的控制的好坏将直接影响企业战略决策实施的效果好坏与效率高低，因此企业战略实施的控制虽然处于战略决策的执行地位，但对战略管理是十分重要的，必不可少的。

（2）企业经营战略实施的控制能力与效率的高低也是战略决策的一个重要制约因素，它决定了企业战略行为能力的大小。企业战略实施的控制能力强，控制效率高，则企业高层管理者可以做出较为大胆的、风险较大的战略决策，若相反，则只能做出较为稳妥的战略决策。

（3）企业经营战略实施的控制与评价可为战略决策提供重要的反馈，帮助战略决策者明确决策中哪些内容是符合实际的、是正确的，哪些是不正确的、不符合实际的，这对于提高战略决策的适应性和水平具有重要作用。

（4）企业经营战略实施的控制可以促进企业文化等企业基础建设，为战略决策奠定良好的基础。

（二）战略控制的方式

控制的角度不同，企业的战略控制方式也不同。

1. 从控制时间来看

从控制时间来看，企业的战略控制可以分为如下三类。

（1）事前控制。在战略实施之前，要设计好正确有效的战略计划，该计划要得到企业高层领导人的批准后才能执行，其中有关重大的经营活动必须通过企业的领导人的批准同意才能开始实施，所批准的内容往往也就成为考核经营活动绩效的控制标准，这种控制多用于重大问题的控制，如任命重要的人员、重大合同的签订、购置重大设备等。

由于事前控制是在战略行动成果尚未实现之前，通过预测发现战略行动的结果可能会偏离既定的标准，因此，管理者必须对预测因素进行分析与研究。一般有三种类型的预测因素。

① 投入因素。即战略实施投入因素的种类、数量和质量，将影响产出的结果。

② 早期成果因素。即依据早期的成果，可预见未来的结果。

③ 外部环境和内部条件的变化，对战略实施的控制因素。

（2）事后控制。这种控制方式发生在企业的经营活动之后，其重点是要明确战略控制的程序和标准，把日常的控制工作交由职能部门人员去做，即在战略计划部分实施之后，将实施结果与原计划标准相比较，由企业职能部门及各事业部定期地将战略实施结果向高层领导汇报，由领导者决定是否有必要采取纠正措施。事后控制的方法的具体操作主要有联系行为和目标导向等形式。

① 联系行为。即对员工的战略行为的评价与控制直接同他们的工作行为联系挂钩。他们比较容易接受，并能明确战略行动的努力方向，使个人的行动导向和企业经营战略导向接轨；同时，通过行动评价的反馈信息修正战略实施行动，使之更加符合战略的要求；通过行动评价，实行合理的分配，从而强化员工的战略意识。

② 目标导向。即让员工参与战略行动目标的制订和工作业绩的评价，既可以看到个人行为对实现战略目标的作用和意义，又可以从工作业绩的评价中看到成绩与不足，从中得到肯定和鼓励，为战略推进增添动力。

（3）随时控制。随时控制即过程控制，企业高层领导者要控制企业战略实施中的关键性的过程或全过程，随时采取控制措施，纠正实施中产生的偏差，引导企业沿着战略的方向进行经营。这种控制方式主要是对关键性的战略措施要进行随时控制。

应当指出，以上三种控制方式所起的作用不同，因此在企业经营当中它们是被随时采用的。

2. 从控制主体的状态来看

从控制主体的状态来看，战略控制可以分为如下两类。

（1）避免型控制。即采用适当的手段，使不适当的行为没有产生的机会，从而达到不需要控制的目的。如：通过自动化使工作的稳定性得以保持，按照企业的目标正确的工作；通过与外部组织共担风险减少控制；或者转移或放弃某项活动，以此来消除有关的控制活动。

（2）开关型控制。开关型控制又称为事中控制或行与不行的控制。其原理是：在战略实施的过程中，按照既定的标准检查战略行动，确定行与不行，类似于开关的开与关。开关控制方法的具体操作方式有以下几种。

① 直接领导。管理者对战略活动进行直接领导和指挥，发现差错及时纠正，使其行为符合既定标准。

② 自我调节。执行者通过非正式的、平等的沟通，按照既定的标准自行调节自己的行为，以便和协作者配合默契。

③ 共同愿景。组织成员对目标、战略宗旨认识一致，在战略行动中表现出一定的方向性、使命感，从而达到殊途同归、和谐一致、实现目标。

开关控制法一般适用于实施过程标准化的战略实施控制，或某些过程标准化的战略项目的实施控制。

3. 从控制的切入点来看

从控制的切入点来看，企业的战略控制可以分为如下五种。

（1）财务控制。这种控制方式覆盖面广，是用途极广的非常重要的控制方式，包括预算控制和比率控制。

（2）生产控制。生产即对企业产品品种、数量、质量、成本、交货期及服务等方面的控制，可以分为产前控制、过程控制及产后控制等。

（3）销售规模控制。销售规模太小会影响经济效益，太大会占用较多的资金，也影响经济效益，为此要对销售规模进行控制。

（4）质量控制。质量控制包括对企业工作质量和产品质量的控制。工作质量不仅包括生产工作的质量，还包括领导工作、设计工作、信息工作等一系列非生产工作的质量。因此，质量控制的范围包括生产过程和非生产过程的其他一切控制过程，质量控制是动态的，着眼于事前和未来的质量控制，其难点在于全员质量意识的形成。

（5）成本控制。通过成本控制使各项费用降低到最低水平，达到提高经济效益的目的，成本控制不仅包括对生产、销售、设计、储备等有形费用的控制，而且包括对会议、领导、时间等无形费用的控制。在成本控制中要建立各种费用的开支范围、开支标准并严格执行，要事先进行成本预算等工作。成本控制的难点在于：企业中大多数部门和单位是非独立核算的，因此缺乏成本意识。

第三节　基于平衡计分卡的战略控制

平衡计分卡（the balanced scorecard，BSC）于 20 世纪 90 年代初由哈佛商学院的罗伯特·卡普兰（Robert Kaplan）和诺朗诺顿研究所（Nolan Norton Institute）所长、美国复兴全球战略集团创始人兼总裁戴维·诺顿（David Norton）提出，该方法基于两人所从事的"未来组织绩效衡量方法"的研究成果，实质上是一种绩效评价体系。当时该计划的目的，在于找出超越传统以财务量度为主的绩效评价模式，以使组织的"策略"能够转变为"行动"而发展出来的一种全新的组织绩效管理方法。平衡计分卡自创立以来，在国际上，特别是在美国和欧洲，很快引起了理论界和客户界的浓厚兴趣与反响。

有一个有趣的现象:在美国最新比较流行的人力资源教材中,关于绩效考核的章节里并没有提到如今热遍全球而且在中国也日益升温的"平衡计分卡",而在相关的战略学教材中,"平衡计分卡"的正式身份则被介绍为"一种战略控制的方法"。这并不是说"平衡计分卡"不能作为绩效考核的工具(因为企业绩效本身是和战略、目标密不可分的),而是强调了"平衡计分卡"的重要用途,即进行战略控制。企业决策者传统上依靠财务数据,如利润、投资回报率等去评估企业的绩效,尽管财务信息是重要的,但是仅有它本身是不够的,财务结果只是简单地向决策者显示他们已经采取的决策所产生的结果。如果企业决策者想要得到企业绩效的全面真实的信息,在财务信息之外,必须补充另外一些绩效信息,它们包括一个企业驱动未来绩效、获得竞争优势所需要的四个基础方面:效率、质量、创新、客户响应能力。

基于企业的使命和目标,决策者会采取一系列策略,设立企业组织结构,使资源获得最大效用,通过战略的实施创造达成目标所需要的竞争优势。为了评估策略和组织结构的优劣,决策人开发出明确的绩效衡量方法来评估企业在需要建立竞争优势的四个基础方面做得如何。通过平衡计分卡的全面衡量,决策人可以站在更高的位置重新审视企业的使命和目标。他们也可以采取行动纠正问题或通过改进企业战略和组织结构来开拓新机会——这也是战略控制的真正目的。平衡计分卡填补了在执行和反馈战略的过程中所存在的巨大空白,提供了战略衡量的框架和管理系统。它是执行企业战略的管理过程,同时它将公司的战略"翻译"成为与公司战略一致的绩效考核指标体系。

一、平衡计分卡的内涵

平衡计分卡,是指根据企业组织的战略要求而精心设计的指标体系。它将企业战略目标逐层分解转化为各种具体的相互平衡的绩效考核指标体系,并对这些指标的实现状况进行不同时段的考核,从而为企业战略目标的完成建立起可靠的执行基础。

平衡计分卡的概念框架,其内容主要为以下四个方面,即:财务、顾客、内部经营流程和学习与成长。

(1)财务。以财务为核心,体现股东利益,概括反映企业绩效。从股东的立场出发,树立"企业只有满足投资人和股东的期望,才能取得立足与发展所需要的资本"的观念。企业根据所确定的不同的财务的战略方向、战略主题而采用不同的绩效衡量指标,衡量战略的实施和执行是否在为最终的经营成果的改善做出贡献。

(2)顾客。以顾客为核心,体现顾客利益,从顾客的立场来确认企业将要参与竞争的市场以及创造价值和差异性的方式,并将目标转换成一组衡量指标。主要的指标有市场占有率、顾客的获得、顾客的保持、顾客满意度及顾客获利能力(这是企业所最后追求的)等。

(3)内部经营过程。为吸引和留住目标市场上的客户,满足股东对财务回报的要求,平衡计分卡关注对客户满意度和实现企业财务目标影响最大的那些内部过程,并为此设立衡量指标。在这一方面,平衡记分卡重视的不是单纯的现有经营过程的改善,而是以确认客户和股东的要求为起点、满足客户和股东要求为终点的全新的内部经营过程。

(4)学习和成长。平衡计分卡中学习和成长方面确认了企业为了实现可持续性的发展而必须进行的对未来的投资,包括对雇员的能力、企业的信息系统和企业组织等方面的衡量指标。通过员工保持率、员工生产力、员工满意度的增长等指标,追求创造出能够鼓励和支持组织变化、创新和成长的组织文化。

平衡计分卡中的目标和评估指标来源于组织战略,它把组织的使命和战略转化为有形的目标和衡量指标。BSC 中客户方面,管理者们确认了组织将要参与竞争的客户和市场部分,并将目标转换成一组指标。如市场份额、客户留住率、客户获得率、顾客满意度、顾客获利水平等。BSC 中的内部经营过程方面,为吸引和留住目标市场上的客户,满足股东对财务回报的要求,管理者须关注对客户满意度和实现组织财务目标影响最大的那些内部过程,并为此设立衡量指标。在这一方面,BSC 重视的不是单纯的现有经营过程的改善,而是以确认客户和股东的要求为起点、满足客户和股东要求为终点的全新的内部经营过程。BSC 中的学习和成长方面确认了组织为了实现长期的业绩而必须进行的对未来的投资,包括对雇员的能力、组织的信息系统等方面的衡量。组织在上述各方面的成功必须转化为财务上的最终成功。产品质量、完成订单时间、生产率、新产品开发和客户满意度方面的改进只有转化为销售额的增加、经营费用的减少和资产周转率的提高,才能为组织带来利益。因此,BSC 的财务方面列示了组织的财务目标,并衡量战略的实施和执行是否在为最终的经营成果的改善做出贡献。BSC 中的目标和衡量指标是相互联系的,这种联系不仅包括因果关系,而且包括结果的衡量和引起结果的过程的衡量相结合,最终反映组织战略。

平衡计分卡反映了财务、非财务衡量方法之间的平衡,长期目标与短期目标之间的平衡,外部和内部的平衡,结果和过程平衡,管理业绩和经营业绩的平衡等多个方面;所以能反映组织综合经营状况,使业绩评价趋于平衡和完善,利于组织长期发展。当 Kaplan 和 Norton 跟踪研究了实践平衡计分卡这一工具的众多企业,将公司战略与平衡计分卡的各项衡量指标相联系时,他们发现:它不仅仅是一个绩效评估系统,更是一种战略性的管理系统;它弥补了制定战略与实施战略之间的巨大鸿沟,成为实施战略的有力手段。

二、平衡计分卡与企业战略控制

运用平衡计分卡可以使组织内部的业务单元、职能单元、小组和个人的目标和组织的目标紧密地结合起来,使组织内部的关键管理流程如计划、预算、资源配置方案和定期汇报等都围绕着战略来制定和开展,使企业的长期战略计划和短期预算相连接。组织的愿景、战略和资源配置方案等能流畅地自上而下地传播,而对它们的实施、反馈和收获同样能流畅地从基层返回到高层。通过平衡计分卡的应用,使整个组织聚焦于战略,从而实现组织内部协同。平衡计分卡用于战略控制主要体现在以下三个方面。

(一)用平衡计分卡解释战略

如前所述,传统的绩效评价体系的主要弊端之一就是它无法清晰地描绘出企业的价值创造过程和无形资产的重要作用。而平衡计分卡则将企业的看得见的顾客和财务上的收益与看不见的无形资产的作用通过一系列因果关系联系起来。例如,如果外部顾客将价值定位于"时尚和精美的设计",那么,作为无形资产之一的设计能力就对战略的成功十分必要。因此,平衡计分卡将看不见的企业的技术、能力,甚至价值观、文化与企业的内部流程如采购、分销结合起来,创造出看得见的有形的产出,如收入的增长和利润率等。进一步,平衡计分卡再通过这一系列的因果关系来展示公司的总体战略,将公司的战略转化为具体的目标和衡量指标。例如某一企业的战略之一是提高收入,则分解出下列的因果关系:在财务上,可以采用增加新的收入来源和提高每位顾客的利润率两种目标;在顾客方面,可以通过吸引新顾客和留住老顾客两种目标;在内部经营流程上,可以通过改进顾客管理流程、研发流程和创新流程等方式;在学习和成长方面,可以通过增加对雇员销售技能的培训,引入新技术等方式。如图7-1所示。

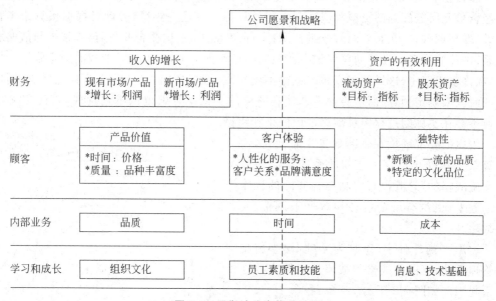

图7-1 平衡计分卡战略地图

平衡计分卡概念框架中每一衡量指标都是因果关系中的一环。它们既反映实现某项战略所需达到的具体目标及近期的完成状况,也反映实现这一目标的相关驱动因素和它们的完成情况。平衡计分卡为组织描述和解释战略提供了有力的框架。

(二)运用平衡计分卡,将战略与团队、个人的目标联系起来,使组织成为紧密相连的整体

平衡计分卡通过一整套具有因果关系的目标、衡量指标来解释战略。更重要的是,在运用平衡计分卡的过程中,组织中的部门、团队和个人能够真正地理解战略,在"战略具体是什么"和"它如何得到实现"两方面形成统一的认识。原先有许多组织相信通过对战略的解释和宣传,组织中的每个人都对战略达成了共识,然而,在建立平衡计分卡的过程中,他们发现原来每个人对战略都有着不同的理解。通过平衡计分卡的建立和运用,他们对什么是目标顾客,差异化的价值定位、创新和学习的重要作用等一些战略里的核心问题形成了一致的理解。组织中的每个人都真正地理解和明确了战略。在这一基础上,团队、个人将目标与战略联系在一起。通过分解平衡计分卡的目标和衡量指标来完成,尤其是在分解非财务指标方面。各事业部、职能部门和小组将总公司的平衡计分卡作为参考,部门经理从公司的计分卡中找到自己可以施加影响的目标和衡量指标,然后制订本部门的计

分卡和目标。通过个人对组织战略的充分认识,运用平衡计分卡的概念框架,团队、个人形成自己对组织价值的理解和职业成长目标的规划,整个组织围绕着战略形成真正统一的整体。

(三) 平衡计分卡使战略成为一个连续的过程

许多组织在实施战略的过程中遭遇挫折,其中有一个很重要的原因是它们的战略与战略的实施是分离的,彼此之间少有联系,缺少一个有效的管理控制系统。一般情况下,在大多数企业里,预算扮演着计划和控制系统的角色,它决定了在下一个会计年度里,每个经营单元所分配到的资源和应达到的绩效目标。在这一年里,管理者根据预算来考核绩效,发现偏差,并在必要的时候进行调整。而实际上,在这些企业里,预算很少与战略相联系,管理的注意力和行动仅仅集中在短期的运作细节上,而不在长期战略的实施上。并且,在许多组织中,这样的预算系统也得不到实现,根据资料,20%的企业会花费 16 周以上的时间来制定预算,而这些预算即使在一年的头几个月中也得不到实现,并且 78% 的企业不会在实施的过程中对预算进行修正和纠错。

组织的外部环境在不断地发生着变化,而预算系统却静止不变。这样的系统是无法有效实施战略的,它既没有将战略与实际的运作联系起来,也没有反馈信息和数据来调整、支持战略。

运用平衡计分卡,以它为基础,建立新型的管理系统,可以使战略与战略的实施有效地联系起来。如图 7-2 所示。

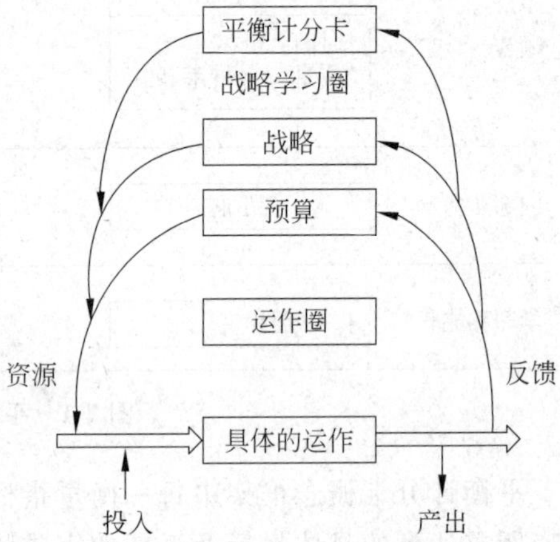

第一,平衡计分卡将战略和预算联系在一起。通过平衡计分卡上的目标和衡量指标将概括性的鼓舞人的战略与严谨的预算计划联系起来。

图 7-2　战略成为一个持续的过程

第二,使战略得到不断的调整,形成战略学习圈。平衡计分卡为战略提供了一个战略的反馈系统:由于平衡计分卡中的衡量指标之间存在因果联系,因此,当组织发现某项指标在运作过程中未达到预期目标时,便可以根据因果关系层层分析引起这项指标变动的其他指标是否合格。如果不合格,则能找出相关的原因并进行调整;如果均已合格,那么就应对企业内外部环境重新分析,检查据以确定战略的环境因素是否已发生变化,是否需要调整战略。另一方面,利用平衡计分卡的概念框架来完成有关战略实施情况的报告和举行定期的以战略为核心的管理会议,通过及时的反馈和持续的关注,使战略得到不断的实践、学习和调整。

这样的以平衡计分卡为基础的两环结构,使组织的战略能够随着外部环境的变化而不断地调整,并逐渐成熟。平衡计分卡为战略成为一个持续的过程提供了基础。

运用平衡计分卡,将组织的愿景和战略转化为一整套全方位的绩效量度,并清楚明确地解释组织内各层面工作与成果之间的因果关系,使各层面相辅相成,最终转化为战略真正的具体落实。

思　考　题

1. 为什么要进行战略控制？
2. 简述战略控制的内容与作用。
3. 基于平衡计分卡的战略控制特点是什么？
4. 战略控制的方法有哪些？
5. 战略失效的原因是什么？

第八章

企业风险管理理论

学习目标

1. 了解企业风险管理理论的演进历程。
2. 了解企业风险管理理论的主要内容。
3. 了解企业风险管理的过程与方法。
4. 掌握企业的全面风险管理战略。

引导案例

摩托罗拉的战略失误

2007年,摩托罗拉在中国的市场占有率由1995年60%以上跌至12%!

10年前,摩托罗拉还一直是引领尖端技术和卓越典范的代表,享有全球最受尊敬公司之一的尊崇地位。它一度前无古人地每隔10年便开创一个工业领域,有时10年还开创两个。成立80年来,发明过车载收音机、彩电显像管、全晶体管彩色电视机、半导体微处理器、对讲机、寻呼机、大哥大(蜂窝电话)以及"六西格玛"质量管理体系认证,它先后开创了汽车电子、晶体管彩电、集群通信、半导体、移动通信、手机等多个产业,并长时间在各个领域中找不到对手。

但是这样一家有着显赫历史的企业,在2003年手机的品牌竞争力中排在第一位,2004年被诺基亚超过排在了第二位,而到了2005年,则又被三星超过,排到了第三位。

在2008年5月,市场调研厂商IDC和战略分析公司Strategy Analytics表示,摩托罗拉可能在2008年年底之前失去北美市场占有率第一的位置。摩托罗拉当季报也显示,2008年第一季度全球手机销量下降39%,手机部门亏损4.18亿美元,与上年同期相比亏损额增加了80%。

1. 败于"铱星计划"

为了夺得对世界移动通信市场的主动权,并实现在世界任何地方使用无线手机通信,以摩托罗拉为首的美国一些公司在政府的帮助下,于1987年提出新一代卫星移动通信星座系统——铱星。

铱星系统技术上的先进性在目前的卫星通信系统中处于领先地位。铱星系统卫星之间可通过星际链路直接传送信息,这使得铱星系统用户可以不依赖地面网而直接通信,但这也恰恰造成了系统风险大、成本过高,维护成本相对于地面也高出许多。整个卫星系统的维护费一年就需几亿美元之巨。

谁也不能否认铱星的高科技含量,但用66颗高技术卫星编织起来的世纪末科技童话在商用之初却将自己定位在了"贵族科技"。铱星手机价格每部高达3 000美元,加上高昂的通话费用,它开业的前两个季度,在全球只发展了1万用户,这使得铱星公司前两个季度的亏损即达10亿美元。尽管铱星手机后来降低了收费,但仍未能扭转颓势。

2. 营销战略失误

(1)迷失了产品开发方向。不考虑手机的细分发展,3年时间仅依赖V3一个机型。没有人会否认V3作为一款经典手机的地位,正是依靠V3,摩托罗拉2005年全年利润提高了102%,手机发货量增长40%,摩托罗拉品牌也重焕生机。尽管V3让摩托罗拉重新复苏,更让摩托罗拉看到了夺回市场老大的希望。然而,摩托罗拉过分陶醉于V3带来的市场成功。赛迪顾问研究显示,2005年以前是明星机型的天下,一款明星手机平均可以畅销2~3年,而过了2005年,手机市场已成了细分市场的天下,手机行业已经朝着智能化、专业拍照、娱乐等方向极度细分,而摩托罗拉似乎对此视而不见。在中国市场,2007年摩托罗拉仅仅推出13款新机型,而其竞争对手三星推出了54款机型,诺基亚也有37款。

(2)价格跳水快,自毁品牌形象。在新品跟不上的情况下,降价成了摩托罗拉提高销量不得不采取的手段。许多摩托罗拉的忠实用户把摩托罗拉的手机称为"(价格)跳水冠军"。以V3为例,从刚上市时的6 000多元的高端时尚机型跌入4 000多元的白领消费群,再到2 000多元的普通时尚消费群,直到停产前的1 200多元。短期的大幅降价让不少高端用户无法接受,同时也对V3的定位产生了质疑,后果就是对摩托罗拉品牌彻底失去信任。

(3)推广没有突出卖点的产品。手机消费者在手机厂商的培育和自发发展下,需求变化日益飘忽不定。消费者对手机的要求已经不仅仅局限在外观方面,苛刻的消费者更多地开始关注手机的配置、功能特色等内在技术因素。以技术见长的摩托罗拉本不应在技术方面让消费者失望,但是现实还是让消费者失望了。从手机零售卖场那些列出来的一目了然的参数中,摩托罗拉的像素、屏幕分辨率、内存几乎都落后于诺基亚等竞争对手的同类机型。自从推出V3之后,摩托罗拉发布的绝大部分新品手机无论是U系还是L系,甚至是K系就再也抹不去V3的影子,尤其是其金属激光蚀刻键盘设计。V3的键盘设计的确是经典,但再经典的东西被反反复复无数次拿出来用,也会引起消费者的视觉疲劳,甚至产生抵触情绪,尤其是对于那些换机用户。

3. 组织结构不能支持战略的发展需要

摩托罗拉是一个很重视产品规划的公司,此前摩托罗拉每开发一款新产品,通常先提前数月预测消费趋势。但在快速升级换代的手机行业中,制造商们试图提前数月预测消费者需求是非常困难的。

再加上摩托罗拉是一家技术主导型的公司,工程师文化非常浓厚,这种公司通常以自我为中心,唯"技术论",从而导致摩托罗拉虽然有市场部门专门负责收集消费者需求的信息,但在技术导向型的企业文化里,消费者的需求很难被研发部门真正倾听,研发部门更愿意花费大量精力在那些复杂系统的开发上,从而导致研发与市场需求的脱节。

另外,摩托罗拉内部产品规划战略上的不统一、不稳定,还使得上游的元器件采购成本一直降不下来,摩托罗拉每一个型号都有一个全新的平台,平台之间大多不通用,这就带来生产、采购、规划上的难度。对于全球顶级通信设备商而言，同时运营好系统设备和手机终端两块业务，似乎是一项"不可能完成的任务"。

摩托罗拉资深副总裁吉尔莫曾说："摩托罗拉内部有一种亟须改变的'孤岛传统'，外界环境的变化如此迅捷，用户的需求越来越苛刻，现在你需要成为整个反应系统的一个环节。"

4. 滥用福利

当外部环境使得摩托罗拉进入战略收缩期，盈利空间不再，高福利的企业传统便有些不合时宜。

据了解，美国摩托罗拉公司在每年的薪资福利调整前，都对市场价格因素及相关的、有代表性企业的薪资福利状况进行比较调查，以便使公司在制定薪资福利政策时，与其他企业相比能保持优势和具有竞争力。摩托罗拉员工享受政府规定的医疗、养老、失业等保障。在中国，为员工提供免费午餐、班车，并成为向员工提供住房的外资企业之一。

资料来源：作者根据网络资料整理。

第一节　企业风险管理理论

一、企业风险管理理论的演进

企业风险管理理论的发展，主要经过了三个阶段。

（一）20 世纪 50 年代到 70 年代

这一阶段的理论倾向主要是防范和管理企业面临的纯粹风险（不利风险）；企业风险管理所采取的主要策略就是风险回避和风险转移，保险成为主要的风险管理工具。通用汽车公司的火灾事件以及美国钢铁行业的工人罢工都对企业的正常经营造成了严重的影响和损失，成为推动企业风险管理理论发展的重要契机。

本阶段风险管理理论的第一个重要领域是对风险管理对象的界定和研究。自 20 世纪以来，理论界一直把风险管理的对象分为纯粹风险和投机风险两大类，并将纯粹风险作为风险管理的对象和目标。

第二个重要领域是对企业的保险决策和投保行为，以及保险在应对企业风险中的重要作用。

第三个重要的领域是将风险管理理论融入主流经济学和管理学的分析框架中。一方面，将风险管理理论与传统的企业理论相结合，将风险管理的决策过程与企业的整体决策相融合；利用资本资产定价模型，使得风险管理融入金融市场理论中；而利用边际分析工具来确定风险管理的最优策略，则标志着风险管理在理论上进一步成型，并成为金融学的一个重要领域。另一方面，通过对企业基本系统和分支机构的规整，将企业的整体目标与风险管理的日常目标有机统一起来，进而将分支机构的考核目标转向对企业整体风险识别和衡量的贡献，并考虑这些分支机构之间的相互关系以及这些相互关系的动态特征，从而为风险管理学科的发展提供了理论来源。

（二）20 世纪 70 年代后期到 20 世纪末

20 世纪 70 年代，布雷顿森林体系的崩溃使得汇率的波动性明显加大，原油价格的大幅上涨使得企业的生产成本难以控制；进入 80 年代后，高通胀、利率波动及多起货币和信贷危机使得企业的经营面临更大的不确定性，而投资者对这种收益的波动性表现出明显的厌恶情绪。特别是，跨国公司面临着尤为明显的汇率风险，汇率的波动影响企业的已实现利润。这一阶段风险管理的对象主要是业务和财务成果的波动性，风险管理的工具也在保险的基础上实现了很大的发展，新的衍生品和另类风险转移（ART）担当了重要的角色。

（三）21 世纪以来

进入 21 世纪以后，随着全球经济一体化进程的加快，企业面临的风险不断增加，各种风险的影响和潜在后果也随之放大，加之金融衍生品交易的复杂程度和频率都迅速增加，对企业的持续经营提出了严峻的挑战，因此，企业必须突破传统的风险管理模式，从更加综合、全面的视角来分析和管理面临的风险。此时期，风险管理发展到了全面风险管理的阶段。全面风险管理的出现和应用为企业风险管理提供了新的方法和工具，其应用领域十分广泛，从企业、非营利机构到政府都逐步引入这个分析框架。

二、现代企业风险管理理论的主要内容

（一）企业风险管理的目标

对于企业风险管理的目标，学术界主要有单一目标论和多重目标论两大派别。其中单一目标论的核心观点就是，企业风险管理的目标是要实现公司股东价值的最大化。企业风险管理的主要目的是节约大量琐碎的理赔成本，便于企业对风险的控制，进而提升公司的价值。多重目标论的观点则认为企业风险管理的目的是实现企业发展中的多种目标。企业全面风险管理的目的，包括降低公司收益的波动性、最大化公司股东的价值以及促进职业和财务安全等。COSO（The Cornmittee of Sponsoring Organization of the Treadway Commisson，全国反虚假财务报告委员会下属的发动人委员会）（2004）提出了战略目标、经营目标、报告目标、合规目标四大目标。

（二）企业风险管理提升企业价值的作用机理

企业风险管理提升企业价值的机理主要通过以下三个途径来完成。

（1）优化企业的资本配置。企业风险管理框架下的资本结构管理，能够提高权益回报率和改进公司治理结构，从而影响企业的价值。

（2）提升企业的战略决策水平。企业风险管理将风险管理融入企业的整体战略中，覆盖了企业发展的全部流程和业务部门，使得企业能抓住机会并增强竞争能力，从而提高公司的绩效水平。企业风险管理还能够减少企业陷入财务困境的成本，降低企业破产的概率，减少传统负债对公司价值的影响。

（3）强化对管理层的激励进而提高绩效水平。如果能够通过有效的风险管理措施来控制股票价格的波动，使得管理层报酬对公司业绩的灵敏度为正，这样就能够解决公司治理中的代理问题，从而使得管理效率提高并且能够提升公司价值。

（三）企业风险管理与公司价值关系的实证研究

企业风险管理究竟对企业价值的提升具有多大的影响，单纯的定性分析难以得到准确的结论。学术界为此通过多种实证方法来研究，从企业的整体层面研究发现，采用企业风险管理的公司，其公司价值的增加具有较大的普遍性；从具体的业务层面，运用托宾 Q 作为企业价值的替代变量，发现运用衍生品后，企业的价值呈现正增长的态势。

（四）企业风险管理的实施动因

单纯地提升企业价值并不是企业实行企业风险管理的唯一理由，企业是否实行风险管理还取决于另外的因素，包括公司的经营状况和前景、产品市场的竞争前景、竞争者的企业风险管理策略，保险公司的规模、杠杆效率，资产和负债的不匹配程度以及企业的风险偏好等。

（五）企业风险管理的组成因素

关于企业风险管理的组成要素，"COSO 八要素"最为经典。学术界对企业风险管理要素的研究主要集中在公司治理、风险沟通及企业文化等领域。①阻碍企业风险管理的主要因素是公司的组织结构不适应企业风险管理的要求以及公司不愿变革的惰性，但是有关公司治理的指引仍然发挥了积极的作用；②风险沟通在企业风险管理中的价值和作用呈现明显的阶段性特征；③企业文化作为企业管理中的"软要素"，即使是企业的技术人员也可以从组织文化的角度来挖掘实施企业风险管理的潜力。

第二节　企业风险管理过程与方法

风险管理过程包括风险规划、风险识别、风险分析和评价、风险处理和风险监控几个阶段。

一、风险规划

风险规划，是指决定如何着手进行风险管理的过程，即确定一套完整、全面、有机配合、协调一致的策略和方法并将风险形成文件的过程。这套策略和方法用于识别和跟踪风险区，拟订风险缓解方案，进行持续的风险评估，从而确定风险变化情况并配置充足的资源。在进行风险规划时，主要考虑的因素有风险管理策略、预定义角色和职责、各项风险容忍度、工作分解结构、风险管理指标体系等。

规划开始时，我们要制定风险管理策略并形成文件。早期的工作是：确定目的和目标；明确具体区域的职责；明确需要补充的技术专业，规定评估过程和需要考虑的区域；规定选择处理方案的程序；规定评级图；监控衡量标准。

风险规划过程的运行机制是为风险管理过程提供方法、技巧、工具或其他手段、定量的目标、应对策略、选择标准和风险数据库。其中：定量的目标表示量化的目标；应对策略有助于确定应对风险的可选择方式；选择标准指在风险规划过程中制定策略；风险数据库包含历史风险信息和风险行动计划等。

风险管理计划在风险规划中起控制作用。风险管理计划要说明如何把风险分析和管理步骤应用到项目之中。该计划详细地说明风险识别、风险评估、风险处理和风险监控的所有方面。风险管理计划还要说明项目整体评价的风险的基准是什么，应当使用什么样的方法以及如何参照这些风险评价基准对项目整体进行评价。

二、风险识别

风险识别是风险管理的第一步，即识别实施过程中可能遇到（面临的、潜在的）的所有风险源和风险因素，对它们的特性进行判断、归类，并鉴定风险性质。风险识别实际上就是收集有关风险因素、风险事故和损失暴露等方面的信息，亦即发现引起风险的主要因素，并对其影响后果做出定性的估计。该步骤需要明确两个问题：明确风险来自何方（确定风险源），并对风险事项进行分类；对风险源进行初步量化。

风险的识别是风险管理的基础，这是一项持续性、反复作业的过程和工作。因为风险具有可变性、不确定性，任何条件和环境的变化都可能会改变原有风险的性质并产生新的风险。对风险的识别不仅要通过感性认识和经验进行判断，而且必须依靠对各种客观统计资料和风险记录进行分析、归纳和整理，从而发现各种风险的特征及规律。

常用的风险识别方法有专家调查法（头脑风暴法、德尔菲法、访谈法、问卷调查法）、情景分析法、故障树分析法等。

这里简单介绍一下目前应用广泛的故障树方法。故障树方法简称FTA，是用于大型复杂系统可靠性和安全性分析的一个有力工具。利用FTA来分析一个系统时，我们关心的是找出造成某个不希望的事件（顶端事件）发生的各种可能原因，FTA使用演绎的方法找出使顶端事件发生的可能的次级事件，反映了各次级事件引起顶端事件发生的逻辑关系，这种关系用图形表示出来就像一棵以顶端事件为根的倒长着的树，故障树因此得名。

三、风险分析和评价

风险分析和评价是在对风险进行识别的基础上，对识别出的风险采用定性分析和定量分析相结合的方法，估计风险发生的概率、风险范围、风险严重程度（大小）、变化幅度、分布情况、持续时间和频度，从而找到影响安全的主要风险源和关键风险因素，确定风险区域、风险排序和可接受的风险基准。在分析和评价风险时，既要考虑风险所致损失的大小，又要考虑风险发生的概率，由此衡量风险的严重性。

风险分析和评价的目的是将各种数据转化成可为决策者提供决策支持的信息，进而对各风险事件后果进行评价，并确定其严重程度排序。在确定风险评价准则和风险决策准则后，可从决策角度评定风险的影响，计算出风险对决策准则影响的度量，由此确定可否接受风险，或者选择控制风险的方法，降低或转移风险。在分析和评价风险损失的严重性时应注意风险损失的相对性，即在分析和评估风险损失时，不仅要正确估计损失的绝对量，而且要估计组织对可能发生的损失的承受力。在确定损失严重性的过程中，必须考虑每一风险事件和所有风险事件可能产生的所有类型的损失及其对主体的综合影响，既要考虑直接损失、有形损失，也要考虑间接损失、无形损失。风险影响与损失发生的时间、持续时间、频度密切相关，这些因素对安全生产的影响至关重要。

风险分析和评价的方法主要有专家打分法、蒙特卡罗模拟法、概率分布的叠加模型、随机网络法、风险影响图分析法、风险当量法等。

四、风险处理

风险处理就是对风险提出处置意见和办法。通过对风险识别、估计和评价,把风险发生的概率、损失严重程度及其他因素综合起来考虑,就可得出发生各种风险的可能性及其危害程度,再与公认的安全指标相比较,就可确定危险等级,从而决定采取什么样的措施及控制措施应采取到什么程度。有效处理风险,可以从改变风险后果的性质、风险发生的概率或风险后果大小三个方面提出多种策略。

五、风险监控

风险监控就是通过对风险识别、估计、评价、处理全过程的监视和控制,从而保证风险管理能达到预期的目标。监控风险实际上是监控生产活动的进展和环境,即情况的变化,其目的是:核对风险管理策略和措施的实际效果是否与预见的相同;寻找机会改善和细化风险控制计划,获取反馈信息,以便将来的决策更符合实际。在风险监控过程中,及时发现那些新出现的以及预先制定的策略或措施不见效或性质随着时间的推延而发生变化的风险,然后及时反馈,并根据对生产活动的影响程度,重新进行风险识别、估计、评价和处理,同时还应对每一风险事件制订成败标准和判断依据。

风险监控还没有一套公认的技术可供使用,由于风险具有复杂性、变动性、突发性、超前性等特点,风险监控应该围绕风险的基本问题,制订科学的风险监控标准,采用系统的管理方法,建立有效的风险预警系统,做好应急计划,实施高效的风险监控。

风险监控应是一个连续的过程,它的任务是根据整个(风险)管理过程规定的衡量标准,全面跟踪并评价风险处理活动的执行情况。有效的风险监控工作可以指出风险处理活动有无不正常之处,哪些风险正在成为实际问题,掌握了这些情况,管理部门就有充裕的时间采取纠正措施。同时,建立一套管理指标体系,使之以明确易懂的形式提供准确、及时而关系密切的风险信息,是进行风险监控的关键所在。

风险监控的主要方法有审核检查法、监视单、风险报告等。

第三节 企业全面风险管理战略

一、企业全面风险管理的含义

所谓企业全面风险管理,是指从企业所有的业务范围出发,积极、超前和系统地理解、管理和交流风险,从企业的目标出发制定风险管理策略。它首先需要将企业在所有层面上的风险评估出来,然后集合所有这些层面上的结果以优化风险管理措施,并确定这些措施的优先次序。

全面风险管理的中心理念是:整个机构内各个层次的业务单位,各个种类风险的通盘管理。全面风险管理系统要求风险管理系统不仅仅处理市场风险或信用风险,还要处理各种风险;并要求包含这些风险涉及的各种资产与资产组合,以及承担这些风险的各个业务单位,从业务员到机构整体,从总公司到分公司,从国内到国外。全面风险管理体系要有能力在一致的基础上测量并加总这些风险,考虑全部的相关性,而不是分离的,用不同的方法去处理不同的风险。

此外,企业全面风险管理还突出了企业内外环境对企业风险管理成效的影响。作为复杂的系统工程,企业进行全面风险管理必须具备良好的内外部环境。外部环境主要是指国家法律法规、产业政策等影响企业管理的众多因素,这些因素即构成了企业经营的宏观外在环境,也影响企业风险管理的决策和成效。企业内部环境则包括治理结构、组织架构、信息技术和企业文化等方面。

二、企业全面风险管理的战略

全球一体化的发展及企业外部环境变化的不确定性增加使企业越来越重视风险和风险管理,他们提出要把风险提升到企业战略的一个重要内容,风险管理应该成为企业运作的一个战略过程。

风险管理战略不是简单地回避风险,而是认为风险实际上是无法回避的,但通过认真的思考和对待可以避免、降低或者分散风险;与此同时,企业还可以通过卓越的风险控制能力获得竞争优势,其中风险控制能力包括风险管理过程、文化、动机、培训和组织结构等。风险管理战略是管理风险的过程,它不仅将风险意识提升到战略的高度,而且将企业的风险管理活动进一步体系化和规范化,使之成为企业的战略管理的重要部分。

在全面风险管理战略中,管理者必须以风险环境和股东风险偏好为基础制定风险战略。战略过程首先是把企业的环境信息流作为输入,然后管理者对所面临的动态风险进行评价、分析以及划分风险等级;其次在对外部环境分析的基础上,管理者再审视机会和威胁;最后管理者还须判断企业能够承受多大程度的风险,从而采取相应的措施接受、分散或者降低风险,制定战略并计划实施。此外,企业之间还可以通过结成联盟来共担和分散风险。

相对传统的企业风险管理来说,在全面风险管理战略过程的制定、实施和评估等过程中可采用的方法和工具的范围更广,尤其是现代金融工程的技术工具及其组合。例如:对于利率风险,可利用金融工程的远期利率协议、利率封顶保底、互换等技术;对于汇率风险,可利用掉期、远期和期权、远期汇率协议等技术;对于信用风险,通过信用衍生产品对供应商和顾客的违约风险进行控制;对于数量风险,可以通过商品期权或宏观衍生产品来控制等;对于兼并风险,可以相互持股、金银降落伞法、股份回购等手段控制;对于代理风险,企业可以通过杠杆收购来加以控制;等等。

评估企业的全面风险管理战略要求评估企业的商业活动与既定的风险期望和回报一致,尤其是风险管理对投资和增长决策的影响。它需要管理者从风险的角度出发,判定企业的商业活动期望能得到多大的回报。评估风险管理战略一般有下列步骤。

(1)确定评估目标,确定企业的避险区域和种类与风险期望。

(2)制定基准。

(3)提出风险管理战略过程的改进。

（4）实施评估的建议和改进。

（5）对改进进行反馈和强化。

三、企业全面风险管理的基本方法

企业全面风险管理的基本方法主要有两类：一类是控制法；一类是财务法。控制法基本上是事前的风险管理，主要是在损失发生之前通过各种管理和组织手段，力求消除各种风险隐患，减少导致风险发生的因素，将可能发生的损失减少到最低。财务法是指利用各种财务手段和工具对有可能发生的风险或者是已经发生的风险，为企业可能产生的损失进行预防或补救，保障企业正常的生产、营运或者使企业在短时间内恢复正常生产和经营秩序。

（一）风险管理控制法

风险控制包括风险规避、风险隔离、风险组合、风险损失预防。

1. 风险规避

风险规避是指主动避开损失发生的可能性。风险规避的一个基本方法是放弃或者拒绝可能导致比较重大风险的经营活动或方案，比如终止现有的高风险产品、服务的生产和新产品、新服务的引进；另一个基本方法是改变生产活动的工作方法和工作地点等。

虽然风险规避能从根本上消除隐患，但这种方法明显具有很大的局限性：一是人们难以对风险事件的具体状况做十分准确的估计，不能确定风险事件是否应该回避；二是即使存在很大的风险，人们依然不愿放弃该风险事件中可能蕴含的盈利机会；三是风险规避在实践中难以完全实现，因为并不是所有的风险都可以规避的。

2. 风险隔离

既然有的风险无法规避，就对风险进行隔离。风险隔离理论的基础在于我们所熟知的哲理："不要把所有的鸡蛋放在同一个篮子里。"风险隔离的目的是使企业降低对特定事物或人物的依赖程度，并不仅仅是在企业与风险之间建立一道"防火墙"。风险隔离可衍生为分离与储备。分离是指将风险进行分散，降低风险暴露发生的机会。储备是指备用财产、备用人力、备用计划、备份资料的准备，已备原有财产、人力、计划或资料失效时急时之需。

3. 风险组合

风险组合是指将许多风险集合在一起，进行风险组合搭配，达成平均风险，对风险损失进行预测。风险组合理论在保险业、银行业运用得比较多。企业购并、企业联营也是风险组合的一种运用。

4. 风险损失预防

风险损失预防是指在损失发生之前，采取预防措施，尽量消除损失可能发生的根源，减少损失发生的可能性。风险损失预防的基本点在于遏制风险因素和减少风险损失，是风险管理中最积极主动也是最重要的方法，这种方法可以克服风险规避的种种局限。

风险损失预防涉及一个现时成本与潜在损失比较的问题：若潜在损失远大于采取预防措施所支出的成本，就应采用风险损失预防手段。风险损失预防一般要经过以下阶段：分析风险因素、选择控制工具、实施控制技术、评估控制后果等。风险损失预防措施主要有调查措施、损失防范措施和减少损失措施。

（二）风险管理财务法

风险管理的财务手段主要包括风险承担、风险转嫁和风险对冲等。

1. 风险承担

风险承担是指企业自担风险，由企业自行设立基金，自行承担风险损失发生后的财务处理方式。

风险承担须具备三项条件：一是企业的财务能力足以承担风险可能造成的最坏后果；二是损失额可以直接预测；三是在风险管理过程中无其他更好的方式可以选择。

2. 风险转嫁

风险转嫁是指企业通过某种安排，把自己面临的风险有意识地全部或部分转移给与其有相互经济利益关系的另一方承担。在现代市场经济中，风险转嫁并不是一种不道德的或违法的行为，而是一种企业防范风险的合法手段，也是企业应用范围最广、最有效的风险管理手段。比如保险就是一种最为普遍的风险转嫁行为。

风险转嫁的途径有两个：一是通过保险合约转嫁出去，该途径转嫁的是企业的风险损失；另一个是通过非保险合约转嫁出去，该途径转嫁的不仅仅是风险造成的经济损失，更是风险可能造成的法律责任。

3. 风险对冲

对冲在资本市场和金融市场上很常见，风险对冲是指用现代的金融财务工具、衍生工具等调换的手段来降低或弥补风险可能造成的经济损失。

思 考 题

1. 企业面临哪些风险种类？
2. 风险的构成要素有哪些？
3. 企业风险管理包括哪些阶段？
4. 什么是全面风险管理？
5. 全面风险管理的方法有哪些？

学习目标

1. 掌握企业的法人治理结构。
2. 了解企业风险管理文化的主要内容。
3. 熟悉企业风险管理流程。
4. 掌握风险管理策略。

 引导案例

大连獐子岛公司的风险管理漏洞引发巨额损失

大连獐子岛渔业集团股份有限公司（以下简称獐子岛）是以虾夷扇贝、海参、皱纹盘鲍、海胆、海螺等海珍品为主要产品的企业。1998年，大连獐子岛渔业集团公司依法改制为大连獐子岛渔业集团有限公司。2006年9月28日公司在深交所上市（股票代码002069），并创造中国农业第一个百元股，该公司获得了"黄海深处的一面红旗""海上大寨""黄海明珠""海底银行""海上蓝筹"等一系列荣誉。

然而，这样一个广受赞誉的上市公司，却在2014年10月30日发布公告称，因北黄海遭到几十年一遇异常的冷水团，公司在2011年和部分2012年播撒的100多万亩即将进入收获期的虾夷扇贝绝收。受此影响，獐子岛前三季业绩"大变脸"，由预报盈利变为亏损约8亿元，全年预计大幅亏损。企业遭受了来自各方的强烈质疑，公司信誉度受到了严重损害，甚至有舆论称其为"蓝田股份第二"、2014年中国证券市场最为离奇的"黑天鹅"。机构投资者们也纷纷下调所持有的獐子岛股票的估值。

面对错愕和愤怒的投资者及"蓝田股份第二"的质疑，獐子岛2014年10月31日召开了海洋牧场灾情说明会。对于本次事件，獐子岛管理层称，"从事件发生的直接原因来看是天灾。但是从管理层来讲，也是存在一定问题的，对于这种灾害公司需要提升能力进行风险识别与控制"。最后，虽然经核查，大连证监局未发现獐子岛公司在8亿元扇贝消失事件中存在虚假行为或大股东侵占资金问题，但是大连证监局表示，在深海底播过程中，獐子岛仅由内部职能部门进行了初步调查，借鉴以往的开发经验即做出深海底播决定，未经充分论证和可行性研究，也未进行深海底播实验即大规模投入，存在较大的风险隐患。该事件以公司出台包括董事长自掏1亿元补偿上市公司、总裁办成员集体降薪并增持股票、员工持股计划等系列措施告终。同时，为防类似事件再发生，公司决定开放底播虾夷扇贝抽测过程，增加底播虾夷扇贝存量的外部调研。同时成立海洋牧场研究中心，每年投资不少于1 000万元研究海洋生态环境风险防控体系建设、北黄海冷水团水舌波动对扇贝生理生态的影响、海洋牧场建设的风险评估与适用性管理、适养海区的甄别与筛选、北黄海生态容量评估等。

该事件暴露出獐子岛公司内部的风险管理组织体系不健全,风险管理流程不规范等严重问题。此次受冷水团影响导致巨额亏损的种苗,是三年以前进行底播的。三年前,恰是董事长的弟弟——吴厚记带领团队负责虾夷扇贝种苗采购。2011年以前,每年都由吴厚记掌握着高达数亿元的苗种采购经费负责采购。从采购、付款、验收、播种,由吴厚记全权负责。"收苗过程中,最大的问题是数量不对","死亡率很难准确认定,所以操作空间非常大"。吴厚记也在2012年因收苗和播苗上负有管理责任离开了獐子岛公司,其当年的部门团队成员也已被判刑。该事件为企业重视风险管理建设,健全风险管理组织体系,加强风险管理文化建设,规范风险管理流程敲响了警钟。

资料来源:作者根据网络资料整理。

第一节 企业风险管理组织体系

组织体系是战略落实与计划执行的有力保障,能够为规划、执行、控制和监察活动提供框架,以实现企业的整体目标。企业的风险管理由诸多方面实施,每一方面都具有重要作用。不同类型、不同规模企业的风险管理组织架构也会不同,但一般认为,企业风险管理组织体系主要包括规范的公司法人治理结构、风险管理委员会、风险管理职能部门、审计委员会、企业其他有关职能部门及各业务单位、下属公司。图9-1为常见的企业风险管理组织体系。

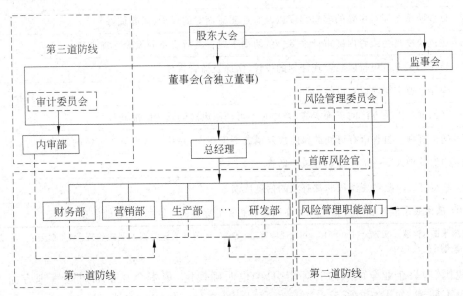

图9-1 企业风险管理组织体系

资料来源:现代管理领域知识更新教材编写委员会.企业风险管理——理论·实务·案例[M].经济管理出版社,2012:27.

如图 9-1 所示,一个完善的风险管理组织体系,应该构建起风险控制与管理的三道防线:以相关职能部门和业务单位为第一道防线;以风险管理职能部门和董事会下设的风险管理委员会(如果设置了该专业委员会)为第二道防线;以内部审计部门和董事会下设的审计委员会为第三道防线。

一、规范的公司法人治理结构

公司是一个由股东、董事、经理、职工结成的多元利益共同体。公司法人治理结构是指在经营权和所有权分离的基础上,有效处理企业各利益关系方之间关系的制度安排。根据《中华人民共和国公司法》(以下简称《公司法》),法人治理结构包括股东大会、董事会、监事会、经理层四方面组成。规范的公司法人治理结构能够有效缓解委托代理问题,并能够加强企业的风险管理。建立有效的公司法人治理结构的宗旨是:在股东大会、董事会和经理层之间,合理配置权限,公平分配利益,明确各自职责,建立有效的激励、监督和制衡机制,从而实现公司的目标。这里的法人治理结构与第十一章内部控制的五要素之一——内部环境中提到的治理结构相同。

保罗·霍普金(Paul Hopkin)在其著作《风险管理:理解、评估和实施有效的风险管理》中对企业风险管理进行了深入的阐述,为指导风险管理活动提供了有效参考。书中详细描述了企业董事会的风险管理责任,如表 9-1 所示。

表 9-1　董事会的风险管理责任

风险管理责任
(1) 负责企业的风险管理;
(2) 负责明确企业对风险的容忍程度以及企业愿意面对的风险(风险偏好)
(3) 在风险委员会或者内部审计委员会的协助下履行其所肩负的风险管理责任
(4) 委派相关人员履行风险管理计划的设计、实施及监管责任
(5) 确保企业定期完成对风险的评估
(6) 确保框架以及方法的正确实施,增加对不可预测风险的预测的准确性
(7) 确保管理人员将所有可能的风险应对措施考虑在内,并从中选择最为合适的风险应对方法
(8) 确保管理人员一贯坚持实施风险监管
(9) 获得有关风险管理流程非常有效的信息反馈
(10) 确保股东能够获得与企业所面临风险的相关的完整的、及时且准确的信息

资料来源:保罗·霍普金(Paul Hopkin).风险管理:理解、评估和实施有效的风险管理[M].蔡荣右,译.北京:中国铁道出版社,2013:57.

我国《中央企业全面风险管理指引》中也明确规定,董事会在全面风险管理方面主要履行以下职责,如表 9-2 所示。

从中我们能够发现,董事会对风险管理承担着极为重要的责任,如应该就风险的控制、管理与披露,风险管理全程的设计、执行及监管等承担责任。如上所述两个权威的风险管理办法都认为,董事会应该就全面风险管理工作的有效性对股东(大)会负责,并且详细地描述董事会在企业风险管理中承担的责任,二者之间存在许多共通之处,都能为企业的风险管理提供有益借鉴。

表9-2　董事会的风险管理责任

风险管理责任
(1) 审议并向股东(大)会提交企业全面风险管理年度工作报告
(2) 确定企业风险管理总体目标、风险偏好、风险承受度,批准风险管理策略和重大风险管理解决方案
(3) 了解和掌握企业面临的各项重大风险及其风险管理现状,做出有效控制风险的决策
(4) 批准重大决策、重大风险、重大事件和重要业务流程的判断标准或判断机制
(5) 批准重大决策的风险评估报告
(6) 批准内部审计部门提交的风险管理监督评价审计报告
(7) 批准风险管理组织机构设置及其职责方案
(8) 批准风险管理措施,纠正和处理任何组织或个人超越风险管理制度做出的风险性决定的行为
(9) 督导企业风险管理文化的培育
(10) 全面风险管理的其他重大事项

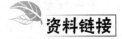

委托代理问题与法人治理结构

1. 委托代理问题

在传统的信息经济学理论中,企业被认为是追求利润最大化的行为主体。这样的假定在所有权与经营权合一的古典企业或许是非常自然的。然而,随着企业经营活动的日益复杂,企业的所有者往往需要聘请职业经理人来经营企业。特别是在企业的规模日益扩大后,企业通常会选择在公开的资本市场上筹集资金,将所有权划分成等份额的股票或是将企业的债务拆成等份额的债券分别吸引股东或者债权人。这就导致了企业所有权的分散,随之而来的必定是所有权和经营权的分离。股东把资源和经营责任委托给公司管理层,管理层就处在"内部人"的位置上,会获得比公众及其他机构等"外部人"更多的关于企业财务状况与总体经营的信息。这就存在企业管理层为了谋取私利偏离利润最大化目标的可能。这就是股东作为"委托人"和管理层作为"代理人"之间形成的委托代理问题。委托代理理论成为现代公司治理的逻辑起点。

2. 法人治理结构

法人治理结构,是现代企业制度中最基本的组织架构,按照《公司法》的规定由以下四个部分组成。

(1) 股东会或者股东大会,由公司股东组成,所体现的是所有者对公司的最终所有权,是公司的最高权力机构。

(2) 董事会,是公司的决策机构,由公司股东大会选举产生,对公司的发展目标和重大经营活动做出决策,维护出资人的权益。伦敦证券交易所(LSE)企业管理框架将董事会成员的责任概括为战略性思维、规划及执行,企业社会责任,对风险的有效管理,审计及风险控制,全面且准确的信息公开五点。

(3) 监事会,是公司的监督机构,对公司的财务和董事、经营者的行为发挥监督作用。

(4) 经理,由董事会聘任,是经营者、执行者,是公司的执行层。

3. 董事会和监事会

(1) 董事会和监事会独立于管理层,可以对管理层的决策提出建设性的必要质疑。公司的董事会构成及独立性应符合《公司法》要求。根据公司章程,决定公司董事会组成。公司的独立非执行董事由董事会提名,并由股东大会选举产生。公司董事会向股东大会负责,按照《公司章程》《公司董事会工作手册》履行对管理层战略决策、重大交易、预算执行差异质疑等职责。

(2) 公司建立独立董事制度,独立非执行董事不在本公司担任任何职务,但出席公司董事会会议,参与讨论决策有关重大事项,并以其丰富的专业知识和经验,就公司规范运作和有关经营工作提出意见,发表独立意见。

(3) 董事会每年至少召开3次例会,且经1/3以上董事或监事长、董事长提议均可召开临时董事会会议。

(4) 公司董事会一般至少要下设审计委员会、薪酬委员会,其他专业委员会根据公司实际情况设置,如战略发展委员会、提名委员会等。审计委员会以独立董事为主组成,审计委员会主任委员由董事会从独立董事中提名产生,其中至少有1名具有会计审计或相关财务管理专长的成员。薪酬委员会的成员中独立非执行董事占多数,并担任主任委员。

(5) 监事会应当包括比例不低于1/3的公司职工代表,监事会每6个月至少召开一次会议,监事可以提议召开临时监事会会议。

资料来源:作者根据网络资料整理。

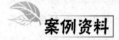 **案例资料**

中国工商银行的公司治理

2006年,中国工商银行以"A+H"方式在上海证券交易所和香港联交所首次公开发行股票,创下世界IPO规模新高。2013年,国际金融透明度发展论坛暨全球重要商业银行透明度评价成果发布会在北京举行,评审结果显示,中国工商银行居亚太区重要上市银行榜首,表明工商银行迈入了国际领先公司治理银行的行列。

中国工商银行的治理结构如图9-2所示。

资料来源:作者从中国工商银行2014年年报及中国工商银行官方网站中收集资料整理。

二、风险管理委员会

许多企业都会设置审计委员会,并将风险管理委员会的工作纳入审计委员会的工作范畴,然而,具备条件的企业,董事会可下设风险管理委员会。因为前者很可能将风险管

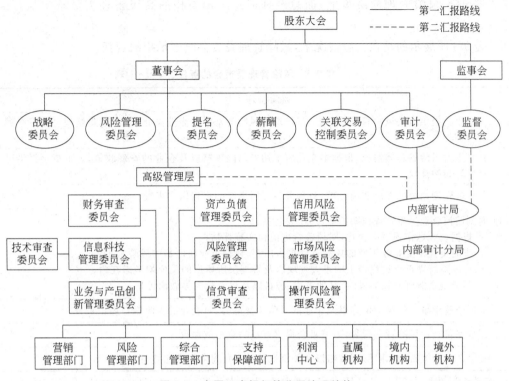

图 9-2　中国工商银行的公司治理结构

理简单地停留在对审计及合规的过分关注上，从而丧失风险管理的主动性。那么，风险管理委员会应当是一个由资深人员组成的小型决策团队，还是一支由来自企业内部的各个业务团队或代表组成的信息共享团队组成？风险管理委员会的主要责任有哪些？

　　《中央企业全面风险管理指引》规定，风险管理委员会的召集人应由不兼任总经理的董事长担任；董事长兼任总经理的，召集人应由外部董事或独立董事担任。该委员会成员中须有熟悉企业重要管理及业务流程的董事，以及具备风险管理监管知识或经验，具有一定法律知识的董事。《中央企业全面风险管理指引》中也明确规定，风险管理委员会对董事会负责，主要履行以下职责。

　　（1）提交全面风险管理年度报告。

　　（2）审议风险管理策略和重大风险管理解决方案。

　　（3）审议重大决策、重大风险、重大事件和重要业务流程的判断标准或判断机制，以及重大决策的风险评估报告。

　　（4）审议内部审计部门提交的风险管理监督评价审计综合报告。

　　（5）审议风险管理组织机构设置及其职责方案。

　　（6）办理董事会授权的有关全面风险管理的其他事项。

　　企业总经理对全面风险管理工作的有效性向董事会负责。总经理或总经理委托的高级管理人员，负责主持全面风险管理的日常工作，负责组织拟订企业风险管理组织机构设置及其职责方案。从中我们可以发现，全面风险管理指引将风险管理委员会的角色定位于监控风险、风险管理的决策上,而总经理或总经理委托的高级管理人员承担执行的任务。

表 9-3 所展示的是在一般情况下,风险管理委员会应当承担的责任。

表 9-3　风险管理委员会的责任

风险管理责任
(1) 为董事会提供有关风险管理的有益建议;培养风险为基准的企业文化,展示风险管理可能带来的各种益处
(2) 针对重大风险的具体情况,根据本企业所采用的风险策略以及企业的管理政策,为董事会提供可行性较高的建议
(3) 对风险管理系统的性能实施监控,对相关各方所提交的报告做出审查
(4) 时刻监控企业风险管理框架的效度,主要包括以下几点内容: • 根据企业运作环境的变化,对风险管理流程实施评估; • 查阅企业主要业务领域的风险审计报告内容,评估企业所面临的风险水平; • 将风险管理审查过程当中的重大发现以及管理层所做出的反应均考虑在内; • 对新创企业所面临的风险、其他策略、项目以及运营行为等做出评估
(5) 根据企业董事会的风险偏好以及企业的风险承受能力,对企业的风险敞口做出审查
(6) 逐步完善企业风险管理行为,为董事会提供有益的意见或建议
(7) 确保企业所披露的风险管理策略以及关键风险敞口信息与财务报告标准相一致

资料来源:保罗·霍普金(Paul Hopkin).风险管理:理解、评估和实施有效的风险管理[M].蔡荣右,译.北京:中国铁道出版社,2013:93.

需要注意的是,风险管理委员会的性质应当与企业所处的外部环境、内部环境与风险管理背景等环境因素相适应。风险管理委员会的设置以及在企业架构中的位置需要根据具体企业的性质以及设定风险管理委员会的初衷来确定,并不是所有的企业风险管理结构都需要一致。在风险较高的企业,如金融机构等,风险管理委员会有必要直接隶属于董事会,而对于一些非高风险的企业,风险委员会并不需要直接向董事会汇报工作,可以向董事会下设的某些专业委员会报告。总之,无论企业面临的风险程度高或者低,企业的风险管理结构必须与企业内部的风险水平、企业规模、复杂程度、企业性质以及企业的风险敞口等因素所处的水平相适应。

三、风险管理职能部门

许多企业发现,当清楚地界定一个员工所在职能部门的职责时,这项职能最为成功。企业应设立专职部门或确定相关职能部门履行全面风险管理的职责。风险管理部对包括生产、营销、财务、人力资源、研发等在内的各职能部门和各业务单位运营流程中的各环节进行监控,该部门对总经理或其委托的高级管理人员负责,主要履行以下职责。

(1) 研究提出全面风险管理工作报告。

(2) 研究提出跨职能部门的重大决策、重大风险、重大事件和重要业务流程的判断标准或判断机制。

(3) 研究提出跨职能部门的重大决策风险评估报告。

（4）研究提出风险管理策略和跨职能部门的重大风险管理解决方案，并负责该方案的组织实施和对该风险的日常监控。

（5）负责对全面风险管理有效性的评估，研究提出全面风险管理的改进方案。

（6）负责组织建立风险管理信息系统。

（7）负责组织协调全面风险管理日常工作。

（8）负责指导、监督有关职能部门、各业务单位以及全资、控股子企业开展全面风险管理工作。

（9）办理风险管理的其他有关工作。

需要明确的是，虽然风险管理职能部门负责指导、监督各部门的风险，但是这不等于风险管理部门能够控制不同部门的风险。事实上，多数企业风险都是在风险管理职能部门和各职能部门和各业务单位共同努力下得到控制和有效管理的。在风险管理职能部门内部，也会设立不同的专业团队，重点控制某一方面的风险。

四、审计委员会

审计委员会是企业董事会下设的专门委员会，一般来说，审计委员会应该全部由独立、非执行董事组成，并且至少应该拥有相关的财务经验。企业内部审计部门对审计委员会负责。

在外部审计方面，审计委员会负责审查外部审计师的资格（包括合伙人和审计人员的背景和经验）、专业技能和独立性，确保合伙人的定期轮换符合相关的法律法规；对外部审计师的表现进行年度审核，会同监事会向股东大会提出聘用、续聘、解聘外部审计师及其审计服务费用的建议；审核外部审计师提议的本年度审计范围和方法，评估其工作内容和程序是否客观、有效，批准审计服务；制定有关外部审计师提供非审计服务的政策，确保非审计服务不会影响其独立性或客观性，审核并批准外部审计师向公司提供非审计服务的事项及费用；与外部审计师讨论双方认为必须单独讨论的事项，保证外部审计师在需要时与审计委员会有畅通的沟通渠道；每年从外部审计师处获得关于其内部控制与企业风险管理现状及可能存在的重大缺陷和不足的报告。

在内部审计方面，负责审查和评估内部审计计划，审查来自内部审计的报告，审查内部审计部门的活动、资源和有效性，检查、监督内部审计部门的工作，保证其在公司的内部控制制度和企业风险管理中能够发挥作用。此外，还需要对经理层提供的财务报告和内部控制评价报告进行监督，检查公司营运、财务及会计政策，是否遵循法律法规等。

在风险管理方面，审计委员会主要负责研究提出全面风险管理监督评价体系，制定监督评价相关制度，开展监督与评价，出具监督评价审计报告，每年审查风险管理流程的完善性，受理有关诉讼等报告，受理因揭发而引起各种问题的报告。总之，审计委员会成员应当具备独立性、专业性、道德性。

五、企业其他职能部门及各业务单位

风险管理的执行工作需要落实到各职能部门及各业务单位。因此，企业其他职能部门及各业务单位在全面风险管理工作中，应接受风险管理职能部门和内部审计部门的组织、协调、指导和监督,是具体的执行单位。各职能部门及业务单位的经理是本部门或单位的风险管理者与汇报者。在企业各项基本制度的基础上,他们应该根据具体情况制定本部门的业务管理规定、操作流程及风险控制规定,并督导部门员工严格执行。与此同时,还应该积极配合其他部门或单位进行风险管理。

六、下属公司

企业应通过法定程序,指导和监督其全资、控股子企业建立与企业相适应或符合全资、控股子企业自身特点、能有效发挥作用的风险管理组织体系。

第二节　企业风险管理文化

一、企业风险管理文化的内涵

美国著名管理学家彼得·德鲁克认为:"管理是以文化为转移的,并且受其社会的价值观、传统与习俗的支配。"尽管企业文化的概念存在多种定义,但企业风险管理文化的概念在业界内还是较为一致的。良好的风险文化应当是个人价值观、团队价值观、行为态度及处事方式的产物。风险管理最重要的一方面就是将风险融合到企业文化和价值观中,这也是区分全面风险管理与传统风险管理的主要标志之一。企业风险管理文化是企业文化与企业风险管理相融合,由企业在日常风险管理活动中所塑造,广泛涉及企业文化各个层面、为广大员工认同并自觉遵守的制度、理念、价值取向和行为规范等,在全面风险管理体系中处于极为重要的地位。

风险应被视为企业战略中一个不可分割的组成部分。具有强烈风险意识的企业文化,应具备在相互信任基础上进行沟通交流,以及对于风险管理的重要性达成共识两个特征。一般来说,风险管理文化的组成结构由内及外可分为以下四个层面:精神文化、制度文化、行为文化及物质文化。风险文化决定了人们对于风险事件的态度,这种风险态度则可以通过其风险管理认识、风险管理行为和风险管理决策等方面在具体风险管理活动中体现,因此,一个组织的风险文化将决定企业如何成功地进行风险管理。

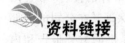
资料链接

风险管理文化的四个层面

1. 精神层面的危机文化——居安思危

风险管理的精神文化处于风险管理文化的最深层,并成为风险管理文化的灵魂和核心。具体包括三个层次:一是树立风险无处不在、无时不在的本能性危机意识;二是形成风险可以防控、风险蕴含机遇的前瞻性危机观念;三是构建逆向思维、超前防范、综合管理、分而治之的系统性危机思想,从全面的角度辨识风险,从联系的角度分析风险,从系统的角度评估风险,从专业的角度控制风险,从发展的角度监控风险。总之,风险管理的精神文化是企业在日常风险管理活动中逐渐凝练出来的一种风险管理文化氛围,为企业有效实施风险管理奠定坚实基础。

2. 制度层面的和合文化——融会贯通

风险管理,最基本、最稳定的还是制度管理。精神文化的渗透、指导、调整作用,必须有一个逻辑秩序,这就是首先通过制度文化的层面或环节发生。通过在风险管理制度建设中融入风险整合、管理融合和信息聚合的理念要素,建立一体化的流程管理模式,实现风险在企业上下内外之间的有效识别和系统整合,风险管理与企业现有管理体系和日常工作的融合以及风险信息在企业各层面完整快捷的传递,从而形成一套系统化、制度化的风险管理体系。

3. 行为层面的攻防文化——灵活务实

行为文化一般是指人们进行某种活动的具体行为、具体操作中表现出来的稳定的行为习惯、行为规范、行为风格与风尚,它独立于精神文化和制度文化,但又不可分割。

4. 物质层面的目标文化——安全第一

文化作为人们特定的活动方式及其产物,都有一定的载体表征、表达出来或固定、保存下来,器物是其基本的、最终的载体,这就是文化的物质层面。企业风险管理文化的物质层面,是通过企业风险管理形成的安全的生产设施、设备和空间环境,安全的生产、经营、管理的各种物质技术手段,安全的企业产品及其服务设施等以物质形态存在表现的文化方式。

资料来源:邢风云.企业风险管理文化构建研究[J].技术经济与管理研究,2012(12).

二、企业风险管理文化的建设

企业风险文化的建设对于企业目标实现至关重要。我们可以从风险管理政策、具体要求及流程的质量中看出企业的风险管理文化。我国《中央企业全面风险管理指引》对于建设企业风险管理文化提出如下方针和措施。

(1)企业应注重建设具有风险意识的企业文化,促进企业风险管理水平、员工风险管理素质的提升,保障企业风险管理目标的实现。

(2)风险管理文化建设应融入企业文化建设全过程。需要借助企业文化将危机意识寓于全体员工,借助企业文化的凝聚力促成企业全体员工齐心合力抵御风险,这样才会大大提高风险管理的效能。

(3)企业应在内部各个层面营造风险管理文化氛围。

(4)企业应大力加强员工法律素质教育,制定员工道德诚信准则,形成人人讲道德诚信、合法合规经营的风险管理文化。

(5)企业全体员工尤其是各级管理人员和业务操作人员应通过多种形式,努力传播企业风险管理文化,牢固树立风险无处不在、风险无时不在、严格防控纯粹风险、审慎处置机会风险、岗位风险管理责任重大等意识和理念。企业必须由上而下,身体力行,建立严谨的作风,使员工能上行下效。

(6)风险管理文化建设应与薪酬制度和人事制度相结合,有利于增强各级管理人员特别是高级管理人员风险意识,防止盲目扩张、片面追求业绩、忽视风险等行为的发生。

(7)企业应建立重要管理及业务流程、风险控制点的管理人员和业务操作人员岗前风险管理培训制度。对风险管理行为进行适度的文字记录,能够为管理人员和业务操作人员提供有关信息,包括各自的参与程度及企业希望自己所承担的责任范围的信息。采取多种途径和形式,加强对风险管理理念、知识、流程、管控等核心内容的培训,培养风险管理人才,培育风险管理文化。

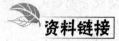 **资料链接**

风险管理培训的范本

联合国教科文组织编撰的《2010 年风险管理手册》关于风险管理培训的内容为我们提供了目标清晰、结构严谨的优秀范本。

风险管理培训的目标在于提升企业员工对风险管理观念及管理机制的基本意识,使得培训参与者能找出其所在团队所面临的各种风险,明确相应的风险管理办法,通过对潜在风险的前瞻性计划,强化项目管理工作。

为期半天的风险管理培训为培训参与者介绍了风险的定义及风险管理目标,讨论实现高效的风险管理所需的步骤内容。培训课程不仅介绍了通用风险管理工具,还帮助培训参与者回顾了企业文化、决策制定及情境认知等因素。

培训结束后,我们的参与者应当能够做到以下几点。

- 理解联合国教科文组织的风险管理办法的相关内容;
- 深入理解风险管理对决策制定的影响机制;
- 绘制风险结构图及风险矩阵,完成对该风险的分析;
- 找出风险/不确定性因素的所在,实现各种目标及预期结果;
- 将这些不确定性按照影响程度大小排序,并且明确这些不确定性的应对方法和态度。

资料来源:保罗·霍普金(Paul Hopkin).风险管理:理解、评估和实施有效的风险管理[M].蔡荣右,译.北京:中国铁道出版社,2013:106.

第三节　企业风险管理流程

目前,国际上存在多种成熟、通行的风险管理标准及框架,包括 IRM 风险管理标准、国际标准 ISO31000《风险管理:规则及指导原则》、英国标准 BS3100《风险管理:BS31100 的施行操守准则及指导原则》、COSO 内部控制风险框架的企业风险管理版本以及我国国资委发布的《中央企业全面风险管理指引》等。一般来说,风险管理标准包括风险管理流程和风险管理框架,而风险管理流程往往与支撑风险管理流程的框架紧密联系。我们可以从风险管理标准着手分析一般意义上的风险管理流程。

一、风险管理标准与风险管理流程

(一)IRM 风险管理标准与风险管理流程

在现存的风险管理标准中,IRM、Airmic、Alarm 共同发布的 IRM 风险管理标准得到了广泛运用,该标准将企业风险管理流程描绘成:制订企业战略目标、风险评估、找出威胁与机会、进行决策、风险诊断、发布残留风险报告与监督七个环节。如图 9-3 所示。

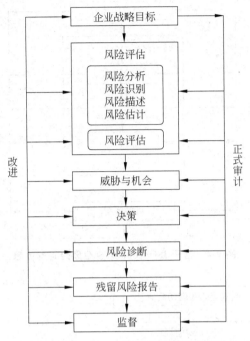

图 9-3　基于 IRM 的企业风险管理流程

（二）ISO31000 标准与风险管理流程

2009 年，国际标准组织（ISO）发布了 ISO31000 标准，即《风险管理：规则及指导原则》。ISO31000 描述的风险管理流程如图 9-4 所示，保罗·霍普金（Paul Hopkin）认为该图包括了风险管理框架及风险管理流程的所有重要阶段的内容。在该标准下，风险管理流程从营造良好的总体环境开始，然后进行风险识别、风险分析、风险评价等风险评估过程，其次进行风险诊断，最后对该过程进行监督与检查，并在整个过程中保证交流与咨询。

（三）我国《中央企业全面风险管理指引》与风险管理流程

我国《中央企业全面风险管理指引》规定，风险管理基本流程包括以下主要内容。如图 9-5 所示。

（1）收集风险管理初始信息。

（2）进行风险评估。

（3）制定风险管理策略。

（4）提出和实施风险管理解决方案。

（5）风险管理的监督与改进。

从以上三个权威机构发布的企业风险管理流程可以看出，三者对企业风险管理基本流程的观点是趋向一致的，即包括风险评估（包括风险识别、风险分析、风险评价）、决策（包括制定风险管理策略、提出与实施风险管理解决方案）、风险管理监督与改进。因此，接下来我们就按照我国的《中央企业全面风险管理指引》中规定的企业风险管理流程进行

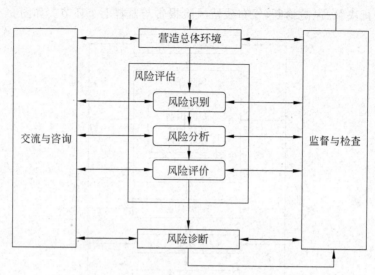

图 9-4   基于 ISO31000 的企业风险管理流程

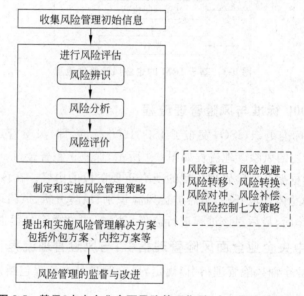

图 9-5   基于《中央企业全面风险管理指引》企业风险管理流程

具体分析。

二、基于《中央企业全面风险管理指引》的企业风险管理流程分析

（一）收集风险管理初始信息

风险管理基本流程的第一步，是要广泛地、持续不断地收集与本企业风险和风险管理相关的内部、外部初始信息，包括历史数据和未来预测。收集初始信息要根据所分析的风险类型、针对企业面临的风险环境具体展开，例如分析战略风险、财务风险、市场风险、运营风险、法律风险等。企业还要对收集的初始信息进行必要的筛选、提炼、对比、分类、组

合,以便进行风险评估。在此之前有必要制订风险管理计划,明确行动方针。

（二）进行风险评估

风险评估是将风险分析以后,依据损失发生的可能性与可能产生的幅度,予以数据化的统计过程,即风险的量化过程。风险评估包括风险辨识、风险分析、风险评价三个步骤。风险辨识是指查找企业各业务单元、各项重要经营活动及其重要业务流程中有无风险,有哪些风险。风险分析是对辨识出的风险及其特征进行明确的定义描述,分析和描述风险发生可能性的高低、风险发生的条件。风险评价是评估风险对企业实现目标的影响程度、风险的价值等。

1. 风险辨识

从风险识别的途径来看,企业可借助外部,如保险公司、风险学会等设计的风险分析表格直接识别自身风险,包括风险清单分析法等。企业还应该针对自身状况自行设计识别风险的方法,包括流程图分析法、财务报表分析法、现场调查法、因果分析法、层次分析法等。

2. 风险分析

进行风险分析与评价,应该采用定性与定量方法相结合的方法。定性方法包括问卷调查、集体讨论、专家咨询、情景分析、政策分析、行业标杆比较、管理层访谈、由专人主持的工作访谈和调查研究等。定量方法可采用统计推论、计算机模拟（如蒙特卡洛分析法）、失效模式与影响分析、事件树分析等。

风险分析应包括风险之间的关系分析,以便发现各风险之间的自然对冲、风险事件发生的正负相关性等组合效应,从风险策略上对风险进行统一集中管理。

3. 风险评价

企业在评估多项风险时,应根据对风险发生可能性的高低和对目标的影响程度评估,绘制风险坐标图,对各项风险进行比较,初步确定对各项风险的管理优先顺序和策略。在做风险评价时,可以借助风险矩阵表,如表9-4所示。

表 9-4 风 险 矩 阵

损 失 频 率		损 失 幅 度				
		最严重 5	很严重 4	中等 3	不严重 2	可不在乎 1
几乎可确定会发生	5	10	9	8	7	6
经常发生	4	9	8	7	6	5
发生数次	3	8	7	6	5	4
可能但未曾发生	2	7	6	5	4	3
极少发生	1	6	5	4	3	2

如表9-4所示,2～4分为低度风险,5～7分为中度风险,8～10分为高度风险。风险度不同,管理工具的组合也会不同。同时,此矩阵表可依据实际需求做出调整。企业应对风险管理信息实行动态管理,定期或不定期实施风险辨识、分析、评价,以便对新的风险和

原有风险的变化重新评估。

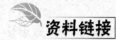 **资料链接**

风险评估方法

常用的风险评估方法如表9-5所示。

表 9-5　风险评估方法

风险技术和方法	定性	定量	适 用 范 围
头脑风暴法	√		风险识别
德尔菲法	√		风险识别
流程图分析法	√		对业务流程的风险分析
风险评估图法	√		对风险初步的定性分析
情景分析法	√	√	不确定性的影响分析
事件树分析法	√	√	风险分析阶段
失效模式影响和危害度分析法	√	√	风险识别或分析阶段
马尔科夫分析法		√	复杂系统中不确定事件及其状态改变的定量分析
敏感性分析法		√	不确定性的影响分析
决策树法		√	不确定性投资方案期望收益的分析
统计推论法		√	各种风险预测分析

1. 头脑风暴法

头脑风暴法又称智力激励法、BS法、自由思考法，它是指刺激并鼓励一群知识渊博、知悉风险情况的人员畅所欲言，开展集体讨论的方法。头脑风暴法又可分为直接头脑风暴法(通常简称为"头脑风暴法")和质疑头脑风暴法(也称"反头脑风暴法")。前者是专家群体决策，尽可能激发创造性，产生尽可能多的设想的方法，后者则是对前者提出的设想、方案逐一质疑，分析其现实可行性的方法。

将头脑风暴法应用于风险识别，就是由指定的主持人提出与风险有关的问题，然后要求小组成员依次在第一时间给出问题的看法，之后由风险管理小组对集体讨论后识别的所有风险进行复核，并且认定核心风险。

2. 德尔菲法

德尔菲法采用背对背的通信方式征询专家小组成员的意见，专家之间不得互相讨论，不发生横向联系，只能与调查人员发生关系。通过反复填写问卷，收集各方意见，以形成专家之间的共识。德尔菲法适用于在专家一致性意见基础上，在风险识别阶段进行定性分析。

3. 流程图分析法

流程图是指使用一些标准符号代表某些类型的动作，直观地描述一个工作过程的具体步骤。流程图法将一项特定的生产或经营活动按步骤或阶段顺序以若干个模块的形式组成一个流程图系列,在每个模块中都标示出各种潜在的风险因素或风险事件,从而给决策者一个清晰的总体印象。

4. 风险评估系图法

风险评估系图是评估风险影响非常常见的一种定性方法。风险评估系图识别某一风险是否会对企业产生重大影响,并将此结论与风险发生的可能性联系起来,为确定企业风险的优先次序提供框架,适用于对风险初步的定性分析。企业应该根据自身的实际情况绘制风险评估系图,如图9-6所示,与影响较小且发生的可能性较低的风险(在图中的点2)相比,具有重大影响且发生的可能性较高的风险(在图中的点1)更亟待关注。企业应根据图表分析每种风险的重大程度及影响。

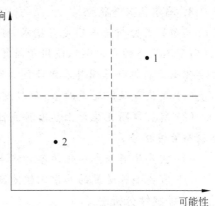

图9-6　风险评估系图

5. 情景分析法

情景分析可用来预计威胁和机遇可能发生的方式,以及如何将威胁和机遇用于各类长期及短期风险。通过模拟不确定性情景,对企业面临的风险进行定性和定量分析。对于未来变化不大的情况能够给出比较精确的模拟结果。局限性如下。

(1)在存在较大不确定性的情况下,有些情景可能不够现实。

(2)在运用情景分析时,主要的难点涉及数据的有效性以及分析师和决策者开发现实情境的能力,这些难点对结果的分析具有修正作用。

(3)如果将情景分析作为一种决策工具,其缺陷在于所用情景可能缺乏充分的基础,数据可能具有随机性,同时可能无法发现那些不切实际的结果。

6. 事件树分析法

事件树是一种表示初始事件发生之后互斥性后果的图解技术,其根据是为减轻其后果而设计的各种系统是否起作用。事件树分析适用于对故障发生以后,在各种减轻事件严重性的影响下,对多种可能后果的定性和定量分析。

事件树首先要挑选初始事件。初始事件可能是粉尘爆炸这样的事故或是停电这样的事项;按序列出那些旨在缓解结果的现有功能或系统。用一条线来表示每个功能或系统成功(用"是"表示)或失败(用"否"表示);在每条线上标注一定的失效概率,同时通过专家判断或故障树分析的方法来估算这种条件概率。鉴于各种事项都是独立的,结果的概率用单个条件概率与初始事项频率的乘积来表示。这样,初始事件的不同途径就得以建模。

7. 失效模式影响和危害度分析法(FMECA)

失效模式影响及危害度分析法,是一种Bottom-up分析方法,可用来分析、审查系统的潜在故障模式。FMECA按规定的规则记录系统中所有可能存在的影响因素,分析每种因素对系统的工作及状态的影响,将每种影响因素按其影响的严重度及发生概率排序,从而发现系统中潜在的薄弱环节,提出可能采取的预防改进措施,以消除或减少风险发生的可能性,保证系统的可靠性。根据其重要性和危害程度,FMECA 可对每种被识别的失效模式进行排序。

FMECA 可用协助挑选具有高可靠性的替代性设计方案;确保所有的失效模式及其对运行成功的影响得到分析;列出潜在的故障并识别其影响的严重性;为测试及维修工作的规划提供依据;为定量的可靠性及可用性分析提供依据。FMECA 可以为其他风险方法,如定性及定量的故障树分析提供数据支持。

8. 马尔科夫分析法

马尔科夫分析是一项定量技术,可以是不连续的(利用状态间变化的概率)或者连续的(利用各状态的变化率),适用于对复杂系统中不确定性事件及其状态改变的定量分析。主要优点是能够计算出具有维修能力和多重降级状态的系统的概率。局限性体现如下。

(1) 无论是故障还是维修,都假设状态变化的概率是固定的。

(2) 所有事项在统计上具有独立性,因此未来的状态独立于一切过去的状态,除非两个状态紧密相接。

(3) 需要了解状态变化的各种概率。

(4) 有关矩阵运算的知识比较复杂,非专业人士很难看懂。

9. 敏感性分析法

敏感性分析是研究各种不确定因素变化至一定幅度时,计算其主要经济指标变化率及敏感程度的一种方法。敏感性分析可以寻找出影响最大、最为敏感的主要变量因素,进一步分析、预测或估算其影响程度,找出产生不确定性的根源,采取相应有效措施;敏感性分析最常用的显示方式是龙卷风图。龙卷风图有助于比较具有较高不确定性的变量与相对稳定的变量之间的相对重要程度,适用于对项目不确定性对结果产生的影响进行的定量分析。

10. 决策树法

决策树是考虑在不确定性情况下,以序列方式表示决策选择和结果。类似于事件树,决策树开始于初因事项或是最初决策,同时由于可能发生的事项及可能做出的决策,它需要对不同路径和结果进行建模。决策树适用于项目风险管理和其他环境中,以便在不确定的情况下选择最佳的行动步骤。

决策树开始于最初决策,例如继续项目 A,而非项目 B。随着两种假定项目的继续,不同的事项会发生,同时需要做出不同的可预见性决定,并用树形格式表示。事项发生的可能性能够与路径终点的成本或用途一起估算。决策树显示采取不同选择的风险逻辑分析,同时给出每一个可能路径的预期值计算结果。考虑各条路径上的条件概率和结果值可以产生最高的期望值。

11. 统计推论法

统计推论是进行项目风险评估和分析的一种十分有效的方法,它可分为前推、后推和旁推三种类型,适合于各种风险分析预测。

(1) 前推就是根据历史的经验和数据推断出未来事件发生的概率及其后果。如果历史数据具有明显的周期性,就可据此直接对风险做出周期性的评估和分析,如果从历史记录中看不出明显的周期性,就可用一曲线或分布函数来拟合这些数据再进行外推。

（2）后推是在手头没有历史数据可供使用时所采用的一种方法，由于很多项目风险的一次性和不可重复性，所以在这些项目风险评估和分析时常用后推法。后推是把未知的想象的事件及后果与一已知事件与后果联系起来，把未来风险事件归结到有数据可查的造成这一风险事件的初始事件上，从而对风险做出评估和分析。

（3）旁推法就是利用类似项目的数据进行外推，用某一项目的历史记录对新的类似建设项目可能遇到的风险进行评估和分析，当然这还得充分考虑新环境的各种变化。

资料来源：作者根据网络资料整理。

（三）制定风险管理策略

企业应在风险辨识、分析、评价的基础上，针对不同的风险，结合企业的风险管理目标和风险承受能力，制定风险管理策略和应对方法。

风险管理策略，是指企业根据自身条件和外部环境，围绕企业发展战略，确定风险偏好、风险承受度、风险管理有效性标准，选择风险承担、风险规避、风险转移、风险转换、风险对冲、风险补偿、风险控制等合适的风险管理工具的总体策略，并确定风险管理所需人力和财力资源的配置原则。

企业在制定风险管理策略时，要根据风险的不同类型选择其适宜的风险管理策略。对战略、财务、运营、政治、法律等风险，可采取风险承担、风险规避、风险转换、风险控制等方法；对能够通过保险、期货、对冲等金融手段进行理财的风险，可以采用风险转移、风险对冲、风险补偿等方法。

1. 风险承担

风险承担也称风险保留、风险自留，是指企业接受现今经营管理中存在的风险，并对其进行管理与控制的策略。在一般情况下，企业遇到如下情形时就可以采用接受管理风险策略。

（1）接受管理风险的费用比采取其他方式的附加费用低。

（2）预测的最大可能损失比较低，而这些损失是企业在短期内能够承受的。

（3）企业具有自我保险和控制损失的优势。

按照风险管理的计划性，风险承担策略可以分成主动接受风险与被动承担风险。企业主动接受并管理风险，安排好适当的人力和财力资源就是主动接受风险的方式。被动承担风险是指企业没能识别风险及其损失，没有考虑在选择其他风险管理策略的情况下，不得不由企业自身承担损失的风险处置方式。

按照风险接受程度，风险承担可以分为全部风险承担和部分风险承担。全部风险承担是企业主动采取决策，全部承担某个项目可能出现的损失，并拥有充分的财力应对损失的发生。而部分风险承担是指根据企业的实际情况，决定部分担负可能面临的风险。企业可以通过设立专项基金或是意外损失准备金，进行套期保值等方式提高企业自身的抗风险能力。

2. 风险规避

风险规避是指企业在风险发生的可能性较高以及风险的影响性较大的情况下，采取回避、停止或退出蕴含某一风险的商业活动或商业环境，避免成为风险的所有人。例如以下几方面。

(1) 退出某一市场以避免激烈竞争。

(2) 拒绝与信用不好的交易对手进行交易。

(3) 外包某项对工人健康安全风险较高的工作。

(4) 停止生产可能有潜在客户安全隐患的产品。

(5) 禁止各业务单位在金融市场进行投机。

(6) 不准员工访问某些网站或下载某些内容。

风险规避可以根据企业对待风险的态度分为积极的风险规避和消极的风险规避。其相同之处在于企业都认识到其自身的实力不足以承受该风险发生所带来的损失，都希望在风险发生前就将其规避掉。但是，由于消极的风险回避者不会主动地识别风险，就更不会应对风险或接受风险的挑战；而积极的风险回避者能够更好地了解自身的能力与状况，运用风险规避策略。风险规避有完全拒绝承担风险、逐步试探承担风险与中途放弃承担风险三种方式。

案例资料

保险公司规避风险拒承保，"高龄车"面临投保难

近来，国家政策已经取消了私家车的报废年限，只要车况良好，就可以上路，有的私家车开到15年以上也没有问题，然而对于这些"高龄车"，上车险却成了难题。许多私家车车龄达到或超过8年时，车主给保险公司打电话欲买车损险却遭到回绝：车龄达到或超过8年的私家车，不可以投保车辆损失险。某保险公司车险部负责人说，由于"高龄车"设备零件趋于老化，车主的爱惜程度降低，容易损坏，出险概率较大，因此，承保风险提高。8年以上"高龄车"，零配件短缺问题十分普遍，维修成本大幅提高。此外，以前的车辆防盗技术不及现在，"高龄车"被盗的概率相对较大。一些进口"高龄车"，保费也就是几千元，可一旦出现事故，赔偿数目却很大。现在，各家保险公司均采取措施限制"高龄车"承保业务，以规避经营风险。

资料来源：作者根据2015年6月28日《太原日报》内容整理。

3. 风险转移

风险转移是指企业通过合同将风险转移到第三方，企业对转移后的风险不再拥有所有权。转移风险不会降低其可能的严重程度，只是从一方移除后转移到另一方。企业可以通过以下三种方式进行风险转移。

(1) 保险。保险合同规定保险公司为预定的损失支付补偿，作为交换，在合同开始时，投保人要向保险公司支付保险费。

(2) 非保险型的风险转移。将风险可能导致的财务风险损失负担转移给非保险机构。例如服务保证书等。

(3) 风险证券化。通过证券化保险风险构造的保险连接型证券(ILS)进行风险转移。这种债券的利息支付和本金偿还取决于某个风险事件的发生或严重程度。通过发行巨灾保险连接证券可以将巨灾保险市场的承保风险向资本市场转移，借以缓解传统再保险的承保压力,弥补其承保能力的不足,实现保险市场与资本市场的融合发展。

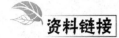 **资料链接**

利用保险和保险连接型证券(ILS)进行风险转移

1997年2月,霍尼维尔(Honeywell)公司采用了保险的方式转移它的风险。其做法是把财产和伤害风险以及外汇折算风险混合起来放在单一的保险单中,该保险单是由祥恒威达信公司(J&H Marsh &Mclennan)代理并由美国国际集团(American International Group)承保的。霍尼维尔公司的副总裁兼财务总监拉里·斯特朗霍纳(Larry Stranghoener)说道,"我们的目标是大幅度降低风险的总费用,同时,也降低行政管理费用。"

同时,企业或是个人投资者可以通过购买保险连接型证券(ILS)进行风险转移。例如,企业可以买入与美国地震保险风险相关的债券,如果在规定的期限内,美国没有发生地震,投资者可以按期收到利息,到期还可收回本金。但如果美国发生了地震,根据地震债券的触发条件,如地震级数、发生地区等因素,投资者有可能失去部分甚至全部本金和利息,债券发行人则可以用这些资金来支付保费赔偿。

资料来源:作者根据网络资料整理。

4. 风险转换

风险转换是指企业通过战略调整等手段将企业面临的风险转换成另一个风险。风险转换的手段包括战略调整和衍生产品等。风险转换一般不会直接降低企业总的风险,其简单形式就是在减少某一风险的同时,增加另一风险。例如,通过放松交易客户信用标准,增加了应收账款,但扩大了销售。企业可以通过风险转换在两个或多个风险之间进行调整,以达到最佳效果。风险转换可以在低成本或者无成本的情况下达到目的。

5. 风险对冲

风险对冲是指采取各种手段,引入多个风险因素或承担多个风险,使得这些风险能够互相对冲,也就是,使这些风险的影响互相抵消。不愿将"所有鸡蛋放在一个篮子里"的企业经常采用风险对冲、风险分散的措施。风险对冲常见的例子有资产组合使用、多种外币结算的使用和战略上的多种经营等。在金融资产管理中,对冲也包括使用衍生产品,如利用期货进行套期保值。在企业的风险中,有些风险具有自然对冲的性质,应当加以利用。例如,不同行业的经济周期风险对冲。风险对冲必须涉及风险组合,而不是对单一风险;对于单一风险,只能进行风险规避、风险控制。

6. 风险补偿

风险补偿是指企业对风险可能造成的损失采取适当的措施进行补偿。风险补偿表现在企业主动承担风险,并采取措施以补偿可能的损失。

风险补偿的形式有财务补偿、人力补偿、物资补偿等。财务补偿是损失融资,包括企业自身的风险准备金或应急资本等。损失融资(loss financing)也称为风险融资,是指获取资金,用来支付或抵偿风险损失的各种手段。例如,某公司历年来一直购买灾害保险,但经过数据分析,认为保险公司历年的赔付不足以平衡相应的保险费用支出,而不再续保;同时,为了应付可能发生的灾害性事件,公司与银行签订了应急资本协议,规定在灾害发生时,由银行提供资本以保证公司的持续经营。

7. 风险控制

风险控制是指控制风险事件发生的动因、环境、条件等,以达到减轻风险事件发生时的损失或降低风险事件发生的概率的目的。通常影响某一风险的因素有很多,风险控制可以通过控制这些因素中的一个或多个来达到目的,但主要的是控制风险事件发生的概率和发生后的损失。控制风险事件发生的概率的例子如室内使用不易燃地毯、山上禁止吸烟等,而控制风险事件发生后的损失的例子如修建水坝防洪、设立质量检查防止次品出厂等。

风险控制对象一般是可控风险,包括多数运营风险,如质量、安全和环境风险,以及法律风险中的合规性风险。

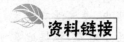 **资料链接**

风险控制的种类及控制措施

风险控制也可以分为预防性、修正性、指导性以及试探性四个种类,该分类是橙皮书推荐的分类办法,详细内容见表 9-6。

表 9-6　风险控制措施类型

类　型	描　述
预防性措施(终止)	此类控制措施旨在限制不受欢迎的风险因素发生的可能性。阻挠不受欢迎后果发生的重要性越大,实施合适的风险预防性控制措施的重要性越得以凸显,如权责划分、不相容职务相分离等
修正性措施(处理)	此类控制措施旨在限制和降低损失范围以及不受欢迎的后果。还能借助这些修正性措施,将企业从损失或者伤害当中恢复过来
指导性措施(转移)	此类控制措施旨在确保特定结果的顺利实现。可以借助这些指导性措施,指导员工的日常行为,确保特定损失不再发生。指导性措施的重要性是不言而喻的,但是必须以员工严格遵守相关规定为前提
试探性措施(承受)	根据定义,这些措施是"事后"性质的,也就是说,只有那些可以被接受的损失或者损害发生之后才能采取试探性措施

以下分别以健康安全风险和诈骗风险为例,列举以上四种控制措施的等级排序,如表 9-7 所示。

表 9-7　风险控制措施的等级排序实例

类　型	健康与安全风险的控制措施等级	诈骗风险的控制措施等级
预防性措施(终止)	消除或者移除危险因素来源;用危害性相对较小的实务替代危险因素风险	明确分工以及权责;对招募对象开展职前背景调查
修正性措施(处理)	借助于栅栏或者防护栏实施工程控制;实施轮班制或者控制工作时长减少工作环境可能带来的健康风险	设置密码或者安排其他准入制度;员工轮班制以及监督人员的定期更换

类　　型	健康与安全风险的控制措施等级	诈骗风险的控制措施等级
指导性措施（转移）	通过培训以及监督来推进流程的实施；个人保护设置以及改善后的福利设施	易于阅读的、详细的、书面的系统以及流程；开展相关培训，增进员工对书面流程的理解
试探性措施（承受）	对员工的身体健康实施监测，了解可能出现的各种症状；健康情况监测，发现早期症状，早发现、早治疗	内部审计师的审计以及审查；举报诈骗行为的相关政策和奖励

传统的风险应对策略只有风险规避、风险承担、风险控制和风险转移，其目的在于风险减低和风险预防。传统风险管理基于风险是负面影响的看法，将每个风险分开管理，手段在相当程度上局限在内部控制和风险转移，因此只注意到流程中的风险和灾害性风险，没有与整体战略结合，忽视了战略管理手段。

资料来源：作者根据网络资料整理。

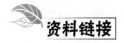

风险的衡量

制定风险管理策略的一个关键环节是企业应根据不同业务特点统一确定风险偏好和风险承受度，即企业愿意承担哪些风险，明确风险的最低限度和不能超过的最高限度，并据此确定风险的预警线及相应采取的对策。对于已经制定和实施的风险管理策略，企业应定期总结和分析已制定的风险管理策略的有效性和合理性，结合实际不断修订和完善。其中，应重点检查依据风险偏好、风险承受度和风险控制预警线实施的结果是否有效，并提出定性或定量的有效性标准。

常用的风险度量方法包括：①最大可能损失；②概率值：损失发生的概率或可能性；③期望值：统计期望值，效用期望值；波动性；方差或均方差；④在险值：又称 VaR，以及其他类似的度量，如专家意见法。

1. 最大可能损失

最大可能损失是指风险事件发生后可能造成的最大损失。用最大可能损失来定义风险承受度是最差情形的思考逻辑。企业一般在无法判断发生概率或无须判断概率的时候，使用最大可能损失作为风险的衡量。

2. 概率值

概率值是指风险事件发生的概率或造成损失的概率。在可能的结果只有好坏、对错、是否、输赢、生死等简单情况下，常常使用概率值。在实践中，统计意义上的频率和主观概率的判断都是可以用的，但是要分清不同的场合。

3. 期望值

期望值通常指的是数学期望，即概率加权平均值。在所有事件中，每一事件发生的概率乘以该事件的影响的乘积，然后将这些乘积相加得到和。常用的期望值有统计期望值和效用期望值，期望值综合了概率和最大损失两种方法。

4. 在险值

在险值,又称 VaR,是指在正常的市场条件下,在给定的时间段中,给定的置信区间内,预期可能发生的最大损失。在险值具有通用、直观、灵活的特点,为《巴塞尔协议》采用。其局限性体现在:适用的风险范围小,对数据要求严格,计算困难,对肥尾效应无能为力。

5. 专家意见法

专家意见法是一种直观的判断方法,是有别于以上四种以概率统计为基础的度量方法。

资料来源:作者根据网络资料整理。

(四)提出和实施风险管理解决方案

在提出风险管理解决方案之前,企业需要综合考虑以下两个前提条件。

(1)明确影响解决方案的主要风险,企业面临风险的特性应该在制订方案时加以考虑。

(2)考虑选择风险管理策略的决定因素,如企业的目标和战略、自身能力、时间范围、资金筹措能力、风险的可管理性等。

在此阶段,企业应根据风险管理策略,针对各类风险或每一项重大风险制订风险管理解决方案,企业面临的内外部环境条件不同,面临的风险在特定时期也会不同,因此,企业需要根据实际面临的风险状况制订与执行特定的风险管理方案。从大的分类看,风险管理解决方案可以分为外部和内部解决方案。

1. 风险管理解决方案的两种类型

(1)外部解决方案。外部解决方案一般指外包。企业经营活动外包是利用产业链专业分工,提高运营效率的必要措施。企业许多风险管理工作可以外包出去,如企业使用投资银行、信用评级公司、保险公司、律师事务所、会计师事务所、风险管理咨询公司等专业机构。外包可以使企业规避一些风险,但同时可能带来另一些风险,应适当加以控制。

企业制订风险管理解决的外包方案,应注重成本与收益的平衡、外包工作的质量、自身商业秘密的保护以及防止自身对风险解决外包产生依赖性风险等,并制订相应的预防和控制措施。

(2)内部解决方案。内部解决方案包括企业风险管理体系整体的运转。在具体实施中,一般是以下几种手段的综合应用:风险管理策略;组织职能;内部控制(简称“内控”),包括政策、制度、程序;信息系统,包括报告体系;风险理财措施。

企业制订风险解决的内控方案,应满足合规的要求,坚持经营战略与风险策略一致、风险控制与运营效率及效果相平衡的原则。针对重大风险所涉及的各管理及业务流程,制订涵盖各个环节的全流程控制措施;对其他风险所涉及的业务流程,要把关键环节作为控制点,采取相应的控制措施。

内部控制是通过有关企业流程的设计和实施的一系列政策、制度、程序和措施,控制影响流程目标的各种风险的过程。内部控制是全面风险管理的重要组成部分,是全面风险管理的基础设施和必要举措。一般说来,内部控制系统针对的风险是可控纯粹风险,其控制对象是企业中的个人,其控制目的是规范员工的行为,其控制范围是企业的业务和管理流程。

2. 关键风险指标管理

关键风险指标管理是对引起风险事件发生的关键成因指标进行管理的方法。关键风险指标管理可以管理单项风险的多个关键成因,也可以管理影响企业主要目标的多个主要风险。

关键风险指标管理的步骤如下:①分析风险成因,从中找出关键成因;②将关键成因量化,确定其度量,分析确定导致风险事件发生(或极有可能发生)时该成因的具体数值;③以该具体数值为基础,以发出风险信息为目的,加上或减去一定数值后形成新的数值,该数值即为关键风险指标;④建立风险预警系统,即当关键成因数值达到关键风险指标时,发出风险预警信息;⑤制订出现风险预警信息时应采取的风险控制措施;⑥跟踪监测关键成因的变化,一旦出现预警,即实施风险控制措施。

3. 关键风险指标分解

企业目标的实现要靠企业的各个职能部门和业务单位共同的努力,同样,企业的指标要分解到企业的各个职能部门和业务单位,对于关键风险指标来说也是一样。但是,对于关键风险指标的分解要注意职能部门和业务单位之间的协调,关键是从企业整体出发和把风险控制在一定范围内。对一个具体单位而言,不可采用"最大化"的说法。

对于关键风险指标的分解,要兼顾各职能部门和业务单位的诉求。一个可行的方法是在企业的总体领导和整体战略的指导下进行部门和业务单位间的协调。

(五)风险管理的监督与改进

1. 企业风险管理的监控方法

风险管理流程的最后一个步骤是风险管理的监督与改进。企业应以重大风险、重大事件和重大决策、重要管理及业务流程为重点,对风险管理初始信息、风险评估、风险管理策略、关键控制活动及风险管理解决方案的实施情况进行监督,采用压力测试、返回测试、穿行测试及风险控制自我评估等方法对风险管理的有效性进行检验,根据变化情况和存在的缺陷及时加以改进。

2. 理顺信息沟通渠道

来自企业内部和外部的相关信息必须以一定的格式和时间间隔进行确认、捕捉和传递,以保证企业的员工能够执行各自的职责。企业应建立贯穿于整个风险管理基本流程,连接各上下级、各部门和业务单位的风险管理信息沟通渠道,确保信息沟通及时、准确、完整,为风险管理监督与改进奠定基础。有效的沟通还包括将相关的信息与企业外部相关方有效沟通和交换,如客户、供应商、行政管理部门和股东等。

企业可以利用适当的方式就战略导向、企业业绩和员工责任等问题进行沟通。沟通的手段包括局域网网站、全企业、全集团大会、专题讨论会、培训、公告、跨部门工作组及实时指导等。

3. 企业各部门的相关职责

企业各有关部门和业务单位应定期对风险管理工作进行自查和检验,及时发现缺陷并改进,其检查、检验报告应及时报送企业风险管理职能部门。

　　企业风险管理职能部门应定期对各部门和业务单位风险管理工作实施情况和有效性进行检查和检验,要根据在制定风险策略时提出的有效性标准的要求对风险管理策略进行评估,对跨部门和业务单位的风险管理解决方案进行评价,提出调整或改进建议,出具评价和建议报告,及时报送企业总经理或其委托分管风险管理工作的高级管理人员。

　　企业内部审计部门应至少每年一次对包括风险管理职能部门在内的各有关部门和业务单位能否按照有关规定开展风险管理工作及其工作效果进行监督评价,监督评价报告应直接报送董事会或董事会下设的风险管理委员会和审计委员会。此项工作也可结合年度审计、任期审计或专项审计工作一并开展。

　　企业可聘请中介机构对企业全面风险管理工作进行评价,出具风险管理评估和建议专项报告。报告一般应包括以下几方面的实施情况、存在缺陷和改进建议。

　　(1) 风险管理基本流程与风险管理策略。

　　(2) 企业重大风险、重大事件和重要管理及业务流程的风险管理,内部控制系统的建设。

　　(3) 风险管理组织体系和信息系统。

　　(4) 全面风险管理总体目标。

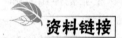 **资料链接**

风险管理的持续改进——标杆管理

　　当改进风险管理时,企业可以参照一定的标准,如自身内部最佳的风险管理实践,或者是其他主体的企业风险管理实践,以此为标杆进行标杆管理。

　　(1) 内部风险管理标杆——以企业内部最佳管理实践为基准的标杆管理。它是最简单且易操作的标杆管理方式之一。辨识内部风险管理的绩效标杆的标准,即确立内部风险标杆管理的主要目标,可以做到企业内信息共享。辨识企业内部最佳风险管理职能或流程及其实践,然后推广到其他部门。不过单独执行内部风险标杆管理的企业往往持有内向视野,容易产生封闭思维。因此在实践中内部风险标杆管理应该与外部风险标杆管理结合起来使用。

　　(2) 竞争风险管理标杆——以竞争对象风险管理绩效为基准的风险标杆管理。竞争风险管理标杆的目标是与有着相同市场的企业在风险管理的绩效与实践进行比较,直接面对竞争者。这类风险标杆管理的实践比较困难,因为竞争企业的内部风险管理信息较难取得。

　　(3) 职能风险管理标杆——以行业领先或者某些企业的优秀风险管理作为基准进行的标杆管理。这类风险管理的标杆合作者常常能相互分享一些风险管理的技术和信息,企业可以在行业或者产业协会的主导下进行比较。其他企业可能会提供比较的信息,而一些行业中的同业复核(peer review)职能机构能够帮助一家企业对照同业来评价他的风险管理。

　　(4) 流程风险管理标杆——以最佳风险管理流程为基准进行的标杆管理。风险标杆管理是某种工作流程,而不是某项业务与操作职能。这类标杆管理可以跨不同类型的组织进行。它一般要求企业对整个风险管理流程和操作有很详细的了解。

资料来源：作者根据网络资料整理。

思　考　题

1. 如何理解企业风险管理文化？
2. 企业的风险管理流程是怎样的？
3. 企业的风险评估包括哪些内容？
4. 企业风险管理组织体系主要包括哪些部分？
5. 董事会、监事会、内部审计部门的职能范围分别是什么？
6. 2009 年，某奶粉集团因为毒奶粉事件灰飞烟灭。实际上，三聚氰胺只是造成该集团悲剧的导火索，而事件背后的运营风险管理失控才是真正的罪魁祸首。以下是一些关于该集团存在的问题。

（1）对于乳业而言，要实现产能的扩张，就要实现奶源的控制。为了不丧失奶源的控制，据了解，该集团在收奶时对原奶要求比其他企业低。

（2）该集团的反舞弊监管不力，企业负责奶源收购的工作人员往往被奶站"搞"定了，这样就形成了行业"潜规则"。不合格的奶制品就在商业腐败中流向市场。

（3）2007 年年底，该集团已经先后接到农村偏远地区的反映，称食用三鹿婴幼儿奶粉后，婴儿出现尿液中有颗粒现象。到 2008 年 6 月中旬，又收到婴幼儿患肾结石去医院治疗的信息。但该集团在发现问题后，并没有将问题公开，而其原奶事业部、销售部、传媒部各自分工，试图通过奶源检查、产品调换、加大品牌广告投放和宣传。

要求：

（1）指出该集团可能存在的主要风险类型。

（2）列举出三种风险应对策略。

第十章

企业风险管理实务

学习目标

1. 了解企业面临的运营、财务、项目、市场、法律和政治风险。
2. 掌握企业风险管理的实务操作流程。

第一节　企业运营风险管理

一、运营风险的定义

所谓运营风险,是指企业在运营过程中,由于外部环境的复杂性和变动性以及主体对环境的认知能力和适应能力的有限性,而导致的运营失败或使运营活动达不到预期目标的可能性及其损失。运营风险并不是指某一种具体特定的风险,而是包含一系列具体的风险。运营风险与合规委员会协助执行委员会与董事会共同对良好的运营风险框架之建立活动进行监控,并监督集团的运营风险状况。

二、运营风险管理的发展历程

（一）20 世纪 30 年代：运营风险管理的萌芽

20 世纪 30 年代,风险管理最早应用于保险业。美国宾夕法尼亚大学所罗门许布纳博士 1930 年在一次保险问题会议上第一次提出了"风险管理"的概念。1932 年,美国成立了纽约保险经纪人协会,该协会的成立标志着风险管理思想的初步兴起。保险是转移企业运营过程中纯风险的损失,对保险的管理也就是对运营过程中的风险进行管理,运营风险管理的思想在萌芽。

（二）20 世纪 50 年代：运营风险管理的发展

成本控制制度和内部控制制度的发展极力推动了运营风险管理的发展。20 世纪 80 年代初,因受债务危机的影响,金融业开始普遍重视对信用风险的防范和管理,其结果是诞生了著名的《巴塞尔协议》(1988)。该协议提出了商业银行的经营规范,这标志着运营风险管理系统性研究的开始。

（三）20 世纪 90 年代：运营风险管理的成长期

20 世纪 90 年代后,非金融领域中严重的风险事件(即运营风险和战略风险)不仅降低了企业的绩效,而且给企业造成了重大损失。企业主们发现这些风险因素绝大部分能够管理却没能得到有效管理,风险管理逐步向监督、管理和控制有关组织机构和流程的方向发展。运营风险管理成为企业界和学术界研究的热点。

三、运营风险管理策略

（一）分析企业运营风险因素

首先对企业的运营系统进行分析和研究，找到企业运营系统中价值创造流程，确立企业运营系统的核心流程。其次是通过对价值链模型的分析建立基于价值链的企业运营风险因素模型。最后通过对企业运营价值创造活动的分析确立企业风险因素的管理指标体系，建立基于价值链的企业运营风险因素指标分解模型。

（二）建立运营风险评估体系

在企业运营风险因素指标体系确定后，必须对运营系统的核心流程进行风险管理。主要是通过确定指标权重的分配、制定量化公式和规则、定位数据来源、确定控制目标、区分管理周期等步骤来分析风险因素指标的体系，采用控制图法以实现对关键运营风险的有效管理。

（三）建立现代企业制度，加强风险的科学管理

企业在进行资本运营的同时，必须注重内部管理体制的改革，以保证资本运营的健康、有效实施。每个企业都要外抓市场，内抓管理，重视结合实际学习国外的科学管理经验，花大力气搞好成本管理和资金管理，挖掘内部潜力，把深化内部改革和加强企业管理有机地结合起来，以促进生产力发展，促进企业整体素质不断提高。同时，企业还应有战略风险的观念，开发并利用集团内的风险管理官（CRO），让他们参与并讨论未来经营和业务领域中的风险问题。

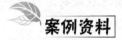 **案例资料**

三鹿集团败于管理失控

2008年12月25日，河北省石家庄市政府举行新闻发布会，通报三鹿集团股份有限公司（简称三鹿集团）破产案处理情况。"三鹿牌"婴幼儿配方奶粉重大食品安全事故发生后，三鹿集团于2008年9月12日全面停产。截至2008年10月31日，经财务审计和资产评估，三鹿集团资产总额为15.61亿元，总负债17.62亿元，净资产—2.01亿元，12月19日三鹿集团又借款9.02亿元支付给全国奶协，用于支付患病婴幼儿的治疗和赔偿费用。目前，三鹿集团净资产为—11.03亿元（不包括2008年10月31日后企业新发生的各种费用），已经严重资不抵债。

至此，经中国品牌资产评价中心评定，价值高达149.07亿元的三鹿品牌资产灰飞烟灭。

反思三鹿毒奶粉事件，我们不难发现，造成三鹿悲剧的三聚氰胺只是个导火索，而事件背后的运营风险管理失控才是真正的罪魁祸首。

1. 醉心于规模扩张，高层管理人员风险意识淡薄

对于乳业而言，要实现产能的扩张，就要实现奶源的控制。为了不丧失奶源的控制，三鹿集团在有些时候接受了质量低下的原奶。据了解，三鹿集团在石家庄收奶时对原奶

要求比其他企业低很多。

对于奶源质量的要求，乳制品行业一般认为巴氏奶和酸奶对奶源质量要求较高，UHT奶次之，奶粉对奶源质量要求较低，冰激凌等产品更次之。因此，三鹿集团祸起奶粉，也就不足为奇。

另外，三鹿集团大打价格战以提高销售额，以挤压没有话语权的产业链前端环节利润。尽管三鹿集团的销售额从2005年的74.53亿元激增到2007年的103亿元，但是三鹿集团从未将公司与上游环节进行有效的利益捆绑，因此，上游企业要想保住利润，就必然会牺牲奶源质量。

河北省一位退休高层领导如此评价田文华："随着企业的快速扩张，田文华头脑开始发热，出事就出在管理上。"

2. 企业快速增长，管理存在巨大风险

作为与人们生活饮食息息相关的乳制品企业，本应加强奶源建设，充分保证原奶质量，然而在实际执行中，三鹿集团仍将大部分资源聚焦到了保证原奶供应上。

三鹿集团"奶牛＋农户"饲养管理模式在执行中存在重大风险。乳业在原奶及原料的采购上主要有四种模式，分别是牧场模式（集中饲养百头以上奶牛，统一采奶运送）、奶牛养殖小区模式（由小区业主提供场地，奶农在小区内各自喂养自己的奶牛，由小区统一采奶配送）、挤奶厅模式（由奶农各自散养奶牛，到挤奶厅统一采奶运送）、交叉模式（是前面三种方式交叉）。三鹿集团的散户奶源比例占到一半，且形式多样，要实现对数百个奶站在原奶生产、收购、运输环节实时监控已是不可能的任务，只能依靠最后一关的严格检查，加强对蛋白质等指标的检测，但如此一来，反而滋生了层出不穷的作弊手段。

但是三鹿集团的反舞弊监管不力。企业负责奶源收购的工作人员往往被奶站"搞"定了，这样就形成了行业"潜规则"。不合格的奶制品就在商业腐败中流向市场。

另外，三鹿集团对贴牌生产的合作企业监控不严，产品质量风险巨大。贴牌生产，能迅速带来规模的扩张，同时也给产品质量控制带来了风险。至少在个别贴牌企业的管理上，三鹿集团的管理并不严格。

3. 危机处理不当导致风险失控

2007年年底，三鹿集团已经先后接到农村偏远地区反映，称食用三鹿婴幼儿奶粉后，婴儿出现尿液中有颗粒现象。到2008年6月中旬，又收到婴幼儿患肾结石去医院治疗的信息。于是三鹿集团于7月24日将16个样品委托河北出入境检验检疫技术中心进行检测，并在8月1日得到了令人胆寒的结果。

与此同时，三鹿集团并没有对奶粉问题进行公开，而其原奶事业部、销售部、传媒部各自分工，试图通过奶源检查、产品调换、加大品牌广告投放和宣传软文，将"三鹿""肾结石"的关联封杀于无形。

2008年7月29日，三鹿集团向各地代理商发送了《婴幼儿尿结晶和肾结石问题的解释》，要求各终端以天气过热、饮水过多、脂肪摄取过多、蛋白质过量等理由安抚消费者。

而对于经销商，三鹿集团也同样采取了糊弄的手法，对经销商隐瞒事实造成不可挽回的局面。从2008年7月10日到8月底的几轮回收过程中，三鹿集团从未向经销商公开产品质量问题，而是以更换包装和新标识进行促销为理由，导致经销商响应者寥寥。正是

召回的迟缓与隐瞒真相耽搁了大量时间。大规模调货引起了部分经销商对产品质量的极大怀疑，可销售代表拍着胸脯说，质量绝对没有问题。在2008年8月18日，一份标注为"重要、精确、紧急"传达给经销商的《通知》中，三鹿集团严令各地终端货架与仓库在8月23日前将产品调换完毕，但仍未说明换货原因。调货效果依然不佳，毒奶粉仍在流通。

而三鹿集团的外资股东新西兰恒天然在2008年8月2日得知情况后，要求三鹿集团在最短时间内召回市场上销售的受污染奶粉，并立即向中国政府有关部门报告。三鹿集团以秘密方式缓慢从市场上换货的方式引起了恒天然的极大不满。恒天然将此事上报新西兰总理海伦·克拉克，克拉克于9月8日绕过河北省政府直接将消息通知中国政府。

另外，三鹿集团缺乏足够的协调应对危机的能力。在危机发生后，面对外界的质疑和媒体的一再质问，仍不将真实情况公布，引发了媒体的继续深挖曝光和曝光后消费者对其不可恢复的消费信心。

资料来源：作者根据网络资料整理。

第二节　企业财务风险管理

一、企业财务风险的定义

企业财务风险，是指企业在生产经营过程中，由于内外部环境及各种难以预料或无法控制的不确定性因素的作用，使企业在一定时期内所获取的财务收益与预期收益发生偏离的可能性。如国家政治、经济、文化等外部环境以及企业人、财、物等内部环境的复杂性，市场价格的不稳定性，供求关系的多样性和信息传递的复杂性都决定了市场经济条件下企业财务风险的客观存在。

二、企业财务风险的内容

（一）筹资风险

企业筹资渠道可分为两种：一是借入资金，二是所有者投资。

借入资金的筹资风险是显而易见的。借入资金严格规定了借款人的还款方式、还款期限和还款金额，如果借入资金不能产生很好的经济效益，导致企业不能按时还本付息，就可能使企业付出更高的经济和社会代价，甚至破产倒闭。因此，借款筹资的风险主要表现为企业是否能及时还本付息。

所有者投入的资金是属于企业的自有资金，不存在还本付息的问题，其风险只存在于其使用效益的不确定性上。如果企业投入的资金不能产生良好的经济效益，不能满足投资者的收益目标，就会给企业今后的筹资带来不利影响。

（二）投资风险

投资风险是指投资项目不能达到预期效益，从而影响企业盈利水平和偿债能力的风险。企业投资风险主要有以下三种：一是投资项目不能按期投产，不能盈利；或虽已投产，但出现亏损，导致企业盈利能力和偿债能力的降低。二是投资项目并无亏损，但盈利水平很低，利润率低于银行存款利息率。三是投资项目没有亏损，利润率也高于银行存款利息率,但低于企业目前的资金利润率水平。

（三）资金回收风险

企业产品售出后,就从成品资金转化为结算资金,再从结算资金转化为货币资金。这两个转化过程在时间和金额上的不确定性,就是资金回收风险。在社会主义市场经济条件下,企业一律进入市场,公平竞争,为了搞活经营、扩大销售,各种赊销方法被企业广泛使用。这种情况一方面为企业的发展提供了机遇;另一方面也加大了企业资金回收风险,大大增强了坏账损失的可能性。

一方面,资金回收风险的存在,与国家宏观经济政策尤其是财政金融政策是紧密相关的。在财政金融双紧缩时期,整个市场疲软,企业产品销售困难,三角债务链规模巨大,资金回收困难;而在相反的情况下,资金回收则容易得多。另一方面,企业资金回收风险的大小也取决于企业决策和管理水平的高低。即使是在财政金融双紧缩时期,个别企业仍然生产经营有序、产品销售兴旺,这说明资金回收风险在一定程度上是可以控制的。企业要避免或减少资金回收风险,首先要求企业必须生产物美价廉、适销对路的产品,并配合一定的营销策略,使产品销售顺利实现,完成由产品资金向结算资金的转变,加强货款的催收工作,促使货款及时回收。其次是必须注意评估客户的财务状况、资信状况,加强货款完成由结算资金向货币资金的转化。

（四）收益分配风险

收益分配是指企业实现的财务成果即利润对投资者的分配。收益分配风险是指由于收益分配而可能给企业今后的生产经营活动带来的不利影响。在企业效益有保证、资金运转正常、调度适当的情况下,合理的收益分配可以调动投资者积极性,提高企业的声誉,给企业今后的筹资活动奠定良好的基础。但是,收益分配也有风险,这种风险来源于两大方面。一方面是收益确认的风险,即由于客观环境因素的影响和会计方法的不当,有可能少计成本费用,多确认当期收益,从而虚增当期利润,使企业提前纳税,导致大量资金提前流出企业而引起企业财务风险;或者有可能多结算成本,多计有关费用,少确认当期收益,从而虚减了当期利润,影响了企业声誉。另一方面是对投资者分配收益的形式、时间和金额的把握不当而产生的风险。如果企业处于资金紧缺时期,却以货币资金的形式对外分配收益,且金额过大,就必然大大降低企业的偿债能力,影响企业再生产规模;但如果企业投资者得不到一定的投资回报,或单纯以股票股利的形式进行收益分配,就会挫伤投资者积极性,降低企业信誉,股票上市企业的股票价格会下跌,这些都会对企业今后的发展带来不利影响。因此,企业无论是否进行收益分配,也无论在什么时间、以什么方式进行,都具有一定的风险。

三、企业财务风险管理方法

企业财务风险管理方法是指企业为避免或减小风险,在财务风险预测、决策、防范、处理这一整个连续过程中,用来完成财务风险管理任务的手段和基本工具。

（一）财务风险预测

财务风险预测是指在风险识别和估量的基础上,确定企业所面临的各种风险以及解决这些风险对企业财务造成的影响所运用的方法,包括风险识别法和风险估量法。

1. 风险识别法

风险识别法是指企业在生产经营活动中,对其财务活动可能遇到的各种风险信息的收集整理,风险环境的了解分析,以及风险特征和类别的区分等。要对尚未发生的风险进行识别,就要经常对企业内外部环境进行调查研究,判断各环境因素对企业生产经营活动将产生何种影响,将会发生和可能发生哪些风险损失,这些损失的性质及其产生原因是什么。风险识别的方法通常有情景分析法、专家预测法、财务分析法、可行性研究等。

2. 风险估量法

风险估量法是指应用统计类推的方法,对已识别出的风险进行定量描述,包括各种潜在风险可能造成的损失、发生频数、损失程度以及对企业生产经营、生态环境、社会环境造成的影响等。通过风险估量,为今后财务风险决策、预防和控制及处理等提供准确依据。风险估量的方法主要有概率估量法、费希尔线性判定法等。

(二)财务风险决策

财务风险决策是指在财务风险预测的基础上,通过对企业风险的综合评价,为完成决策者所期望的目标而选择一个最佳方案的过程。风险预测是风险决策的基础工作,而风险的防范和处理又是风险决策的保证环节和善后环节,因此,财务风险决策是整个财务风险管理的中心环节。财务风险决策关系到企业的兴衰成败、生死存亡。正确的财务风险决策是企业在复杂多变、险象环生的环境中得以生存发展的基石。财务风险决策的主要方法有决策树法、最大期望收益值法、边际分析法、贝叶斯风险决策法、效用函数决策法、马尔柯夫分析决策法等。

(三)财务风险防范

财务风险防范就是企业在识别风险、估量风险和分析风险的基础上充分预见、有效控制风险,用最经济的方法把财务风险可能导致的不利后果减少到最低限度的管理方法。企业财务风险防范的目的是使财务风险不影响企业的生产经营活动,不影响企业的效益。这包含两方面内容:一是要在财务风险发生以前,采取各种措施最大限度地防止风险的发生或者把风险控制到最小程度,即财务风险的预防;二是对于企业无能为力、不能预防的财务风险,要采取控制措施,力求在财务风险发生后把风险损失降至最小,或者通过其他途径把风险损失弥补回来,或者尽快恢复企业正常生产经营活动,减少风险损失,即财务风险的控制。财务风险防范的主要方法有以下几种。

(1)风险逃避。风险逃避是指对超过企业风险承受能力的财务活动加以逃避,即停止实施有风险的财务活动项目。这是一种消极办法。

(2)风险转嫁。风险转嫁是指企业把具有风险的财务活动采取保险、转包、转让、转租、签订远期合同等方法把风险转嫁给其他单位承担。

(3)风险分散。风险分散是指企业通过联营、合并等多方位多元化经营方式来扩大规模,运用规模经济来分散企业财务风险,以盈补亏,以优补劣。

(4)风险自留。风险自留是指企业根据国家财务会计制度规定,按照稳健性原则,在企业内部建立风险基金,如偿债基金、坏账准备金、短期投资跌价准备、长期投资减值准备等,来预防风险损失,增强对风险的抵抗力。

（四）财务风险处理

财务风险处理是指对企业为预防和控制财务风险而发生的一切支出以及由于财务风险的出现而引起的损益进行核算和分配,并借以考核企业财务风险管理绩效的过程。它由风险会计核算和风险损益处理两方面构成。

（1）风险会计核算。风险会计核算是对财务风险管理中所发生的有关费用进行归集,对风险成本和风险收益进行计算。风险成本通常包括风险预防控制费用、直接净损失和间接净损失等;风险收入则是企业最终实际实现的经营利润与相对无风险状态下预计可实现利润之差。

（2）风险损益处理。风险损益是风险收入与风险成本的差额,正数为风险收益,负数为风险损失。对于风险收益,企业在财务上应合理分配,积累资金,增强企业实力;对于风险损失,企业要积极调拨资金进行财务补偿,包括向有关责任人、单位、保险公司索赔或运用企业风险基金等。

 **案例资料**

合俊集团自己打败了自己

创办于 1996 年的合俊集团,是国内规模较为大型的 OEM 型玩具生产商。在世界五大玩具品牌中,合俊集团已是其中三个品牌的制造商——美泰、孩子宝及 Spinmaster 的制造商,并于 2006 年 9 月成功在香港联交所上市,到 2007 年的时候,销售额就超过 9.5 亿港元。然而进入 2008 年之后,合俊集团的境况急剧下降。在 2008 年 10 月,这家在玩具界举足轻重的大型公司的工厂没能躲过这次全球性金融海啸,成为中国企业实体受金融危机影响出现倒闭的第一案。目前,合俊集团已经关闭了其在广东的生产厂,涉及员工超过 7 000 人。

1. 金融危机只是催化剂

自全球金融危机爆发后,整个玩具行业的上下游供应链进入恶性循环,再加上 2008 年生产成本的持续上涨,塑料成本上升 20%,最低工资上调 12% 及人民币升值 7% 等大环境的影响,导致了合俊集团的资金链断裂。

表面上看起来,合俊集团是被金融风暴吹倒的,但是只要关注一下最近两年合俊集团的发展动态就会发现,金融危机只是压倒合俊集团的最后一根稻草。

实际上,合俊集团本身的商业模式存在巨大的风险。作为一个贴牌生产企业,合俊并没有自己的专利技术,因此在生产中也没有重视生产研发的投入,主要靠的是欧美的订单。美国的次贷危机发展成金融危机后,首先受到影响的肯定是这些靠出口美国市场过活的贴牌企业。

比较有意思的是,同在东莞,规模也和合俊集团一样是 6 000 人左右的玩具企业——龙昌公司却在这场风暴中依然走得很从容,甚至他们的销售订单已经排到了 2009 年。比较一下两家玩具企业的商业模式就能发现:龙昌公司拥有自主品牌,他们在市场中拼的是品质和科技，并且具有专利 300 多项，研发投入每年达 3 000 多万元，有 300 多人的科研队伍；并且龙昌主要走高端路线，比如生产能表演包括太极拳的 200 多套动作的机器人，生产包含 3 个专利、能进行二次组合的电子狗等，销售市场也并不依赖国外，而是集中在国内。

而在 2008 年 11 月 2 日中央电视台新闻联播记者采访倒闭后的合俊集团时，在现场拍到的产品是像赠品玩具、滑旱冰及骑自行车的护膝用品、赚几元钱的电子狗等的小商品。

2. 盲目多元化造成"失血"严重

其实早在 2007 年 6 月，合俊集团已经认识到过分依赖加工出口的危险。2007 年 9 月，合俊集团计划进入矿业，以约 3 亿元的价格收购了福建天成矿业 48.96% 股权。天成矿业的主要业务是在中国开采贵金属及矿产资源，拥有福建省大安银矿。

据合俊集团旗下东莞樟木头合俊樟洋厂一位核心部门的负责人表示，2008 年 2、3 月份，合俊集团付给天成矿业 2.69 亿元的现金，直接导致厂里资金链出现问题。

而公开资料显示，合俊集团 2007 年 10 月底曾公告，以 3.09 亿港元总价收购福建省大安银矿勘探权。公司将以 2.69 亿港元向独立人士唐学劲收购 China Mining Corporation 的 45.51% 权益，并将认购 China Mining Corporation 本金 4 000 万港元的可换股债券，兑换后持股量将增至 48.96%。首批 4 000 万港元在协议时已经给付。

然而令合俊集团始料未及的是，这家银矿一直都没有拿到开采许可证，无法给公司带来收益，而 3.09 亿的资金中国矿业也没有按约定返还给合俊公司（上述公告表明，双方约定 2008 年 4 月拿不到开采证，则将返还收购资金给合俊）。

对于天成矿业的巨额投入，合俊集团根本未能收回成本，跨行业的资本运作反而令其陷入资金崩溃的泥沼。

随着合俊集团资金越来越紧张，为缓解压力，合俊卖掉了清远的工厂和一块地皮，并且定向增发 2 500 万港元。可是，"2 500 万顶多维持两个月的工资"。

为了维持公司的日常运营，合俊集团开始向银行贷款，但是不幸的是银行贷款的途径似乎也走不通了。公开资料显示，合俊集团的贷款银行全部集中在香港，分别是星展、恒生、香港上海汇丰、瑞穗实业、南洋商业、渣打和法国巴黎银行香港分行 7 家，内地没有银行贷款。

合俊集团 2007 年年报显示，其一年内银行借款额为 2.39 亿港元。"这其中有一亿七八千万是以公司财产作抵押，剩下数千万主要是老板在香港的熟人提供担保。"上述负责人透露。但是合俊集团 2008 年上半年并没能拿到新贷款。

可以说，收购矿业孤注一掷的"豪赌"，赌资本应该是合俊玩具用于"过冬"的"粮食"。没有了这笔巨额资金，合俊最终没能挨过制造业刚刚遭遇的冬天。

3. 内部管理失控导致成本上升

（1）对自然灾害的风险评估、应对不足

2008 年 6 月，合俊集团在樟木头的厂房遭受水灾，存货因而遭受损失。水灾导致物料报废及业务中断，集团耗费近一个月时间方恢复正常生产。此次水灾也严重影响该集团原材料供应的稳定性及现金流量规划，从而影响集团的营运效率。因水灾造成的存货受损约达 6 750 万港元。

（2）内部管理失控导致成本上升

合俊集团旗下已倒闭的俊领玩具厂的一位员工称，管理混乱才是合俊倒闭的真正原因，而美国的金融危机只是让这一天提前到来。据该员工反映，其所在部门只是一个普通的生产部门，却设有一个香港经理，一个大陆经理，一个主任，一个经理助理，一个高级工程师，一个工程师，一个组长，还有就是三个工人，一共十人。该部门是一个五金部门，但合俊主要是生产塑胶、毛绒和充气玩具。于是上述员工是这样描述他们的工作的："我们三个工人扫扫地、擦擦机器，完了就吹牛睡觉，组长就玩手机，我们睡觉他也帮忙站岗，主任就天天在办公室上网或者到处泡妞。两个工程师陪着经理天天出差，有时一个星期看不到人，经理助理就负责收发邮件和安排经理出差车，香港经理干什么我们就不知道了。其他的部门除了比我们部门人多以外，其他情况差不多，都是当官的人很多，管事的没有。工人做事是十个人做的事没有十五个人他们不干，一天能干完的事拖也要拖到明天。"

除此之外，合俊集团的物料管理也很松散，公司物品经常被盗，原料当废品卖，并且生产上也没有质量监控，返工甚至报废的情况经常发生。"一批货不返个几次工是出不了货的，有一批货来回返了不下十次。厂里的 QC 除了吃饭睡觉拿工资就没有看到他们干过什么。"上述员工说。

（3）对自身的负债能力预计过高，导致债务风险巨大

截至 2008 年 6 月底，合俊集团总资产 8.35 亿元，总负债 5.32 亿元，其中流动负债 5.3 亿元，净负债比率 71.8%。

资料来源：作者根据网络资料整理。

第三节　企业项目风险管理

一、企业项目风险管理的定义

企业项目风险管理是指在项目执行的过程中对项目进程、效率、收益和最终目的等一系列不确定性因素的管理。它的主要目的是系统地识别与项目有关的风险，从而评价和管理改善项目的执行成果，以最小的成本获得最大程度的项目实施安全保障。

二、企业项目风险管理的特点

企业项目风险管理的特点如下。

（一）全程管理

项目风险管理既不是项目实施之前对影响项目的不确定因素的查找罗列以及事前判断和以此为基础的教科书式的项目风险管理对策，也不是在具体的项目实施过程中风险发生时的应变和危机管理，而在项目风险发生之后的补救方案与事后经验总结就更加不是。真正意义上的项目风险管理应当贯穿于整个项目的构思、设计、实施及审查评价的全过程。这一全过程管理要求项目负责人能够通过有效的风险识别过程实现对项目风险的

预警监控,通过有效的风险管理工具和方法对项目运行过程中所产生的风险进行适当的分散并在项目风险发生时及时采取积极的应对措施、事后总结经验和改进项目风险管理方案。

(二)全员管理

首先,这里的全员管理并不能理解为是对项目运行的全部参与人员的管理,而是说以上的所有人员都能参与到项目风险管理之中。也就是说,项目管理不仅仅是项目风险管理这一个职能部门的职责,所有参与项目过程的人都应当成为项目的主人,对项目所面临的风险责无旁贷。其次,项目风险管理不仅涉及项目本身在计划、组织和协调等过程中所产生的不确定性,还涉及对社会环境和自然环境等外部不确定性因素的管理。

(三)全要素集成管理

从项目管理的目标方面来看,项目风险管理过程是在可能的范围内以项目工期最短,造价最省,质量最优为目标的一个多目标决策过程,而不能仅满足于对单一目标的追求。项目的工期、造价和质量是三个相互影响相互作用的变量:工期的提前或滞后会直接影响最终造价的高低;项目质量的优劣也与造价有直接或间接的相关关系;同样工期也会影响项目的最终质量。也就是说,项目风险管理是对项目工期、费用以及最终完成质量的全要素集成管理。

三、企业项目风险管理方法

(一)风险管理的计划编制

它描述的是在项目整个生命周期中,风险识别、风险分析、应对计划的编制、跟踪和控制构架和执行的总体思路。主要包括定义项目组成员及成员风险管理的行动方案及方式、选择合适的风险管理方法、确定风险判断的依据和方法、预计的投入和风险承受程度等内容。

(二)风险识别

风险识别是指通过采取观察分析、调查研究、实地勘探、听取专家意见等方法,识别项目存在的可能风险因素和风险事件。风险识别对项目面临的潜在风险因素进行判断、归类和鉴定。主要包括识别并确定项目有哪些潜在的风险,识别引起这些风险的主要因素,识别项目风险可能导致的后果。识别的主要依据包括可交付物的描述、项目计划和历史资料。常用的识别方法有德尔菲法、头脑风暴法、流程图法、财务报表法、现场视察法、索赔统计记录法和环境分析法等。

企业通过输入有关信息,对项目风险进行风险识别。主要的风险识别的依据如下。

(1)风险管理计划。这是企业对项目风险管理的指导思想、承受的程度、预计的投入等的总体设计和规划。

(2)项目计划输出。企业对项目计划中的目标、范围、任务、进度计划、费用计划、资源计划、采购计划,以及业主、出资人、承包商等对项目目标的期望值等都应有充分了解。

(3)风险种类。风险种类是指那些可能对本项目产生影响的风险源。如技术、质量、绩效风险,项目管理风险,组织的风险,外部风险。

(4)历史信息。历史信息是指以前完成的类似项目的资料,风险专家对类似项目所做的研究,以及在本行业领域中或自有来源中可获得的风险信息的数据和资料。

(三)风险分析

风险分析是指对经过识别的风险进行评估,判断风险发生的概率及其对项目的影响。风险分析可分为定性分析和定量分析两个方面。定性分析依赖于主观判断,主要方法有主观评分法、层次分析法;定量分析是风险管理中的难点,分析结果取决于数据及统计分析方法,主要方法有蒙特卡罗模拟法。

(四)项目风险处理

任何经济活动都可能有风险,面对风险投资者的选择归纳起来主要有三种:一是不畏风险,敢冒风险,因为高风险意味着高回报;二是回避风险,放弃有风险的项目,但同时也丧失了获取回报的机会;三是理性地面对风险,采取有效措施,降低风险损失。常用的项目风险处理对策有以下几方面。

1. 风险回避

风险回避是彻底规避风险的一种做法,即断绝风险的来源。一般在两种情况下采用:一是该风险可能造成相当大的损失,而且发生的频率较高;二是应用其他的风险处理对策代价昂贵,得不偿失。

通常的回避方法有推迟项目建设、放弃项目、改变原项目设计等。例如,风险分析显示某项目产品市场方面存在严重风险,可采取放弃项目,延缓建设(待市场变化后再考虑)的风险回避策略,这样固然避免了可能遭受的风险损失,但也同时放弃了可能获得利益的机会。因此风险回避的采用一般都比较慎重。

2. 风险控制

风险控制是针对可控性风险,采取的防止风险发生、减少风险损失的方法。风险控制是绝大部分项目应用的主要风险对策。实践中应对识别出来的关键风险因素,逐一提出技术上可行、经济上合理的预防措施,以尽可能低的风险成本,降低风险发生的可能性,并将风险损失控制在最小程度。

3. 风险转移

风险转移是将项目业主可能面临的风险转移给其他人承担,以避免风险损失的一种方法。有两种风险转移方式:一是将风险源转移出去,如将已完成前期工作的项目转移给他人投资,或将其中风险大的部分转移给他人承包建设或经营。二是只把部分或全部风险损失转移出去。

另外,风险转移还有保险转移和非保险转移。保险转移是采取向保险公司投保的方式将风险损失转移给保险公司承担;非保险转移是由于项目涉及的风险大多同其他投资方或商家有关(如设备采购、新技术引进、工程施工等),实践中可采取在合作的合同中加入保证条款、赔偿条款以转移部分或全部风险损失。

风险自担是指业主自己承担风险损失,适用于三种情况:一是已知风险,但由于可获利益大于风险损失时;二是已知风险,但如采取风险防范措施,其费用支出大于自己承担风险的支出和损失时;三是存在"频率高、损失小"的风险时。

以上风险对策不是互斥的,企业在风险管理过程中常常组合使用,交叉进行。

4. 项目的风险监控

风险监控是企业项目风险管理的最后一个阶段,主要任务有:一是跟踪已识别的风险,监测潜在风险、识别新风险;二是监督风险管理工作的进行,努力降低风险损失。通常企业应该建立风险监控机制,成立风险监控组织,制订风险管理计划,有效地对项目风险进行管理,把风险损失降到最低程度,确保企业项目的正常进行。

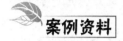 **案例资料**

A公司项目风险管理的失误

A公司为某省某运营商建立一个商务业务平台,并采用合作分成的方式。也就是说,所有的投资由A公司负担,商务业务平台投入商业应用之后运营商从所收取的收入中按照一定的比例跟A公司合作分成。同一时间,平台由两个软件公司(A公司和C公司)一起进行建设,设备以及技术均独立,也就是说同时有两个平台提供同一种服务,两个平台分别负责不同类型的用户。但是整个项目进行了10个月,并经历了一个月试用期之后,准备正式投入商业应用的第一天,运营商在没有任何通知的情况下,将该商务业务平台上所有的用户都转到了A公司竞争对手C公司的平台上去了,也就是停止使用A公司的商务业务平台。整个项目A公司投资超过两百万,包括软、硬件,以及各种集成、支持、差旅费用,等等。现在所有的设备被搁置但不能搬走,并没有被遗弃,运营商口头声称还会履行合同,按照原来的分成比例分成。但是A公司无法得知每个月的使用情况、用户多少,所以根本无法知道他们究竟应该拿到多少分成。所以,运营商的口头承诺根本如同鸡肋。在出事当天,项目经理呆若木鸡。

该项目存在的主要问题如下。

首先,A公司被项目"合作分成"的利益所迷惑,所以对项目的可行性分析和风险分析做得很不够,才会出现全额承担项目费用的情况。

其次,虽然A公司自身承担高额的成本,但对于合同条款的管理没有严格约束,这是导致运营商出现平台停用后没有足够法律条款约束其的后果。所以律师、项目经理需要反省。

最后,公司需要对项目的技术进一步审核,修正存在的问题,以免运营商提出种种没有达标的借口,并整理相关合同签订时,项目实施中,事后运营商出具的相关的文档为日后可能出现的官司准备。所以整个项目团队都要积极参与。

在这个案例中,项目经理要承担一定责任,原因如下。

首先,从商业模式看,A公司与运营方实际都是投资方,运营方投入品牌和渠道,A公司投入的是技术和资金,但是A好像将自己定位为一个项目执行方,那么一开始已经注定成功的可能性不大,出现这样的问题也在情理之中。

其次,这个商业模式本身没有问题,有问题的是项目经理在出现了一个潜在的竞争者却"浑然不觉",可行性计划中对这方面的风险分析是有缺陷的。

再次，项目经理不缺乏项目管理的经验，而缺乏必要的商业运作经验，本项目的失败项目经理要承担部分责任，在项目执行过程中一定会有很多现象表明运营商将会有违约的可能，项目经理应及时向公司通报项目存在的风险，便于高层与运营商沟通并约束对方履行合同。本项目失败的根本原因在 A 公司的高层，至少他们应该承担项目失败成本大部分责任。

最后，项目经理应提高自己的法律意识和商业意识。

如何避免此类的项目风险呢？

首先，项目的风险管理应该在项目实施之前就应该做好，准备好风险出现时的应急措施。

其次，项目经理如果在与运营商谈此项目之时，尽可能把项目风险把握在自己可控之中，并且有一定的法律依据。

最后，"合作分成"这样的搭建平台的方式本身就具有很大的风险性，但是现在工作中这种合作方式又普遍存在的，这样就要求项目经理应该具有很强的自我法律保护意识，在签署项目合作协议时，应该规范合作各方的权责利，规避项目风险。

资料来源：作者根据网络资料整理。

第四节　企业市场风险管理

一、市场风险的定义

市场风险是指因市场价格（利率、汇率、股票价格和商品价格）的不利变动而使企业表内和表外业务发生损失的风险。一般而言，引起市场风险的因素很多，包括政治、经济、意外事件等，这些因素反映在市场上，就造成了市场在很短时间内的急剧波动。市场风险可以分为利率风险、汇率风险、价格风险。

二、市场风险的主要内容

（一）利率风险

利率风险通常是指市场利率变动的不确定性给金融活动微观主体（如银行或固定收益金融产品的投资者）造成损失的可能性。利率风险是金融风险中一类基础风险，包括重新定价风险、基差风险、收益率曲线反向风险和期权风险等。金融系统风险分析不仅要考虑单一金融机构的上述微观利率风险，还要考虑利率变动特别是中央银行的基础利率变动给整个金融体系的稳定带来的风险。利率风险在微观上可通过浮动利率票据、利率互换和利率期权等金融工具加以避险，但这类微观工具无法消除利率对金融体系形成的整体风险。次贷危机的引发在一定程度上就与利率风险有关。

（二）汇率风险

汇率风险是指一个组织、经济实体或个人的以外币计价的资产（债权、权益）与负债（债务、义务），因外汇汇率波动而引起其价值上涨或下降的可能。对于外贸企业来说，在整个经营活动过程中，都存在由于外汇汇率变化而引起的外汇风险。根据外汇风险对企业不同方面的影响,一般来说,企业所面临的外汇风险有三种:换算风险、交易风险和营运风险。

(三)价格风险

价格风险是指由股票、商品等价格波动引起的资产及衍生资产价值下降的风险。对于股票投资人而言,当股票价格发生不利变动时,即产生市场风险。商品价格风险的内容和形式更为复杂,每一种商品的价格波动都有其特殊性,表现出的商品价格风险特征也不同。通过使用期权等衍生工具,可以对价格风险进行管理。

三、市场风险管理方法

(一)市场风险信息收集与风险准则制定

收集的信息内容一般包括:①外部环境信息。包括国内外宏观经济政策、产业发展态势、微观市场走势、行业发展指标、汇率、利率、战略伙伴及竞争对手情况等信息。②内部环境信息。包括了解总部和各业务中心的发展战略、收集与市场风险相关的业务信息和财务信息以及其他相关内部环境信息。

风险准则制定主要指如何设定风险偏好和容忍度。风险偏好是基于企业所有者的主观意志、回报要求和经营理念设定的。风险偏好设定应考虑以下因素:哪些风险可以接受,哪些不可以接受,是否准备接受比目前更高的风险。风险偏好与战略目标之间的相关性。市场风险容忍度是风险偏好的具体体现,是其进一步的量化和细化。容忍度设定基本原则:战略一致性原则;清晰完整原则,控制指标体系要清晰和完整;风险分析匹配原则,风险容忍度控制指标需要有定量化的分析支持;稳定性与灵活性原则。容忍度指标:最大风险敞口总量、最大可承受损失、资产组合波动性、目标收益率波动性、集团对经济环境的敏感度,即单位价格变化敏感性。

(二)市场风险识别

风险识别包括识别可能对经营目标产生影响的风险源、风险因子、影响范围、事件及其原因和潜在的后果等。当风险被识别后,应充分了解现有的控制措施。要综合使用各种风险识别方法,结合实际业务情况详细分析各类业务过程,识别潜在市场风险,全面、系统、实事求是地考察主要市场风险因子及其影响因素,并初步判断风险因子的波动状况以及可能造成损失的严重程度。

(三)市场风险分析

风险分析是指运用科学的方法,综合考虑风险的原因、后果、发生的可能性及影响程度,以确定风险水平以及风险是否需要应对的过程。风险分析包括:发生可能性分析,即利用相关历史数据来识别过去发生的事件或情况,以推断出它们发生的可能性;风险水平分析,即综合市场情况及自身业务情况对市场风险进行综合分析;风险敏感性分析,即分析某个或某几个参数的改变对市场风险的影响程度;风险后果分析,即通过对特定事件及市场环境的假设分析,确定风险影响的性质和类型。可供使用的工具包括浮动盈亏、持仓结构和压力测试等。

（四）市场风险评价

风险评价是指利用风险分析过程中所获得的对风险的认知，与预先设定的限额值和预警值进行比较并指导风险应对决策的过程。限额值是指结合全面预算设置的交易限额、止损/止盈限额和风险限额，预警值通常为限额值的一定比例。对于超过限额值和预警值的市场风险，应及时采取适当措施进行风险应对；对于处于限额值和预警值以内的市场风险，应考虑应对成本与收益，在权衡机遇与潜在结果后采取应对措施。

（五）市场风险限额管理

在市场风险偏好和风险容忍度下，应建立全面的、多层级的市场风险限额体系，以确保各层级单位所承担的市场风险在可容忍限度内。集团结合全面预算工作来制订市场风险限额管理方案，设置交易限额、止盈/止损限额和风险限额，报相应层级的风险管理委员会。授权管理是市场风险管理的重要手段，通过授权管理将业务限额落实到责任主体来规范经营活动，各经营单位在各自市场风险权限内操作业务，超权限的业务需上级审批。

（六）市场风险应对

风险应对是指通过采取各种可能措施，力求将所承担的市场风险控制在可容忍的程度内。风险应对的措施包括规避风险、降低风险、分担风险和承受风险等。对贸易类业务来说，规避风险的方法通常包括：通过公司政策、限制性制度和标准，防范高风险的经营活动所带来的财务损失和资产减值；通过重新制订目标，调整业务计划，减少甚至停止某些经营活动；在业务准入管理和审查投资方案过程中避免承担不可接受的高风险。降低风险的方法通常包括：将金融资产或实物资产合理分散配置，以降低风险带来的损失；通过合理设计保值方案对冲风险。分担风险的方法通常包括：通过结盟或合资经营或投资新业务；通过与其他机构签订风险分担协议共担风险。接受风险的方法通常包括：不采取任何行动，将风险保持在现有水平；在市场许可情况下对产品进行重新定价，补偿风险。

（七）市场风险应急预案

市场风险应急预案的内容包括：一是市场风险应急机构。明确市场风险应急处理机构的成员及其职责，明确与市场风险应急处理相关的具体对应部门及其职责。二是市场风险预警信号。明确需要日常监控的指标和触发应急预案的信号。指标包括持仓量、价格波动率、浮动盈亏等，信号是指要触发应急预案时指标的临界值。三是市场风险应急措施。明确针对突发事件的应急措施及跟进工作。四是市场风险应急程序。明确监测预警、报告、启动、实施与终止的具体流程。应急预案由各业务中心制订，报集团公司风险管理部备案。

（八）市场风险管理报告

市场风险管理报告的内容包括：持仓结构、浮动盈亏等业务汇总信息，压力测试、高风险业务、业务组合、业务关联性等市场风险分析、风险应对、市场风险管理工作总结等定期总结报告，以满足内部共享、对外披露、外部监管等要求。按照报送频率的不同，国有企业市场风险管理报告可以分为风险提示报告、日报、周报、月报、季报和年报。

中信泰富"豪赌"酿成巨大亏空

2008年10月20日,中信泰富发出盈利预警,称公司为减低西澳洲铁矿项目面对的货币风险,签订若干杠杆式外汇买卖合约而引致亏损,实际已亏损8.07亿港元。至10月17日,仍在生效的杠杆式外汇合约按公平价定值的亏损为147亿港元。换言之,相关外汇合约导致已变现及未变现亏损总额为155.07亿港元。

事件发生后,集团财务董事张立宪和财务总监周志贤辞去董事职务,香港证监会和香港交易所对中信泰富进行调查,范鸿龄离任港交所董事、证监会收购及合并委员会主席、收购上诉委员会和提名委员、强制性公积金计划管理局主席,直至调查终止,中信集团高层人士对中信泰富在外汇衍生品交易中巨亏逾105亿港元极为不满,认为荣智健应对监管疏忽承担责任,对中信泰富董事会将可能进行大改组。

而中信泰富的母公司中信集团也因此受影响。全球最大的评级机构之一的穆迪投资者服务公司将中信集团的长期外币高级无抵押债务评级从Baa1下调到Baa2,基础信用风险评估登记从11下调到12;标准普尔将中信集团的信用评级下调至BBB-待调名单;各大投行也纷纷削减中信泰富的目标价。摩根大通将中信泰富评级由"增持"降至"减持",目标价降低72%至10港元;花旗银行将中信泰富评级降到"沽出",目标价大削76%至6.66港元;高盛将其降级为"卖出",目标价大削60%至12.5港元;美林维持中信泰富跑输大市评级,目标价削57%到10.9港元。

除此之外,中信泰富的投资者纷纷抛售股票。一家香港红筹股资金运用部总经理表示:"此事对于在港上市的中资企业群体形象破坏极大,对于我们也是敲了一记警钟。"

没有遵守远期合约风险对冲政策

据了解,这起外汇杠杆交易可能是因为澳元的走高而引起的。中信泰富在澳大利亚有一个名为 SINO-IRON 的铁矿项目,该项目是西澳最大的磁铁矿项目。这个项目总投资约42亿美元,很多设备和投入都必须以澳元来支付。整个投资项目的资本开支,除目前的16亿澳元之外,在项目进行的25年期内,还将在全面营运的每年度投入至少10亿澳元,为了减低项目面对的货币风险,因此签订若干杠杆式外汇买卖合约。

为对冲澳元升值影响,签订3份 Accumulator 式的杠杆式合约,对冲澳元及人民币升值影响,其中美元合约占绝大部分。按上述合约,中信泰富须接取的最高现金额为94.4亿澳元。

但问题在于,这种合约的风险和收益完全不对等。所签合约中最高利润只有5 150万美元,但亏损则无底。合约规定,每份澳元合约都有最高利润上限,当达到这一利润水平时,合约自动终止。所以在澳元兑美元汇率高于0.87时,中信泰富可以赚取差价,但如果该汇率低于0.87,却没有自动终止协议,中信泰富必须不断以高汇率接盘,理论上亏损可以无限大。

另外,杠杆式外汇买卖合约本质上属于高风险金融交易,中信泰富对杠杆式外汇买卖合约的风险评估不足。

将中信泰富一步步推向崖下的是一款以澳元累计目标的杠杆外汇合约，即变种Accumulator（累计股票期权）。

内部监控失效

——授权审批控制失效

中信泰富 2008 年 10 月 20 日宣布，由于发生了上述外汇风险事件，集团财务董事张立宪和财务总监周志贤已辞去董事职务，10 月 20 日起生效。莫伟龙于同日起获委任为集团财务董事。荣智健表示，上述合约的操作者对潜在的最大风险没有正确评估，相关责任人亦没有遵守公司的对冲保值规定，在交易前甚至没得到公司主席的授权。此外，持有中信泰富 29% 股权的母公司——中国中信集团，同意为其安排 15 亿美元备用信贷，利息和抵押品方面按一般商业条件进行。

——信息披露的控制存在重大缺陷

对外信息披露制度对重大信息的范围、内容、投资者利益等存在缺陷，发现问题 6 个星期之后才对外公布，做法令人惊讶，显示出其内部监管存在漏洞，并且质疑中信泰富实际负责公司财务的并非是已经辞职的张立宪和周志贤，而是公司主席荣智健的女儿荣明方。

中国人民大学法学院教授叶林认为，"证券法"对于上市公司信息披露的要求是准确、及时、全面，其中"及时"最难做到。他分析说，中信泰富所做炒汇行为和其主业不同，属于非正常交易。既然是从事外汇期货，就要锁定风险，签订合约之初就要发布公告，说明"存在"潜在的风险。而且在澳元下跌时，公司应该止损，已造成的亏损算也能够算出来。正是由于中信泰富迟迟不公布亏损，才遭到投资者指责。

而内地上市公司信息披露不及时更是常见。他分析说，杭萧钢构曾经将公司将要签订的一份天价订单提前泄密，受到处罚，这是比较例外的事，更多的上市公司则是信息披露不及时。"将生米煮成熟饭了，才向投资者通报一声。"在证监会和两个交易所每年处罚的信息披露问题中，一多半都是由于不及时。

——风险管理没有集中

标普分析师认为："中信泰富的风险控制及内部管理问题严重，未来发展战略也需要重新检讨；而风险管理没有集中，也是中信集团乃至多数中资企业一直以来的隐患。"

资料来源：作者根据网络资料整理。

第五节　企业法律风险管理

一、企业法律风险的定义

无论是在企业风险管理领域还是在企业法律事务领域，企业法律风险都是一个经常被提及的概念，然而不同的国家、不同领域的学者对法律风险概念的理解和表述却不尽相同。有人侧重于从制度层面来理解法律风险，认为它是由于未能认识到法律效力，或对法律效力的认识存在偏差或者在法律效力不确定的情况下开展经营活动而使企业的利益或目标与法律规定不一致而产生的风险。有人倾向于法律风险外延的概括，认为法律风险包括但不限于因监管措施和解决民商争议而支付的罚款、罚金或者惩罚性赔偿所导致的风险。还有人从企业成立和运营的目的出发，将法律风险归为商业风险的一种，强调法律风险是指企业所承担而发生潜在经济损失或其他损害的风险。

从上述各种观点可以看出，对企业法律风险的定义基本上是从风险诱因和风险后果两个方面来进行的。在风险后果方面，各家观点基本一致，即认为法律风险是一种给企业造成损失或带来不利后果的可能性；在风险诱因方面，虽然各家观点差异较大，但多数都不够全面。鉴于此，本教材认为企业法律风险是指企业在生产经营管理的过程中，由于外部法律环境发生变化，或由于包括企业自身在内的各种主体未按照法律规定或合同约定行使权利、履行义务，而对企业造成负面法律后果的可能性。企业经营活动中的任何一个法律行为都有可能产生法律风险，法律风险对于企业经营具有巨大的冲击力和危害性。因此，建立一个科学有效的法律风险管理体系，十分必要而又迫在眉睫。

二、企业法律风险的特征

企业法律风险之所以成为单独的一类企业风险，是因为其具有与其他企业风险明显不同的特征。对于企业法律风险特征的了解和熟悉，有助于我们更加准确地把握企业法律风险的内涵和外延。结合上述企业法律风险定义，企业法律风险的主要特征表现如下。

（1）企业法律风险发生原因具有确定性。这是企业法律风险区别于其他企业风险的一个最根本的特征。无论哪一种企业法律风险，其产生原因归根结底都是基于法律规定或合同约定。例如，企业违反法律规定或合同约定、侵权、怠于行使法律赋予的权利等行为，都是有法律规定或合同约定的，否则不能直接导致法律风险的发生。

（2）企业法律风险发生结果具有强制性。企业的生产经营活动如果违反法律法规，或者侵害其他企业、单位或者个人的合法权益，势必要承担相应的民事责任、行政责任甚至是刑事责任等法律责任。法律责任具有强制性，不受企业或其他任何个人意志左右，法律风险一旦发生，企业必然处于被动承受其不利结果的窘境，多年的经营积累可能会因此损失殆尽。

（3）企业法律风险发生领域具有广泛性。企业所有经营活动都离不开法律规范的调整，企业实施任何行为都必须遵守法律的规定。法律是企业一切经营活动的根本行动指南。企业与政府、企业与企业、企业与消费者以及企业内部的关系，都要通过相应的法律法规来规范和调整。因此，企业法律风险存在于企业生产经营各个环节之中，贯穿于企业从设立到终止的全过程。

（4）企业法律风险发生结果的可预见性。企业法律风险因违反法律的规定或合同的约定而产生，然而法律规定或合同约定最基本的功能就是给当事人明确规定应该做什么、不应该做什么以及相应的法律后果是什么。因此，对于当事人来说，企业法律风险是可以事前预见的，即可以通过对法律规定或合同约定的解读，预先判断出哪些行为可能会给企业带来法律风险以及风险发生后会给企业带来什么样的后果，从而可以通过各种有效手段加以防范和控制。

三、企业法律风险的分类

企业法律风险的分类是指基于一定的标准，将企业法律风险划分为不同的类型。通过对企业法律风险的分类，我们可以更加全面地掌握企业法律风险的概念和表现形式；通过企业法律风险分类研究，可以使我们发现企业法律风险的某些变化规律，认清各种企业法律风险的特征，从而更好地构建企业法律风险管理体系。从不同的角度、按照不同的分类标准，可以将企业法律风险分为不同的类别。

（1）直接法律风险与间接法律风险。按照法律风险与企业的密切程度来划分，可以分为直接法律风险与间接法律风险。直接法律风险是指由于企业自身的行为或企业直接参与的法律关系相对人的行为直接产生的法律风险。例如，企业决策判断时缺乏法律论证而导致的决策风险、企业管理体系中因合同管理、知识产权管理等欠缺导致的管理风险等。间接法律风险则是指企业由于受到其他法律关系的牵连而引起的法律风险。如因担保产生的法律风险，其发生与否往往取决于本企业以外其他法律关系主体的行为。

（2）显性法律风险与隐性法律风险。按照法律风险对不利结果产生的影响，可以分为显性法律风险和隐性法律风险。显性法律风险是人们能够清楚认识到法律不利后果发生程度的企业法律风险。隐性法律风险是法律不利后果隐蔽，不通过专业分析无法认知风险存在，并对企业的影响程度也不能准确判断的企业法律风险。

（3）内部法律风险与外部法律风险。按照法律风险引发因素的来源可以分为内部法律风险和外部法律风险。内部法律风险是指企业内部管理、经营行为、经营决策或员工违反法律规定等因素引发的法律风险。外部法律风险是指由于企业以外的社会环境、法律环境、政策环境等因素引发的法律风险。

（4）静态法律风险与动态法律风险。按照法律活动外部条件是否变化，分为静态法律风险和动态法律风险。静态法律风险是指在外部法律条件没有变化的情况下，因法律活动实施人的不当行为而形成的企业法律风险。动态的企业法律风险是指由于法律行为涉及的外部法律条件发生变化而形成的企业法律风险。

四、企业法律风险管理的方法与流程

（一）资讯与咨询

资讯是指企业及时地获得、利用而且能够在较短的时间内给自己带来价值的信息。发达而有效的资讯是企业风险管理的主要基础。对企业法律风险管理而言，特别是要建立资讯信息系统：一是要建立全国法律法规数据库；二是要建立行业法律法规数据库，如矿山企业必须要有矿山行业法律法规数据库；三是要建立省级地方性法规数据库；四是要建立省级行政规章数据库；五是要建立与企业相关的涉法案例库；六是要建立本企业已经发生的法律风险案例库。

咨询是指企业在应对法律风险时，必须借助专业力量，进行必要的咨询、辅导、服务，以提升企业法律风险管理水平。目前主要是要借助三种专业力量，即律师事务所、税务师事务所、会计师事务所。其专业分工为：注册税务师主要负责税务法律风险管理的咨询、辅导、服务；注册会计师主要负责财务法律风险管理的咨询、辅导、服务；律师则主要负责其他法律风险管理的咨询、辅导、服务。借助外力，提升企业法律风险管理水平，是企业法律风险管理的发展趋势。

（二）确定目标

企业法律风险管理的目标是一个有机联系的体系，主要有四个层次。其一，总体目标：培养企业及所有成员的法律风险意识，建立健全企业法律风险管理机制，提升企业应对各种法律风险的综合能力。其二，战略目标：减少企业损失，增进企业价值，保证持续安全合规经营。其三，阶段目标：在不同发展阶段处理法律风险事务的目标，又分为事前目标、事中目标、事后目标。事前目标为科学预测法律风险，尽力消除法律风险隐患；事中目标为合理控制法律风险，确保企业合法经营；事后目标为尽量减少风险损害，维持企业正常经营。其四，具体目标：即处理特定法律风险事务的目标。

（三）风险识别

法律风险识别主要指识别该风险是不是法律风险、是什么样的法律风险、是来源于哪个方向的法律风险、是什么类型的法律风险等问题。风险识别要坚持完整性、系统性、实用性。

（四）风险分析

在风险识别的基础上，可以进行风险分析。风险分析一般包括三个方面：一是风险的可能性；二是风险的现实性；三是风险的损失度。

风险的可能性分析，主要是通过风险发生的概率来表示。通常用不可能、微小可能性、较小可能性、中等可能性、较大可能性、很大可能性、绝对可能等表示概率的语言来反映。

（五）风险评价

在风险分析的基础上，结合风险分析的可能性、现实性、损失度进行综合评定。常用的方法主要有风险矩阵分析法、最小风险值法和最大风险值法。

（六）风险应对

在风险评价的基础上，法律风险应对特别关键。法律风险应对的目的就是对识别、分析出来的法律风险采取什么策略、什么措施以及谁负责进行处理的问题。风险应对必须根据法律风险管理的目标采用最恰当、最实际的策略和措施，将风险降到最低。

（七）反馈与修正

由于确定目标、风险识别、风险分析、风险评价、风险应对五个环节或多或少地都会受到主观和客观因素的影响，主观结果与客观实际也会存在一定的差距，因此结合企业实情，根据反馈的情况，对上述五个环节进行必要的修正，以实现法律风险管理的目标。

法律风险管理的策略主要有以下几方面。

第一，回避风险策略。如拒绝与不讲诚信的企业发生经济交易。

第二，转嫁风险策略。如外包或购买保险。

第三，分散风险策略。即"不要把鸡蛋放在一只篮子里"，如巨额价值货物分批运输、公司关键电子账务实行备份等。

第四，降低风险策略。如强化企业的安全管理，降低事故发生的概率。

如果安全事故发生后，企业被迫承担责任时，如何采取事后救济减少经济损失等。

 **案例资料**

新华集团面临的诉讼难局

全球500强GE（通用电气）在2008年4月被上海新华控制技术（集团）有限公司（简称"新华集团"）提起仲裁至香港国际仲裁中心，2005年曾轰动一时的GE收购内地民营企业一案由此产生了波折。

新华集团曾控股的新华工程是我国主要的火电厂控制系统工程公司。新华工程2002年时的DEH（数字电液调节系统）国产产品占有全国90%的市场份额；2004年它在国内300MW火电机组DCS（分散控制系统）上也占据了全国50%以上的份额。

2001年年底、2002年年初，新华集团拟将新华工程上市，在上市的筹划阶段，多家国际知名公司表达了强烈的合作愿望，其中就包括GE、西门子、霍尼韦尔等。

新华工程的另一外方股东（拥有41%股权）希望由GE接手。新华集团考虑到GE没有自己的DCS产品，且希望GE能将新华工程的国产DCS打入国际市场，也愿意被GE收购。

2004年12月，经过两年多谈判，GE以其子公司——位于新加坡的通用电气太平洋私人有限公司（简称"GE太平洋"）为买方，与新华集团签订了转让新华工程42.2%股权的股权转让合同。通过同时进行的其他股权转让，收购完成后GE太平洋持有新华工程90%的股份，新华集团保留10%的股份。

2005年3月31日双方股权交易完成之后，GE太平洋将转让价款的27.3%作为托管金，保留在了花旗银行香港分行的专门账户里，托管期限为2年，也就是2007年3月31日这笔钱应该付给新华集团。

根据另行签订的托管协议约定，托管金作为买方索赔以及以新华工程净资产为调整基础的购买价调整额的担保，只有在满足一些要求之后，托管金的余额方可支付给卖方。

令人意想不到的是，在托管协议到期日前的2007年3月7日，GE公司以软件许可、环保等原因，及未披露的重大合同、潜在的税务责任、违反不竞争、不干扰义务等事项向新华集团索赔不少于1 261万美元，已超出托管金总额。

同时，GE向托管银行发出指示，要求托管银行从托管金中支付上述索赔款。获知此信息后，新华集团及时向托管银行发出了异议证明。如此一来，根据托管协议的约定，该笔托管金被银行冻结。

针对GE的高额索赔，新华集团称，公司多次努力与GE沟通，试图消除误解（包括请税务、环保主管当局向GE当面解释），撤回索赔，但GE仍然坚持索赔立场不变。

在多次协商无果的情况下，2007年9月6日，新华集团按照股权转让协议的约定，向香港国际仲裁中心提起仲裁，请求仲裁机构责令GE支付剩余的股权转让价款。几乎同时，由于对与GE的合作不再乐观，新华集团向GE发出了《关于要求GE收购新华控制工程有限公司10%股权的通知》。根据双方此前的股权转让协议及新华工程合资合同相关条款规定，GE对该收购要求应无条件接受，股权转让协议应在一个月内签署。GE随即回函表示同意收购，但拒绝支付2004年底双方股权转让协议确认的对价，并就"不竞争事项"向新华集团另外索赔1 000万美元。双方矛盾逐渐公开化。

新华集团法务经理刘战尧表示，GE 的索赔根本没有道理。比如"潜在的税务责任"一项，新华集团曾向主管税务部门就该项索赔问题进行了请示，税务部门认为，新华工程在由新华集团控股经营期间，一直有着良好的纳税记录，GE 索赔涉及的事项并不存在。在新华集团和 GE 就纠纷进行协商时，主管税务部门还当面向 GE 作了解释，但 GE 仍然坚持自己的要求。

新华集团认为，股权转让合同写明：如果发生赔偿，也只赔直接损失。成交前新华工程的税务并没有任何问题会招致潜在的税务责任。而即使有潜在的税务责任，按照股权转让合同中只赔偿直接损失的原则，也只有当所谓"潜在税务责任"变成现实的税务责任时，GE 才能就税务问题索赔。当前 GE 就税务提出的索赔是毫无根据的。

作为这起收购案的主角之一的李培植已经对他当初一手操办的这桩"婚姻"彻底失望。"我没料到，像 GE 这样的公司居然会不讲诚信。"他表示，收购新华工程后，GE 并没有如其承诺，将新华工程国产的 DCS 推向国际市场；在国内市场，GE 也在用新品牌代替原有的"新华"品牌，使"新华"这一民族品牌在国内电力自动化领域的影响力逐渐减弱。新华工程也不再与新华集团的部分子公司续签采购合同。而自取得新华工程控股权以来，GE 就拒不按照新华工程的公司章程规定进行利润分配。

刘战尧认为，新华集团由于轻信 GE 的笼统承诺，没有把承诺的内容具体化，使之具有可执行性，让自己陷入了被动。"比如 GE 在股权转让协议中承诺了促进新华工程产品出口的义务，但这项义务没有具体时间和数量上的要求，更没有违约责任的约定；这样的条款形同虚设，根本起不到应有的作用。"

一份由新华集团提供的材料显示，2006 年，即被 GE 并购后的第二年，新华工程的年销售额从 2005 年的 8 亿元急剧跌至 4 亿元，2007 年的业绩仍未有起色。根据股权转让协议规定的新华集团的不竞争义务，新华集团彻底退出了当年从事的发电业务，转而开拓环保、轨道交通等领域。这意味着新华集团将已有的国内市场拱手让给 GE，而 GE 实际上未能保住原来的市场份额。相反，在 GE 的控制下，一个历经十几年创立的民族品牌正面临着逐渐消失的危险。这也正是李培植现在最为痛心和担心的。

尽管 GE 与新华集团双方的初衷都是想把企业做得更好，而当我们深入事情的细节，在这场博弈中，中国企业由于对国际商业规则的陌生、对国外大公司的盲目信任，使自己处处陷于被动。

资料来源：作者根据网络资料整理。

第六节　企业政治风险管理

一、跨国公司政治风险的定义

政治风险是指完全或部分由政府官员行使权力和政府组织的行为而产生的不确定性，有时也指企业因一国政府或人民的举动而遭受损失的风险。显然，政治风险更多地与海外市场风险有关，尤其是企业目标与东道国的国民愿望之间如存在冲突，则会产生政治风险。因此，政治风险是跨国公司面临的一个特殊问题。

　　由于母国或东道国政治环境发生变化而导致跨国公司在理财方面所增加的不确定性被称为跨国公司面临的政治风险(political risk)。这种政治风险既可能是对一个国家中的所有外国公司不论其组织形式如何都将产生影响的政治风险，即宏观政治风险；又可能是只对某一行业、企业或项目产生影响的政治风险，即微观政治风险；既可能是只影响跨国公司资产产权的政治风险，如全部或部分剥夺外国公司的资产所有权的事件，即资产产权型政治风险；又可能是指只影响企业经营，甚至只是对企业现金流量和投资收益产生影响的政治风险，即企业经营型政治风险。

二、跨国公司政治风险的主要表现形式

　　跨国公司政治风险经常是突发性的，难以预测和管理。一般而言，政治风险多表现为经营性限制、税收歧视、剥夺性措施三种主要形式。

（一）经营性限制

　　经营性限制是指所在国政府对跨国公司生产经营进行的限制。外汇管制是常见的一种经营性限制。市场控制也是一种常见的经营性限制，即东道国政府采用行政手段直接阻止外资企业及其产品进入本国市场。价格控制作为一种经营性限制，是指东道国为保障本国公众利益、社会稳定以及削弱外国公司竞争力，对一些关系国计民生的产品采用的限制办法。制定限制高价可以减少外国公司利润，制定限制低价可以防止外国商品的低价倾销。就业保护政策通常也会作为一种经营性限制行为。有的东道国严令禁止外国企业随意解雇本国工人，有的还要求外国公司同本国工人一起分享利润。对特定行业的限制投资比重，则是产业保护中常用的一种经营性限制行为。例如1980年，加拿大就突然改变其欢迎外国投资者在石油部门投资的传统政策，规定外国投资者在石油部门的投资比重由75%降至50%。

（二）税收歧视

　　税收歧视主要是东道国出于保护本国民族工业或政治经济考虑，在税收方面针对外国公司制定的一些带有歧视性的规定，主要表现在关税/非关税壁垒和税收政策上。以关税/非关税壁垒为表现形式的进口限制，是东道国惯用的削弱外国产品竞争力的手段之一。相比较而言，非关税壁垒更加隐蔽，不易受到别国的报复，因而被广泛采用。在税收政策上对外国公司的歧视，也是跨国公司经常面对的政治风险之一。如东道国有时会出于限制外资的目的，提高外国公司所得税税率。

（三）剥夺性措施

　　剥夺性措施是指东道国发生重大经济变革或与母国政府关系严重恶化时，发生的诸如强制收购或出售外国企业或其资产、征用或没收外国资产等行为。这是政治风险中最常见的，也是最激烈的一种表现形式，不仅存在于发展中国家，而且在发达国家也有抬头的迹象。

三、跨国公司政治风险的管理对策

（一）预防性策略

　　在投资前，政治风险一旦确定，企业应该采取回避、保险、特许协定等预防性策略，尽

量避免或减轻政治风险所带来的不利影响。

（1）回避。当东道国的政治前景不确定时，企业放弃原定投资计划。但是，无论在哪个国家投资都会面临着某种程度的政治风险，所以，完全回避风险是不可能的。问题的关键在于，企业愿意容忍何种程度的政治风险以及希望获得多大的投资收益用于抵补风险。一个国家的政治风险大，并不意味着该国就没有投资价值，高风险往往伴随着高收益，放弃去政治不稳定国家的投资，往往等于放弃潜在的高投资收益，同时也放弃了控制政治风险的任何努力。

（2）投保政治风险。通过对各种资产进行投保，企业可以将政治风险转嫁给保险机构，从而可以集中精力管理其经营业务而不必顾及政治风险。政治风险的险种一般包括禁止货币兑换险、征用险、战乱险、营业中断险四种基本类型，保险额一般在投资额的90%以内。

（3）签订特许协定。企业在进行海外投资之前，可以通过谈判和东道国达成"特许协定"（concession agreement），在协定中列明企业在东道国当地经营将享受的各种政策及应该遵守的规则。尽管这些协定在很多发展中国家常常因为政权的更替被终止，但它毕竟可以为企业的跨国经营活动提供某种法律保证。

（4）控制市场或原材料供给。如果东道国当地子公司的产品市场和原材料供给主要依靠其母公司或其他兄弟子公司，就可以增加东道国征用或国有化的成本，增加东道国政府的征用难度，从而迫使东道国维持与跨国公司的合作，达到分散政治风险的目的。

（5）限制技术转移。一旦企业拥有先进的技术、独特的生产工艺和技术诀窍，并保持一种垄断地位，就能立于不败之地。为此，企业在跨国经营时可以将研究和开发设施、专利技术的使用留在母国，即使海外的子公司被征用或国有化，发展也就失去了后劲，难以为继，也可以在一定程度上降低政治风险所带来的损失。

（6）多元化融资。进行融资时，通过多元化融资主体参与子公司的生存与发展，可以加大东道国征用或国有化的难度，从而达到分散政治风险的目的。

（7）分享所有权。为了避免国际投资中单个企业承担过大的政治风险，企业可以设法和其他投资者在东道国对某一项目合资经营，举办合资企业，分享企业的所有权。与东道国当地的所有者分享所有权，可以使得当地人和企业的利益结合在一起，往往能够降低被征用或国有化的风险。

（二）分散性策略

企业一旦进入东道国进行投资之后，它对政治风险的防范和抵御能力就会降低，但是仍然可以采用以下的分散性策略，来尽量避免或减轻政治风险所带来的损失。

（1）有计划撤资。企业在海外投资之后，如果政治风险明显加大，严重威胁到海外子公司在东道国的生存时，就可以从该东道国全面撤出投资。比如，可以在一定时期内向当地的投资者或合资一方转让全部或部分股权，以便减少风险资产。但是能否得到满意的转让价格很难确定。特别是在转让谈判过程中受到征用或国有化威胁时，往往很难达到满意的转让价格。

（2）改变征用的成本效益比。如果东道国政府的征用行为目标是理性的，那么只有征用后的经济效益大于所付出的成本时，东道国才会采用征用策略，因此企业可以通过提高征用成本,来预防征用。比如企业可以通过控制产品出口市场、运输路线、技术、商标等来提高东道国征用的成本效益比。

（3）发展当地的利益相关者。如果东道国当地的个人或者团体对子公司能否继续作为企业一部分存在产生了利害关系,则可以切实削弱被征用的风险。另外,向东道国当地的金融机构举债也会削弱征用风险,因为金融机构考虑到子公司的现金流量和债务清偿能力,可能会对东道国的征用施加压力。

（4）适应性调整。适应性调整是指不试图控制潜在的征用,而是把征用看成是不可避免的,同时一旦发生征用,便可以改用特许（证）协议和管理合同等方式来从原投资中继续获利。例如,一些产油国对产油业实行国有化后,仍与外国公司签订管理合同,从而使跨国公司可以继续开采、提炼和销售活动。

（三）缓解性策略

（1）理性谈判。一旦得到子公司即将被政府征用或国有化的消息,企业就应该立即同政府进行联系展开谈判,使其认识到征用是一个错误的政策,从而放弃征用而和企业继续保持原来的合约。企业可以引证其将继续为东道国提供的种种未来经济利益,或征用后将给东道国带来的严重后果。当然,东道国政府也有可能已经对征用的利弊得失做过分析,并认为结果是可以接受的。在这种情况下,企业再做说服工作也不会奏效。只有在东道国政府将征用作为取得公司让步的谈判手段时,此种策略才可能生效。

（2）施加压力。在确实无法保住子公司产权的时候,企业就要试着集结自己能够调动和运用的各种力量来对东道国政府施加压力,以解决企业面临的政治风险。比如可以争取反对征用的政治团体的支持、母国政府的支持等。另外还可以采取一些经济措施,比如切断关键部件的供应、撤回主要的管理技能和技术等向东道国政府施加压力。

（3）寻求法律保护。在东道国政府正式启用征用或国有化政策时,企业就可以寻求法律的保护,以期获得赔偿。法律的保护途径可能来自东道国、母国和国际机构。当东道国的司法系统独立而且执行公正原则时,在东道国申请法律仲裁的速度最快、成本最低。如果在东道国无法得到合理解决,企业可以在一定条件下寻求母国法律保护。另外,企业也可以向国际仲裁法院起诉。

（4）放弃保持产权努力。当前面三种对策无效时,企业只好放弃继续持有产权的努力,力争获得较高的补偿以及通过许可证协议或管理合同等方式继续从被征用的企业中获利。如委内瑞拉政府征用外国的石油公司后,同征用对象签订管理合同,合同规定由公司在原地继续勘探、钻井、炼油和销售。实践表明,所有权的放弃并不等于盈利机会的丧失,交出股权同样能够获利,关键是财产创造现金流量的能力。

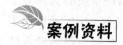 **案例资料**

北汽集团竞购欧宝失利

1. 案例回顾

2009年2月27日,美国通用汽车公司表示,计划将其全资子公司——欧宝公司最多50%的股份出售给外部投资者,以换取欧洲国家政府33亿欧元的救援资金;5月20日,德国商业银行邀请北汽集团参与美国通用公司委托德国商业银行举办的德国欧宝股权转让的示意性竞标；5月31日,加拿大汽车配件生产商麦格纳集团与美国通用公司签署了一份谅解备忘录；6月3日,德国政府表示,尽管通用公司已经与麦格纳就收购欧宝公司达成了初步协议,但其他竞购方并未出局；7月2日,北汽集团递交了一份没有法律约束力的报价方案；7月20日,美国通用汽车表示共接到三份竞购欧宝的正式投标书,分别来自加拿大麦格纳、比利时RHJ和中国北汽集团。在三份竞标方案中麦格纳的竞标方案是出资7亿欧元,要求德国政府提供45亿欧元的融资担保,麦格纳和俄罗斯联邦储蓄银行共同持股55%（二者分别持股27.5%）,而美国通用汽车和欧宝员工分别持股35%和10%,计划在通用欧洲部门裁员约11 000人,但不会关闭德国工厂；RHJ的方案是出资2.75亿欧元收购欧宝公司50.1%的股权,通用将保有39.9%的欧宝股份,剩余10%的股权将由欧宝的员工享有,并承诺最迟到2014年帮欧宝公司还清联邦政府以及各州提供的全部救助资金,但在此之前RHJ将放弃股息,要求德国政府提供38亿欧元的融资担保,计划在欧宝公司大约裁员9 900名,并关闭在比利时的工厂和缩减德国四家工厂的产量；北汽集团的竞购方案是出资6.6亿欧元收购欧宝公司51%的股权,留给美国通用公司享有欧宝公司49%的股份,并且只要26.4亿欧元的政府担保,计划裁员约7 600人,但承诺不会在德国裁员,并计划将欧宝在德国的工厂保留两年。另外,北汽集团还计划到2015年向欧宝中国区业务投资22.5亿美元以提高产量。2015年,北汽集团计划将欧宝在中国的汽车产能扩大至48.5万辆,并建立起一个拥有400家经销商的网络。

7月23日,美国通用汽车公司和德国政府均证实,已经不再考虑中国北汽集团竞购欧宝公司的方案,但并未说明具体原因；7月24日,北汽集团董事长徐和谊公开回应,收购欧宝失利之事主要是因为未能和通用汽车在知识产权转让方面达成一致意见,但北汽集团仍将寻求和通用汽车、新欧宝合作的机会。

2. 案例分析

由竞标方案来看,北汽集团的报价高于其他两家竞争者,承诺的裁员人数也明显低于其他两家,并且要求德国政府提供的担保也是最低的,为什么有相当大优势的北汽集团要约却仍以失败告终？对于北汽集团并购失败的原因,众口不一。笔者认为,在并购前未进行充分有效的风险管理、忽视了在海外并购中的政治风险是北汽集团并购失败的主要原因。由整个事件的发展过程来看,北汽集团在5月20日才接到德国商业银行邀请其参与美国通用公司委托德国商业银行举办的德国欧宝股权转让的示意性竞标,7月2日就递交了竞购方案,在如此仓促的时间里,北汽集团根本就没有足够的时间对该项并购活动过程中可能遇到的风险进行识别和评估,根本没有想到会遇到如此大的政治阻力,导致并购以失败黯然收场。具体而言,北汽集团的失败主要应归因于以下四点。

（1）忽视了工会组织的影响

工会组织作为企业员工合法权益的维护机构,在一定程度上会对并购行为的结果造成影响。北汽集团在并购前没有与当地的工会组织进行有效的沟通,以消除他们对中国企业的误解和歧视,结果遭到了欧宝工人组织的强烈反对,他们的理由是北汽集团并购的目的只是获得欧宝公司的先进技术和品牌,并不是真正想发展壮大欧宝公司,并且他们认为北汽集团没有全球汽车生产的经验和国际化管理能力,没有能力带领欧宝走向更辉煌的未来。

（2）忽视了政府部门的影响

据《华尔街日报》报道，德国官员向美国通用代表重申，德国政府更倾向于麦格纳提出的要约，他们认为这会保护本地的工厂和工作职位。从竞购方案来看，在裁员方面，北汽集团承诺计划裁员约 7 600 人，麦格纳计划裁员大约 11 000 人，RHJ 打算裁员约 9 900 名，无疑北汽集团的裁员人数是最少的。但在关闭德国工厂这个关键问题上，北汽集团的方案却远远不如其他两家竞标对手。北汽集团仅仅承诺保留德国工厂两年，两年之后德国工厂是留还是关则有很大的不确定性，而麦格纳则明确表示不会关闭德国工厂，RHJ只提出要缩减德国工厂的产量。很明显，德国工厂的存在与否与德国的就业率密切相关，这无疑是政府最为关心和最为关注的事，北汽集团恰恰在这个关键点上没有做好。

（3）忽视了自己国有企业的身份

尽管北汽集团收购欧宝纯粹是出于企业经济价值的考虑，是为了获取欧宝公司的先进技术和知名品牌，是完全商业化、市场化的选择，但德国政府和美国政府却给这项交易注入很浓的政治色彩，认为这是中国政府指使自己的国有企业来进行海外扩张。中国国有企业大规模的海外并购活动使他们感到不安和恐慌，认为自己的地位受到了威胁，担心他们的核心技术被中国掌握，担心他们的资源被中国占有，担心他们的命运掌握在中国的手里。种种顾虑和担心使得我国国有企业要想并购海外的企业，必须要过海外政府这一关。

据德国《图片报》报道，德国工业界委托专家小组提交的内部报告中警告德国政府不要把欧宝公司卖给北汽集团，说北汽集团属于中国政府，把欧宝卖给北汽集团虽然在短期内可以使德国政府节省 2 亿欧元，但从长远看来，欧宝将会危险地受制于中国，中国要的只是欧宝的现代汽车技术。这份宣传中国威胁论的内部报告无疑使本就困难重重的海外并购变得更是难上加难了。

（4）要求取得 51% 的股权

由案例中的"美国通用汽车公司表示，计划将其全资子公司——欧宝公司最多 50% 的股份出售给外部投资者"看出，美国通用公司最关注的是自己对欧宝公司能否享有最大的控制权，只要他仍是最大的股东，对其他条件的要求就不会太苛刻。

北汽集团的并购方案提出，出资 6.6 亿欧元取得欧宝公司 51% 的股权，享有绝对的控制权，留给美国通用公司的是 49% 的股权；而在麦格纳的竞购方案中，只要求麦格纳和俄罗斯联邦储蓄银行共同持股 55%，二者分别持股 27.5%，美国通用汽车和欧宝员工分别持股 35% 和 10%，这样美国通用公司就仍然是第一大股东，实际控制权仍掌握在美国手里。仅从控制权来说，不难看出美国通用公司比较倾向于麦格纳的方案。

3. 案例启示

风险管理是企业在激烈的市场竞争中立于不败之地的关键因素之一。在并购活动之前，企业风险管理部门应对并购活动过程中可能遇到的风险进行识别和评估，并采取相应的防范措施将其降低到企业可接受的水平。针对本文识别出的政治风险，笔者认为我国企业和政府应采取的防范措施有以下几点。

（1）熟悉东道国的政治环境

对东道国政治环境的了解是进行风险管理的第一步，也是最为重要的一步。只有全面了解了东道国的政治环境和其中的潜在风险，才能提前采取措施来防范这些风险。

① 东道国与我国的外交关系。与东道国的外交关系直接影响着东道国对我国企业海外并购所持的态度。如果两国在经济上是合作伙伴与互利共赢关系，东道国就会对我国企业到其境内投资持欢迎态度；如果两国在经济上是竞争甚至是敌对关系，出于担心我国的发展会威胁到自己的考虑，东道国便有可能对我国企业的投资行为百般阻挠和刁难。在本案例中，美国政府和德国政府与加拿大政府的外交关系明显要好于我国，而且对美国政府来说，加拿大政府对它不会构成威胁，因此美国政府和德国政府都会比较倾向于加拿大麦格纳公司。

② 东道国的政策。这里主要应该关注东道国对海外并购活动是否有政策上的限制。为了保障本国经济的发展以及国家安全，有些国家对于外资常常采取戒备的态度，如规定本国资源类企业不能被外国的国有企业收购，即使允许收购的，也要经过严格的审查和审批等。

③ 东道国的国民态度。东道国国民对外企的态度也是我们不容忽视的政治风险因素之一。如果东道国的国民对外企抱有敌视态度或偏见，他是不可能同意这项并购交易的。在本案例中，欧宝工会组织的态度恰好说明了这点。如果不重视这点，即使刚开始的并购能成功，接下来的整合会遇到较大的阻力。

（2）鼓励民营企业参与海外并购

我国国有企业在海外的收购行为经常会被其他国家政府冠以政治色彩，将并购交易上升到政治层面予以考虑。但我国民营企业却能很好地规避这个问题。同时，民营企业参与海外并购还可以解决我国外汇储备过高的难题。不过目前我国部分民营企业面临着规模小、融资困难、经验不足等困难，这就需要我国政府在政策上给予鼓励和支持。例如：可适当放宽对外汇的管制、简化审批制度、优化海外管理制度等；在融资方面，政府可以给愿意为民营企业贷款的金融机构以一定的优惠，可以设立财政专项基金等；在经验方面，政府可以设立海外并购的管理机构以及相应的咨询机构，帮助民营企业解决在并购过程中遇到的难题等。

（3）消除海外对我国的政治偏见，尊重并理解东道国国民的民族感情

一是要在海外政府和人民面前树立我国企业的良好形象，可通过为海外提供优质的服务以及物美价廉的产品；多参加海外的公益活动；通过各种宣传手段，如报纸、杂志等，向海外介绍自己、宣传自己，使海外能真正了解我国，消除对我国的误解等。二是通过多种渠道，采取多种方式与东道国政府和人民进行沟通，使之充分了解我国企业海外并购的动机，消除误解和偏见。同时，对于东道国国民的民族感情，要给予充分的尊重和理解，这样才能获得他们的支持和理解，才能实现企业的目标。

（4）建立友好的外交关系

我国要想实现经济的快速发展和政治的稳定，就要与其他各国建立友好的外交关系，减少政治上和经济利益上的冲突。友好的外交关系，能够得到东道国政府的支持与合作，这样我国企业的合法举动才不会受到限制，才能使并购活动顺利进行。

资料来源：作者根据网络资料整理。

思 考 题

1. 简述企业运营风险管理策略。
2. 简述企业财务风险管理策略。
3. 简述企业项目管理特点与方法。
4. 市场风险管理方法有哪些？
5. 简述法律风险的管理对策。
6. 简述政治风险的管理对策。

第十一章

基于战略的风险管理整合

学习目标

1. 掌握内部控制的定义和目标。
2. 掌握内部控制的五要素。
3. 掌握内部控制的控制活动。
4. 熟悉我国企业内部控制规范的框架体系。
5. 了解公司治理、内部控制、风险管理的关系。

"鹿"死谁手？

河北省石家庄市三鹿集团股份有限公司（以下简称"三鹿集团"）曾是国内奶粉生产三大巨头之一。作为国家重点龙头企业，三鹿集团先后荣获省级以上荣誉称号两百多项。

然而，在2008年9月11日，由于三鹿婴幼儿配方奶粉掺杂致毒化学物质三聚氰胺事件曝光，三鹿集团迅速破产，引发了一场"中国奶业的大地震"，其董事长田文华由此成为千夫所指的罪人。究竟谁是导致三鹿破产的罪魁祸首呢？

从公司治理上看，三鹿集团的大股东享有56%的控股权，第二大股东持有43%的股权，其余1%由小股东持有。从表面来看，三鹿集团具有形成良好治理的所有权结构。但大股东三鹿乳业公司推行的是员工持股，并且由经营者持多数股份，96%左右的股份由900多名老职工拥有，因此，三鹿集团的实际控制人或者说股权相当分散。以田文华为代表的强势管理层的存在，使三鹿集团陷入内部人控制的局面。

从管理层对风险的态度上看，三鹿集团的风险管理意识淡薄。对乳品企业来说，最重要的风险点是原奶的采购质量。我国乳品加工厂一般没有自己的奶源，主要采用的是原奶采购模式，即"奶农—奶站—乳企"模式，三鹿集团也不例外。这种模式的缺点是增加了中间商环节，乳企无法直接、全面地控制奶农和奶站，缺乏具体的管理和监督。在蒙牛、伊利等标杆企业的竞争压力之下，在激烈的原奶争夺战中，三鹿集团急功近利的思想导致其放松了对采购环节风险的管控，低价收购的肆虐，质量检验控制的弱化，最终酿成了毒奶粉事件。

从三鹿官方对事件的反应上看，三鹿集团的反应不够及时、迅速。三鹿集团在知情的情况下，继续生产和对外销售，导致事态扩大。事情暴露后，三鹿集团采取对媒体隐瞒和否认的做法，从坚决否认到遮遮掩掩，从推卸责任到被迫道歉，在事件到了无法隐瞒的时候，才开始产品的全面召回。

从三鹿与外界的沟通上看,三鹿并没有将其对这起事件的态度、处理方案和企业的诚意公之于众,而是选择了能拖就拖、能躲就躲的不作为方式。按食品安全法规定,食品安全事故的发生单位应当及时向事故发生地县级卫生行政部门报告。但三鹿集团"长期隐瞒问题",既没有积极主动地收集、处理和传递相关信息,没有及时向相关政府部门报告情况,也没有积极主动地向社会披露信息。

从监督手段上看,三鹿集团流于形式。驻站员监督检查,是日常监督中重要的一环。但是三鹿集团未能落实到位,导致在原奶进入三鹿集团的生产企业之前,缺乏对奶站经营者的有效监督。

三鹿事件表面看是奶源收购环节出了问题,但仔细研究却发现内部控制才是致"鹿"于死地的真正幕后黑手:治理结构问题反映了内部控制的内部环境不合理;风险管理不力说明了风险评估机制不健全;事故发生后反应滞后反映了重大风险的预警机制和突发事件的应急处置机制的缺失,正是控制活动不到位的表现;未向上级部门及时报告和对外披露相关信息反映了其信息与沟通机制的失灵;监督手段落实不到位说明了其内部监督的力度不够。而以上五个方面——内部环境、风险评估、控制活动、信息与沟通和内部监督正是内部控制的五大要素,它们共同构成了企业内部控制基本规范的基础。

那么究竟什么是内部控制?内部控制的五大要素的确切含义是什么?它们之间又有怎样的逻辑关系?企业建设和实施内部控制要达到的目标是什么?需要遵循哪些原则?通过本章的学习,不仅可以为你解答关于内部控制的知识,还能使你深入解读内部控制、公司治理与风险管理的关系。

资料来源:方红星,池国华.内部控制[M].长春:东北财经大学出版社,2012:19-20.

第一节　风险管理框架下的内部控制

一、内部控制的基本理论

(一)内部控制的定义与目标

1992年9月,COSO发布的《内部控制—整合框架》给出内部控制一个迄今为止最为权威的定义:内部控制是由主体的董事会、管理层和其他员工实施的,旨在为经营的效率和有效性、财务报告的可靠性、遵循适用的法律法规等目标的实现提供合理保证的过程。我国《企业内部控制基本规范》将内部控制定义为:由企业董事会、监事会、经理层和全体员工实施的,旨在实现控制目标的过程。

内部控制定义反映了以下基本概念:其一,内部控制是一个过程,它是实现目的的手段,而非目的本身;其二,内部控制是由人员来实施的,它不仅仅是政策手册和图表,而且涉及企业各层次人员的活动;其三,内部控制只能向企业董事会和经理层提供合理的保证,而非绝对的保证;其四,内部控制是为了实现五类既相互独立又相互联系的目标。

《企业内部控制基本规范》将内部控制的目标归纳为以下五个方面。

(1)合理保证企业经营管理合法、合规。

(2)合理保证企业资产安全。

（3）合理保证企业财务报告及相关信息真实完整。

（4）提高经营效率和效果。

（5）促进企业实现发展战略。

内部控制的五个目标并不是孤立的，而是相互联系，共同构成了一个完整的内部控制目标体系。其中，战略目标是最高目标，是与企业使命相联系的终极目标；经营目标是战略目标的具体化、分解与落实，是内部控制的核心目标；资产目标是实现经营目标的物质前提；报告目标是经营目标的成果体现与反映；合规目标是实现经营目标的有效保证。内部控制的五个目标的关系如图 11-1 所示。

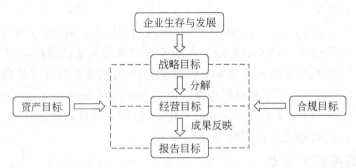

图 11-1　内部控制的五个目标关系图

（二）内部控制的原则

在纷繁复杂的环境与因素影响下，企业构建并实施内部控制体系，应当遵循以下基本原则。

1. 全面性原则

所谓全面性原则，是指强调内部控制应当贯穿决策、执行和监督的全过程，覆盖企业及其所属单位的各种业务和事项。在构建内部控制体系时，应将该体系贯穿于决策、执行和监督的全过程，覆盖企业及其所属单位的各种业务和事项，也应考虑各子体系之间各自的独立性和相互联系，使之成为一个有机体，协同合作，更充分地发挥内部控制体系的作用。

2. 重要性原则

所谓重要性原则，是指在全面控制的基础上，内部控制应该关注重要业务事项和高风险领域。这就要求企业在内部控制建设的过程中要仔细甄别，应当在全面控制的基础上，关注重要业务事项和高风险领域，并根据自己企业的需要挑选适合企业现状的要素、子系统和控制流程，以保证内部控制建设过程中的简洁。

3. 制衡性原则

所谓制衡性原则，是指内部控制应当在治理结构、机构设置及权责分配、业务流程等方面形成相互制约、相互监督，同时兼顾运营效率。内部控制规范的基本要求是在治理结构机构设置及权责分配、业务流程等方面形成相互制约、相互监督的机制，同时兼顾运营效率。

制衡作为一种机制是内部控制的重要构成部分，但是切忌一味地、片面地强调制衡，在权力分配和业务流程设置上过度制约，会影响企业的效率。

4. 适应性原则

所谓适应性原则，是指强调内部控制应当与企业经营规模、业务范围、竞争状况和风险水平等相适应，并随着情况的变化及时加以调整。一个内部控制如果不具有可操作性，不能在实践中被应用，则这个内部控制体系设计得再完美也是没有实用价值的。可操作性是构建内部控制体系应遵循的一条重要原则，要达到适用性原则，企业的内部控制建设应当与企业经营规模、业务范围、竞争状况和风险水平等相适应，并随着情况的变化及时加以调整。

5. 成本效益原则

所谓成本效益原则，又称为成本与效率效果原则，是指内部控制应当权衡实施成本与预期效益，以适当的成本实现有效控制。内部控制对防范企业活动的错弊和风险只能起到合理的保证作用，应当权衡实施成本与预期收益，所有设置控制点应达到控制收益大于控制成本。当有些业务可以不断增加控制点来达到较高的控制程序，就应考虑采用多少控制点能使控制收益减去控制成本的值最大化；当控制收益难以确定时，应考虑在满足既定控制的前提下，使控制成本最小化。

（三）内部控制的要素

内部控制的内容，归根结底是由基本要素组成的。这些要素及其构成方式，决定着内部控制的内容与形式。基本规范将内部控制的要素归纳为内部环境、风险评估、控制活动、信息与沟通、内部监督五大方面。

1. 内部环境

内部环境是企业实施内部控制的基础，一般包括公司治理结构、内部机构设置与职责分工、内部审计、人力资源政策、企业文化和法制环境六个方面。内部控制应用指引中将其归纳为内部环境要素。"久入芝兰之室不闻其香，久入鲍鱼之肆而不闻其臭"，内部环境是内部控制建设的重要基调，处于基础地位，对其他要素产生重要影响，内部环境的好坏决定着内部控制其他要素能否有效运行。因此，企业应当成立专门机构或者指定适当的机构具体负责组织协调内部控制的建立实施及日常工作。

2. 风险评估

风险评估是企业及时识别、系统分析经营活动中与实现内部控制目标相关的风险，合理确定风险应对策略，是实施内部控制的重要环节。风险评估的要素主要包括确定风险承受度、识别风险（包括内部和外部风险）、风险分析、风险应对四个方面。企业应当根据设定的控制目标，全面、系统、持续地收集相关信息，结合实际情况，及时进行风险评估。这里所指的风险评估与第九章风险管理当中的风险评估相同，故可以对照学习。

3. 控制活动

控制活动是指企业结合具体业务和事项，采用相应的控制政策和程序，将风险控制在可承受度之内。控制措施一般包括不相容职务分离控制、授权审批控制、会计系统控制、财产保护控制、预算控制、运营分析控制和绩效考评控制等。与此同时，《企业内部控制基本规范》规定，企业应当建立重大风险预警机制和突发事件应急处理机制，明确风险预警标准，对可能发生的重大风险或突发事件，制订应急预案，明确责任人员，规范处置程序，确保突发事件得到及时妥善处理。

4. 信息与沟通

信息与沟通是指企业及时、准确地收集,传递与内部控制相关的信息,确保信息在企业内部、企业与外部之间进行有效沟通。它是实施内部控制的重要条件。基本规范主要围绕内部和外部信息的收集、信息在内部和外部相关者间的传递、信息技术平台、反舞弊机制、举报投诉制度和举报人保护制度等展开。总之,应该保证管理层与单位内部、外部沟通顺畅。

5. 内部监督

内部监督是指企业对内部控制建立与实施情况进行监督检查,评价内部控制的有效性,发现内部控制缺陷,应当及时加以改进。内部监督是实施内部控制的重要保证,是对内部控制的控制。此部分强调了监督检查的作用、主体、方式、缺陷与报告、自我评价等内容。

企业应明确授权的监督机构的职责权限,规范内部监督程序、方法和要求。内部监督包括日常监督和专项监督。专项监督的范围和频率应当根据风险评估结果及日常监督的有效性等予以确定。监督情况应该形成书面报告,并在报告中揭示内部控制的重要缺陷。同时,应当建立内部控制缺陷纠正、改进机制,充分发挥内部监督效力。

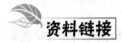
资料链接

内部控制五要素之间的逻辑关系

内部控制的五要素之间是相互支持、紧密联系的逻辑统一体,它们之间的关系如图 11-2 所示。

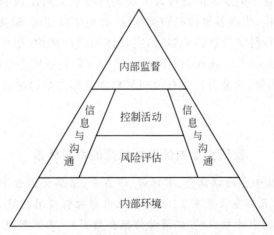

图 11-2　内部控制五要素之间的关系

内部环境在底部,是内部控制的基础,能够对其他内部控制要素产生影响。内部监督在顶部,表明内部监督是针对内部控制的控制,是对内部控制质量进行评价的过程。由于企业在实施战略过程中会受企业内外部环境的影响,所以企业需要通过一定的技术手段进行风险辨识、分析与评价，从而确定相应的风险应对策略，这就是风险评估。它是采取控制活动的根据。针对风险评估结果，企业需要及时采取控制措施，有效控制风险，这就是控制活动。在整个过程中，信息与沟通起到承上启下、沟通内外的关键地位。内部环境与其他内部控制要素之间的相互作用需要通过良好的信息与沟通实现；风险评估、控制活动和内部监督的实施也需要以信息与沟通为依据，他们的结果需要通过信息与沟通来反映。

因此，内部控制五要素形成了一个联系紧密、有机的整体。风险管理框架下的内部控制是站在企业战略层面来分析、评估和管理风险的，它把对企业监督控制从细节控制提升到了战略层面以及公司治理层面。

资料来源：作者根据网络资料整理。

二、内部环境

根据《企业内部控制基本规范》，内部环境一般包括治理结构、机构设置及权责分配、发展战略、内部审计、人力资源政策、企业文化、社会责任等内容。由于本教材前部分已经讨论过发展战略、内部审计、企业文化，这里仅对组织架构、人力资源政策和社会责任进行讨论。

（一）组织架构

组织架构，是指企业按照国家有关法律法规、股东（大）会决议和企业章程，结合本企业实际，明确股东（大）会、董事会、监事会、经理层和企业内部各层级机构设置、职责权限、人员编制、工作程序和相关要求的制度安排。组织架构分为治理结构和内部机构两个层面。治理结构在第九章第一节企业风险管理组织体系中讨论过，这里不再述及。内部机构是企业内部分别设置不同层次的管理人员及其由专业人员组成的管理团队，企业应当合理设置内部职能机构，明确各机构的职责权限，避免职能交叉、缺失或权责过于集中，应当对各机构的职能进行科学合理的分解，确定具体岗位的名称、职责和工作要求等，明确各个岗位的权限和相互关系。现代企业的组织结构一般包括职能型结构、事业部型结构、矩阵式结构、H型结构等，这部分内容在公司战略部分第六章讨论过，因此不再述及。

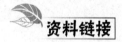 **资料链接**

我国企业内部控制规范的框架体系

2008年5月，财政部会同证监会、审计署、银监会、保监会出台了《企业内部控制基本规范》。2010年4月，五部委又发布了18项企业内部控制应用指引、1项企业内部控制评价指引和1项内部控制审计指引（可以简称为配套指引）。基本规范与配套指引共同组成了我国企业内部控制规范的框架体系，框架体系如图11-3所示。

其中，基本规范是内部控制体系的最高层次，起统驭作用，共分为总则、内部环境、风险评估、控制活动、信息与沟通、内部监督和附则。应用指引是对企业按照内部控制原则和内部控制五要素建立健全企业内部控制所提供的指引，具体可分成内部环境类指引、控制业务类指引、控制手段类指引三大类。内部环境类应用指引包括组织架构、发展战略、人力资源、社会责任和企业文化等指引。控制业务类应用指引是对各项具体业务活动实施的控制,包括资金活动、采购业务、资金管理、销售业务、研究与开发、工程项目、担保业务、业务外包、财务报告等指引。控制手段类指引涉及企业整体业务或管理,包括全面预算、合同管理、内部信息传递和信息系统等指引。内部控制评价指引是对实施内部控制评价应遵循的原则、内部控制评价的内容、内部控制评价的程序、内部控制评价缺陷的认定以及内部控制评价报告的阐述。内部控制审计指引是关于会计师事务所实施内部控制审计的相关要求。

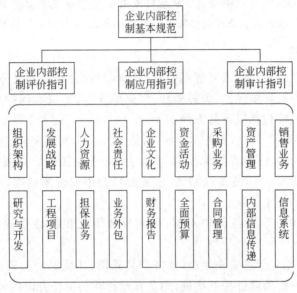

图 11-3　我国企业内部控制规范框架体系

资料来源:作者根据网络资料整理。

(二) 人力资源政策

人力资源是指企业组织生产经营活动而录(任)用的各种人员,包括董事、监事、高级管理人员和全体员工。人力资源管理须关注的主要风险表现如下。

(1) 人力资源缺乏或过剩、结构不合理、开发机制不健全,可能导致企业发展战略难以实现。

(2) 人力资源激励约束制度不合理、关键岗位人员管理不完善,可能导致人才流失、经营效率低下或关键技术、商业秘密和国家机密泄露。

(3) 人力资源退出机制不当,可能导致法律诉讼或企业声誉受损。

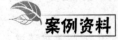

雷曼兄弟破产因素的组织架构和人力资源政策分析

雷曼兄弟一直被视为华尔街最成功的投行之一。1994 年独立上市时,它的利润只有7 500 万美元,但在 2003 年至 2007 年的 5 年间,其利润累计达到 160 亿美元。然而,在

2008年9月15日，雷曼兄弟在向政府求援、收购计划均未果的情况下却不得不提出破产申请。造成雷曼兄弟破产的原因是复杂的，包括金融衍生工具使用不当、监管缺失等。从组织架构来看，雷曼兄弟的董事会没有发挥其真正作用，重要决策由一个人来决定。美国投资银行内部不设监事会，其董事会还兼有审计监督的职能。雷曼兄弟也是如此，企业的董事长查德·富尔德兼任企业的董事长和CEO。从人力资源政策来看，雷曼兄弟对高管人员采用高工资、高奖金的办法作为短期激励，同时普遍运用股票期权等多种金融工具来强化中长期激励，此类奖金激励方式极大地助长了高管层的道德风险，为追求高额奖金和红利，无视审慎性要求，盲目创新业务，一系列原因导致雷曼兄弟最终破产。

资料来源：叶陈刚，郑洪涛.内部控制与风险管理[M].北京：对外经济贸易大学出版社，2011：75.

（三）社会责任

社会责任是指企业在经营发展过程中应当履行的社会职责和义务，主要包括安全生产、产品质量（含服务）、环境保护、资源节约、促进就业、员工权益保护等。履行社会责任方面须关注的主要风险包括以下几方面。

（1）安全生产措施不到位，责任不落实，可能导致企业发生安全事故。

（2）产品质量低劣，侵害消费者利益，可能导致企业巨额赔偿、形象受损，甚至破产。

（3）环境保护投入不足，资源耗费大，造成环境污染或资源枯竭，可能导致企业巨额赔偿、缺乏发展后劲，甚至停业。

（4）促进就业和员工权益保护不够，可能导致员工积极性受挫，影响企业发展和稳定。

因此，企业需要建立促进安全生产、保证产品质量、环境保护与资源节约以及促进就业与员工权益保护方面的内部控制措施，防范在履行社会责任方面的风险。

 **案例资料**

五粮液勇于担当社会责任

2015年7月11日，由商务部市场运行和消费促进司主办的2015年全国食品安全宣传周酒类知识公益宣传活动在成都举行，会上白酒巨头五粮液围绕"酒与社会责任"进行了阐述。

在产品质量保证方面，五粮液形成了独有的品控体系。为了实现全过程洁净无尘、无污染、无塑化和无外界侵入，五粮液数年前就开始严格控制接触原酒的陶坛、不锈钢桶、输酒管道、不锈钢槽车等生产设备，对包装材料均制订高于国家标准的企业内控标准，还对瓶盖等每种材料进行入厂必检并匹配酒浸出试验，确保无任何问题后才能进入正式包装工序，同时，酿酒工人只能穿布鞋、粮食原料必须循环使用麻袋而杜绝编织袋、主要车间的空气质量须实时监测。

在环境保护与资源节约方面，坐落于四川省宜宾市的五粮液公司一直注重保护环境，宜宾市拥有竹海、石海、酒海三大景区，而五粮液酒厂也是一个花园工厂，每年接待几十万参观游玩的游客。五粮液实施清洁生产，走循环经济的发展道路，形成以节约资源和生态建设为主的环保发展战略，成为国内第一家实现酿酒生产"零排放"的白酒企业，为保护环境节约资源积极践行。

资料来源：作者整理自网易新闻，原标题"酒企的社会责任，看五粮液如何担当"，2015 年 7 月 14 日。

三、风险评估

由于本书第八章至第十章已经系统地论述了风险管理的有关知识，因此这里不再述及。

四、控制活动

控制活动是指企业根据风险评估结果，采用相应的控制措施，将风险控制在可承受度之内。这里主要介绍几种重要的控制手段，包括不相容职务分离控制、授权审批控制、会计系统控制、财产保护控制、预算控制、运营分析控制、合同控制。绩效考评（比如平衡计分卡方法的应用）也是一种重要的控制活动，由于在本书前文已经介绍，因此这里不再述及。

（一）不相容职务分离控制

不相容职务分离控制要求企业全面系统性分析、梳理业务流程中的不相容职务，实施相应的分离措施，形成各司其职、各负其责、相互制约的工作机制。不相容职务通常包括：可行性研究与决策审批、决策审批与执行、执行与监督检查等。大多数交易都可分成三类独立的职责：一是认可或发起交易；二是处理被交易的资产；三是记录交易。例如，企业中负责收付现金的出纳员和记录交易的会计文员应分别由不同的人员负责。如果一个人为上述交易中的一项以上活动承担责任，则存在舞弊的可能。不相容职务分离控制的图解如图 11-4 所示。

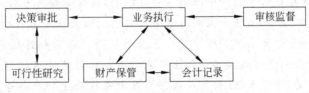

图 11-4 不相容职务分离控制

建立不相容职务分离控制不但可降低舞弊风险，而且能较容易地发现非本意造成的人为错误。可是，当舞弊涉及两人或两人以上的串通行为，不相容职务分离控制可能是无效的。

 **案例资料**

小小出纳员贪污 200 万元

2000 年 7 月，原北京某区教委出纳员周某三次挪用、贪污公款达 211 万元，被法院以挪用公款罪和贪污罪并罚判处有期徒刑 20 年，但 200 万元的教育资金却难以收回。15 年前，周某到北京某区教育局财务科做出纳。周某说："我可以决定提取现金的数量，支票也由我处理,可随时加盖支票印鉴。在每月同会计对账时,我同他们只对总账,而不进行明细账核对。另外,我挪用公款,银行账上有反映,但我们的银行对账单由我保管,单位也不易发觉。"

资料来源:朱荣恩.内部控制案例[M].上海:复旦大学出版社,2005.

(二) 授权审批控制

授权审批控制是指企业根据常规授权和特别授权的规定,明确各岗位办理业务和事项的权限范围、审批程序和相应责任。常规授权是指企业在日常经营管理活动中按照既定的职责和程序进行的授权,这类授权通常有明确的文件或指引予以规定。特别授权一般是由董事会给经理层或者经理层给内部机构及其员工授予处理某一突发事件、做出某项重大决策、代替上级处理日常工作的临时性权力。企业应当规范用于重大业务或事项时特别授权的范围、权限、程序和责任,严格控制特别授权。根据《企业内部控制基本规范》第三十条的要求,企业对于重大决策、重大事项、重要人事任免及大额资金支付业务,即"三重一大",应当按照规定的权限和程序实行集体决策审批或者联签制度,任何个人不得单独进行决策或者擅自改变集体决策。

案例资料

中信泰富和中航油(新加坡)经典案例

2008年10月,中信泰富购买的杠杆式外汇买卖合约发生外汇风险,导致中信泰富发生巨额亏损达147亿港元。探究这场"豪赌"导致巨亏的原因:一方面是公司对外汇合约的潜在风险没有进行正确评估;另一方面则是相关责任人没有遵守公司的对冲保值规定,甚至没有得到公司主席的授权。无独有偶,2004年12月,中航油(新加坡)股份有限公司,因为总裁陈久霖越权从事石油金融衍生产品投资,从而导致其亏损5.5亿美元并因此而破产。在这次投机过程中,陈久霖同时具有授权、执行、检查与监督功能,全程没有遇到任何阻拦和障碍,一手遮天从而导致了整个企业的坍塌。这两个轰动一时并沦为经典学习案例的事件带给人们深刻的启示:企业应做好不相容职务分离控制及授权审批控制,对于企业的重大决策、重大事项、重要人事任免及大额资金支付业务等,一定要强调按照规定的权限和程序实行集体决策审批或者联签制度。

资料来源:作者根据网络资料整理。

(三) 会计系统控制

会计系统控制,要求企业严格执行我国统一的会计准则,明确会计凭证、会计账簿和财务会计报告的处理程序,规范会计政策的选用标准和审批程序,建立、完善会计档案保管和会计工作交接办法,实行会计人员岗位责任制,充分发挥会计的监督职能,确保企业财务报告真实、完整和可靠。会计系统控制方法包括记账、核对、岗位职责落实和职责分离、档案管理、工作交接程序、文件和凭证连续编号等方法。

(四) 财产保护控制

财产保护控制是指保护实物资产不被偷盗或未经许可而获得及被使用的措施和程

序,包括建立财产日常管理制度和定期清查制度。财产保护控制包括财产档案的建立和保管,实物保管(如限制接近、使用保险箱储存现金和重要文件、为大楼或其内的区域设立门禁系统、为贵重资产采取双重保管方法,即必须两人同时出现才能取得某些资产、雇用保安和利用闭路电视摄像头等),定期对存货进行盘点、账实核对和财产保险等措施,以确保财产安全。

(五)预算控制

《企业内部控制基本规范》第三十三条规定,预算控制要求企业实施全面预算管理制度,明确各单位在预算管理中的职责权限,规范预算的编制、审定、下达和执行程序,强化预算约束。全面预算,是指企业对一定期间经营活动、投资活动、财务活动等做出的预算安排。全面预算的流程包括预算编制、预算执行和预算考核三部分内容。

实行全面预算管理须关注的主要风险包括以下几方面。

(1)不编制预算或预算不健全,可能导致企业经营缺乏约束或盲目经营。

(2)预算目标不合理、编制不科学,可能导致企业资源浪费或发展战略难以实现。

(3)预算缺乏刚性、执行不力、考核不严,可能导致预算管理流于形式。

(六)运营分析控制

企业应建立营运分析制度,管理层可综合运用生产、投资、筹资、财务等方面信息,通过不同种类的方法,如对比分析、趋势分析、因素分析、综合分析等方法,对营运情况(如企业目标所实现的成果)进行分析,发现存在的问题,及时查明及改进。

(七)合同控制

合同,是指企业与自然人、法人及其他组织等平等主体之间设立、变更、终止民事权利义务关系的协议。这里涉及的合同控制不包括企业与职工签订的劳动合同。所谓合同控制,就是企业通过梳理合同管理的整个流程,分析关键风险点,并采取有效措施,将合同风险控制在企业可接受范围内的过程。

合同业务的一般流程大致可分为合同的订立和履行两个阶段。在合同订立阶段,主要的控制内容体现如下。

(1)合同订立前,应当充分了解合同对方的主体资格、信用状况等有关内容,确保对方当事人具备履约能力。对于影响重大、涉及较高专业技术或法律关系复杂的合同,应当组织法律、技术、财会等专业人员参与谈判,必要时可聘请外部专家参与相关工作。谈判过程中的重要事项和参与谈判人员的主要意见,应当予以记录并妥善保存。

(2)合同文本一般由业务承办部门起草、法律部门审核。重大合同或法律关系复杂的特殊合同应当由法律部门参与起草。

(3)企业应当按照规定的权限和程序与对方当事人签署合同。

(4)企业应当建立合同专用章保管制度。合同经编号、审批及企业法定代表人或由其授权的代理人签署后,方可加盖合同专用章。

在合同的履行阶段,主要控制内容体现在以下方面。

(1)在合同履行过程中发现有显失公平、条款有误或对方有欺诈行为等情形,或因政策调整、市场变化等客观因素,已经或可能导致企业利益受损,应当按规定程序及时报告,并经双方协商一致,按照规定权限和程序办理合同变更或解除事宜。

（2）企业财会部门应当根据合同条款审核后办理结算业务。未按合同条款履约的,或应签订书面合同而未签订的,财会部门有权拒绝付款,并及时向企业有关负责人报告。

（3）合同管理部门应当加强合同登记管理,充分利用信息化手段,定期对合同进行统计、分类和归档,详细登记合同的订立、履行和变更等情况,实行合同的全过程封闭管理。

五、信息与沟通

企业的内部控制活动离不开信息传递,而充分的内部沟通对于提升企业内部环境、风险评估等各方面都起着至关重要的作用。

信息传递是一种方式或几种方式的组合,可以自上而下传递,也可以自下而上传递,也可以平行传递。传递信息最重要的方式和媒介是内部报告和信息系统①。因此,企业应加强包括内部报告在内的企业内部信息传递,全面评估内部信息传递过程中的风险,建立科学的内部信息传递机制,确保信息的相关性和可靠性,提高内部报告的质量,安全、及时、准确地传递信息,充分、高效地利用内部报告。在信息系统的控制方面,由国际信息系统审计与控制协会提出的《信息和相关技术的控制目标》（Control Objectives for Information and Related Technology,COBIT）为信息系统设计提供了公认的信息安全和控制评价标准,为企业开发信息系统提供了权威的范本。

沟通可以分为内部信息沟通和外部信息沟通,可采取电子沟通、书面沟通和口头沟通等多种方式。其中:电子沟通包括互联网、电子邮件、电话、传真以及即时聊天软件等方式;书面沟通包括信息快报、专题报告、调研报告、员工手册、内部刊物、培训资料等;口头沟通包括例行会议、专题会议、座谈、讲座、研讨等方式。企业应该灵活选取恰当的沟通方式,以达到准确、及时和顺畅的沟通。要做到良好的沟通,企业不仅需要关注内部沟通,还需要关注外部沟通,应建立良好的外部沟通渠道,对外部有关方面的建议、投诉和收到的其他信息进行记录,并及时予以处理和反馈。

六、内部监督

这里的内部监督特指内部控制方面的内部监督。内部监督作为内部控制的基本要素之一,对内部控制的有效运行,以及内部控制的不断完善起着重要的作用。《企业内部控制基本规范》主要针对内部监督的类型和方式、内部控制自我评价和缺陷认定机制、内部控制记录制度等进行了规定。我国企业的内部监督体系主要由审计委员会、监事会及内部审计机构组成。《企业内部控制基本规范》规定,企业应当制定内部控制监督制度,明确内部审计机构（或经授权的其他监督机构）和其他内部机构在内部监督中的职责权限,规范内部监督的程序、方法和要求。

内部监督包括日常监督和专项监督两种类型。日常监督是指企业对建立与实施内部

---

① 信息系统包括广义与狭义两种理解,广义的信息系统是指能够完成对信息收集、组织、存储、加工、传递和控制等职能的系统,其目的是为组织机构提供信息服务以支持管理决策活动。狭义的信息系统可以理解为计算机系统,即以计算机为核心进行信息处理的人—机系统。这里的信息系统是狭义的理解。

控制的情况进行常规、持续的监督检查。日常监督的具体方式包括获得内部控制执行的证据、内外部信息印证、实物清查与盘点、内部审计提供的建议及来自管理层与审计委员会的日常监督。专项监督，是指企业在发展战略、组织结构、经营活动、业务流程、关键岗位员工等发生较大调整或变化的情况下，对内部控制的某一或某些方面进行有针对性的监督检查。专项监督可以由内部控制（审计）机构、财务部门及其他内部机构组织参与，也可以聘请外部中介机构参与其中，专项监督的范围和频率应根据风险评估结果及日常监督的有效性等予以确定。一般来说，风险水平较高并且重要的控制，企业对其进行专项监督的频率应较高。

第二节　基于战略的公司治理、内部控制、
风险管理整合框架[①]

为了控制企业现有的以及潜在的各项风险，在企业的发展过程中，相继形成了内部控制、公司治理和风险管理框架。关于公司治理、内部控制以及风险管理的关系，理论界和实务界一直处于争论中，没有达成一致的认识。随着COSO的《企业风险管理——整合框架》、我国五部委的《企业内部控制基本规范》及其配套指引和国资委的《中央企业全面风险管理指引》的发布，三者之间的逻辑关系就更加存在梳理的必要性。从总体来说，企业不论是进行内部控制、风险管理还是公司治理，均是为了自身的长远发展，均是站在战略高度实现组织目标的具体措施与方式。因此，企业需要认识到，应该建立基于战略的公司治理、内部控制、风险管理整合框架。

一、内部控制与风险管理

2004年9月，COSO发布了《企业风险管理——整合框架》（Enterprise Risk Management-Integrated Framework，ERM）。该框架指出，"全面风险管理是一个过程，它由一个主体的董事会、管理层和其他人员实施，应用于战略制定并贯穿于企业之中，旨在识别可能影响主体的潜在事项、管理风险，以使其在该主体的风险容量之内，并对主体目标的实现提供合理保证"，将内部控制上升到了全面风险管理的高度。从COSO的两份报告来看，企业的内部控制与风险管理存在相似之处。

（1）实施的主体相同。两者都是由"企业董事会、管理层以及其他人员共同实施的"，强调了全员参与的观点，指出各方应该在内部控制或风险管理中扮演相应的角色并承担相应的职责。

（2）强调过程管理。两者都明确是一个"过程"，不能当作静态的管理。

（3）目标基本一致。两者都是为企业目标的实现提供合理的保证。设计合理、运行有效的内部控制与风险管理能够向企业的管理者和董事会在企业各目标的实现上提供合理的保证。

---

① 本节内容主要参考谢志华.内部控制、公司治理、风险管理：关系与整合[J].会计研究，2007.本节针对论文的内容进行了参考与整理。

虽然二者存在相似性，但关于二者之间关系的辩论却十分激烈，许多权威的机构与学者均给出了不同的观点。

第一，从属观，即谁包含谁的问题。其中一种观点认为风险管理包含内部控制。COSO 的 ERM 框架将内部控制升级到了全面风险管理，也意味着全面风险框架的内容比内部控制的内容更加丰富。正如 COSO 所指出，企业风险管理框架并未取代内部控制，而是将内部控制框架整体纳入其中。COSO 认为风险管理有八个要素组成：内部环境、目标设定、事件识别、风险评估、风险对策、控制活动、信息与沟通、监督，而内部控制由五个要素组成：控制环境、风险评估、控制活动、信息与沟通、监督。因此，风险管理包含内部控制。英国 Tumbull 委员会（2005）认为公司的内部控制系统在风险管理中扮演关键角色，内部控制应当被管理者看作是范围更广的风险管理的必要组成部分。南非的 King Ⅱ Report（2002）认为传统的内部控制系统不能管理许多风险，如政治风险、技术风险和法律风险，风险管理将内部控制作为减轻和控制风险的一种措施，是一个比内部控制更为复杂的过程。风险管理不仅仅关注内控建立，最主要的是关注内部控制运行与评价，从企业所有内外风险的角度为公司治理层、管理层持续改进内部控制设计和运行提供思路，风险管理比内部控制的范围要广泛得多。

另一种观点认为，内部控制包含风险管理，加拿大的 COCO 报告认为，控制是一个组织中支持该组织实现其目标诸要素的集合体，实质上就是内部控制，风险评估和风险管理是控制的关键要素。CICA（1998）阐明了风险管理与控制的关系：当您在抓住机会和管理风险时，您也正在实施控制。

第二，统一观，即内部控制就是风险管理。Blackburn（1999）认为风险管理与内部控制仅是人为的分离，而在现实的商业行为中，它们是一体化的。Matthew Leitch（2004）认为，理论上，风险管理系统与内部控制系统没有差异，这两个概念的外延变得越来越广，正在变为同一事物。谢志华（2007）在研究内部控制与风险管理的关系时发现，内部控制与风险管理是密不可分的，甚至二者从本质来说是等同的、统一的。方红星、池国华、戴文涛等学者认为，风险管理包含内部控制是根据企业风险管理整合框架与内部控制整体框架的关系来确定的，并没有从内部控制本质角度认识两者的关系，内部控制采用的风险控制方式和手段内含了风险控制目的（没有控制目的的控制方式和手段是毫无作用的），而风险控制目的也内含了风险控制方式的方式和手段（没有控制方式和手段的控制目的是无法实现的），因此风险管理与内部控制并不是包含关系，而是完全等价的。本教材也赞同此种观点。

二、内部控制与公司治理

公司治理一般有狭义和广义两种理解。著名学者吴敬琏（1994）认为：从狭义的角度来看，公司治理是指由股东大会、董事会、高级管理层组成的组织结构；从广义的角度看，公司治理是指有关公司控制权或剩余索取权分配的一整套法律、文化和制度安排。公司治理结构因此也可以分为狭义的公司治理结构和广义的公司治理结构。第九章中提到的法人治理结构就是狭义的公司治理结构，而广义的公司治理结构是用来协调公司所有的权益主体之间的制衡关系体系，包括公司外部治理结构与内部治理结构。根据单凤儒

（1998）的观点,公司内外部治理结构包括两个线性结构组成,如图11-5所示。

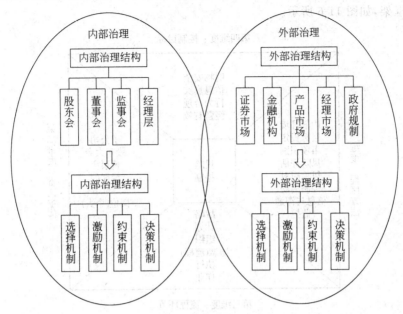

图 11-5　公司治理结构

内部控制与公司治理既存在密切的联系,也有所区别。李维安,戴文涛(2013)认为,内部控制与公司治理都是为了控制企业风险,保障企业战略目标等的实现,公司治理与内部控制的协调配合有效地控制了企业风险。二者的区别主要体现在构成的内容不同、结构不同及采用的方法不同。

关于内部控制与公司治理的关系,也有许多学者持有自己的看法。

第一,内部控制是公司治理的基础。杨雄胜(2005)认为,没有系统而有效的内部控制,公司治理将成为一纸空文,而内部控制是实现公司治理的基础设施建设。这种观点认为没有内部控制,公司治理将无从谈起。

第二,公司治理是内部控制五要素的环境要素之一,是内部控制的前提。阎达五,杨有红(2001)认为随着公司治理机制的完善,内部控制框架与公司治理机制的关系是内部管理监控系统与制度环境的关系。黄世忠(2001)提出,如果不强化公司治理结构的基础建设,要建立、健全内部控制以确保会计信息的真实、完整只能是奢谈。这种观点认为,公司治理不完善本身就是一种风险,就很难进行有效的内部控制建设与风险管理。

第三,内部控制与公司治理是你中有我、我中有你的嵌合关系。王蕾(2001)认为,内部控制与公司治理具有高度的相关性,一个健全的内部控制机制实际上是完善的公司治理结构的体现。反过来,内部控制的创新和深化也将促进公司治理的完善和现代企业制度的建立。

三、公司治理、内部控制与风险管理整合框架

虽然学者们认为内部控制与风险管理有互相包含关系、等同关系,内部控制、公司治理有互为前提关系、嵌合关系,但是理论界和实务界都一致认同三者之间的关系是密不可

分的,甚至是相同的。谢志华(2007)认为,从实质而言,三者的关系是相同的,并提出了三者整合的框架,如图 11-6 所示。

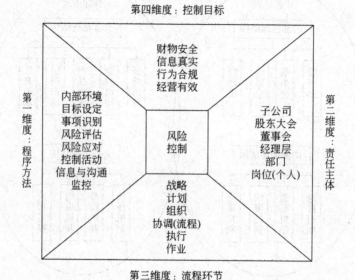

图 11-6　公司治理、内部控制、风险管理的四维整合框架

　　该整合框架从风险控制的程序方法、责任主体、流程环节与控制目标方面给出了清晰的框架。风险控制的程序方法与 COSO 的《企业风险管理——整合框架》相同,是对风险管理程序进行的明确;第二维度责任主体,主要是明确了风险控制的责任主体;第三维度是从企业的经营管理过程切入,认为企业的经营过程可以分为确定企业发展战略,在战略基础上制订经营计划,同时从作业层面实施以完成经营计划,从这些流程出发识别与控制风险;第四个维度是风险控制旨在达到的目标。中国注册会计师协会(2015)也认为,依照风险管理的整体控制思维,扩展内部控制的内涵和外延,将治理、风险和控制作为一个整体为组织目标的实现提供保证。整个组织风险管理的过程也是内部控制实施的过程。风险管理框架下的内部控制(风险管理)既包括管理层以下的监督控制,也包括管理层以上的治理控制。从整合的角度,从战略的高度看待公司治理、内部控制、风险管理,能够更为深入、更为透彻地理解这三者,从而更好地建设与完善。

思　考　题

1. 企业的内部控制要素有哪些?
2. 企业的公司治理、内部控制的关系是怎样的,有哪些异同?
3. 企业的内部控制、风险管理的关系是怎样的?
4. 如何实现公司治理与内部控制的良好融合与互动?

参 考 文 献

[1] 保罗·霍普金(Paul Hopkin).风险管理：理解、评估和实施有效的风险管理[M].第2版.蔡荣右，译.北京：中国铁道出版社,2014.

[2] 程德兴,马保童.论现代企业财务风险管理[J].贵州财经学院学报,2000(2).

[3] 程新生.公司治理、内部控制、组织结构互动关系研究[J].会计研究,2004.

[4] 池国华,乔晓婷.海外并购中的政治风险——由北汽竞购欧宝公司失利引发的思考[J].财务与会计,2011(7).

[5] 丁君风.跨国公司的政治风险管理对策及其对我国的借鉴[J].世界经济与政治论坛,2006(2).

[6] 傅元略.公司财务战略[M].北京：中信出版社,2009.

[7] 高鹏.企业风险管理理论与方法概述[J].商场现代化,2008(27).

[8] 胡为民.内部控制与企业风险管理[M].第3版.北京：电子工业出版社,2013.

[9] 黄琼雅.基于战略群组理论的房地产行业竞争分析[J].商业时代,2013(14).

[10] 黄世忠.强化公司治理、完善控制环境[J].财会通讯,2001.

[11] 黄旭.战略管理：思维与要径[M].北京：机械工业出版社,2013.

[12] 江积海.战略管理 定位与路径[M].北京：北京大学出版社,2011.

[13] 3C框架课题组.全面风险管理理论与实务[M].北京：中国时代经济出版社,2008.

[14] 蓝海林.企业战略管理[M].第2版.北京：科学出版社,2013.

[15] 黎精明,兰飞.财务战略管理[M].北京：经济科学出版社,2014.

[16] 李春波.企业战略管理[M].北京：清华大学出版社,2011.

[17] 李明辉.内部公司治理与内部控制[J].中国注册会计师,2003.

[18] 李维安,戴文涛.公司治理、内部控制、风险管理的关系框架——基于战略管理视角[J].审计与经济研究,2013.

[19] 李学明.谈项目风险管理[J].贵州工业大学学报(社会科学版),2004(6).

[20] 刘钧.风险管理概论[M].北京：清华大学出版社,2013.

[21] 刘清军,盛健英.中国商业银行市场风险管理与防范[J].大连海事大学学报(社会科学版),2009(4).

[22] 刘志远.企业财务战略[M].大连：东北财经大学出版社,1997.

[23] 罗福凯.战略财务管理[M].青岛：中国海洋大洋大学出版社,2000.

[24] 马丽华,周灿.风险管理原理与实务操作[M].中南大学出版社,2014.

[25] 迈克尔·波特.竞争论.刘宁,高登第,李明轩,译.北京：中信出版社,2009.

[26] 迈克尔·A.希特,R.杜安·爱尔兰,罗伯特·E.霍斯基森.战略管理：概念与案例[M].刘刚,吕文静,雷云,译.北京：中国人民大学出版社,2012.

[27] 秦远建.企业战略管理[M].北京：清华大学出版社,2013.

[28] 汤谷良.财务战略的逻辑：我的偏执[M].北京：北京大学出版社,2011.

[29] 王方华,吕巍.战略管理[M].北京：机械工业出版社,2013.

[30] 王稳,王东.企业风险管理理论的演进与展望[J].审计研究,2010(4).

[31] 王旭香,童利忠,李国祥.企业运营风险管理的研究[J].中国市场,2008(1).

[32] 王叶琰.项目风险管理一般过程探析[J].金融经济,2010(2).

[33] 魏农建.战略管理[M].北京：化学工业出版社,2011.

[34]　武艳,张晓峰,张静.企业风险管理[M].北京:清华大学出版社,2011.

[35]　现代管理领域知识更新教材编写委员会.企业风险管理——理论·实务·案例[M].北京:经济管理出版社,2012.

[36]　项保华.战略管理　艺术与实务[M].北京:华夏出版社,2011.

[37]　邢风云.企业风险管理文化构建研究[J].技术经济与管理研究,2012.

[38]　谢非.风险管理原理与方法[M].重庆:重庆大学出版社,2013.

[39]　谢志华.内部控制、公司治理、风险管理:关系与整合[J].会计研究,2007.

[40]　阎达五,杨有红.内部控制框架的构建[J].会计研究,2001.

[41]　杨雄胜.内部控制理论研究新视野[J].会计研究,2005.

[42]　姚俊,曾萍.企业风险管理的发展与风险管理战略[J].财经科学,2004(1).

[43]　姚文韵.财务战略矩阵与生命周期的耦合研究[J].税务与经济,2006.

[44]　叶陈刚,郑洪涛,等.内部控制与风险管理[M].北京:对外经济贸易大学出版社,2011.

[45]　[英]Ruth Bender,等.公司财务战略[M].杨农,等,译.北京:清华大学出版社,2013.

[46]　于兴江.论企业法律风险管理的基本流程[J].新西部,2010(8).

[47]　袁帅.企业法律风险管理研究[J].经济研究导刊,2011(25).

[48]　张健.谈建设保险企业风险文化和管理环境[J].中国保险,2008.

[49]　张文松.战略管理:获取竞争优势之道[M].北京:机械工业出版社,2013.

[50]　张新民.企业财务战略研究:财务质量分析视角[M].广州:暨南大学出版社,2007.

[51]　中国注册会计师协会.公司战略与风险管理[M].北京:经济科学出版社,2014.

[52]　中国注册会计师协会.公司战略与风险管理[M].北京:经济科学出版社,2015.

[53]　邹昭晞.企业战略管理[M].北京:中国人民大学出版社,2012.

[54]　Committee of Sponsoring Organizations of the Treadway Commission(COSO). Internal Control-Integrated Framework[R]. 1992.

[55]　Criteria of Control(COSO)Board of The Canadian Institute of Chartered Accountants. Guidance for Directors Dealing with Risk in the Boardroom. COCO, Toronto, 1999.

[56]　The committee of sponsoring organization of the Treadway commission(COSO). 2004. Enterprise risk management-integrated framework, executive summary.

[57]　The Committee on the Financial Aspects of Corporate Governance and Gee and Co. Ltd. 1992. The Financial Aspects of Corporate Governance. (Cadbury Report).

[58]　Susan Schmidt Bies. 2004. Current Issues in Corporate Governance Effective Risk Management Vital Speeches of the Day, 4: 26.

教师服务

感谢您选用清华大学出版社的教材！为了更好地服务教学，我们为授课教师提供本书的教学辅助资源，以及本学科重点教材信息。请您扫码获取。

》教辅获取

本书教辅资源，授课教师扫码获取

》样书赠送

企业管理类重点教材，教师扫码获取样书

 清华大学出版社

E-mail: tupfuwu@163.com
电话：010-83470332 / 83470142
地址：北京市海淀区双清路学研大厦 B 座 509

网址：http://www.tup.com.cn/
传真：8610-83470107
邮编：100084